国家出版基金项目

NATIONAL PUBLICATION FOUNDATION

中国海上丝绸之路通史

第二辑

中华文明海外传播史

U0113895

宣尼浮海：儒学在亚洲的播迁

陈支平 王子今 主编

李毅婷 著

海峡出版发行集团

THE STRAITS PUBLISHING & DISTRIBUTING GROUP

鹭江出版社

2023年·厦门

图书在版编目(CIP)数据

宣尼浮海：儒学在亚洲的播迁/李毅婷著.—厦门：鹭江出版社，2023.12
（中国海上丝绸之路通史/陈支平，王子今主编）
ISBN 978-7-5459-2029-1

Ⅰ.①宣… Ⅱ.①李… Ⅲ.①儒学—文化传播—研究—中国 Ⅳ.①B222.05

中国版本图书馆 CIP 数据核字（2022）第 232137 号
审图号：GS(2023)115 号

中国海上丝绸之路通史(第二辑)

XUANNI FUHAI：RUXUE ZAI YAZHOU DE BOQIAN

宣尼浮海：儒学在亚洲的播迁

陈支平　王子今　主编

李毅婷　著

出版发行：鹭江出版社

地　址：厦门市湖明路 22 号　　　　　　　　**邮政编码**：361004

印　刷：恒美印务(广州)有限公司

地　址：广州南沙开发区环市大道南 334 号　　**联系电话**：020－84981812

开　本：787mm×1092mm　1/16

插　页：4

印　张：23.75

字　数：342 千字

版　次：2023 年 12 月第 1 版　　　2023 年 12 月第 1 次印刷

书　号：ISBN 978-7-5459-2029-1

定　价：160.00 元

总　序

任何一种文明都是在与其他文明的交融对话中不断发展的。作为世界上最古老的几个文明之一，中华文明在历史长河中既扮演了文明传播者的角色，也不断从其他文明中汲取各种养分。在这种文明交往的世界体系中，中华文明既壮大发展了自身，也为世界文明的进步作出了重大贡献。

长期以来，学界对中国社会文明史的研究，主要侧重传统农业社会发展史方向，对中国海洋发展史的关注度则相对薄弱。这一方面是因为中国自古以来就是一个"以农立国"的国度，历代社会的经济基础及意识形态，基本上围绕"农业"展开；另一方面是因为历代统治者为了政权的巩固与社会的稳定，往往把从事海上活动的人群视为对既有社会形态的威胁，经常实施诸如禁止出海活动的法令。在这些因素的作用下，中国的海洋文明发展史以及由此开拓出的海上丝绸之路的历史与文化，必然受到历代政府与士大夫们的漠视，甚至备受打击。

中国是一个临海国家，从北到南，大陆海岸线长度约一万八千千米。事实上，在这样的地理优势之下，我们的先民很早就开始从事海洋活动。这种活动除了延续至今的海洋捕捞、海洋养殖之外，还不断通过国家、社会的不同领域与层面向外延伸，寻求与外界的联系和发展。可以说，中国海洋文明存在于"海—陆"一体的结构中。中国既是一个大

陆国家，又是一个海洋国家，中华文明具有陆地文明与海洋文明双重性格。中华文明以农业文明为主体，同时包容游牧文明和海洋文明，形成多元一体的文明共同体。中华民族拥有源远流长、辉煌灿烂的海洋文化和勇于探索、崇尚和谐的海洋精神。没有古代中国的海洋文明，也就谈不上近代中国海权的旁落；没有古代中国的海洋文明，也就没有当代中国海权的复兴。我们不能因为中国在近代落伍和被欺凌、被打压，就否认中国传统海洋文明的辉煌。①

中国的先民正是在长达数千年的不断探索、实践之下，才让中国的海洋文明发展史在世界文明史上留下光辉的篇章。

一、对中国海洋发展的回顾

中国先民在上古时期进行的海洋活动，应该是沿着海岸线进行海洋捕猎和滩涂养殖活动。在不断与大海搏击与互相适应的过程中，逐渐形成了辉煌灿烂的海洋文化和勇于探索、崇尚和谐的海洋精神。中华海洋文明是中华原生文明的重要组成部分，与中华农业文明几乎同时发生。在汉武帝平定南越以前，东夷、百越等海洋族群创造的海洋文明仍是一个独立的系统。

早期中华海洋文明的逐渐形成，伴随着海上活动区域的日益扩大。有学者指出，中国历史文献中的百越族群，与人类学研究的南岛语族属于同一范畴，两者存在亲缘关系。百越族群逐岛漂流航行的活动范围，是从东海、南海几经辗转到达波利尼西亚等南太平洋诸岛，百越族群是大航海时代以前人类最大规模的海上移民。东夷、百越被纳入以华夏文明（即内陆文明、农业文明、大河文明）为主导的王朝统治体系后，海洋文明逐渐被进入沿海地区的汉族移民承继、涵化，和汉化的百越后裔

---

① 杨国桢、王鹏举：《中国传统海洋文明与海上丝绸之路的内涵》，《厦门大学学报（哲学社会科学版）》2015 年第 4 期。

一道，铸造了中华文明的海洋特性，拉开了海上丝绸之路的帷幕。① 由于中国沿海传统渔业和养殖业在中国历代社会经济中所占份额较小，因此，中国的海洋文明发展历史，主要体现在向海外发展并且与海外各地相互连接的海上丝绸之路上。

从现有的资料看，中华民族海洋先民与世界其他民族的交流，早在公元前 10 世纪时就已产生。由于地处亚欧大陆，东临大海，中国在早期的对外交流中，率先开辟西通西域、东出大海的两条主要通道，中华文明与世界文明交往基本格局的雏形自此形成。

《山海经》中提到"闽在海中"，这是一种传说。但是"闽在海中"的传说，是数千年来中国南方民族与东亚民族长期交往的历史记忆。"闽"是福建地区的简称。福建地区处于陆地，何谓"海中"？这一传说实际上说明了我国东南沿海地区面向大海以及宝岛台湾在东南海洋中的特殊地理位置，乃至中国东南沿海地区与南洋各地包括南岛语族居民长期交融的文化互动关系。这种关系无疑就是后来海上丝绸之路的先声。

中国北方有"箕子入朝鲜"的记述，称公元前 1066 年，周武王灭商，命召公释放箕子，箕子率 5000 人前往朝鲜。公元前 3 世纪末，朝鲜历史上第一次记载了"箕氏侯国"。《史记》记载，箕子在周武王伐纣后，带着商代的礼仪和制度到了朝鲜半岛北部，被那里的人民推举为国君，并得到周朝的承认，史称"箕子朝鲜"。现代谱系学的研究成果证实，现今许多朝鲜人和韩国人的祖先来自华夏地区。

春秋战国时期有"徐福东渡日本"的记载。徐福东渡，一直被公认为华夏民族及其文化传入日本的重要历史事件。《史记·淮南衡山列传》记载了徐福东渡事件，后又有徐福在日本平原、广泽为王之说。徐福东渡日本，促成了一代"弥生文化"的诞生，并为日本带去了文字、农耕和医药技术。据统计，日本的徐福遗迹有 50 多处。

春秋战国时期文献多数缺失，至今留存的文献记载十分有限，但是从上述传说和记述中，我们可以了解到中国古代先民并没有辜负大海的恩

---

① 杨国桢：《海洋丝绸之路与海洋文化研究》，载李庆新主编《海洋史研究（第七辑）》，社会科学文献出版社，2015。

赐。在当时生产力低下、航海技术相当原始的情况下，他们仍不断地尝试循着大海，向东面和东南面拓展，谋求与海外民族的联系与合作。

汉唐时期是中国历史上的强盛时期，社会生产力得到长足的进步，交通工具特别是航海技术有了空前的提升，中外文化交流也进入稳步发展阶段。强盛的国力和丰富多彩的文化，吸引着东亚各国前来学习，唐代的政治文化制度对东方邻国的政治文化体制产生了直接的影响。可以说，汉唐时期中国闻名于世的陆上丝绸之路和海上丝绸之路已经形成，中国海洋发展史进入了一个崭新的阶段。

公元前 138 年，张骞出使西域，这是丝绸之路开通的先声。东汉永元九年（97），西域都护班超派遣甘英出使大秦，扩大华夏文化对西域的影响，也丰富了汉人对西域的认识。陆上丝绸之路开辟以后，中国的丝织技术随丝织品输入西方，促进了中外文化交流和贸易往来，加强了西汉与西域地区的联系。

与此同时，自中国沿海起始的海路，西达印度、波斯，南及东南亚诸国，北通朝鲜、日本。公元前 2 世纪到公元前 1 世纪，西汉王朝的使节已在南海航行。中国古籍《汉书·地理志》最早提到的中西海路交通的路线是："自日南（今越南中部）障塞、徐闻（今广东徐闻）、合浦（今广西合浦）船行可五月，有都元国；又船行可四月，有邑卢没国；又船行可二十余日，有谌离国；步行可十余日，有夫甘都卢国。自夫甘都卢国船行可二月余，有黄支国……平帝元始中，王莽辅政，欲耀威德，厚遗黄支王，令遣使献生犀牛。自黄支船行可八月，到皮宗；船行可二月，到日南、象林界云。黄支之南，有已程不国，汉之译使自此还矣。"[1]《汉书·地理志》所记载之海上交通路线，实为早期的海上丝绸之路，当时海船载运的"杂缯"，即各种丝绸。到 2 世纪 60 年代，罗马帝国与东汉通过海上丝绸之路发生联系。三国时期的吴国曾派遣朱应、康泰出使南海，促进了中国与南海诸国的联系。5 世纪，中国著名旅行家法显由陆上丝绸之路前往印度，回国时取道海上丝绸之路，经师子国（今斯里兰卡）、耶婆提（今印度尼西亚苏门答腊岛一带）回国。此时，

---

[1]《汉书》，中华书局，1962，第 1671 页。

海上交通已相当频繁，中国与东南亚地区、印度洋地区已有广泛联系，特别是来自中国与印度的僧人为弘扬佛法，交往更为密切。这一时期，中国与阿拉伯半岛、波斯湾地区之间也有一定规模的海上交流活动。

唐朝是海上丝绸之路的大发展时期。隋唐五代时期，与中国通商的国家有赤土、丹丹、盘盘、真腊、婆利等。中唐之后，西北地区丝绸之路阻塞，华北地区经济衰落，华南地区经济日益发展，海上交通开始兴盛。这一时期，海上丝绸之路的繁荣程度远远超过了陆上丝绸之路。与中国通商的国家有拂菻、大食、波斯、天竺、师子国、丹丹、盘盘、三佛齐。航路是以泉州或广州为起点，经过海南岛、环王国、门毒国、古笪国、龙牙门、罗越国、室利佛逝、诃陵国、个罗国、哥谷罗国、胜邓洲、婆露国、师子国、南天竺、婆罗门国、信度河、提罗卢和国、乌剌国、大食国、末罗国、三兰国。同时，唐代即有唐人移民海外。其中，唐代林氏始祖渡海至韩国，繁衍至今约有 120 万人。2001 年，韩国林氏到泉州惠安彭城村寻根谒祖，传为佳话。

中国宝岛台湾以其雄踞东南海中的地理位置，在中国海洋文明发展史及对外交通的海上丝绸之路中扮演着无可替代的角色。最新考古发掘资料证实，以台北地区十三行文化遗址为代表，在距今 1800 年至 400 年之间，台湾是联结中国大陆与海外的一个重要中转站。这里出土的文物，既有来自大陆的青铜器物，也有来自南亚地区甚至更远区域的玻璃器皿。这些出土文物充分说明，我国东南地区及台湾地区在唐宋时期就已经成为我国海上丝绸之路的重要港口与据点。

隋唐时期我国海洋文明发展的一个重要标志，是中国文化向周边国家传播。隋唐时期是我国专制集权发展的鼎盛时期，政治、经济、文化均较为发达，与邻近诸国往来频繁，互相影响，对我国及邻近各国的经济、文化发展，具有积极的推进意义。唐贞观十七年（643），李义表、王玄策出使印度，天竺迦摩缕波国童子王要求将《道德经》翻译成梵文。他们归国后，唐太宗命玄奘等完成翻译，王玄策在第二次出使印度时，即将翻译好的《道德经》赠送给童子王，并赠送了老子像。这是迄今为止最早的有文字可考的关于《道德经》传入印度的记述。不仅如此，侨居中国的波斯人、阿拉伯人亦受中国文化的熏陶。当时的长安可

谓亚洲各国留学生聚集的地方，也是世界文化传播中心。

汉字作为世界上使用人数最多的文字，对日本、朝鲜、韩国、越南、哈萨克斯坦等亚洲诸国均产生过深远且重大的影响。日本民族虽有古老的文化，但其本族文字则较晚出现。长期以来，日本人民以汉字作为传播思想、表达情感的载体，称汉字为"真名"。公元5世纪初，日本出现借用汉字的标音文字——"假名"。公元8世纪时，以汉字标记读音的日本文字已较为固定，其标志是《万叶集》的编定。日本文字的最终创制由吉备真备和弘法大师（空海）完成。他们两人均曾长期留居中国唐朝，对汉字有很深的研究。前者根据标音汉字楷体偏旁创造了日文"片假名"，后者采用汉字草书创造日文"平假名"。尽管自公元10世纪起，假名文字开始在日本盛行，但汉字的使用却并未因此废止。时至今天，已在世界上占据重要地位的日本文字仍保留着1000多个简体汉字。

朝鲜文字称谚文。它的创制和应用是古代朝鲜文化的一项重要成就。实际上，中古时期的朝鲜亦如日本，没有自己的文字，使用的是汉字。新罗统一后稍有改观，时人薛聪曾创造"吏读"，即用汉字表示朝鲜语的助词和助动词，辅助阅读汉文书籍。终因言文各异，"吏读"无法普及。李朝初期，世宗在宫中设谚文局，令郑麟趾、成三问等人制定谚文。他们依中国音韵，研究朝鲜语音，创造出11个母音字母和17个子音字母，并于1443年编成"训民正音"公布使用，朝鲜从此有了自己的文字。

公元10世纪以前，越南是中国的郡县。秦、汉、隋、唐均曾在此设官统辖，故越南受中国文化的影响较深。越南独立后，无论是上层人士的交往，还是学校教育、文学作品创作，均以汉字为工具。直至13世纪，越南才有本国文字——字喃。字喃是以汉字为基础，用形声、假借、会意等方法创制的表达越南语音的新字。15世纪时，字喃通行越南全国，完全取代了汉字。

不仅文字，唐代的政治制度同样对东亚各国产生了不小的影响。科举制度和三省六部制是中国古代政治制度的重要组成部分，也是支持官僚政治高度发展的两大杠杆。科举制度和三省六部制萌芽于汉代，建立于隋唐，不仅影响了东亚世界政治制度的发展，还促进了西方文官制度的建立。在唐代，有不少来自朝鲜、安南（今越南）、大食（今阿拉伯）等国的留学人员参加中国的科举考试，其中尤以朝鲜人为多。公元9世纪初，朝鲜半岛还处于百济、新罗、高句丽并立的三国时代，新罗的留唐学生十分向往中国的科举制度，并且来中国参加科举考试。821年，新罗学生金云卿首次在唐朝科举中登第。截至唐亡的907年，新罗学生在唐登第者有58人。五代时期，新罗学生及第者又有32人。958年，高丽实施科举制度。日本也于8世纪时引进中国的科举制，建立贡举制。唐会昌五年（845），唐王朝允许安南同福建、黔府、桂府、岭南等地一样，每年选送进士7人、明经10人到礼部，同全国各地的乡贡、生徒一起参加科举考试。科举制度虽然最早产生于中国，但其声望及影响并非仅囿于中国。从其诞生之日起，历朝历代就有不少外国学子到中国学习和参加科举考试，绝大多数人学有所成，像桥梁一样促进了国与国之间在文化、教育等方面的交流，为增进中国人民与其他各国人民的友谊作出了不可磨灭的贡献。他们的历史功绩永载中国海洋文明发展史及中外文化交流史史册。

新罗受唐文化影响最深。当时入唐求学的新罗学子很多，仅840年一年，从唐朝回国的新罗留学生就有100余人。他们学成归国后，协助新罗统治者仿效唐朝的政治制度，建立起从中央到地方的行政组织。8世纪中叶，新罗仿效唐朝改革了行政组织，在中央设执事省（相当于唐朝的中书省），在地方设州、郡、县、乡。日本也是与唐朝有密切来往的东亚国家之一。仅在唐朝一代，日本就派遣了12批遣唐使团到中国学习，次数之多，规模之大，时间之久，学习内容之丰富，可谓空前，推动了中日文化交流的第一次高潮。通过与中国的不断交往，日本在政治、经济、军事、文化、生产技术以至生活风尚等方面都受到中国的深刻影响。其中，影响最大的是646年日本的大化改新。日本在这次革新中充分借鉴了唐朝经验，建立了以天皇为中心的中央集权国家，官吏任免权收归中央。这次改革还仿效唐朝的三省六部制，在中央设立相应机构，各司其职，置八省百官。从649年"冠位十九阶"的制定到701年《大宝律令》、718年《养老律令》的先后制定，全新的封建官僚体制取

代了贵族官僚体制（现在日本的中央部级还称作"省"）。同一时期，安南所推行的文教制度和选拔人才政策也与隋唐几乎相同。世界五大法系之———"中华法系"的代表《唐律疏议》，对越南法制史有重大影响。中国政治制度对东亚、南亚国家的影响一直延续到宋明时期。

佛教传入中国，经过中国文化的滋养，再传入东亚各国，对东亚各国的宗教文化产生了深刻影响。鉴真先后 6 次东渡到达日本，留居日本 10 年，辛勤不懈地传播唐朝多方面的文化成就。唐代前期和中期以后，新罗留学生研习当时盛行的天台宗、法相宗、律宗、华严宗、密宗和禅宗。

唐朝时期，中国的典籍源源不断地传入东亚各国，形成了一个高潮。日本飞鸟、奈良时代甚至出现了当时举世罕见的汉书抄写事业。日本贵族是最早掌握汉字和汉文化的社会阶层。日本平安时代（794—1192）是贵族文化占主流的时代。这一时代的贵族，包括皇室在内，均以中国文明为榜样，嗜爱汉籍，对唐诗推崇备至。平安时代初期，嵯峨天皇敕令编撰了《凌云集》和《文华秀丽集》两部汉诗集，开启其后三百年间日本汉文化发达之先河。

唐代国学等汉籍传入东亚各国，形成了一条通畅的"书籍之路"。早期"书籍之路"航线从中国江南始发，经朝鲜半岛，再至日本列岛，这是与东亚海上丝绸之路相辅相成的文化传承之路，构建了东亚文化交流的新模式。

宋元时期中国海洋文明发展史在更广阔的范围展开。一方面，在传统"朝贡贸易"的刺激下，民间从事私人海上贸易的情况不断出现；另一方面，理学成为中国儒学的新形态，很快成为东亚各国的道德文化范本。中国禅宗的兴盛也深深地影响着周边各国。中国的"四大发明"进一步影响世界，中国与东南亚各国的往来日渐密切，与非洲的联系也日益紧密。

宋元时期，儒学向亚洲国家传播，对东亚及东南亚产生深远的影响。对东亚的影响主要是朱子学和文庙制度的东传。四书五经等儒家经典的思想和智慧传到朝鲜、日本和越南，这些教化中国民众的核心精神也深深影响着东亚各国。在朝鲜，高丽王朝的安珦于 1290 年将《朱子全书》抄回国内后，白颐正、禹倬等人开始不遗余力地在朝鲜发扬程朱理学。他们的后学李齐贤、李穑、郑梦周、郑道传等人，成了推动朝鲜朱子学发展的中流砥柱。日本的朱子学传播伴随着佛教的交流。日本僧人俊芿曾带回朱熹的《四书章句集注》等著作，日本僧人圆尔辩圆曾持朱熹的《大学或问》《中庸或问》《论语精义》《孟子精义》等著作回国。同时，宋朝僧人道隆禅师曾赴日以儒僧身份宣传理学，元朝僧人一宁禅师赴日宣传宋学，培养了一大批禅儒兼通的禅僧，如虎关师炼、中岩圆月、义堂周信等。15 世纪末朱子学在日本形成三大学派：萨南学派、海南学派和博士公卿派。在越南，陈圣宗于绍隆十五年（1272）下诏求贤才，能讲四书五经之义者，入侍帷幄。于是，越南出现了一批积极传播朱子学的先驱，如朱文安、黎文休、陈时见、段汝谐、张汉超、黎括等。黎朝建立后，仍然大力提倡朱子学，将朱子学确立为正统的国家哲学。

宋元时期，除了朝鲜、日本、越南等经过海路与中国交往，并且产生文化影响力之外，东南亚各国也同中国产生了直接的联系。例如泰国，宋朝曾于 1103 年派人到罗斛国，1115 年罗斛国的使者正式来到中国，罗斛国与中国建立友好关系。罗斛先后五次（分别于 1289 年、1291年、1296 年、1297 年和 1299 年）派遣使者出访元朝。1238 年，泰族首领马哈柴柴查纳亲王后裔坤邦克郎刀创建了以素可泰为中心的素可泰王国（《元史》中称"暹罗"），历史上称作素可泰王朝。宋元时期，泰国医生使用的药物中，30％为中药。他们也采用中医望、闻、问、切的诊治方法。中国的针灸术也流行于泰国。再如缅甸。缅甸蒲甘国 1106 年第一次遣使由海路入宋，于 1136 年第二次遣使由陆路经大理国入宋。纵观整个元代，缅甸至少 13 次遣使至元朝，元朝向缅甸遣使约 6 次。1394年，明朝在阿瓦设缅中宣慰司，与阿瓦王朝关系密切。再如柬埔寨。真腊是 7—16 世纪柬埔寨的国名。公元 616 年 2 月 24 日，真腊国遣使贡方物。苏利耶跋摩二世在位时（1113—1150），曾两次遣使来中国访问。真腊国分别于 1116 年、1120 年、1129 年遣使入宋，宋朝廷将"检校司徒"称号赐予真腊国王。1200 年，真腊遣使入宋赠送驯象等礼品。宋宁宗以厚礼回赠，并表示真腊"海道远涉，后勿再入贡"。1295 年，元成宗

（铁穆耳）派遣使团访问真腊，周达观随行。回国后，他写下了《真腊风土记》。唐宋时期中国与老挝的交往在史书中几乎没有记载。元朝曾在云南边外设老丫、老告两个军民总管府。1400 年至 1613 年间，中、老两国互相遣使达 43 次，其中澜沧王国遣使入明 34 次，明朝向澜沧王国派遣使节共 9 次，并在澜沧王国设"军民宣慰使司"。960 年，占城国悉利胡大霞里檀遣使李遮帝入宋朝贡。982 年，摩逸国（今菲律宾群岛一带）载货至广州海岸。1003 年、1004 年、1007 年，蒲端王其陵遣使来华"贡方物"。1011 年，蒲端王悉离芭大遢至遣使入宋"贡方物"。1372 年，吕宋（位于菲律宾北部）遣使来贡。1003 年，三佛齐王思离朱罗无尼佛麻调华遣使入宋。宋元时期，随着中国海洋文明及海上丝绸之路的发展，中国与东南亚各国建立了比较稳定的联系。

15 世纪初叶，郑和船队开始了史诗般的航行；16 世纪之后，中国沿海贸易商人也拼搏于东西洋的广阔海域。世界东西方文明在这一时期产生了直接的碰撞与交流。中国文化在面对初步全球化格局的挑战时，演绎了许多可歌可泣的历史篇章；中华文明在新的碰撞交流中，将自身的影响力扩大到全球。中国海洋文明发展的历史又向前迈进一步。

中国明代前期郑和下西洋，体现了中国古代航海技术的最高水平。自永乐三年（1405）开始，一支由 200 余艘"巨舶"、27000 余人组成的庞大舰队在郑和的带领下踏上了海上征程。在近 30 年的航行中，郑和船队完成了人类史无前例的壮举：先后 7 次跨越三大洋，遍历世界 30 多个国家。这支当时世界上最强大的海上舰队的足迹，东达琉球、菲律宾和马鲁古海，西至莫桑比克海峡和南非沿海的广大地区，定期往返，到达越南、马来西亚、斯里兰卡、印度、沙特阿拉伯等 30 多个国家和地区，最远曾达非洲东部、红海、麦加，并有可能到过澳大利亚、新西兰和美洲。1904 年，郑和下西洋 500 年后，梁启超在《新民丛报》发表《祖国大航海家郑和传》，请国人记住这位"伟大的航海家"，说"郑君之初航海，当哥伦布发现亚美利加以前六十余年，当维哥达嘉马发现印度新航路以前七十余年"。而郑和与带给美洲、非洲血腥殖民主义的西欧航海家最大的不同，则是其宣扬"宣德化而柔远人"的和平贸易理念。这支秉持明太祖"不征"祖训的强大海军，不仅身负建立朝贡贸易的重任，也扮演了维持海洋秩序，使"海道清宁"的角色。在感慨这支强大的海军因明朝廷内外交困不得不中止使命，中国失去在15世纪开始联结世界市场的机会之余，我们还应思考郑和与他史诗般的跨洋航行留给我们的启示：是不是只有牺牲人性与和平的殖民主义才是"全球化"的唯一可行路径？我们的海洋、我们的世界，能否建立起一个以"仁爱""和平"的理念联结在一起的政治秩序？

　　15世纪中叶，肩负中国官方政治使命的郑和航行虽然画上了句号，但以中国为核心的东亚海洋贸易网络的勃兴与发展却从未停止。郑和船队对东亚、南亚海域的巡航，为中国历代沿海居民打开了通向大洋的窗口，而明朝海禁政策导致朝贡贸易的衰落，更刺激了民间海外贸易的大发展，最终迫使明朝廷做出"隆庆开关"的决定，民间私人海外贸易获得了合法的地位。东南沿海各地民间海外贸易进入了一个新时期。此时，中国沿海海商的足迹几乎遍及东亚和东南亚各国，其中日本、吕宋（今菲律宾）、暹罗（今泰国）、满剌加（今马六甲）等地为当时转口贸易的重要据点。他们把内地的各种商品，如生丝、丝织品、瓷器、白糖、果品、鹿皮及各种日用珍玩运销海外，换取大量白银及香料。由于当时欧洲商人已经染指东南亚各国及我国沿海地区，这一时期的海外贸易活动实际上也是一场东西方争夺东南亚贸易权的竞争。16世纪至17世纪上半叶，以闽粤商人为主的中国商人集团在与西方商人的竞争和抗衡中始终占有一定的优势，成为世界市场中非常活跃的贸易主体。随着国内外商品市场的发展，作为交换媒介的货币也发生了重要变化，自唐、五代以来一直流行于民间的白银，随着海外贸易中大量白银货币的入超，最终取代了明朝的法定钞币，成为通行的主要货币。

　　繁盛的海外贸易对增加明朝廷的财政收入具有无可替代的重要作用。实际上，明朝已经成为当时的世界金融中心。明代后期及清代前期，中国与世界已经紧密地联系在一起。中国商人奔走于东西洋之间，促进了中国与亚洲各国的经济和文化交流。公元15世纪之后，来自欧洲的商人及传教士群体，纷纷来到亚洲，更是与中国的商人发生了直接的交往。

　　万历时期，即16世纪末、17世纪初，欧洲陷入经济萧条，大西洋

贸易衰退，以转贩中国商品为主的太平洋贸易发展为世界市场中最活跃的部分。中国商品大量进入世界市场，在一定程度上缓和了世界市场贵金属相对过剩与生活必需品严重短缺的不平衡状态；因嗜好中国精美商品而掀起的"中国热"，刺激和影响了欧洲工业生产技艺的革新，促进了经济的发展。中国商品为 17 世纪西方资本主义的兴起作出了不可磨灭的贡献。

16 至 18 世纪，"中国热"风靡西方世界，欧洲人沉浸在对东方文明古国心驰神往的迷恋之中。思想家们开始思索西方与东方、欧洲与中国之间的深层次交流。欧洲的启蒙运动思想家们正是在这样一种氛围中，援引儒家思想，赞美中国。中国悠久的历史和发达的文明令欧洲人欣羡不已。为欧洲带来有关中国的信息从而引发热潮的人，主要是 16—18 世纪持续不断地来到中国的耶稣会士。由于此时的陆上丝绸之路已经衰败，从陆路来到中国，交通相当不便，于是海上交通便成为 15 世纪以后西方人来到中国的主要通道。换言之，中国的海洋文明发展史，在 15 世纪以后开始逐渐向世界各地延伸。

明末清初时期，中西之间的文化交流达到了前所未有的深度与广度，呈现出第三次高峰。在此时期，来华天主教传教士，尤其是耶稣会士，充当了重要的文化交流桥梁。一方面，在传播天主教教义的动机的驱使下，西方传教士译介了大量的西方科学文化知识，使明清时期的中国知识界对"西学"有了初步的了解和认识；另一方面，通过定期撰写书信报告、翻译中国典籍等方式，传教士也将中国悠久灿烂的文化及中国现状介绍到欧洲，致使 17—18 世纪的欧洲"中国热"经久不衰。可以说，这一时期中西文化的接触和交流，对东西方社会的发展和进步都产生了重要的影响。这个时期中国文化比较系统地传入欧洲，对 18 世纪欧洲社会文化转型和正在兴起的启蒙运动产生了重大影响。18 世纪中叶，启蒙运动在欧洲兴起。启蒙思想家在继承古希腊、古罗马以来西方理性主义精神遗产，尤其是近代实证论、经验论的同时，也把眼光投向了中国，他们发现了在 2000 年前（公元前 5 世纪时）就已清晰地阐述了他们想说的话的伟大哲人——孔子。在耶稣会士从中国带回的各种知识中，没有哪一样像孔子的思想那样引发欧洲知识界的热烈研究与讨论，而与之相关联的，对中国的理性主义、文官制度、科举制度和法律的探讨，更是直接成为欧洲启蒙运动的重要灵感。许多著名的启蒙思想家，对孔子及中华学说赞扬不已。如伏尔泰从儒学的"人道""仁爱"思想和儒家道德规范的可实践性看到了他所寻求的理想社会的道德理论和道德经验。莱布尼茨惊呼："东方的中国，竟然使我们觉醒了！"孟德斯鸠从中国的儒学中看到了伦理政治对君主立宪的必要性。百科全书派的代表人物曾经赞扬中国是世界上唯一把政治和伦理道德相结合的国家。

18 世纪以来，西方的工业革命确立了资本主义制度的坚固基础，殖民化的欲望日益增强。传统的中华古国，在西方列强坚船利炮的冲击下，陷入了深重的危机。然而，富有包容性和创新性的中国海洋文化，在逆境中不断寻求变革之路，探索着文化的新生与重构。以鸦片战争为标志，在西方现代文明的冲击之下，中华文明遭遇空前危机，其主体性地位不断被质疑，中华文明向海外扩展的内在动力也大为减弱。然而，中华文化内在的包容性与创新性，激发了一代又一代的中国人，特别是知识分子群体。中国的仁人志士从未停止对中华民族复兴之路的探索。他们勇于直面危机，努力探索，求新求变，从而推动中华文化的自我调整和现代化嬗变。中华文明面对的是"三千年未有之大变局"，中国长期的文化优势和文化优越感被西方殖民主义的强势文化不断消解。因此，伴随着西方历次的殖民战争，许多中国人在阵痛之后开始了文化自觉和文化反思。这种文化自觉和文化反思最集中的表现即对西方先进科学技术和社会科学理论的引进传播，最终孕育了 20 世纪初的新文化运动，这成为中国近代名副其实的启蒙运动。

无论是林则徐、魏源等人的"师夷长技以制夷"，还是洋务派人士的"师夷长技以自强"；无论是维新派人士的"立宪救国"，还是资产阶级革命派的"民主共和"；无论是以"民主"和"科学"为旗帜的新文化运动，还是以马克思主义为旗帜的中国共产党领导的新民主主义革命，无不体现出中国传统文化勇于面对逆境的韧劲。当然，逆境中的复兴之路，是十分艰辛、曲折的。仁人志士在不断的探索及实践中，最终找到"只有社会主义才能救中国"的伟大真理。

近代中国文化在中外文化交流中虽然身处逆境，但是其顽强的生命

力，使这一时期中华文明的海外交流和传播从未间断，并且呈现出某些新的传播特征。从对外经济往来的层面说，西方的经济入侵，固然使中国传统经济受到了很大的冲击，但是善于求新求变的中国民众，特别是沿海一带的商民们，忍辱负重，敢于向西方学习，尝试改变传统的生产格局，发展工农业实业经济，拓展海外贸易，取得了良好的成效，从而为中国现当代社会经济的转型与发展奠定了不可忽视的基础。

从文化层面看，20世纪初中国遭受的巨大浩劫，牵动东西方文明交流向更深入的方向走去。中国知识分子在吸收西方近代知识智慧的同时，深刻地反思中国传统文化的精髓与糟粕，继而为国家和民族的命运奋起反抗。在中学西传的过程中，以在传统海商聚居地出生的辜鸿铭、林语堂为代表的晚清知识分子的贡献很大。这一时期，中国古典文明的现代意义虽然在国内受到质疑和批判，但是在西方社会依然被广泛关注。中国传统的儒家经典、古典诗歌、明清小说在这一时期仍被大量译介到西方。许多汉学家如葛兰言、高本汉等对此都有专业的研究。

在近代中外文化交流中，海外华侨群体也作出了杰出贡献，如创办华文报刊、华文学校等，提倡华文教育。华文教育无形中扩大了中文社会的影响力，促进了中国文化与南洋本土文化的交流，同时也使南洋居民在一定程度上认识和了解了博大精深的中华文化。

随着明清时期特别是近代以来中国民间群众移民海外数量的增加，这一时期中国文化的对外传播形成了某些值得注意的新特征，这就是遍布世界各地的"唐人街"的形成与传播。近代中国文化在中外文化交流中虽然处于逆境，但中国商民在海外的发展从来没有停止，中国文化的海外交流和传播一直没有间断，中国的一些文化习惯，如中国茶文化传到西方之后，依然表现出强大的影响力，成为西方的一种流行文化。而华侨华人对世界各地经济发展的贡献，更是世界各国人民有目共睹的。

近代以来，中国人民的艰辛探索终于迎来了中华人民共和国的诞生。新中国成立之后，殖民主义文化被彻底抛弃，中华文明及其深厚的海洋文化发展潜力得到全面的复苏与拓展，中国与世界各地的经济交往以前所未有之势蓬勃发展，中华文化在中西文化交流中展现出前所未有的自觉和自信。特别是改革开放以来，随着中国综合国力和国际话语权的不断提升，中华文明及海洋事业在国际事务与中西文化交流中，表现出强大的拓展动力和趋势。中华海洋文化及中国海上丝绸之路，再次焕发出独特魅力，不断地延伸创新，影响世界，成为中国走向世界的最强音。

纵观中国海洋文明发展的历史过程，以及中华海洋文化与世界文化的交流历史，既有畅行的通途，也有布满艰辛的曲折之路。无论是唐宋时期由朝贡体系促成的政治制度、礼仪制度、文字文学、宗教信仰等的向外传播，还是宋明以来中国沿海商民的私人海上贸易和华侨移民，都对世界文明的进步与世界经济的发展作出了重要贡献。即使是在以往被人们忽视的科学技术领域，英国著名汉学家李约瑟（Joseph Needham）在其著作《中国科学技术史》一书中，对中国古代科学技术为世界所作的贡献作出了很高的评价。当然，近代以来，中华文明以及中国海洋文明的发展，备受压抑，历尽磨难，但始终葆有顽强的生命力、特有的文化魅力和世界影响力。当改革开放的春风吹遍神州大地的时候，中华文化更是在频繁的交流中不断丰富发展，体现出越来越鲜明的包容性格和进取精神。这一历史发展过程也充分证明，中华文明作为世界文明花坛中的一朵奇葩，必将在今后的历程中更加绚丽多彩。在全球化日益显著的今天，我们有责任也有义务让包括中国海洋文明在内的中华文明在继承中不断发扬光大，为整个世界文明的发展与和谐共存贡献力量。

二、对中国历代政府海洋政策的反思

中国历代政府所推行的海洋政策，无疑对各个时期海洋事业的发展与迟滞，产生了极为重要的作用。众所周知，欧洲中世纪以来，西方各国争相向海外发展势力，在全世界包括东方各地争夺势力范围。在这一系列的海外扩张过程中，国家的海洋政策起到了至关重要的推进作用。西方国家一直是海商、海盗寻求海外势力范围的坚强后盾。然而，中国历代政府的海洋政策与此截然不同。秦汉以来，中国历代政府关于海洋事务的政策基调，基本上围绕所谓的朝贡体系展开。到了近代，中国积贫积弱，朝贡体系因而备受海内外政治家与学者的非议乃至蔑视。

　　秦汉以来的朝贡体系无疑是中国历代对外关系的基石。近现代以来，人们诟病这一外交体系主要因为两个方面：第一，中国历代政府以朝贡体系为主的外交方式，把自身置于"天朝上国"或"宗主国"的地位，把交往的其他国家视为"附属国"；第二，中国历代朝贡体系下的外交，是一种在经济上得不偿失的活动，外国贡品的经济价值有限，而中国历代朝廷赏赐品的经济价值大大超出贡品的经济价值。

　　进入近现代时期，由于西方列强的侵略及中国自身发展的迟滞，中国沦为"落后挨打"的半封建半殖民地社会。在许多西方人和日本人的眼里，中国是一个可以随意宰割的无能国度。在这种观念的影响下，西方人和日本人探讨中国近现代以前，特别是中国历代的朝贡体系时，就不免带有某种先入为主的偏见，嘲笑中国历代的朝贡外交体系是一种自不量力、自以为是的"宗主国"虚幻政策。与此同时，20世纪中国学界普遍沉浸于向西方学习的文化氛围中，相当一部分学者也就自然而然地接受了这种带有蔑视和嘲笑意味的学术观点。因此，近现代以来国内外学者对明朝朝贡体系的批评，存在明显的殖民主义语境。与此形成鲜明对照的是，同时期大英帝国所谓"日不落帝国"及其后的美国霸权主义，却很少受到世人的蔑视与取笑。

　　中国历代朝贡体系之下的外交在经济上得不偿失的观点，很大程度上受20世纪四五十年代以来关于中国封建社会内部是否已经出现资本主义萌芽问题讨论的影响。由于受到西方学界的影响，中国大部分学者希望自己比较落后的祖国能够像西方的先进国家一样，走上资本主义社会这一有历史发展规律可循的道路。而发展资本主义社会的前提是商品经济、市场经济及对外贸易经济的高度发展。于是，在这样的学术背景下，20世纪五六十年代，中国历史学界探讨明清时期的商品经济、市场经济及海外贸易等领域，取得了不错的成绩。人们发现，西方国家在资本原始积累的过程中，对外关系、对外贸易以及海外掠夺，对这些国家的资本主义经济发展和社会变革起到了至关重要的助力作用，反观中国传统朝贡体系下的经济贸易，得不偿失，未能给中国资本主义的萌芽和发展提供丝毫的帮助。然而，从纯经济的角度来评判中国历代的朝贡体系，实际上严重混淆了明朝的国际外交关系与对外贸易的应有界限。

毋庸讳言，中国历代的朝贡外交体系是承继中国两千年来"华夷之别"的传统文化价值观而形成的。这种朝贡外交体系，显然带有某种程度的政治虚幻成分。同时，它又只是一种国与国之间的政治外交礼仪而已。这种朝贡式外交礼仪中的所谓"宗主国"与"附属国"，也只是一种名义上的表述，两者的关系并不像欧洲中世纪国家那样，必须以缴纳实质性的贡赋作为联系纽带。因此，我们评判一个国家或一个朝代的外交政策及其运作体系，并不能仅仅因为它的某些虚幻观念和经济上的得失，就武断地给予负面的历史判断。如果我们要比较客观和全面地评判中国历代的对外关系，就应该从确立这一体系的核心宗旨及其实施的实际情况出发，同时参照世界上其他国家对外关系的历史事实，进行综合分析，如此才能得出切合历史真相的结论。

中国历代对外朝贡体系的确立，是建立在国与国、地区与地区之间和平共处的核心宗旨上的。这一点我们在明朝开创者朱元璋及其儿子明成祖朱棣关于对外关系的一系列谕旨中就不难发现。朱元璋在《皇明祖训》中明确指出："四方诸夷，皆限山隔海，僻在一隅，得其地不足以供给，得其民不足以使令。若其自不揣量，来扰我边，则彼为不祥。彼既不为中国患，而我兴兵轻伐，亦不祥也。吾恐后世子孙，倚中国富强，贪一时战功，无故兴兵，致伤人命，切记不可。"① 洪武元年（1368），朱元璋颁诏于安南，宣称："昔帝王之治天下，凡日月所照，无有远迩，一视同仁，故中国尊安，四方得所，非有意于臣服之也。"从这个前提出发，中国对外关系的总方针就是要"与远迩相安于无事，以共享太平之福"②。永乐七年（1409）三月，明成祖朱棣命郑和下西洋，"敕谕四方海外诸番王及头目人等……祇顺天道，恪守（遵）朕言，循理（礼）安分，勿得违越；不可欺寡，不可凌弱，庶几共享太平之福"。③ 在这种对外关系的总方针下，明初政府开列了朝鲜、日本、大小琉球、安南、真腊、暹罗、占城、苏门答腊、西洋、爪哇、彭亨、百

①《皇明祖训》条章，载《四库全书存目丛书》，齐鲁书社，1996。

②《明太祖实录》卷三四。

③ 郑鹤声、郑一钧：《郑和下西洋资料汇编》上册，齐鲁书社，1980，第99页。

花、三佛齐、浡泥，以及琐里、西洋琐里、览邦、淡巴诸国，皆为"不征诸夷国"。[①] 在与周边各国的具体交往过程中，朱元璋本着中国自古以来的政策，主张厚往薄来。在一次与琐里的交往中，他说道："西洋诸国素称远番，涉海而来，难计岁月。其朝贡无论疏数，厚往薄来可也。"[②] 明初奉行的一系列对外政策和措施，充分体现了明朝政府在处理国际关系中所秉持的不用武力，努力寻求与周边国家和平共处之道的基本宗旨。

在寻求国与国之间和平共处的核心宗旨的前提下，明朝与周边的一些国家，如朝鲜、越南、琉球等，形成了宗主国与附属国的关系，这也是不争的事实。但这种宗主国与附属国关系的形成，更多是承继以往历朝的历史因素。纵观全世界中世纪以来宗主国与附属国的关系，就会发现，宗主国与附属国的关系基本上是通过三种途径形成的：一是通过武力征服强迫形成，二是通过宗教关系或是民意及议会的途径形成，三是在传承历史文化的条件下通过和平共处的途径形成。显然，在这三种宗主国与附属国关系中，只有第三种，即以和平共处方式形成的宗主国与附属国的关系，是最经得起历史检验和值得后世肯定的。中国历代建立起来的以和平共处为核心宗旨的宗主国与周边附属国的关系，正是这样一种经得起历史检验和值得后世肯定的对外关系。正因为如此，纵观历史，虽然这些附属国会不时发生内乱等极端事件，历经政权更替，但无不以得到明朝中央政府的册封为荣，即使是叛乱的一方，也都想方设法得到明朝中央政府的承认。可以说，当这些附属国发生内乱，明朝中央政府基本上采取充分尊重本国实际情况的原则，从道义上给予正统的一方支持，以稳定附属国的国内情势，维护区域和平局面。当遭遇外患陷入国家危机的时候，这些附属国也经常向明朝求援。其中最典型的例子，就是万历年间朝鲜遭到日本军阀丰臣秀吉侵略时，明朝政府应朝鲜王朝的求援，派出大量军队，帮助朝鲜王朝抵抗日本军队的进攻，最终把日本军队赶出朝鲜，维护了朝鲜王朝的领土完整和国家尊严。尤其值

---

① 郑一钧：《论郑和下西洋（修订本）》，海洋出版社，2005，第 9 页。

② 《明史》卷三二五《外国六·琐里》，中华书局，1974，第 8424 页。

得一提的是，在这场规模不小的抗倭战争中，明朝政府不但派出军队参战，而且所有的战争经费都由明朝政府从财政规制中支出，"縻饷数百万"①。作为宗主国，明朝对附属国朝鲜的战争支援，完全是无偿的。

在历代对外朝贡体系中，中国对外国朝贡者优渥款待，赏赐良多。而这些朝贡者，来自东亚、南亚甚至中东的不同国家与地区，带来的所谓贡品，更多是作为求得明朝中央政府接待的见面礼，仅是"域外方物"而已。作为受贡者的明朝政府，对各国的所谓贡品并没有具体的规定。因此，明朝朝贡体系中的外国"贡品"，是不能与欧洲中世纪以来宗主国与附属国之间定期、定额的"贡赋"混为一谈的。明朝朝贡体系中的"贡品"，随意性、猎奇性的成分居多，缺乏实际经济价值。因此，如果单纯从经济效益衡量，当然是得不偿失。但是这种所谓的经济上的"得不偿失"，实际上被我们近现代时期的许多学者无端夸大了。明朝政府在接待来贡使者时，固然实行"厚往薄来"的原则，但无论是"来"还是"往"，其数量都是比较有限的，是有一定规制的，基本上仅限于礼尚往来的层面。迄今为止，除了郑和下西洋这种大型对外交往行为给国家财政造成一定的压力之外，我们还看不到中国历代正常朝贡往来中的"厚往薄来"对政府的财政产生过不良的影响。即使有，也是相当轻微的，因为所谓"厚往"，仅仅只是礼物和人员接待费用而已。明朝政府对一般来贡国国王的赏赐，基本上是按照本朝"准公侯大臣"的规格施行的。② 如果把这种"得不偿失"与万历年间援朝抗倭战争的军费相比，只能算是九牛一毛！万历年间支援朝鲜的抗倭战争，从根本上说，是为了维护地区的和平与稳定，而不是为了维持朝贡体系。

从更深的层面来思考，我们判断一个国家或一个时期的对外政策是否正确，不能仅仅以经济效益作为衡量得失的主要标准。国与国之间的外交关系和国与国之间的经济贸易关系，固然有必然的联系，但又不完全等同，外交关系与贸易往来必须有所区分，不能混为一谈。在 15 至 16 世纪以前欧洲国家所谓的"大航海时代"尚未来临，在世界的东方，

① 《明史》卷三二二《外国三·日本传》，第 8358 页。
② 郑一钧：《论郑和下西洋（修订本）》，第 13 页。

总序

明朝可以说是这一广大区域中最大，也是最为核心的国家。作为这一广阔区域中的大国，对维护这一区域的和平稳定是负有国际责任的。假如这样一个核心国家，凭借自身的经济、军事优势，四处滥用武力，使用强权征服其他国家，那么这样的大国是不负责任的，区域的和平与稳定是不可能长久存在的。从这样的国际关系理念出发，明朝历代政府所奉行的安抚周边国家、厚往薄来，以和平共处为核心宗旨的对外朝贡体系，正是体现了明朝作为东方核心大国的责任担当。事实上，纵观世界历史，所有曾经或现在依然是区域核心大国的国家，在与周边弱小国家和平相处的过程中，由于肩负维护区域和平稳定的义务和责任，在经济上必须承担比其他周边弱小国家更多的负担，这几乎是一种必然的现象。换句话说，核心大国所承担的政治经济责任，同样是另外一种"得不偿失"。但是这种"得不偿失"，是作为区域大国承担区域和平稳定责任的重要前提。另一方面，明朝作为东亚区域最大、最核心的大国，在勇于承担国际义务与责任的同时，被周边国家视为"宗主国"或"中国"，因而自视为"天朝上国"，也是十分顺理成章的事情。如果我们时至今日依然目光短浅地纠缠在所谓"朝贡体系"贸易中"得不偿失"的偏颇命题，那就大大低估了中国历朝历代政府所奉行的和平共处的国际关系准则。这种国际关系准则，虽然带有某些"核心"与"周边"的"华夷之别"的虚幻成分，但对中国的历史延续性及其久远的历史意义，至今依然值得我们欣赏和思考。

我们若明白自秦汉以来中国历代政府所施行的"朝贡体系"，实质上只是一种政治上的外交礼仪，就不难想象中国历史上历代政府所认知的世界，仅局限在亚洲一带，应该是建立在一种和谐相处的氛围之内的。由于中国是这一时期亚洲最大又最有实力的国家，建立以中国为核心的亚洲世界，也就顺理成章地成为政策制定的依据了。

我们再从秦汉以来至明清时期中国海洋政策的纵向面来考察。秦汉以来至隋唐时期，中国与海外各地的经济贸易活动相对稀少，有限的贸易也基本上被局限在"朝贡贸易"的圈子之内。宋代之后，经济层面的活动，包括私人海外贸易活动，才逐渐兴盛起来。因此，宋代是中国历代政府执行对外海洋政策的一个重要转折期。从秦汉以迄隋唐，由于海上私人贸易活动比较罕见，政府制定的对外海洋政策基本着眼于政治与文化外交的层面。与周边许多国家政治与文化体制较为落后的情形相比，中国的政治与文化体制有较为突出的优势。政府把对外海洋政策着眼于政治与文化的层面，并不会对中国的政治与社会统治产生不良后果。因此，在这个时期内，国家政府对政治体制与文化形式的输出，往往采取鼓励的方式。而这种对外海洋政策，在一定程度上促进了隋唐时期中国政治制度向朝鲜、日本、越南等邻近国家的传播。以文化形式向外传播，扩散的范围将更为广阔。因此，我们可以说，宋代以前，中国政府的对外海洋政策与民间的对外联系基本上是吻合的。

但是到了宋代，情况有了很大的改变。一方面，随着与周边国家和地区经济交往的增多，沿海一带出现了不少私人海上贸易现象。这种私人海上贸易活动已经超出了"朝贡体系"所能约束的范围，政府自然把这种活动视为"违禁走私"活动，政府的主要思考点在于确保社会环境和政治统治的稳定。南宋时期著名学者兼名臣真德秀在泉州担任知州时有一项重要事务，就是布置海防，防范海上贸易活动，即所谓"海盗"活动，剿捕流窜于海上的"盗贼"。很显然，从宋代开始，政府的海洋政策出现了两种相互矛盾的走向：一方面继续维持以往的"朝贡体系"，另一方面对民间海上私人贸易活动严加禁止，阻挠打击。

宋朝廷禁止和打击民间私人海上贸易的做法，被后世的统治者们延续下来。特别是到了明代，这种做法对海洋贸易的阻碍作用愈加突显。从明代中叶开始，东南沿海商民从事海上私人贸易已经成为经济发展的趋势。特别是到了 15 世纪之后，世界局势发生了重大变化，处于资本主义原始积累阶段的欧洲人开始向世界的东方进发，"大航海时代"已经到来。这就使得 15 世纪之后的明朝社会，被迫进入一个前所未有的"世界史"的国际格局之中。[1] 从比较世界史的视角来观察，明初中国国力鼎盛的时期，正是欧洲"黑暗"的中世纪。西方出现资本主义的曙光，和明中叶以降中国社会经济与文化思潮新旧交替的冲动几乎同时到来。

① 陈支平：《从世界发展史的视野重新认识明代历史》，《学术月刊》2010 年第 6 期。

总序

随着欧洲资本主义原始积累的步步推进，早期殖民主义者跨越大海，来到亚洲东部的沿海，试图打开中国社会经济的大门，谋取资本原始积累的最大利润。差不多在同一时期，伴随中国明代中期社会经济特别是商品市场经济的发展，中国商人也开始尝试突破传统经济格局和官方朝贡贸易的限制，冒险走出国门，投身到海上贸易的浪潮之中。

16 世纪初，西方的葡萄牙人、西班牙人相继东航，分别以满剌加、吕宋为根据地，逐渐扩张势力至中国的沿海。这些欧洲人的东来，刺激了东南沿海地区商人的海上贸易活动。嘉靖、万历时期，民间私人海上贸易活动冲破封建政府的重重阻碍，取代朝贡贸易，并迅速兴起。中国海商的足迹几乎遍及东亚、东南亚各国，其中尤以日本、吕宋、暹罗、满剌加等地作为转口贸易的重要据点。他们把内地的各种商品，如生丝、丝织品、瓷器、白糖、果品、鹿皮及各种日用珍玩等，运销海外，换取大量白银及香料等回国出售。由于当时欧洲商人已经染指东南亚各国及我国沿海地区，因此这一时期的海外贸易活动，实际上也是一场东西方争夺东南亚贸易权的竞争。中国沿海商人，以积极应对的姿态，扩展势力至海外各地。研究中国明代后期东南亚海上贸易的学者普遍认为，17 世纪前后，中国的商船曾经遍布南海各地，从事各项贸易，执东西洋各国海上贸易的牛耳。

明代中后期不仅是中国商人积极进取，应对"东西方碰撞交融"的时期，而且随着这种碰撞交融的深化，中国的对外移民也成了常态。在唐宋时期，虽说中国的沿海居民中也有迁移海外者，但数量有限且非常态，尚不能在迁移的地方形成具有一定规模的华侨聚居地。而拥有真正意义上的海外移民并且形成华侨群体的年代，应是始于中国明朝时期。这种情况在福建民间的许多族谱中多有反映，譬如泉州安海的《颜氏族谱》记载，该族族人颜嗣祥、颜嗣良、颜森器、颜森礼及颜侃等五人，先后于成化、正德、嘉靖年间到暹罗经商并侨寓其地至死。《陈氏族谱》记载该族族人陈朝汉等人于正德、嘉靖年间到真腊经商且客居未归。再如同安汀溪的黄姓家族，成化年间有人去了南洋，繁衍族人甚众。永春县陈氏家族则有人于嘉靖年间到吕宋经商并定居于当地。类似的例子很多，举不胜举。① 到中国明代后期，福建、广东一带迁移国外的华人，已经逐渐向世界各地拓展。印度尼西亚的巴达维亚城是荷兰东印度公司所在地，1619 年前当地华侨不足四百人。不到十年，即截至 1627 年，该城华侨已达三千五百人，而其中大多数是来自福建漳州、泉州的移民。又据有关记载，从明代中后期始，中国的丝绸、瓷器等商品已由中外商人贩运到墨西哥等拉美地区，一些广东商民甚至在墨西哥的阿卡普尔科等地从事造船业或其他行业的生产经营活动。②

　　这些移居海外的华人，为侨居地早期的开发与经济繁荣作出了较大的贡献，如福建巡抚徐学聚所说："吕宋本一荒岛，魑魅龙蛇之区，徒以我海邦小民，行货转贩，外通各洋，市易诸夷，十数年来，致成大会。亦由我压冬之民，教其耕艺，治其城舍，遂为隩区，甲诸海国。"③ 对于这一点，即使是西班牙殖民者也不得不承认。如马尼拉总督摩加在 16 世纪末宣称："这个城市如果没有中国人确实不能存在，因为他们经营着所有的贸易、商业和工业。"一位当时的目击者胡安·科博神父（Father Juan Cobo）亦公正地说："来这里贸易的是商人、海员、渔民，他们大多数是劳动者，如果这个岛上没有华人，马尼拉将很悲惨，因为华人为我们的利益工作，他们用石头为我们建造房子，他们勤劳、坚强，在我们之中建起了最高的楼房。"④ 一些菲律宾史学家对此也作出了公正的评价，《菲律宾通史》的作者康塞乔恩（Joan de la Concepcion）在谈到 17 世纪初期的情况时写道："如果没有中国人的商业和贸易，这些领土就不可能存在。"如今仍屹立在马尼拉的许多老教堂、僧院及碉堡，大多是当时移居马尼拉的华人所建。约翰·福尔曼（John Foreman）在《菲律宾群岛》一书中亦谈道："华人给殖民地带来了恩惠，没有他们，生活将极端昂贵，商品及各种劳力将非常缺乏，进出口贸易将非常窘

---

① 王日根、陈支平：《福建商帮》，香港中华书局，1995，第 117—119 页。

② 黄国信、黄启臣、黄海妍：《货殖华洋的粤商》，浙江人民出版社，1997，第 144 页。

③ 徐学聚：《报取回吕宋囚商疏》，载《明经世文编》卷四三三《徐中丞奏疏》。

④ Teresita Ang See, *Chinese in the Philippines*, vol. 1, Manila, 2018, p. 137.

困。真正给当地土著带来贸易、工业和有效劳动等的是中国人，他们教给这些土著许多有用的东西，种植甘蔗、榨糖和炼铁，他们在殖民地建起了第一座糖厂。"①

移居印度尼西亚的华人同样为巴达维亚的发展与繁荣作出贡献。荷兰东印度公司在到来的第一个世纪里，不但使用了华人劳力和华人建筑技术建造巴达维亚的城堡，而且把城里的财政开支都转嫁到华人农民的税收上，凡城市的供应、贸易、房屋建筑，以及巴达维亚城外所有穷乡僻壤的垦荒工作都由华人来承担。② 荷兰东印度公司在 17 世纪下半叶才把糖蔗种植引进爪哇，在欧洲市场上它虽然不能与西印度的蔗糖竞争，但它取得了印度西北部和波斯的大部分市场，并且还出售到日本，而这些新引进的糖蔗的种植工作几乎是由华人承包的。③ 因此，英国学者博克瑟（C. R. Boxer）曾说："假如马尼拉的繁荣应归功于移居那里的华人的优秀品质，那么当时作为荷兰在亚洲总部的巴达维亚的情况亦一样。华人劳工大多数负责兴建这座城市，华人农民则负责清除城市周围的村庄并进行种植，华人店主和小商人与马尼拉的同胞一样，占据零售商的绝大部分。我们实事求是地说，荷兰东印度公司对其首府的迅速兴起应极大地感激这些勤劳、刻苦、守法的中国移民。"④ 到了清代以至民国时期，庞大的华侨华人群体，更是为世界各地的社会经济发展作出了不可磨灭的贡献。

15 世纪至 17 世纪，固然是西方殖民主义者向世界各地扩张的时期，但其时东方的中国社会，中国商人以积极进取的姿态，同样把自己的活动范围向海外延伸。这种双向碰撞交融的历史进程，无疑从另一个源头上促进了"世界史"大概念的形成与发展。因此可以说，15 世纪至 17

---

① John Foreman, *The Philippine Islands*, London, 1899, p. 118.

② J. C. Van Leur, *Indonesian Trade and Society*, The Hague, 1960, pp. 149, 194.

③ John F. Cady, *Southeast Asia: It's Historical Development*, New York, 1964, p. 225.

④ C. R. Boxer, Notes on Chinese Abroad in the Late Ming and Early Manchu Periods Compiled from Contemporary Sources (1500—1750), in *Tien Hisa Monthly*, 1939 Dec., vol. 9, no. 5, pp. 460—461.

世纪的中国社会，同样是推进"世界史"格局形成的重要组成部分。

明代中后期，也就是 16—17 世纪，东西方的经济与文化碰撞，中国沿海商民积极应对西方所谓"大航海时代"的来临，这本来是中国海洋发展的绝佳时机。但遗憾的是，中国政府并未像西方政府那样，成为海洋商人寻求拓展海外势力范围的坚强后盾，而是采取了相反的政策措施——禁绝打击。由于受到政府禁海政策的压制，中国明代东南沿海地区的商人不得不采取亦盗亦商的经营行为。从中世纪世界海商发展史的角度来考察，亦商亦盗的武装贸易形式，也是中世纪以至近代西方殖民者海商集团所采取的普遍形式。不同的是，西方殖民者的海盗行径大多得到本国政府的支持。"大航海时代"的葡萄牙人、西班牙人、荷兰人，都以本国政府的支持和强大的武装为后盾，企图打开中国沿海的贸易之门。① 而中国海商集团的武装贸易形式，是在政府的压制下不得不采取的一种自我保护措施。在中国政府的压制下，东南海商的武装贸易形式虽然能够在中国明代后期这一特定的历史空间中得以发展，但最终不能长期延续并发展下去。终清之世，中国东南海商再也未能形成一支强大的武装力量。从国际贸易的角度看，这也是中国海商逐渐失去东南海上贸易控制权的重要原因之一。16 世纪至 19 世纪中叶，中国的海商只能在政治与社会的夹缝中艰难行进。

中国历代朝贡体系虽然奉行与周边国家地区和平共处的宗旨，但这种仅着眼于政治仪式层面的外交政策，忽略了文化层面的外交交流（这里的文化层面，主要指带有意识形态的宗教、信仰、教育及生活方式等）。而这种带有政治仪式意味的外交政策，将随着政治的变动而变动，缺乏长久的延续性。因此，到 17 世纪后东亚及中东的政治版图发生变化时，中国对南亚、西亚以至中东的政治影响力迅速衰退。

通过对中国历代政府对外海洋政策的分析，我们不难了解到，中国历代政府所制定的对外海洋政策，主要围绕政治稳定展开，海洋经济的发展，基本上不能进入政府决策者的考量之中。虽然说政府也在某些场

---

① 毛佩琦：《明代海洋观的变迁》，载中国航海日组委会办公室、上海海事大学编《中国航海文化论坛》（第一辑），海洋出版社，2011，第 268 页。

合、某些时段对民间海上私人贸易设立管理机构并予以课税等，但是这些行为大多是被动的，是为了更有效地管制民间的"违禁"贸易行为。这种"超经济"的对外海洋政策和"朝贡体系"维系了中国与周边地区，也就是亚洲地区近两千年和谐共存的国际关系，使亚洲不曾出现像欧洲中世纪那样国与国之间攻伐不断的混乱局面。另一方面，国家政府对民间海上私人贸易活动的禁绝压制，也在一定程度上阻碍了中国海洋文明发展史的顺利前进。

三、宋明以来中国海上丝绸之路发展的两种路径

正如前文所论述的，在中国的海洋文明发展史上，宋代是一个关键的转折期。宋代以前，中国的海洋事务基本上在政府的"朝贡体系"下施行。而宋代以后，特别是明代以来，民间从事海上私人贸易活动的现象日益增加，最终大大超出国家政府"朝贡体系"控制下的经济活动范围。从中国海洋活动的范围看，唐宋时期中国的海洋活动及文化的对外传播，主要局限在亚洲相邻国家以至中东地区，和欧洲等西方国家的联系及对其的影响，是间接的，且相对薄弱。但是到了明代，情况就不一样了。双方不但在贸易经济上产生了直接并带有一定对抗性的交往，而且由于西方大批耶稣会士的东来，双方在文化领域也产生了直接的交往。

明代中叶之后，伴随世界地理大发现和新航路的开通，西方的思想文化及科学技术也日渐向外传播。而明代嘉靖、万历时期社会经济发展，海外贸易引发对传统商品扩大再生产和改革工艺的要求，迫切需要科学技术的创新和总结。欧洲耶稣会士带来的西方科技，如天文、历算、火器铸造、机械制造、水利、建筑、地图测绘等知识，又以其新奇和实际的应用刺激了讲究实学的士大夫的求知欲望。在这双重因素的交互推动下，出现了一股追求科技知识的新潮，产生了一次小型的"科学

革命"①。这种思想文化与科学技术的变化，充分地体现了这一时期中国文化与西方文化直接碰撞和交融的初步成果，同时也折射出当时的中国社会在面对新的世界格局调整时，是以一种包容开放的心态来与西方展开交流的。

正因为如此，尽管当时西方耶稣会士是带着传教目的来的，而且对所谓"异教徒"文化往往怀有某种程度的蔑视心态，但是在较为开放的中国社会与文化面前，这批西方耶稣会士敏锐地意识到中国传统文化的博大精深，所以他们中很少有人用轻视的眼光看待中国文化。由于有了这种较为平等的文化比较心态，明代后期来华的耶稣会士们，在一部分中国上层知识分子的协助下，开始较为系统地从事向欧洲译介中国古代文化经典的工作，竭力把中国的政治、经济、社会的基本状态及文化的基本内涵，介绍到西方各国。在这种较为平等的中西文化交流与文化传播中，中国的文化在西方获得了应有的尊重。

到了清代中期，中国政府采取了较为保守封闭的对外政策，尤其是对思想文化领域的交流，逐渐采取压制的态势。在这种保守封闭的政策之下，中国文化的对外传播受到了一定的阻碍。更为重要的是，随着西方资本主义革命的不断胜利和工业革命的巨大成功，"欧洲中心论"的文化思维已经在西方社会牢固树立。欧洲的政治家和知识分子也逐渐失去了对中华文化的敬畏之心。直至近代，虽然说仍然有一小部分中外学人继续从事翻译介绍中国文化经典的工作，但是在绝大部分西方人士的眼里，所谓中华文化，只是落后民族的低等文化。尽管他们的先哲也许在不同的领域提及并赞美过中国的儒家思想，然而到了这个时候，大概也没有多少人肯承认他们的高度文明思想跟远在东方的中国儒家文化有什么瓜葛。时过境迁，18世纪以后，中国以儒家经典为核心的意识形态文化在世界文化整体格局中的影响力大大下降，对外传播的作用日益衰微。

但是我们还必须看到，随着宋元以来民间私人海上经济活动的不断

---

① 杨国桢、陈支平：《明史新编》，傅衣凌主编，人民出版社，1993，第427—432页。

加强，沿海一带的居民也随着这种海上活动的推进，不断地向海外移民。这就促使中国海洋文明发展与海上丝绸之路形成了两种不同的路径，一种是由政府主导的"朝贡体系"和由知识分子主导的以传播儒家经典为核心的意识形态文化，另一种是随沿海商民迁移海外而传播出去的与一般民众生活方式相关的基层文化。

据文献考察，宋明以来，特别是明代以来，中国迁居海外的移民基本上来自明代私人海上贸易最发达的地带，往往是父子、兄弟相互传带的家族式移民。1571 年，西班牙殖民者进抵菲律宾群岛并构建了以马尼拉城为中心的殖民据点，积极开展与东亚各国的贸易往来，采取吸引华商前来贸易的政策，前往菲律宾岛的华商日渐增多，其中不少人定居下来。明代福建官员描述："我民往贩吕宋，中多无赖之徒，因而流落彼地不下万人。"[1] 有的记载则称这些沿海商民"流寓土夷，筑庐舍，操佣贾杂作为生活"，"或娶妇长子孙者有之，人口以数万计"。[2] 到了清代，中国东南沿海人民往海外的迁移活动，基本上呈不断递升的状态。随着国际交往的扩大和资本主义市场的网络化，中国海外移民的数量及所涉及的地域均比以往有所增长。到了近现代，中国东南沿海海外移民的足迹，已经遍布亚洲之外的欧洲和美洲各地，甚至到了非洲。

这种家族、乡族成员连带的海外移民方式，必然促使他们在海外新的聚居地较多地保留祖地的生活方式。于是，家族聚居、乡族聚居生活方式的延续，民间宗教信仰的传承，风尚习俗与方言的保存，文化教育与娱乐偏好的追求，都随着一代又一代移民的言传身教，顽强地延续下来。这种由民间传播至海外的一般民众的生活方式，逐渐在海外形成了富有中国特色的文化象征。因此，我们在回顾中国以儒家经典为核心的意识形态文化在明代后期向西方传播的同时，绝不能忽视明代中后期以来一般民众生活方式对外传播的文化作用及意义。当近代以来中国的意识形态文化在西方人眼里日益衰微的时候，以往被人们忽视的由沿海商

---

① 张燮：《东西洋考》卷五，载《东洋列国考》，中华书局，1981，第 91 页。
② 顾炎武：《天下郡国利病书》卷九三《福建三》，广雅书局光绪二十六年刊本，第 13 册。

民迁移海外而传播出去的一般民众的基层文化传播途径，实际上成了 18 世纪以后中华文化向海外传播的主流渠道。

虽然说从 16—17 世纪以来，中国东南沿海居民不断地、大批地向世界各地移民，形成华侨群体，并在自己的居住国形成具有中华文化特征的社会文化氛围，但是我们还必须看到，这种由下层民众传播到世界各地的中华文化，无论是宗教信仰、生活习俗，还是文化教育及艺术娱乐，基本上都是在华人的小圈子里打转，极少扩散到华人之外的族群当中去。也就是说，中华文化在海外的这种传播，不太可能对华人之外的群体乃至国家、地区产生重要的影响力。

中国历代的对外关系，基本上是遵循两条道路开展的：一是王朝政府的朝贡体系，一是宋代以来民间海外贸易与对外移民的系统。如前所述，王朝的朝贡体系，关注的是政治礼仪外交，宋代以后缺乏带有国家层面的文化输出和传播。而宋明以来的民间海洋活动，关注的是经济问题，民间文化输出的目的在于维系华人小群体和谐相处的稳定局面，极少往政治层面上去思索，因此这种民间文化的输出，影响力极其有限。也就是说，中国海上丝绸之路的发展模式，自宋代以来，严重缺失了国家层面的对外文化传播与输出。反观 15 世纪以来西方殖民者的东扩，在庞大的商业船队到来的同时，天主教的传教士也不断涌入，想方设法地在东方世界包括中国在内的广大民众之中传播西方的宗教信仰与意识形态。时至今日，西方天主教、基督教对中国社会的渗透，依然十分强大。有些东亚国家，如韩国，其民众对基督教的信仰大大超出了以往对东方佛教的信仰。起源于中东地区的伊斯兰教，同样也是如此。本来，华人移民率先进入东南亚地区，但是后来的伊斯兰教徒，充分利用和扩展与东南亚国家和地区上层阶层的交往，使伊斯兰教在东南亚地区得以迅速传播，如今东南亚地区的许多居民被伊斯兰教同化。伊斯兰教文化在这些地区后来居上，占据了统治地位。虽然有少部分中国学者一厢情愿地认为明代前期郑和下西洋对东南亚地区的伊斯兰教传播起到了重要作用，但是这种论点的历史依据，大多是属于现代的，很难得到东南亚

地区伊斯兰教系统文献的印证①，基本上属于自娱自乐、自说自话的范畴。

在中国历代海洋事业及海上丝绸之路的发展历程中，文化传播与输出的缺失，极大地限制了中国对周边国家特别是东南亚国家和地区的整体影响。尽管中国历代政府希望通过朝贡体系谋求与周边国家的和平共处，中国海外移民也对居住国社会经济的发展作出了重大的贡献，但是由于文化上的隔阂，使得无论是中国与周边国家、地区的关系，还是华侨华人与当地族群的关系，都处于比较尴尬的境地。就东南亚地区百余年的发展情况而言，华侨华人在经济上为当地的发展作出了重大的贡献，但是经济上越成功，对当地的贡献越大，往往越难与当地族群形成亲密和谐关系，二者之间的隔阂始终存在。一旦这些国家或地区出现政治上、经济上的波动，当地族群往往把社会、政治及经济上的怨恨发泄到华侨华人群体上。百余年来，东南亚地区是华侨华人人数最多的地区，同样居住在这些地区的其他外来族群，却很少受到血腥的排斥，唯独华侨华人，不时受到当地政府或当地民众的排斥、攻击与屠杀。这其中的原因当然是十分复杂的，但是我们不得不认识到，中国海上丝绸之路在发展历程中忽视了文化的传播与输出，造成不同国家与地区之间文化上的隔阂，无疑是其中一个重要的因素。

中国的海洋文明发展历史及中国海上丝绸之路历史的前进道路，虽然在18世纪之后受到一定的挫折，但是其整体发展趋势并没有发生明显的改变，中国通过海上丝绸之路与世界的联系，始终保持波浪式的前进态势。而随着中国改革开放的大踏步前进，到了21世纪，中国发展包括"海上丝绸之路"在内的"一带一路"重大倡议日益坚定。"建设丝绸之路经济带和21世纪海上丝绸之路的战略构想，兼顾陆地与海洋，是建立在中国既是一个陆地国家，又是一个海洋国家的历史土壤上，统筹陆海

① 如孔远志先生是主张郑和下西洋时向东南亚地区传播伊斯兰教的学者，但是他也承认："海外现有的关于郑和在海外传播伊斯兰教的记载，尚缺乏有力的佐证。"参见孔远志：《论郑和与东南亚的伊斯兰教》，载中国航海日组委会办公室、上海海事大学编《中国航海文化论坛》（第一辑），第81页。

大格局、全方位对外开放的大手笔。它秉承和平合作、开放包容、互学互鉴、互利共赢的精神，通过政策沟通、道路联通、贸易畅通、货币流通、民心相通等一系列规划项目和实践，促进沿线国家深化合作，建设成一个政治互信、经济融合、文化包容的利益共同体、命运共同体和责任共同体。这个构想本身就是对传统中华文明的传承和弘扬。21世纪海上丝绸之路建设不是简单的经济过程、技术过程，而是文明的进步过程。仅仅靠资金的投入和技术的推广是不够的，需要正确的理论指导和历史经验教训的借鉴。因此，忽视基础研究并不可取，挖掘海洋文明史资源，深化中国海洋文明史研究，推动历史研究与当代研究的互通互补，不仅是提高讲好海洋故事能力的必要条件，更是推进中国文明的现代转型，建设海洋强国的内在诉求。"① 正因为如此，我们今天梳理中国海洋文明发展历史与中国海上丝绸之路历史的前进脉络，其现实意义是不言而喻的。

四、我们撰写"中国海上丝绸之路通史"的基本思路

中国海洋文明的发展及由此形成的中国海上丝绸之路，不仅给中国的社会经济与文化增添了不断奋进的鲜活元素，同时也为世界文明注入了不可或缺的源头活水。自现代以来，中外学界的不少学者都对中国的海洋文明发展史及海上丝绸之路历史文化进行过诸多探讨解析。但是迄今为止，学界对中国海洋文明发展史及海上丝绸之路历史文化的研究，主要侧重中国对外交通史、中国海外贸易史和中外文化交流史等领域。而对中国海洋文明发展史及海上丝绸之路的另外一种发展路径，即上面论及的以往被人们忽视的由沿海商民从事的海洋事业，以及由此迁移海外并传播到世界各地的基层文化的传播途径的研究，是缺失的。中国的海洋文明发展史及海上丝绸之路历史文化，从根本上讲，是由从秦汉以来一代又一代的民众构筑起来的。我们今天探讨和解析中国海洋文明发

---

① 杨国桢、王鹏举：《中国传统海洋文明与海上丝绸之路的内涵》，《厦门大学学报（哲学社会科学版）》2015年第4期。

展史及海上丝绸之路历史文化，理应将较多的关注点放在构筑这一光辉历史与文化的下层民众上。近年来，随着中国海洋意识的提升，学界对中国海洋文明发展史及海上丝绸之路历史文化的讨论和学术研究日益增多，涌现出诸多富有见识的学术论述，其中以杨国桢先生主编的"海洋与中国"丛书、"海洋中国与世界"丛书和"中国海洋文明专题研究"丛书最具规模。这三套丛书用很大篇幅探讨、剖析了海洋文明与海洋文化中一般民众的生活方式及基层文化，使中国海洋文明发展史和海洋社会经济史的研究更贴近海洋草根文化的本源真实。

近年来，学界还组织出版了一些以"海上丝绸之路"为主题的研究成果，这其中有清华大学出版社出版的《海南与海上丝绸之路》、厦门大学出版社出版的"海上丝绸之路研究丛书"、世界图书出版社出版的"海上丝绸之路断代史研究"丛书和安徽人民出版社出版的"南方丝绸之路研究丛书"。在这几种有关海上丝绸之路研究的图书中，《海南与海上丝绸之路》是地域性研究著作，而厦门大学出版社出版的"海上丝绸之路研究丛书"则是专题性研究成果的汇集。这些专题性研究成果的出版，将进一步推进对海上丝绸之路历史文化的研究，扩展我们对海上丝绸之路的考察视野，具有良好的学术意义。然而，这批著作过于注重专题性的叙述，因此也缺乏对中国海上丝绸之路历史文化的整体把握。世界图书出版社出版的"海上丝绸之路断代史研究"丛书，比较简要地概述了从秦汉至明清时期中国海上丝绸之路的演变历史。但是这一历史叙述基本建立在中国本土立场上展开，对海上丝绸之路涉及的其他区域及华侨华人在世界上的伟大贡献，基本上未涉及，这不得不说是一个很大的遗憾。因为海上丝绸之路是世界性的，我们无法忽视中国海上丝绸之路与沿路各地的相互联系。正是这种联系，使其成了真正意义上的海上丝绸之路。

回顾近 30 年中国学界对中国海洋文明发展史及海上丝绸之路历史文化的研究，不难发现以往对中国海洋文明发展史和海上丝绸之路历史文化的研究，更多是建立在宏观概念的探讨与专题性分析上。需要指出的是，在当前国家提倡"一带一路"重大倡议时，社会上乃至学界的一部分人，蹭着国家重视海洋意识的热度，赶着海上丝绸之路的时髦，提出了一些脱离中国海洋文明发展真实历史的观点，正如杨国桢先生所批评的："现在一些研究成果，对海洋的历史作用的认识存在分歧。一种认为传统中国是一个陆权国家，海洋并不重要，现代国家的发展要重建陆权。一种急于表达中华海洋文明是世界领跑者、优秀角色，提出中国或福建是世界海洋文明发源地，近代以前至少15世纪以前是海洋之主……这些现象的出现，是中国海洋史学发展不成熟的表现。一些声音很高的人本身对历史毫无素养，写的书是'非历史的历史研究'，他们看了一些历史论著就随意拔高观点，宏观架构出理论体系，当然会对社会产生误导。比如最近在海峡两岸引起轰动的南岛语族问题，考古学界、人类学界、语言学界的研究成果，把他们的一部分来源追溯到我国东南沿海或台湾地区。于是台湾有人说：'台湾是人类文明发源地。'福建有人说：'福建是世界海洋文明的发源地。'这是真的吗？我认为史学界应该重视，开展讨论，辨明是非。这类问题还有不少，不宜视而不见。"①

从这样的思考出发，我们认为有必要撰写一系列比较全面又清晰体现中国海洋文明发展史及海上丝绸之路历史文化的著作，尤其是能在一定程度上反映历代中国商民从事的海洋事业，以及由此迁移海外而传播到世界各地的一般民众基层文化传播途径。当然，要使我们的这系列著作能够达到这样一个目标，涉及三个方法论的问题，有必要在这里与大家逐一探讨。

首先，作为中国海洋文明发展的全史性著作，叙述书写的边界在哪里？所谓中国海洋文明发展通史，顾名思义，要叙述的是与海洋相关联的社会经济活动。但是我们不能赞同有些学者把中国的海洋文明发展史局限在海洋之中发生的历史事件。在本文的开章伊始，我们对中国的海洋历史形成这样的认识：中国海洋文明存在于"海—陆"一体的结构中。中国既是一个大陆国家，又是一个海洋国家，中华文明具有陆地与海洋的双重性格。中华文明以农业文明为主体，同时包容游牧文明和海洋文明，形成多元一体的文明共同体。中华民族拥有源远流长、辉煌灿

① 朱勤滨：《海洋史学与"一带一路"——访杨国桢教授》，《中国史研究动态》2017年第3期。

烂的海洋文化和勇于探索、崇尚和谐的海洋精神。中国海洋文明发展的这种"海—陆"一体的结构，决定了其与大陆文明的发展，具有天然的、不可分割的联系。从某种意义上讲，中国的陆地文明与海洋文明是相互促进、相互制约、相辅相成的。二者的发展历程，是无法断然割裂的。基于这样的思考，我们对叙述中国海洋文明发展历史边界的整体把握，并不仅限于发生在海洋当中的活动，而是从较为宏观的视野考察中国历代海洋活动中陆地与海洋的各方关系，从而更加全面地描述中国海洋文明发展的基本概貌。

其次，我们撰写的这部中国海洋文明发展通史，既然是基于中国海洋文明存在于"海—陆"一体结构的观点之上，那么这一极为宏观的审视所牵涉的领域又未免过于空泛和难于把握。为了更集中地体现中国历代海洋活动的主体核心部分，我们认为，在中国海洋文明发展历史的进程中，人的作用始终是第一位，海洋社会的核心是海洋活动中的人。"在海洋发展历史上，不同的海上群体和涉海群体塑造了不同的海洋社会模式，如古代的渔民社会、船员社会、海商社会、海盗社会、渔村社会、贸易口岸社会等等。他们有各自的身份特征、生计模式，通过互动结合，形成不同风格的群体意识和规范。海洋史就是要去研究海洋社会中的结构、经济方式，及其孕育的海洋人文。"① 我们只有更加深入与全面地反映历代人民在中国海洋文明发展进程中所发挥的无与伦比的历史作用，才能更加贴近中国海洋文明发展历史与文化的真实面貌，还原出一个由历代人民艰苦奋斗创造出来的历史本真。当然，要较为全面且如实地描述历代人民在中国海洋文明发展历程中所扮演的角色及其所发挥的作用，就必须深入地剖析历代人民所秉持的生活方式的方方面面，举凡社会、经济、精神、宗教信仰、文化教育、风俗习尚等，都是我们这部著作所要体现的重要内容。

再次，我们这部中国海洋文明发展史，虽然把论述的核心放在海洋活动中的"人"，但是中国自秦汉以来就是一个中央集权制国家，国家

---

① 朱勤滨：《海洋史学与"一带一路"——访杨国桢教授》，《中国史研究动态》2017 年第 3 期。

制度对政治、社会、经济、文化等各个方面都具有不可替代的强制力，而传承了两千多年的儒家文化等上层意识形态，同样也对中国历代的政治、社会、经济、文化等各个方面的发展起到不可忽视的影响作用。中国的海洋文明发展进程同样也是如此，无论是汉唐时期政府主导的"朝贡体系"，还是宋明以来民间私人海上贸易与海外移民的兴起，无不在相当程度上受到国家政府的制度设计和制度约束，从而在不同程度上影响着中国海洋文明发展的历史进程。特别是明清以后，国家政府对民间私人海上贸易活动及海外移民活动基本采取了压制的政策，对中国海洋文明的国际化进程产生了一定的阻碍作用。中国历代政府与中国海洋文明发展的这种复杂又多元的关系，以及中国传统儒家文化、道德观念对中国海洋文明发展历程所产生的影响力，无疑是我们在探讨中国海洋文明发展史及中国海上丝绸之路历史文化时应关注的内容。

最后，关于中国海洋文明发展历史，虽然最初海洋活动的产生是基于海岸线上的生产生活活动，如捕捞、养殖以及沿着海岸线的短途商业活动等，但随着海洋活动的扩展与进步，中国的海洋活动势必从海岸线走向大海，走向东南亚、南亚、中东以至欧洲、美洲各地。因此，中国海洋文明发展史，无疑是中国海洋活动不断向大海拓展活动空间的历史，而这一历史发展进程，就不单单涉及中国一个国家或地域的问题，而是涉及双向的国际问题。我们现在论述中国海洋文明发展史，总是脱离不了中国海上丝绸之路的话语，这正说明了中国的海洋文明发展史，是与中国海上丝绸之路的发展史紧密联系在一起的。海上丝绸之路是亚洲海洋文明的载体，不是中国一家独有的。从文化视角出发，海上丝绸之路可阐释为"以海洋中国、海洋东南亚、海洋印度、海洋伊斯兰等海洋亚洲国家和地区的互通互补、和谐共赢的海洋经济文化交流体系"。在某种意义上，海上丝绸之路是早于西方资本主义世界体系出现的海洋世界体系。这个世界体系以海洋亚洲各地的海港为节点，自由航海贸易为支柱，经济与文化交往为主流，包容了各地形态各异的海洋文化，形成和平、和谐的海洋秩序。中国利用这条海上大通道联通东西洋，既有主动的，也有被动的成分；沿途国家加入海上丝绸之路的运作，不是中国以武力强势和经济强势胁迫的。从南宋到明初，由于造船、航海技术

的发明和创新，中国具有绝对的海上优势，但中国并不利用这种优势追求海洋权力，称霸海洋。所以海上丝绸之路自开辟后一直是沿途国家交往的和平友善之路，直到近代早期欧洲向东扩张，打破了亚洲海洋秩序，才改变了海上丝绸之路的和平性质。海上丝绸之路作为历史的符号，覆盖了西太平洋和印度洋的地理空间，代表传统海洋时代和平、开放、包容的精神和文化。① 从这样的思路出发，我们对中国海洋文明发展史的认识，应该是具备国际视野的。从某种意义上或许可以说，中国的海洋文明发展史，也是我们海洋先民的足迹不断地向海外跋涉迈进的历史。这一点，同样是我们在这系列专著中力求表达的一个重要部分。

从以上的学术思路出发，我们撰写的"中国海上丝绸之路通史"丛书，应该是一套能充分体现中国历史上海洋事业与海上丝绸之路的纵向发展与横向发展的全方位的史学著作。也就是说，这批著作一方面较详尽地阐述了中国自先秦至民国时期海上事业与海上丝绸之路的发展概貌，另一方面也对各个历史时期中国海洋事业与海上丝绸之路发展阶段的主要特征进行专题性研究。其次，我们必须把研究的视野从中国本土逐渐向世界各地延伸，而不能局限于中国本土，不能仅仅以中国人的眼光来审视这一伟大的历程。我们必须追寻我们华侨先人的足迹，他们不惧汹涌的波涛，走向世界各地，从而为中华文化的对外传播，为世界各地的社会发展作出巨大的贡献，他们与祖籍家乡保持紧密联系、始终与祖籍家乡同呼吸共命运。中国海洋文明发展史与海上丝绸之路历史与文化的世界性，是该系列专著要表达的一项重要内容。其三，以往对中国海洋文明发展史及海上丝绸之路的研究都只关注社会经济活动，而事实上中国海洋事业与海上丝绸之路的发展演变过程除了包含社会经济活动，还包含文化、思想、教育、宗教等方方面面的上层建筑领域的内涵。因此，该系列专著还包括政治制度、文化精神等方面的内容，探索中国海洋社会经济发展的基本历程及其与文化等上层建筑领域的相互关系，寻找中国海上丝绸之路的文化意义及其对世界的重要贡献。

---

① 杨国桢、王鹏举：《中国传统海洋文明与海上丝绸之路的内涵》，《厦门大学学报（哲学社会科学版）》2015 年第 4 期。

当然，要比较全面而清晰地反映中国海洋文明发展史及海上丝绸之路历史文化，并不是一件简单的事情，没有一定的篇幅，是不足以反映中国海洋文明发展史及海上丝绸之路历史文化的全貌的。因此，我们联络了厦门大学、中国人民大学、闽南师范大学、福建中医药大学、闽江学院等多所高等院校的研究学者，分工合作，组成撰写20卷作品的研究队伍。我们从中国海洋文明发展史及海上丝绸之路历史文化的纵向和横向两个方面，进行多视野、多层次的探讨，经过三年多的努力，终于完成了这套数百万字的著作。我们希望这套专著能把两千年来的中国海洋文明发展史及海上丝绸之路历史文化，特别是把从事海洋事业、构筑海上丝绸之路的一般民众艰辛奋斗的历史，以及把中国传统文化传播到世界各地，推动世界文明多元化前进的本真面貌，呈现给广大读者。

我们深切知道，要全面深入地呈现中国海洋文明发展史及海上丝绸之路历史文化，单凭这样一套专著是远远不够的。由于我们的学力有限，这部多人协作完成的专著一定还存在不少缺点和错误。我们希望借这套专著的出版问世之机，向各位方家学者求教，希望得到方家学者的批评指正，以促使我们改进，并与海内外有意于研究中国海洋文明发展史及海上丝绸之路历史文化的同仁们一道探索，一道前进，共同促进中国海洋文明发展史及海上丝绸之路历史文化的学术研究更上一层楼。

陈支平

2022 年 10 月

总序

目录

前　言

　　众所周知，儒家学派是孔子创建的一个思想流派，是中华传统文化的重要组成部分，曾经深刻地影响着中华民族的精神和中国的传统社会。汉武帝采纳了董仲舒"罢黜百家，独尊儒术"的建议后，儒家学派从先秦诸子百家中脱颖而出，成为官方文化。此后两千年间，儒家一直占据着中国古代官方意识形态的主导地位，通过选官制度、教育制度乃至乡约、族规等，持续不断地传播着。在这个过程中，儒家学派并非一个封闭的思想体系，而是以其开放性和同化能力，先后将阴阳五行学说、道教、佛教等流派的部分理念纳入自己的思想框架中，从而逐渐丰富、发展起来，成为中国古代思想内容最为博大精深、延绵时间最长的思想流派。与此同时，以海上丝绸之路为纽带，儒学逐渐向海外辐射，在东亚形成了儒家文化圈。

　　儒家文化圈在东亚世界长期存在，始于汉代，形成于唐朝，延绵千余年。大体而言，今天的中国、朝鲜、韩国、日本、越南和新加坡等地都在这个文化圈内。这些国家和地区曾经长期以儒家学派的基本价值观念作为社会伦理基础。从地理范畴上看，儒家文化圈是由近而远逐渐扩大的，直至近代仍在扩大。从思想内容来看，汉唐时期已经进入儒家文化圈的各国传承的是儒家学说的大传统，近代才进入文化圈的国家与地区则传承着儒家小传统。从传播方式来说，儒家文化并非借助武力或传

教等方式强行输出自己的思想学说与价值理念，而是以其明显的优越性、先进性和卓越的精神感召力吸引各国，潜移默化地改变各国的文化内涵。正如英国杰出学者李约瑟 1967 年在诺里奇的演讲《西方对东亚的错误认识》中所说："如果我们仔细研究一下，就会认识到中国历史上最突出的一点就是，几千年来中国从来没有将自己的文化强加之于邻邦的人民。""中国的文化基本上不是扩张主义的，也不是帝国主义的；事实上恰恰与此相反。"① 哪怕是到了 19 世纪后期，中国国力逐渐衰落，但是儒家学说依然令赫尔曼·黑塞、拉尔夫·沃尔多·爱默生、列夫·尼古拉耶维奇·托尔斯泰等文化巨人为之倾倒。

根据儒家文化圈的范围，本书设四章进行讨论。第一章，专论儒家文化在朝鲜半岛的流布，尤其关注朱子学国家化、朝鲜本土儒家学派之形成与发展诸问题。第二章，介绍儒家学说在日本的传播、发展过程，重点讨论儒学本土化现象。第三章，分析儒学在越南的兴衰，聚焦其历朝统治者对儒学传播之举措。第四章，阐述近代移民在新加坡、马来西亚、印度尼西亚等东南亚国家自发自觉地传承庶民儒学，发起孔教复兴运动，进而保持华人文化特征的历史进程。通过上述四章的讨论，期望能一窥在海上丝绸之路视野下，儒家文化圈之形成过程。

元始元年（1年），王莽以汉平帝之名，追谥孔子为"褒成宣尼公"。后世因此称孔子为"宣尼"。又，孔子曾有浮海之叹："道不行，乘桴浮于海。"② 孔子本是感叹世如无明君，则向海洋寻找儒学新的生产、发展空间。本书取"宣尼浮海"为名，意在强调宣尼之学说沿着海上丝绸之路向海外世界传播。

---

① 李约瑟：《四海之内：东方和西方的对话》，劳陇译，三联书店出版社，1987，第 137、139 页。

② 朱熹：《四书章句集注·论语集注》卷三《公冶长》，中华书局，1983，第 77 页。

第一章
宣尼浮海到东国：
儒学在朝鲜半岛的传播与变迁

儒学作为中华文化的核心，也是东亚文化圈的核心元素，深刻地形塑了东亚各国的精神文明。在东亚各国中，受儒家文化影响最早、最深的，当属近邻朝鲜。儒家学说从传入朝鲜半岛起，在漫长的历史过程中，经过朝鲜思想家们的消化和吸收，逐渐在朝鲜半岛传播、扎根，深深地融入朝鲜的传统文化，并逐渐形成了具有本民族特色的朝鲜儒学。因此，朝鲜被认为是典型的儒教国家。

第一节　三国时代的汉唐经学

儒家学说传入朝鲜的确切时间无法确定。目前国内外学界主要有五种推测。[1]（一）箕子引进说。据史书记载，周武王伐纣后，箕子率领弟子和部分商朝遗老东渡朝鲜，于是周武王封其为朝鲜侯。朝鲜近代学者张志渊认为，箕子是"儒教宗祖"，箕子东走朝鲜，就是朝鲜儒学的开端。（二）战国燕与秦末中国移民引入说。韩国学者柳承国、李丙焘、金忠烈认为，燕国和箕子与朝鲜的来往，以及战国、秦、汉之际中国移民迁入朝鲜，都带去了儒家文化。（三）西汉初卫满率众避难至朝鲜时传入说。张立文、李甦平主编的《中外儒学比较研究》认为，包括儒学

---

[1] 参见杨昭全：《中国儒学之传入朝鲜及影响》，载收入氏《中国—朝鲜·韩国文化交流史》第Ⅰ卷，昆仑出版社，2004，第196—223页。

在内的中国文化传入朝鲜至少可以追溯到公元前 194 年，甚至更早。
（四）汉四郡传入说。公元前 108 年，汉武帝灭掉卫满朝鲜，在其地设立
乐浪郡、玄菟郡、真番郡、临屯郡，实行统治。随着汉人官吏、商贾和
移民进入朝鲜半岛，汉字、汉文典籍和儒家思想文化也随之传入。当代
学者陈植锷等都主张这一观点。（五）国学与遣唐留学生始传说。韩国
学者玄相允认为，儒家思想传入朝鲜年代久远，但没有最初的文字记载
作为凭证，"当以遣唐留学生制度与国子学之设立为朝鲜儒学之原始"①。
还有一种强调汉文字导入说。在 14 世纪初李朝世宗创立自己的民族文字
"训民正音"前，朝鲜一直使用汉字。朱七星认为："大约公元前 2 世纪
前后，（儒学）伴随着汉字的导入和使用在朝鲜得以传播……但是，朝
鲜将儒学作为社会思想来输入，是在公元 1 世纪前后的三国时期……"②
在评述前述几种观点后，杨昭全指出，判断儒家何时传入朝鲜"应以是
否建立依此种文化形成之政治、制度为主要标准"，因此"中国儒学传
入朝鲜之时间，似应以汉四郡的建立（公元前 108 年，汉武帝元封三年）
为宜"。③

从汉设四郡起，儒家文化伴随着汉字、汉文典籍、政治制度等传入朝
鲜。到了朝鲜三国时代，儒学思想在朝鲜半岛的传播有了进一步的发展。

一、汉字与儒家经典的传入

朝鲜有自己的文字是很晚的事情。有学者认为，早在箕子东走朝鲜
时，便把汉文字带到了朝鲜半岛。④ 20 世纪 80 年代，已有学者从朝鲜半

---

① 玄相允：《韩国哲学史》，转引自杨昭全《中国儒学之传入朝鲜及影响》，载收入
氏《中国—朝鲜·韩国文化交流史》第 I 卷，第 200 页。

② 朱七星：《中国、朝鲜、日本传统哲学比较研究》，延边人民出版社，1995，第
37—38 页。

③ 杨昭全：《中国儒学之传入朝鲜及影响》，载收入氏《中国—朝鲜·韩国文化交
流史》第 I 卷，第 201 页。

④ 杨昭全：《中朝语言文字交流》，载收入氏《中国—朝鲜·韩国文化交流史》第 II
卷，第 427 页。

岛各种考古出土的器具中找到汉字在公元前5至2世纪已传入朝鲜半岛的证据。[1] 在朝鲜北部，多次出土了战国时代的明刀钱和金属器具，上面大多铸有汉字。据调查，朝鲜渭原郡龙渊洞等六个地方出土的4694枚明刀钱竟然铸有汉字达三千多个。此外，大同江流域平壤附近曾出土我国秦朝所铸造的铁戈，上面铸有二十多个秦篆体的汉字。公元前108年，汉王朝在朝鲜半岛设置四郡进行统治，汉字和汉文化进一步传播到朝鲜。平壤还出土了西汉元帝永光三年（前41）铸造的汉孝文庙铜钟，上面也铸有"孝文庙铜钟容十升重卅十斤永光三年六月造"等字样。上述出土文物，都充分表明汉字早在公元前就已经传入朝鲜半岛。

汉武帝时在朝鲜半岛设置的四郡

目前保留下来的最早的朝鲜民间汉文诗歌是《箜篌引》。这首诗大约创作于汉四郡时期到东汉末（前108—200），是古朝鲜霍里子高之妻丽玉所作。其诗曰：

> 公无渡河，
> 公竟渡河，
> 堕河而死，
> 当奈公何。

这首汉文诗歌的撰写和流传，充分表明了汉字不仅传入朝鲜半岛，而且被人们所采用，用来表达情感。

① 朴真奭：《中朝经济文化交流史研究》，辽宁人民出版社，1984，第10—11页。

到了朝鲜历史上的三国时代，汉字已经在朝鲜半岛广泛使用了。所谓三国，指半岛北部的高句丽（前 37—668）、位于半岛东南部的百济（前 18—660）以及位于半岛西南部的新罗（前 57—935）。三国并立时代，大约从公元前 1 世纪中叶到公元 7 世纪中叶。这一时期是朝鲜社会文化大发展的时期，也是大规模吸收和移植中华文化的时期。由于没有本民族的文字，三国都借用汉字作为书面语，采用儒家思想治理国家。

高句丽在建国初期已经比较广泛地使用汉字，并使用汉字修撰本国的史书。根据《三国史记》的记载，"国初始用文字时，有人记事一百卷，名曰《留记》"，婴阳王十一年（600），诏令太学博士李文真删修为《新集》五卷。① 能用汉字撰写国史，可见汉字传入高句丽已经有相当长的历史，且成为官方文字。

高句丽采用汉字且深受汉文化影响的一个重要历史见证，是好太王碑。此碑又称广开土大王碑，碑址位于今吉林省集安市集安镇好太王陵东，是高句丽长寿王为纪念其父好太王的功绩于长寿王二年（414）立于好太王陵东侧的。碑体呈方柱形，高 6.39 米，底部宽 1.34 米至 1.97 米不等，四面环刻汉字碑文。碑文共 44 行，每行 41 字，共有文字 1775 个。其中，141 字已脱落无法辨识，字体介于汉字隶书与楷书之间。碑文主要记载了高句丽建国神话传说、好太王的历史功绩。其汉文叙述流畅，思想深受儒家学说浸染，可以看出《尚书》《左传》的影子，还可以窥见河图洛书的影响，体现了儒家的天道思想。② 1875 年，此碑被发现，其史料价值、文章笔法和书法功力等都获得学者的高度评价。如郑文焯评价道："铭词无韵，而文义简洁疏宕。叙事处有类范史之笔。字体八分遒浑。当为辽东第一古碑。"③

百济也很早就接触汉字，并采用汉字撰写本国史书。近肖古王在位

① 金富轼：《三国史记》卷二〇《高句丽本纪第八》，孙文范等校勘，吉林文史出版社，2003，第 244 页。

② 参见耿铁华：《集安高句丽碑研究》，吉林大学出版社，2017，第 36—37 页。

③ 郑文焯：《高（句）丽国永乐好太王碑释文纂考》，转引自杨通方《源远流长的中朝文化交流》，载周一良《中外文化交流史》，河南人民出版社，1987，第 363 页。

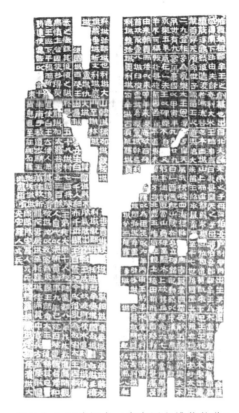

广开土大王碑拓本（东京国立博物馆藏）

期间（346—375），博士高兴用汉字修撰了百济的国史《书记》。[1] 又根据《周书》载："其秀异者，颇解属文。"[2] 当时有人能撰修国史、能撰写文字，可见汉字传入百济的时间已经相当长，且成为官方文字。

百济盖卤王十八年（472，北魏延兴二年）派遣使者入北魏朝贡，又因高句丽南侵而同时上表求援。表中说道："臣建国东极，豺狼隔路，虽世承灵化，莫由奉藩，瞻望云阙，驰情罔极。凉风微应，伏惟皇帝陛下协和天休，不胜系仰之情，谨遣私署冠军将军、驸马都尉弗斯侯，长史余礼，龙骧将军、带方太守、司马张茂等投舫波阻，搜径玄津，托命

---

① 金富轼：《三国史记》卷二四《百济本纪第二》，近肖古王三十年，第 295 页。
② 令狐德棻：《周书》卷四九《异域传·百济传》，中华书局，1971，第 887 页。

自然之运，遣进万一之诚。冀神祇垂感，皇灵洪覆，克达天庭，宣畅臣志，虽旦闻夕没，永无余恨。"① 《三国史记》所载文字仅"建"字因避讳作"立"，其他文辞完全一致。② 该表充分说明百济朝中已有人能十分熟练地运用汉字，且文辞水平相当高。

1954 年，百济《砂宅智积碑》（断片）在扶余出土，也为百济采用汉字提供了重要的佐证。该碑高 1 米，碑文为汉字楷体，残留 4 行56 字：

> 甲寅年正月九日，奈祇城，砂宅智积，
>
> 慷身日之易往，慨体月之难还，
>
> 穿金以建珍堂，凿玉以立宝塔，
>
> 巍巍慈容，吐神光以送云，
>
> 峨峨悲貌，含圣明以……③

此碑大约立于百济义慈王二年（642，唐贞观十六年），碑文采用的文体是六朝时期的四六骈体，表明百济采用汉文字、吸收汉文化已经具有相当高的水平。

新罗建国最晚，与中国交通往来必须经由高句丽和百济，因而文化发展较晚。《梁书》称其立国之初，"无文字，刻木为信，语言待百济而后通焉"④。但是，新罗的前身是辰韩。秦朝时已有国人流亡到辰韩，很有可能也带去了汉文字。

沾解尼师今五年（251），"汉祇部人夫道家贫无谄，工书算，著名于时。王征之为阿餐，委以物藏库事务。"⑤ 夫道擅长书写的文字，应当是汉字。新罗奈勿尼师今十八年（373），百济秃山城主率领三十人来投，

———————

① 魏收：《魏书》卷一〇〇《百济传》，中华书局，1974，第 2217 页。

② 金富轼：《三国史记》卷二五《百济本纪第三》，第 303 页。

③ 杨通方：《汉唐时期中国与百济的关系》，载北京大学韩国学研究所《韩国学论文集》第一辑，社会科学文献出版社，1992，第 22—23 页。

④ 姚思廉：《梁书》卷五四《东夷传·新罗》，中华书局，1974，第 806 页。

⑤ 金富轼：《三国史记》卷二《新罗本纪第二》，沾解尼师今五年，第 26—27 页。

新罗王予以接纳。百济近肖古王用汉文撰写国书给奈勿王，要求遣还秃山城主等人，奈勿尼师今也用汉文回复道："民者无常心，故思则来斁，则去，固其所也。大王不患民之不安，而责寡人，何其甚乎?"[①] 可见此时的新罗朝廷已有熟练掌握汉文字的人。

6世纪以前，新罗国号、王号都采用当地语言称呼，如国号称徐那伐、斯卢、斯罗等，王号称居西干、尼师今、麻立干等。到了智证麻立干四年（503），新罗才把国号、王号都改为汉文名称。据《三国史记》载，智证麻立干四年冬十月，群臣上言道："始祖创业以来，国名未定，或称斯罗，或称斯卢，或称新罗。臣等以为，新者德业日新，罗者网罗四方之义，则其为国号宜矣。又观自古有国家者，皆称帝称王。自我始祖立国，至今二十二世，但称方言，未正尊号。今群臣一意，谨上号新罗国王。"[②] 正式采用汉字称呼国号、王号，表明新罗朝廷正式将汉文确定为官方文字。真兴王六年（545），命大阿餐居柒夫广集文士，修撰国史。[③] 上述各史事都是新罗广泛使用汉文字的明证。

尽管高句丽、百济、新罗三国都采用汉文字表达思想和情感，但是毕竟与本民族固有语言有所不同，难免有诸多不便。朝鲜名臣郑麟趾在《训民正音·解例本》后序中说道："吾东方礼乐文章，侔拟华夏，但方言俚语不与之同，学书者患其旨趣之难晓，治狱者病其曲折之难通。"[④] 于是在7世纪中叶左右，新罗的强首、薛聪等文人总结了朝鲜半岛人民长期使用汉字的经验，创造出了"吏读"。"吏读"，又称作吏道、吏文、吏书、吏吐、吏套、吏札，是一种汉字和朝鲜语混合的文字。形式上都是汉字，实词大多用汉语，虚词则大多用汉音标记的朝鲜语，句法则采用朝鲜语的习惯。吏读的创造，有助于朝鲜人民解读汉文书籍，是新罗人民的一大创造。诚如学者所说的："吏读的创制，使朝鲜人民得以用朝鲜语讲解大量汉文书籍，从而使学习儒家经传与汉文书籍进入一个新

---

① 金富轼：《三国史记》卷三《新罗本纪第三》，奈勿尼师今十八年，第35—36页。
② 同上书，卷四《新罗本纪第四》，智证麻立干四年，第49页。
③ 同上书，第56页。
④ 转引自杨昭全《中国—朝鲜·韩国文化交流史》第Ⅱ卷，第451页。

的发展阶段。吏读的创制，是中国人民创造的汉字促进朝鲜文化发展的又一巨大贡献，同时也是朝鲜人民创造精神财富的表现。"[①]

汉文字在朝鲜半岛的传播和运用，对推动朝鲜文化的发展具有十分重要的意义。韩国学者柳承国指出："古代韩民族虽有固有语言，但似无文字。所以汉文的传来，在韩民族文化史中，有划时代的贡献。"又详细论述汉字对朝鲜人民的重大意义道：

> 在训民正音创制以前的数千年期间，假定韩民族没有自己文字，亦无汉文传来的话，韩民族必定停滞于文化的原始状态无疑。汉文的传来并非只文字的传入，文字中蕴含的思想与感情亦同时传来。所谓"文者道之器"，汉文同时担当了文字与思想的角色。
>
> 由于汉文的输入，才使韩民族可学习外国文化，同时也因此使历史文化得以记录、流传下来。而国家间彼此的外交文书之制作、交换，意思传达等亦皆有赖于汉字的应用。例如，军队的邀请、使臣的朝贡、贸易的互通，皆有赖于言语的沟通，而汉字在当时，则可视为相当的文化媒介的角色。思想上，亦可以之阅读儒教、佛教经典，道家的书籍，医学、天文、地理、数学等，此在韩民族文化发展上，不可言不为有幸之事。[②]

伴随着汉字的传播和应用，包括儒家经典在内的汉文典籍也传入了朝鲜半岛。相传早在公元 1 世纪初，朝鲜人当中已经有人能读懂《诗经》《春秋》和《书经》等汉文典籍。

由于交通条件的便利，加上政治的原因，最早传播儒家典籍的当属高句丽。《南齐书》称其"知读五经"[③]。《周书》载其"书籍有五经、三史、《三国志》、《晋阳秋》"[④]。《旧唐书》也记载道："其书有五经及

---

① 杨昭全：《中朝语言文字交流》，载收入氏《中国—朝鲜·韩国文化交流史》第Ⅱ卷，第 434—435 页。

② 柳承国：《韩国儒学史》，傅济功译，台湾商务印书馆，1989，第 33—34 页。

③ 萧子显：《南齐书》卷五八《东南夷传·高丽》，中华书局，1972，第 1010 页。

④ 令狐德棻：《周书》卷四九《异域传·高丽传》，第 885 页。

《史记》《汉书》，范晔《后汉书》《三国志》，孙盛《晋春秋》《玉篇》《字统》《字林》；又有《文选》，尤爱重之。"① 可见儒家的五经早已传入高句丽，而且从南齐到唐代传入的汉文典籍种类逐渐增多。儒家经典的传播，在诗文中也能看出一些端倪。现存高句丽第二代琉璃王所作的《黄鸟歌》言："翩翩黄鸟，雌雄相依，念我之独，谁其与归。"该诗歌显然是模仿《诗经》之作，先述雌雄黄鸟嬉游之状，再咏叹个人情感，与《诗经》中的"关关雎鸠，在河之洲，窈窕淑女，君子好逑"暗合。琉璃王能够熟练地运用汉文作诗、表达个人情感，且诗句形式合于《诗经》，可见他熟读《诗经》，且汉文水平很高。

儒家的典籍也早早传入了百济。《旧唐书》载："其书籍有五经、《子》、《史》，又表疏并依中华之法。"② 《新唐书》也称其"有文籍，纪时月如华人"③。另外，相传公元405年，百济五经博士王仁东渡日本，带去了儒家经典作品《论语》等典籍，并向日本太子菟道稚郎子讲解儒家经典。④ 可见，在王仁东渡日本之前，儒家的典籍和儒学思想不仅传入百济，而且已有较深入的研习。南朝宋文帝元嘉二十七年（450），百济王派遣使者上书献方物，并"表求《易林》《式占》、腰弩，文帝并与之"⑤。这是直接从中国引进汉文典籍的记载。此外，儒家的礼仪也传入

---

① 刘昫等：《旧唐书》卷一九九上《东夷传·高丽》，中华书局，1975，第5320页。

② 同上书，卷一九九上《东夷传·百济》，第5329页。

③ 欧阳修、宋祁等：《新唐书》卷二〇〇《东夷传·百济》，中华书局，1975，第6196页。

④ 安万侣：《古事记》卷中《应神天皇·文化的渡来》，周作人译，中国对外翻译出版公司，2001，第108页。舍人亲王等：《日本书纪》卷一〇《应神天皇》，应神天皇十六年，载《国史大系》第一卷，经济杂志社，第184页。此事见于《日本书纪》应神十五、十六年（284—285），但是由于编者在使用百济史书时任意造作，所以《日本书纪》从神功纪、应神纪到雄略纪二十年（201—476）之间，有关朝鲜三国的记事，尤其是百济方面，其纪年应再加二甲子，即一百二十年。参见坂本太郎等校注：《日本书纪》（上），载《日本古典文学大系》（67），第608页，补注八之一，1976年，转引自高明士《东亚教育圈形成论》，上海古籍出版社，2003，第235页。

⑤ 李延寿：《南史》卷七九《百济传》，中华书局，1975，第1972页。

9

百济，并为人们所遵用。《周书》叙述百济礼俗道："婚娶之礼，略同华俗。父母及夫死者，三年居服。余亲，则葬讫除之。"① 已经采用儒家的三年丧，儒家文化传入百济之深度和广度于此可见一斑。

由于地理条件的原因，新罗接受儒家经典的时间最晚。虽然从史料中很难确定早期新罗究竟输入了哪些儒家经典和其他汉文典籍，但是从《三国史记》的记载可以清晰地看到新罗深受儒家文化影响。前述智证麻立干采用汉文字称呼国号、王号，其实也是儒家思想对其国家制度产生影响的表现。此外，智证麻立干五年（504）四月，还下令制丧服法，颁行。② 由国家层面制定丧服，也就是将儒家的丧服制度作为国家制度的一部分。这无疑是新罗国接受儒家文化，并深受其影响的重要表现之一。另外，通过圆光法师的事迹，也能窥测儒家文化在新罗的传播情况。圆光法师于真平王十一年（582，隋开皇二年，陈至德元年）入陈求法。《续高僧传》载其事迹道："家世海东，祖习绵远。而神器恢廓，爱染篇章，校猎玄儒，讨雠子史。文华腾鬟于韩服，博赡犹愧于中原，遂割略亲朋，发愤溟渤……素沾世典，谓理穷神，及闻释宗，反同腐芥。虚寻名教，实惧生涯，乃上启陈主，请归道法。"③ 从"爱染篇章""校猎玄儒""讨雠子史""素沾世典，谓理穷神""虚寻名教"等文辞，都可以看出圆光早已深深地浸淫于儒家典籍和思想之中。

二、太学、扃堂与儒经教育的展开

汉领四郡时代，朝鲜半岛应该已经有郡学之类的官学，虽然设置和运行情况不详，但应当也成为此后朝鲜各国（至少是高句丽）建置学校的一个渊源。④

---

① 令狐德棻：《周书》卷四九《异域传·百济传》，第 887 页。

② 金富轼：《三国史记》卷四《新罗本纪第四》，智证麻立干五年，第 49 页。

③ 释道宣：《续高僧传》卷一三《唐新罗国皇隆寺释圆光传五》，郭绍林点校，中华书局，2014，第 438 页。

④ 高明士：《东亚教育圈形成史论》，上海古籍出版社，2003，第 151—154 页。

1. 高句丽

高句丽是三国中最先接受儒家学说的，创立学校的时间可能也是最早的。高句丽小兽林王二年（372）正式设立儒学的最高学府"太学"，以"教育子弟"。① 这很可能是朝鲜半岛模仿中国制度建立官办学校的开端。婴阳王十一年（600），诏令太学博士李文真删修国史，为《新集》五卷。② 此条记载，除了证明高句丽朝中已经能熟练运用汉字外，还证明了官学的存在，而且到了7世纪初官学仍然在运作中。又，成书年代为贞观十五年（641）的《高丽记》记载道："又有国子博士、太学博士、舍人、通事、典书客，皆以小兄以上为之。"③ 可见这一时期，高句丽不仅设有太学，也设置了国子学。据学者推测，高句丽创设太学之初，应当是模仿东晋的学制，只设立了太学，并未设置国子学；至于国子博士和国子学的增置，可以追溯到5世纪前半叶，大约是长寿王迁都平壤后制定了十三等官位制之际。④ 如果该推测没有问题的话，那么高句丽的官立中央学校的情况大致如下：小兽林王时期创建了太学，到了长寿王年间增设国子学，形成了太学和国子学并立的状态，直到668年国灭为止。

从"教育子弟"的描述看，太学应该是专门教育贵族子弟的教育机构。由于太学、国子学都设置在中央，只教育贵族子弟，这么一来地方上便缺少了教育机构。于是，高句丽也在地方设立了名为"扃堂"的学校。《旧唐书》载："俗爱书籍，至于衡门厮养之家，各于街衢造大屋，谓之扃堂，子弟未婚之前，昼夜于此读书习射。"⑤《新唐书》也载："人喜学，至穷里厮家，亦相矜勉，衢侧悉构严屋，号扃堂，子弟未婚者曹处，诵经习射。"⑥ 可见扃堂大都设于街衢之中，因而一般被认为是私学性质的教育机构。高明士则认为，扃堂应当是"国家发展教育的一环，

---

① 金富轼：《三国史记》卷一八《高句丽本纪第六》，小兽林王二年，第 221 页。

② 同上书，卷二〇《高句丽本纪第八》，第 244 页。

③ 张楚金：《翰苑・藩夷・高丽》，"官崇九等"注，雍公睿注，载金毓黻《辽海丛书》第八辑，辽沈书社，1985。

④ 参见高明士：《东亚教育圈形成史论》，第 155—160 页。

⑤ 刘昫等：《旧唐书》卷一九九上《东夷传・高丽》，第 5320 页。

⑥ 欧阳修、宋祁等：《新唐书》卷二〇〇《东夷传・高丽》，第 6186 页。

并非私学，目的在对地方上未婚的男性青年实施文武合一教育"。① 另外，扃堂设立的时间很可能与增设国子学同期。当时高句丽施行全民皆兵的体制，扃堂大概就是适应这一形势而设立的教育制度。②

如此一来，高句丽形成了中央、地方两套教育系统：在中央有专门教育五部贵族子弟的太学、国子学，地方上则有教育平民子弟的扃堂。教育内容，从前文所述汉文传入情况看，儒家的《诗》《书》《礼》《易》《春秋》五经早已传入高句丽，自然成为官学的教材。随着时间的推移，从六朝到唐初，三史、孙盛《晋阳秋》等书相继传入，陆续也成了教材。三史指《史记》《汉书》和《东观汉记》。另外，由于三国之间常有战事，所以高句丽全民皆兵，十分重视武艺教育，把"射"作为教育内容之一。可以说，高句丽的官学教育以教授儒家经典和中国古代史籍为核心。太学、国子学和扃堂的设立，为儒家思想在高句丽广泛传播提供了极大的便利和制度性的保障。韩国学者柳承国指出："高句丽本是有着古代原始信仰的传统社会，而后接受儒教伦理与礼思想的洗礼，变形为伦理的、合理的社会。"③ 可见儒家思想的传播对高句丽的社会文化产生了重大影响。

2. 百济

百济学校教育的情况相当不清晰。从现存的史料看，并没有百济设置学校的直接记载，仅有一些旁证。这些旁证主要散见于《三国史记》《日本书纪》《梁书》《陈书》等史籍，都是关于百济博士的记载。《日本书纪》的参考资料包括了百济人撰著的《百济记》《百济新撰》《百济本纪》，其记述应当是可靠的。

关于百济博士的记载，最早见于近肖古王三十年（375）："至是得博士高兴，始有书记。然高兴未尝显于他书，不知其何许人也。"④ 根据

---

① 高明士：《东亚教育圈形成史论》，第 161 页。

② 李基白：《高句丽的扃堂》，《历史学报》第 35、36 合辑，1967 年 12 月，转引自高明士《东亚教育圈形成史论》，第 162 页。

③ 柳承国：《韩国儒学史》，第 24 页。

④ 金富轼：《三国史记》卷二四《百济本纪第二》，近肖古王三十年，第 295 页。

《日本书纪》的记载，百济的博士曾数次东渡日本，并带去儒家经典和思想。兹罗列于下：

公元404年，百济阿直歧至日本，"阿直岐亦能读经典，即太子菟道稚郎子师焉。于是天皇问阿直歧曰：'如胜汝博士亦有耶？'对曰：'有王仁者是秀也。'"于是日本天皇派遣使者至百济"征王仁"，王仁于次年至日本。[①]

继体天皇七年（513）六月，百济"贡五经博士段杨尔"[②]。

继体天皇十年（516）秋九月，百济"别贡五经博士高安茂，请代博士段杨尔。依请代"[③]。

钦明天皇十四年（553）六月，"遣内臣使于百济……别敕医博士、易博士、七历博士等宜依番上下。今上件色人正当相代年月，宜付还使相代，又，卜书、历本、种种药物，可付送"[④]。

钦明天皇十五年（554）二月，百济仍贡"五经博士王柳贵代固德马丁安……别奉敕贡易博士施德王道良、历博士固德王保孙、医博士奈率王有悷陀"[⑤]。

《梁书》《陈书》分别记载了百济向中国王朝请求派送博士的史事。《梁书》载："中大通六年、大同七年（541），累遣使献方物；并请《涅槃经》等经义、毛诗博士，并工匠、画师等，敕并给之。"[⑥]《陈书》也记载道："陆诩少习崔灵恩《三礼义宗》，梁世百济国表求讲礼博士，诏令诩行。还除给事中、定阳令。"[⑦]

综合《三国史记》《日本书纪》《梁书》《陈书》四种史籍的记载，可

---

① 舍人亲王等：《日本书纪》卷一〇《应神天皇》，应神天皇十五、十六年，《国史大系》第一卷，第184页。

② 同上书，卷一七《继体天皇》，继体七年六月，《国史大系》第一卷，第290页。

③ 同上书，卷一七《继体天皇》，继体十年秋九月，《国史大系》第一卷，第293页。

④ 同上书，卷一九《钦明天皇》，钦明十四年六月，《国史大系》第一卷，第333页。

⑤ 同上书，卷一九《钦明天皇》，钦明十五年二月，《国史大系》第一卷，第335—336页。

⑥ 姚思廉：《梁书》卷五四《诸夷·百济》，第805页。

⑦ 同上书，卷三三《儒林传》，中华书局，1972，第442页。

以大致了解到百济官立学校的一些情况。首先，《日本书纪》的行文中，"五经博士"和"博士"互用，由此可以推测《三国史记》所载的"博士高兴"很可能就是五经博士。百济的五经博士可能设立于近肖古王三十年（375），或者之前的几年内。换句话说，百济的学校也可能设置于这段时间内。其次，至迟到6世纪，百济的学校也设有医博士、易博士、历博士等。由"卜书、历本、种种药物"推测，易博士可能指占卜。《周书》称百济"又解阴阳五行"，"亦解医药卜筮占相之术"。[1] 高明士总结道："在近肖古王末年（375）创设了五经博士制度，当时简称为博士；6世纪以后可能受梁朝的影响，开始称为五经博士，改革的时间可能在武宁王时代（501—523）。到（圣）明王时代（523—554），又增置医、易、历诸专业博士。"[2]

至于百济学校的教学内容，除了医药、卜筮、占相之外，应当还是以儒家经典为主。《古事记》载，王仁携带《论语》十卷至日本。[3] 百济所传的《论语》很可能是何晏十卷本《论语集解》。又《旧唐书》所载："其书籍有五经、子、史"[4]。可知，《论语》《诗》《书》《礼》《易》《春秋》都已传入百济，并成为官学教材。

综上所述，尽管史书并未留下百济设置学校的记载，但是仍有百济官立学校存在的旁证。百济官办学校的教学也是以儒家典籍为核心，同时还讲授医药、占卜等。

3. 新罗

新罗设立儒学教育，在统一三国之后。此前一度采用的是花郎的教育方式。严格来说，花郎不像是教育制度，更像是国家的选人手段。真兴王三十七年（576），将原有源花制度化，内容大致是："取美貌男子，妆饰之，名花郎以奉之。徒众云集，或相磨以道义，或相悦以歌乐，游

---

① 令狐德棻等：《周书》卷四九《异域上·百济》，第887页。

② 高明士：《东亚教育圈形成史论》，第168页。

③ 安万侣：《古事记》卷中《应神天皇·文化的渡来》，第108页。

④ 刘昫等：《旧唐书》卷一九九上《东夷传·百济》，第5329页。

娱山水，无远不至。因此，知其人邪正，择其善者，荐之于朝。"① 将贵族子弟聚集在一起，共同生活，一起谈天论道，一起游山玩水，从中观察他们的言行举止，从而了解他们的品行，挑选可用的人才。所以，金大问说："贤佐忠臣，从此而秀，良将勇卒，由是而生。"② 对于花郎，崔致远记述道："国有玄妙之道，曰风流。设教之源，备详仙史，实乃包含三教，接化群生。且如入则孝于家，出则忠于国，鲁司寇之旨也。处无为之事，行不言之教，周柱史之宗也。诸恶莫作，诸善奉行，竺干太子之化也。"③ 可见花郎的教育和选拔，是以本土传统文化中的神仙思想为核心，又兼糅了儒、释、道三教的思想。

花郎确实为新罗培育、选拔了不少优秀的人才。据《三国史记》所言："三代花郎，无虑二百余人。"④ 所谓三代，指的是新罗自始祖到末帝的上中下三代。⑤ 斯多含、金庾信、金歆运、官昌等新罗名臣都是花郎出身。在新罗统一三国前后，新罗的学术文化和教育事业已有了很大发展，出现了不少精通儒家经典的儒学家，如编纂新罗国史的居柒夫、创制"吏读"的强首、薛聪等人。诚如学者所指出的："花郎教育制度建立于真兴王时代，目的在培植国家所需要的文武人才。因此制度渊源于三韩时代的青年集会传统，成立之初，其教育思想复杂，但可以用儒、道、释三教概括。花郎集团与过去青年集会传统最大的差异在于，前者只以贵族身份为限，后者则包括整个部族……七世纪后半叶，随着半岛的统一，中央建立名副其实的专制王权，国学乃于此时创立。培植吏才既然有专门机构的建立，花郎教育制度才逐渐衰微。"⑥

神文王二年（682），统一后的新罗才正式创建了儒学教育机构——

① 金富轼：《三国史记》卷四《新罗本纪第四》，真兴王三十七年，第56页。

② 同上。

③ 同上书，第56—57页。

④ 金富轼：《三国史记》卷四七《金歆运传》，第538页。

⑤ "国人自始祖至此，分为三代。自初至真德二十八王，谓之上代；自武烈至惠恭八王，谓之中代；自宣德至敬顺二十王，谓之下代云。"参见金富轼：《三国史记》卷一二《新罗本纪第十二》，敬顺王九年十二月，第171页。

⑥ 高明士：《东亚教育圈形成史论》，第192—193页。

国学。此时新罗的国学制度，可以说是唐代国子监制度缩减规模后的产物。从名称上看，"国学"很可能来自唐朝。唐人用国学泛称国子监诸学，也指代国子监。如《大唐六典》"律学博士"条注："皇朝省置一人，移属国学。"① 景德王（742—765 在位）年间，一度改为大学监，惠恭王（765—780 在位）在位时又改回国学。

《三国史记·职官志》中保留了较为完整的材料，可以大致了解当时国学的情况。②

和唐代国子监一样，统一新罗的国学也隶属礼部管辖，同样也分为教育行政和教学两个系统。行政系统上，起初设有卿、大舍两级，至惠恭王元年（765）才形成卿、大舍、史三级行政官员。教育系统上，设有博士和助教若干，人数都不定。必须指出的是，初设国学时，很可能只是完成学校形式的建设，未必建立了实质性的教育机构。据《三国史记》载，景德王六年（747）"置国学诸业博士助教"③。从语义上，似乎应当理解为这时才设置了博士、助教。安鼎福《东史纲目》便记述为："置诸博士教授之官"，可见应当是这一时期才完成博士、助教等教学官员的配置。此外，安鼎福还在此条下注释道"各州亦置助教，以韩恕意为熊川州助教"。④ 韩国学者柳银珠以此为据，认为"安鼎福显然举韩恕意为证，并指出担任州助教者非只韩恕意一人。据此推测，景德王实质地推动中央官学教育的同时，亦建置教授官于九州，实施地方教育"。⑤ 高明士也认为该记载应当是可靠的。⑥ 因此可以推测，747 年新罗实质性的学校正式确立，并且设立地方州学。

---

① 李林甫等：《大唐六典》卷二一《国子监》，陈仲夫点校，中华书局，1992，第562 页。
② 金富轼：《三国史记》卷三七《职官志》，国学，第 460—461 页。
③ 同上书，卷九《新罗本纪第九》，景德王六年，第 123 页。
④ 安鼎福：《东史纲目》卷四《景德王》，景德王六年，载释尾春芿《朝鲜群书大系》第十五册，朝鲜古书刊行会，大正四年，第 447 页。
⑤ 柳银珠：《国尚师位——历史中的儒家释奠礼》，宗教文化出版社，2013，第 56 页。
⑥ 高明士：《东亚教育圈形成史论》，第 180—181 页。

国学学生的员额没有具体的规定，可能是无法弄清楚。生源由"位自大舍以下至无位，年自十五至三十皆充之"。此处"大舍"指十七官等制中的十二等大舍。可见年纪在 15 至 30 岁之间的平民以及十七等至十二等的贵族都可以入学。从制度上看，保证了平民入学的机会和权利。学制限九年，如果是朴实鲁钝难以教化的，使勒令退学；而如果有成才的潜质，即使超过九年的年限仍可继续修学。"位至大奈麻、奈麻而后出学"，规定十分简略。大奈麻是十七等官位的第十位，奈麻是第十一位。一般理解为，这是授予学业有成的国学生相应的官等。奈麻是国学毕业生取得的最低官等，大奈麻是最高官等。四品头（相当于官位第十七等至十四等）出身的学生授予奈麻，五头品以上（相当于官位第十三、十二等）出身的学生则授予大奈麻。[1] 可以说，"神文王在强化王权的过程中，借国学教育制度一方面培植国君所需的吏才，一方面使位阶较低甚至无位者可获得相当于六头品的大奈麻、奈麻位阶，说明国家正运用教育制度及其力量，加速集权中央与瓦解强固的贵族制"。[2]

　　国学的教学科目主要包括经学和算学两科。经学主要教授《孝经》《论语》和《周易》《尚书》《毛诗》《礼记》《春秋左氏传》等儒家经典和《文选》。其中《论语》和《孝经》为必修，五经和《文选》则分组学习。分组办法大致如下：

　　　　甲组：《礼记》《周易》《论语》《孝经》
　　　　乙组：《春秋左传》《毛诗》《论语》《孝经》[3]
　　　　丙组：《尚书》《论语》《孝经》《文选》

根据学生的学业情况，又有"读书三品出身"的办法。算学的教学内容包括"缀经、三开、九章、六章"。缀经可能指的是祖冲之父子的《缀

① 参见木村诚：《统一新罗的官僚制》，转引自高明士《东亚教育圈形成史论》，第201 页。
② 高明士：《东亚教育圈形成史论》，第 201 页。
③《三国史记·国学》。此组缺《论语》，根据上下文和制度的连贯性将《论语》补入。

术》，九章指的是《九章算术》，"三开""六章"具体指什么书则难以确定。此外，新罗还先后设置了医博士、天文博士、漏刻博士、律博士，应当也设有医学、律学等科目。① 从教学内容上看，统一新罗的国学教育以儒家经典为核心，无疑极大地促进了儒学在朝鲜半岛的传播。

为了激励学子们向学，表示对国学教育的重视，统一新罗的国王也模仿唐朝的皇帝，亲临国学听讲，奖赏博士和学生。如惠恭王元年（765），"幸大学，命博士讲尚书义"②。惠恭王十二年（776），"二月，幸国学听号"③。景文王三年（863）春二月，"王幸国学，令博士以下，讲论经义，赐物有差"④。宪康王五年（879）春二月，"幸国学，命博士以下讲论"⑤。

从三国鼎立时代到统一新罗时期，儒家学说在半岛上的传播有国家制度的保障。这无疑对朝鲜人民进一步接受、认同儒家文化，起到重要的促进作用。柳承国指出，传入汉朝的经学思想，使韩民族受到中国思想的影响，此种影响不只在政治原理方面，另外对礼俗、法制等整个三国时代的社会生活，皆造成广泛的影响。如葬礼、婚礼及崇天祭祖等风俗，皆采用儒教的礼法。另外，汉文字的输入，使韩民族能自作外交文书，记录韩国的历史、古代的诗歌及文学，使三国时代脱离原始文化，造成文化发展的新纪元。尤其透过汉文内含的儒学思想，而学得个人伦理与国家伦理；所以三国时代人的生死观、民族观、国家观亦从以前淡漠的意识中蜕变成确实的、有体系的自我民族思想。⑥ 可以说，儒学在朝鲜半岛三国都有比较广泛的传播，儒家思想也产生了比较普遍的社会影响。

---

① 圣德王十六年（717）二月，"置医博士、算博士各一员"。（《三国史记》卷八《新罗本纪第八》，第113页。）景德王八年（749）三月，"置天文博士一员，漏刻博士六员"，十七年（758）四月又"置律令博士二员"。（《三国史记》卷九《新罗本纪第九》，景德王，第123、126页。）

② 金富轼：《三国史记》卷九《新罗本纪第九》，惠恭王元年，第127页。

③ 同上书，卷九《新罗本纪第九》，惠恭王十二年，第129页。

④ 同上书，卷一一《新罗本纪第十一》，景文王三年，第154页。

⑤ 同上书，卷一一《新罗本纪第十一》，宪康王五年，第157页。

⑥ 柳承国：《韩国儒学史》，第11页。

在三国的统治思想中，也能看到儒家学说的踪影。在新罗奈勿尼师今二年（357），曾下令"孝悌有异行者，赐职一级"①。花郎道的选人标准有"入则孝于家，出则忠于国"。将军钦纯曾对儿子说："为臣莫若忠，为子莫若孝，见危致命，忠孝两全。"②在高句丽，琉璃王曾以太子"解明为子不孝"，要求黄龙国王诛之。③太祖大王六十六年（118）曾下命"举贤良孝顺"④。在百济，义慈王为太子时"事亲以孝，与兄弟以友"⑤。如有学者所指出的，在三国时代，此种忠孝思想与后来从中国传来的孔孟儒学，在国家体制的建立与家庭伦理方面，都造成很大的影响。⑥可以肯定的是，儒家思想在三国时代已被朝鲜比较完整地接受，并被奉为治国思想，成为国家意识形态的主流。

第二节　统一新罗与高丽前期的儒学进一步传播

新罗统一三国后，继承了高句丽和百济的文化遗产，又继续与唐王朝保持密切而频繁的交流往来，继续推展以唐制为立国规范的政治改革。除了建立国学制度、派遣贵族子弟入唐学习外，元圣王四年（788）开始推行仿照科举制的"读书三品科"，极大地推动了儒学的进一步广泛传播。新罗后期，朝鲜半岛陷入战乱。在9世纪末和10世纪初，先后出现后百济、后高句丽，形成了短暂的后三国时代。918年，王建建立高丽王朝。935年，新罗敬顺王举国归服王建。936年，高丽灭掉百济，再次统一朝鲜半岛。高丽王朝继承统一新罗的文化传统，进一步大力输

---

① 金富轼：《三国史记》卷三《新罗本纪第三》，奈勿尼师今二年，第35页。

② 同上书，卷五《新罗本纪第五》，武烈王七年，第75页。

③ 同上书，卷一三《高句丽本纪第一》，琉璃王二十七年，第179页。

④ 同上书，卷一五《高句丽本纪第三》，太祖大王六十六年，第193页。

⑤ 同上书，卷二八《百济本纪第六》，义慈王，第326页。

⑥ 柳承国：《韩国儒学史》，第1页。

入以儒家文化为核心的中华文化，使得朝鲜半岛的文化与中华文化更为紧密地联结在一起。高丽王朝正式建立科举制度，并完善国子监，民间的私学也十分发达。至此，儒学在朝鲜半岛的传播达到了一个高潮，开始出现本土的儒学思想家。

一、遣唐留学生对唐文化的移植

出于对儒家文化的倾慕，新罗、百济、高句丽三国纷纷派遣留学生入唐。关于新罗派遣留学生入唐学习的记载，最早始于贞观十四年（640）。《三国史记》记载："（善德王）九年（640），夏五月，王遣子弟于唐，请入国学。是时，太宗大征天下名儒为学官，数幸国子监，使之讲论，学生能明一大经以上，皆得补官。增筑学舍千二百间，增学生满三千二百六十员。于是，四方学者云集京师，高句丽、百济、高昌、吐蕃，亦遣子弟入学。"① 朝鲜半岛三国、吐蕃、高昌等都竞相派遣子弟入唐学习，蔚然成风，国学学员增至八千余人。在所有藩国的留学生中，新罗留学生的数量应该是最多的，以至于"国子监内，独有新罗马道，在四门馆北廊中"②。专门为新罗学生修建特定的道路，入国学的新罗学生人数之众多，于此可见一斑。此外，据严耕望先生统计，自 640 年到五代中叶约 300 年时间，新罗向中国派出的留学生保守估计也有两千人。③

这群入唐在国学读书的新罗子弟，主体就是"宿卫"。被纳入朝贡—册封体系的各藩国都必须履行遣送子弟入朝"纳质""宿卫"的义务。根据《大唐六典》的记载，唐朝的宿卫职责主要包括宫廷的日常警卫、大朝会和大驾行幸时的仪仗等。主要隶属于左右卫、左右骁卫、左右武卫、左右威卫、左右领军卫、左右监门卫等。④ 由于宿卫的职责特

---

① 金富轼：《三国史记》卷五《新罗本纪第五》，善德王九年，第 66 页。
② 崔致远：《遣宿卫学生首领等入朝状》，载徐居正《东文选》卷四七，朝鲜刊本。
③ 严耕望：《新罗留唐学生与僧徒》，载张曼涛《日韩佛教研究》，台湾大乘文化出版社，1978，第 240、250 页。
④ 李林甫等：《大唐六典》卷二四《诸卫》，第 616—624 页；卷二五《诸卫府》，第 640 页。

殊，具有维护皇权神圣性、维持朝廷尊严和秩序的责任，必须熟悉国家、宫廷的各种礼仪，因而充当宿卫自然可以学到唐王朝的国家、宫廷礼仪和制度，还可在各种仪式中感受到朝廷的威仪、皇权的神圣不可侵犯。

新罗等藩国的宿卫，实际宿卫宫廷的时间不多，所以他们有足够的时间到国学去读书。因而，应诸藩国之请，为了表示优待，唐王朝允许这些宿卫们进入国学修学。唐中宗年间，将宿卫子弟附国学读书的优待正式确立为一项国家制度。对唐王朝而言，所谓"宿卫学生"，主要作用是充当具有人质性质的宿卫，而入国学附学只是附带的优遇，并不是纯粹入唐求学的学生。然而，这些藩国宿卫在实践过程中可直观地观摩、学习唐朝的各项典章礼仪，进入国子学，又可研学儒家学说、中国史籍，深入吸收中国文化。如此一来，入唐宿卫实际上是到唐朝最高学府接受教育，由一种藩国的义务演变成了优遇，因而各国都乐此不疲地遣送子弟入唐充当宿卫。新罗"以至诚事中国，梯航朝聘之使相继不绝，常遣子弟造朝而宿卫，入学而讲习。于以袭圣贤之风化，革鸿荒之俗，为礼仪之邦"。① 在新罗，不仅新罗王派遣子弟入唐，连一些当朝的大臣也极力争取让自己的子弟入唐学习。如金春秋任国相时，曾对唐太宗表态道："臣有七子，愿使不离圣明宿卫。"② 又如文武王金法敏在位时，大将金天存遣子汉林、权臣金庾信派子三光入唐宿卫。③ 显然在新罗统治者眼中，宿卫其实是一种荣耀而不是苦差。

当然，是否所有入唐宿卫都会到国学附学则难以确知。如新罗王子金义琮入唐谢恩，之后身兼宿卫，次年四月便放还藩，是否入国学就不清楚了，即使有，时间也很短暂。还有像金汉林、金三光这样入唐宿卫情况不明的，更无法确定是否附国学学习。有学者根据中朝两国历史典籍，列出了新罗留学生名单。姓名确切可知的有 38 人：金云卿、崔利贞、金叔贞、朴季业、金允夫、金立之、朴亮之、金简中、金夷鱼、金可纪、崔致远、李同、崔质、朴仁范、金渥、金装、朴充、金绍游、金

① 金富轼：《三国史记》卷一二《新罗本纪第十二》，论曰，第 171 页。

② 同上书，卷五《新罗本纪第五》，真德王二年，第 71 页。

③ 同上书，卷六《新罗本纪第六》，文武王六年，第 84 页。

茂先、杨颖、崔涣、崔承佑、崔霙、金文蔚、崔彦㧑、金鹄、朴居勿、金峻、朴邕、金仁圭、金颖、金选、金仅、崔元、元杰、王巨仁、金垂训、风训。① 在这份名单里，并没有金义琼、金汉林、金三光三人的名字。

详细梳理朝鲜有关史籍后，严耕望先生概括了新罗学生在唐的情况，包括学习时限、买书和生活衣着费用来源、入唐留学生的身份、留学生的数量和规模等：

> 第一，留学时限通常为十年。第二，买书银由新罗政府给付，而生活衣着费用则由中国政府支给。第三，所派遣来唐习业者除正式学生外，又有大小首领等名目。按崔致远年十二来唐留学，盖学生皆青年学子，来唐作正式习业学生。大小首领则彼国各级官吏来唐进修者耳，非正式学生也。第四，派遣留学之人数，因时而异，最少每次二人，多则七八人，甚至近二十人。②

当然，这些只是大致的情况，未必所有留学生情况都如上所述。其他方面的情况，如入唐留学生学习的科目、学习时长，还有宿卫与学业之间如何分配协调等，由于文献记载不足，目前还无法了解。

由于每年都派遣留学生，先前的还未回国，又派出新一批，加上留学生可以旅居唐朝长达十年甚至更长的时间，所以累积起来同时在唐朝的新罗留学生可以多达一二百人。如开成二年（837）三月，"新罗差入朝宿卫王子，并准旧例，割留习业学生，并及先住学生等，共二百十六人，请时服粮料"。③ 又如开成五年（840）四月，"鸿胪寺奏新罗国告哀，其质子及年满合归国学生等共一百五人，并放还"。④

新罗留学生在唐朝参加科举考试，也取得了令人瞩目的成绩。唐代

---

① 杨昭全：《唐与新罗之关系》，载收入氏《中朝关系史论文集》，世界知识出版社，1988，第15—16页。

② 严耕望：《新罗留唐学生与僧徒》，载张曼涛《日韩佛教研究》，第239—240页。

③ 王溥：《唐会要》卷三六《附学读书》，中华书局，1955，第668页。

④ 同上书，卷九五《新罗》，第1714—1715页。

科举取士，登第者荣宠万分，不仅本国士子热衷参与，各藩国在唐留学生也纷纷表达参加考试的意愿。由于外国留学生的学业水平远逊于本国士子，所以唐王朝特别为藩国留学生设立了宾贡科。唐朝的宾贡科，应该是源于隋朝的宾贡科，成立于穆宗长庆元年（821），面向各国留学生和各国政府直接派来应考的士子，发榜时置于榜末。① 新罗留学生登第者人数较多，其他各国学子也有在宾贡科登第之人，但是人数较少。据统计，新罗自长庆元年至五代登第者约九十人。② 可见，十年甚至十年以上的留学生涯，足以令新罗留学生获得相当的经史知识，达到一定的文化水准。③ 尽管新罗留学生水平仍然低于唐朝士子，但是其整体水平显然高于其他国家的留学生。

根据史料显示，最早的"宾贡进士"是长庆元年登科的金云卿。④高丽名臣崔瀣在《送奉使李中父还朝序》中说："进士取人，本盛于唐。长庆初，有金云卿者始以新罗宾贡，题名杜师礼榜，由此以至天佑终，凡登宾贡科者五十有八人。"⑤ 据统计，这五十八人中目前知道确切姓名的有金云卿、金允夫、金简中、金夷鱼、金可纪、崔致远、李同、朴仁范、

---

① 参见严耕望：《新罗留唐学生与僧徒》，载张曼涛《日韩佛教研究》，第240页。高明士：《宾贡科的起源与发展——兼述科举的起源与东亚人士共同出身之道》，载史念海《唐史论丛》第六辑，陕西人民出版社，1995，第68—109页。有的学者则认为宾贡科并不是特设的科名，只是对外国入唐应试士子的代称。参见党银平：《唐代有无"宾贡科"新论》，《社会科学战线》2002年第1期；史秀莲：《唐代的"宾贡科"与宾贡之制》，《烟台大学学报》2004年第3期。

② 崔瀣：《送奉使李中父还朝序》，载徐居正等《东文选》卷八四。

③ 关于新罗留学生的习业情况，可参见刘后滨《从宿卫学生到宾贡进士——入唐新罗留学生的习业状况》，《社会科学战线》2013年第1期。

④ 王应麟：《玉海》卷一一六《选举》，咸平宾贡，影印文渊阁四库全书本。相关研究可参见高明士《宾贡科的起源与发展——兼述科举的起源与东亚士人共同出身之道》，载史念海《唐史论丛》第六辑，第68—109页；党银平：《唐代有无"宾贡科"新论》，《社会科学战线》2002年第1期；史秀莲：《唐代的"宾贡科"与宾贡之制》，《烟台大学学报》2004年第3期。

⑤ 崔瀣：《送奉使李中父还朝序》，载徐居正等《东文选》卷八四。

金渥、金装、崔承佑、金文蔚、崔彦㧑、朴邕等十四人。①

首位在唐科举登第的新罗留学生金云卿，会昌元年（841）才奉使回国，在唐朝学习生活了二十五年以上。据《东史纲目》载，"其还也，唐人周翰赠诗曰：礼乐夷风变，衣冠汉制新"。②对其回国传播儒家礼乐教化寄予了厚望。新罗留学生当中，最著名的当属崔致远。在唐懿宗咸通九年（868），十二岁的崔致远便赴唐留学。在他出发前，他的父亲告诫他："十年不第进士，则勿谓吾儿，吾亦不谓有儿，往矣勤哉，无惰乃力。"③ 六年后，崔致远学成，参加科举考试，一举进士及第。唐僖宗中和四年（884），二十八岁的崔致远以"国信使"身份东归新罗。

崔致远像

他在唐朝的十六年间，为人谦和恭谨，交游广阔，与唐末的众多文人墨客、幕府僚佐等结为好友，他们当中有顾云、裴铺、罗隐、吴峦、张乔、郑峦、郑畋、杨瞻等。他的诗文集《桂苑笔耕集》二十卷，载录了许多唐朝末年的原始资料，被认为是研究唐朝典章制度、社会文化等情况的重要文献。他回到新罗后，也作为使臣往来于新罗和唐朝，为两国文化交流作出了贡献。他崇尚儒学，自称"但遵儒道"④，主张"政以仁为本，礼以孝为先。仁以推济众之诚，孝以举尊亲之典"⑤。受唐朝儒释道并重的风气影响，他也主张三教并行不悖。

① 杨昭全：《唐与新罗之关系》，载收入氏《中朝关系史论文集》，第15—16页。

② 安鼎福：《东史纲目》卷五，转引自张曼涛《日韩佛教研究》，第241页。

③ 崔致远：《桂苑笔耕集校注·桂苑笔耕序》，党银平校注，中华书局，2007，第13—14页。

④ 崔致远：《桂苑笔耕集校注》卷一七《再献启》，第577页。

⑤ 崔致远：《崇福寺碑》，许兴植《韩国金石全文》（古代），1984，第239—245页，转引自林根兴、李艳涛《崔致远"四山塔碑铭"撰写旨趣论》，《唐史论丛》第十五辑，陕西师范大学出版社，2012，第273页。

一批又一批留唐学生学成归国，把大唐的政治制度、儒学、文学、艺术等带回国，在朝鲜半岛上积极传播唐朝文化，促进了半岛文化水平的提高。新罗受唐朝文化影响极深，儒家文化也十分发达。唐朝派遣使者出使新罗时，颇为注重使团的礼节和威仪。新罗王薨逝后，唐玄宗派遣左赞善大夫邢璹摄鸿胪少卿前往吊祭，并册立新王。临行前，玄宗对邢璹说道："新罗号为君子之国，颇知书记，有类中华。以卿学术，善与讲论，故选使充此。到彼宜阐扬经典，使知大国儒教之盛。"[1] 对新罗的儒学传播、礼仪教化颇为肯定。

二、读书三品科、科举制及儒学的传播

1. "读书三品科"的设立

在景德王六年（747）成立实质性的儒学教育机构后四十余年，统一新罗又开始实施类似科举制度的"读书三品科"。新罗元圣王四年（788）春，"始定读书三品以出身。读《春秋左氏传》，若《礼记》，若《文选》，而能通其义，兼明《论语》《孝经》者为上。读《曲礼》《论语》《孝经》者为中。读《曲礼》《孝经》者为下。若博通五经、三史诸子百家书者，超擢用之。前至以弓箭选人，至是改之"。[2] 所谓"读书三品科"又名"读书出身科"，是一种近似科举但又不完全是选举的一种制度。这一制度用于在国学的学生中采用考试的方式选拔官吏，主要标准是学生的学业。考试内容以儒家五经和《论语》《孝经》为主。根据学生掌握儒家经典的多寡划分上、中、下三品：通《春秋左氏传》《礼记》《文选》其中之一，并兼明《论语》《孝经》，为上品；通《曲礼》和《论语》《孝经》，为中品；通《曲礼》和《孝经》，为下品。如果能够兼通五经、三史和诸子百家书，则"超擢用之"。此时所谓"三史"应该指的是《史记》《汉书》和《后汉书》。这个要求非常高，是用来奖掖天赋异禀的人。

"读书三品科"制度的正式设立，意味着统一新罗朝廷开始摒弃以

---

① 刘昫等：《旧唐书》卷一九九上《东夷传》，第5337页。

② 金富轼：《三国史记》卷一〇《新罗本纪第十》，元圣王四年，第134页。

往按武艺和品德优劣授予官爵的"花郎道"，越发看重以儒家文化取士的选官制度。这一制度的实施，也表明了统一新罗的儒学教育至此已取得了相当的成就，证明了国学教育的兴盛。该制度的推行，也从侧面反映了朝廷削弱传统骨品贵族（新罗一种以严苛的血缘关系为纽带，从而获得相应政治地位的群体）的决心和态度。因而，"读书三品科"的推展也迫使骨品贵族子弟们更加注重儒学教育，极大地调动了贵族自主学习儒家经典的热情和积极性。

统一新罗时代先后施行了国学和"读书三品科"制度，不仅顺应了当时历史发展的客观需求，而且推动了儒家文化在朝鲜半岛进一步深入传播，为高丽王朝设立国子监、全面推行科举制奠定了夯实的基础。

2. 科举考试的实行

高丽王朝建国初期并未承继"读书三品科"，用人主要局限在"勋臣宿将""世臣故家"的贵族中，出现了世族地主垄断政权、君弱臣强的局面。光宗意识到这种现象将带来极为严重的后果。光宗九年（958）五月，在总结"读书三品科"得与失的基础上，光宗毅然采纳我国后周人双冀的建议，实行开科取士，"试以诗、赋、颂及时务策，取进士，兼取明经、卜等业"①。科举考试的实行，不仅抑制了世族地主的势力，扩大了庶族地主入仕的机会，也为朝鲜半岛儒家文化进一步发展创造了制度性的保障。

史称高丽科举制"大抵其法颇用唐制"②。然而高丽王朝与我国两宋、元朝都有深入的交流，难免受宋元制度影响。诚如学者所指出的："高丽科举制度，严格说，最初借鉴中国唐朝，其后全面借鉴中国宋朝，而其末期又借鉴中国元朝。但亦有其结合高丽社会现实的独创之处，与中国唐、宋、元之科举制度既有相同亦有相异。"③

---

① 郑麟趾等：《高丽史（标点校勘本）》卷七三《选举一》，人民出版社，西南师范大学出版社，2014，第2304页。

② 同上书，第2303页。

③ 杨昭全：《中朝教育、科举制度交流》，载收入氏《中国—朝鲜·韩国文化交流史》第Ⅰ卷，第144页。

高丽科举制度中，文科有制述科、明经科和医、卜、地理、律、书、算、三礼、三传、何论等杂科。① 制述科等同于中国唐、宋的进士科。进士科也分成甲科、乙科、丙科和同进士四个等级。进士甲科设于光宗九年（958）设立科举制之时，进士乙科始设于景宗二年（977），进士丙科始设于成宗三年（984），同进士设于成宗十二年（993）。②

考试基本上是分为界首试和礼部试的两级制。界首试，也称乡试，类似唐宋的乡试。显宗十五年（1024）规定，由界首官汇集四周州县的乡贡士进行考试。依照规定的人数，将界首试合格的人送至京城，参加国子监的更试。更试合格，才能参加礼部试，这就叫作"赴举"。各州县送往京城参加更试的人数为"千丁以上岁贡三人，五百丁以上二人，以下一人"③。

除了界首试和礼部试两级考试外，还有未形成常制的国王亲试复试。成宗二年（983），成宗"始临轩复试，然不为常例。亲试复试，例用诗赋"④。德宗即位后（1031），于当年闰十月己酉始设国子监试。⑤ 到了高丽末期恭愍王十八年（1369），开始采用元朝乡试、会试、殿试三级之制，定为常试。⑥ 高丽辛禑二年（1375），又"罢乡试、殿试、会试"。⑦

高丽科举考试的时间不定，有时候一年一试，有时候两年一试、三年一试，甚至六年一试，取士也没有固定员额。宣宗元年（1084），"诏进士以下诸业，自今许三年一试"⑧，规定实施三年一试的定制，但实际上并没有真正贯彻执行，之后的科举考试仍然是不定期举行。

原则上，有资格参加科举考试的人包括庶人和官僚子弟。实际上，高丽对应试资格限制非常严格。靖宗十一年（1045），规定："五逆、五

① 郑麟趾等：《高丽史（标点校勘本）》卷七三《选举一》，第2303—2304页。

② 同上书，卷七四《选举二》，第2312—2314页。

③ 同上书，第2305页。

④ 同上书，第2304页。

⑤ 同上书，卷五《德宗世家》，显宗二十二年闰十月己酉，第139页。

⑥ 同上书，卷七三《选举一》，第2311页。

⑦ 同上书，第2311页。

⑧ 同上书，第2305页。

贱、不忠、不孝、乡部曲、乐工、杂类子孙勿许赴举。"① 文宗二年（1048），又规定："各州县副户长以上孙，副户正以上子，欲赴制述、明经业者，所在官试贡京师。尚书省、国子监审考所制诗、赋，违格者及明经不读一二机者，其试贡员科罪。若医业，须要广习，勿限户正以上之子，虽系庶人，非系乐工、杂类，并令试解。"② 文宗九年（1055），又增加规定："氏族不付者，勿令赴举。"③ 综合上述规定可知，高丽科举考试有严格的身份限制，乡部曲、乐工、杂类决不允许参加各科考试，参加制述科、明经科考试的往往是副户长、副户正以上豪族子弟，医业这类杂科才允许乐工、杂类之外的庶人子弟参加。除了有十分严格的身份限制外，高丽也限制不忠不孝等道德有瑕疵的人参加科举。

考试内容和程序上，界首试和礼部试各不相同。界首试分为制述科和明经科，制述业考五言六韵诗一首，明经则考五经各一机。④

礼部试分制述科、明经科和算等杂科，制述科的考试程序和内容曾经有多次变化。高丽科举制始设之时（958），制述科考诗、赋、颂及时务策。两年后，取消时务策，只考试诗、赋、颂。光宗十五年（964）又恢复考诗、赋、颂及时务策的办法。成宗六年（987）只考诗、赋和时务策，不考颂。穆宗七年（1004）改革科举考试，仿照唐宋制度分成三场，初场考经义，中场考诗、赋，终场考时务策。显宗十年（1019），用论代替时务策。睿宗五年（1110），又不考颂，只考诗、赋、时务策。仁宗五年（1127），又只考诗、赋、论。仁宗十四年（1136）规定："凡制述业，经义、诗赋连卷试取。"十七年（1139），又借鉴范仲淹庆历新政的改革精神，规定"今后初场试经义，二场论策相递，三场诗赋，永为格式。且国学未立前，初场试以贴经，立学以后，兼试大小经义，举子难之。今后除兼经义，只试本经义"。⑤ 初场考经义，二场考论和时务策，三场

① 郑麟趾等：《高丽史（标点校勘本）》卷七三《选举一》，第 2305 页。

② 同上。

③ 同上。

④ 同上。

⑤ 同上书，第 2309 页。

考诗赋。此外，据此条还可发现此前经义考的内容包括本经义和兼经义，而此后只考本经义。尽管仁宗希望这一规定"永为格式"，然而毅宗八年（1154）又再次调整了考试内容，改为初场考论策，中场考经义，终场考诗赋。忠穆王元年（1344），再次改革科举制度，改为初场考六经义、四书疑，中场考诗赋，终场考策论。^① 纵观高丽王朝制述科考试内容，虽经过多次变化，但是经义一直都是重中之重，从未被忽视。此外，国子监（后改名成均馆）的学生参加科举，不用参加三场考试。毅宗八年规定："国学生考以六行，积十四分以上者，许直赴终场，不拘其额。"^② 忠肃王七年（1320）规定，成均七馆学生"皆赴考艺试，定其分数，直赴终场"。^③

仁宗十四年（1136）十一月，详细规定了礼部试明经科以及明法、算、明书医、呪禁、地理、何论等各杂科的考试内容和程序。^④ 关于明经科，规定："贴经二日内。初日，《尚书》遍业贴《周易》，《周易》遍业贴《尚书》，各十条。翌日，《毛诗》贴十条，各通六条以上。第三日以后，读大小经各十机，破文兼义理，通六机。每义六问，破文通四机。又《周易》遍业，读《尚书》《毛诗》《春秋》，各秩一机，例随秩插筹。小经谓业经，大经《礼记》。"^⑤ 关于明法科规定："贴经二日内，初日贴律十条，翌日贴令十条，两日并全通。第三日以后，读律，破文兼义理，通六机。每义六问，破文通四机。读令，破文兼义理，通六机，每义六问，破文通四机。"^⑥ 算科："贴经二日内，初日贴《九章》十条，翌日贴《缀术》四条、《三开》三条、《谢家》三条，两日并全通。读《九章》十卷，破文兼义理，通六机，每义六问，破文通四机。读《缀术》四机，内兼问义二机，《三开》三卷，兼问义二机，《谢家》三机，

① 郑麟趾等：《高丽史（标点校勘本）》卷七三《选举一》，第 2311 页。

② 同上书，第 2310 页。

③ 同上书，第 2310—2311 页。

④ 同上书，第 2307—2309 页。

⑤ 同上书，第 2307 页。

⑥ 同上。

内兼问义二机。"① 关于明书科："贴经二日内，初日贴《说文》六条，《五经字样》四条，并全通。翌日《书品》长句诗一首，真书、行书、篆书印文一窠，读《说文》十机，内破文兼义理，通六机，每义六问，破文通四机。"② 还有明经科监试格："庄丁十二机，以《周易》《尚书》《毛诗》各二机，《礼记》《春秋》各三机；白丁九机，以《周易》《尚书》各一机，《毛诗》《礼记》各二机，《春秋》三机。"③

值得注意的是，高丽王朝还有三礼业（科）、三传业（科）、何论业（科）的考试。三礼业，以《礼记》为遍业大经，《周记》《仪礼》为小经；三传业，以《春秋左传》肄业大经，《公羊传》《谷梁传》为小经；④何论业则以何晏注《论语》为主，同时还考《曲礼》《孝经》。⑤

综上所述，高丽科举考试中的制述科、明经科的考试内容，都以中国儒家经典为主，而且还特设三礼、三传、何论等杂科考查专门的儒家经典。通过礼部试的考生，按照其成绩分为两等，分别赐予进士及第、进士出身、同进士，之后再授予不同官职。由于高丽科举考试内容以儒家经典为核心，这就使得儒家经典的学习和入仕为官结合在一起，赋予了儒学特殊的政治地位，在高丽子弟当中掀起学习儒家典籍的热潮，使得儒学更为广泛传播。

自光宗九年（958）设立科举至恭让王四年（1392）最后一次科举考试，高丽王朝的科举制度维系了400多年，共举行251次科举考试。根据韩国学者李成茂统计，制述科及第6167名，明经科及第415名，此两科及第共6582名。⑥ 我国学者杨谓生的统计数据是，制述科及第6161

① 郑麟趾等：《高丽史（标点校勘本）》卷七三《选举一》，第2307—2308页。

② 同上书，第2308页。

③ 同上书，第2309页。

④ 同上书，第2305—2306页。

⑤ 同上书，第2308—2309页。

⑥ 李成茂：《高丽朝鲜两朝的科举制度》，张琏瑰译，北京大学出版社，1993，第61—63页。

名，明经科 449 名。① 杨昭全的统计数据则是制述科及第 6167 名，明经科及第 449 名。② 尽管学者们的统计数据各不相同，但可以肯定的是，高丽一朝制述科及第达六千余名，明经科及第达四百多人。可以肯定地说，以儒家经典为考试内容主体的科举制度，极大地刺激了儒家文化在朝鲜半岛的发展。

三、国子监、私学兴起及儒学的传播、发展

在建国初期，高丽王朝已经着手推动儒学教育。高丽太祖十三年（930）十二月，"幸西京，创置学校，命秀才廷鹗为书学博士，别创学院，聚六部生徒教授"③。后来，太祖又赐彩帛奖赏，赏赐仓谷百石作为学宝，并兼设医、卜两科。这时候，王朝始建，百废待兴，学校也只是草创。光宗九年（958），开始实行科举制，对儒学教育的需求更为迫切，要求也更高。这种草创式的学校，无疑已经很难满足科举制下的社会需求。

第六代王成宗即位（981—997 在位）后，大力提倡儒学，尤为重视儒学教育。他先下诏命令"诸州郡县选子弟诣京习业"④。六年（987）八月，考虑到回到各州郡的学生没有老师教授，于是又下令"选通经阅籍者为经学、医学博士"，令十二州牧各派遣一人敦行教谕，"其诸州郡县长吏百姓有儿可教学者，并令训诫"。⑤ 也就是在各州办设学校，由经学博士和医学博士教授。同时规定"若有励志明经、孝悌有闻、医方足用者，令牧宰知州县官依汉家故事具录，荐贡京师，以为恒式"。⑥ 这种制度类似唐朝的贡举。至此，高丽王朝已经形成中央、地方两个儒学教

① 杨渭生：《宋丽科举教育之比较》，载沈善洪《第二届韩国传统文化学术研讨会论文集》（文化卷），学苑出版社，2001，第 1 页。
② 杨昭全：《中朝教育、科举制度交流》，载收入氏《中国—朝鲜·韩国文化交流史》第 I 卷，第 152 页。
③ 郑麟趾等：《高丽史（标点校勘本）》卷七四《选举二》，第 2357—2358 页。
④ 同上书，第 2358—2359 页。
⑤ 同上。
⑥ 同上。

育系统，有经学、书学、医学三个科目，具有综合性教育机构的特征。

成宗十一年（992）十二月下令："有司相得胜地，广营书斋学舍，量给田庄，以充学粮。又创国子监"。① 借鉴宋代的学田制，给学校田地，并正式在首都开京设置国子监作为国家的最高学府。文宗十七年（1062），进一步整顿国子监学风，确定学制为儒生九年、律生六年，"荒昧无成者，并令屏黜"②。也有个别贵族反对高丽实行儒学教育，认为"养士靡费不赀，实为民弊，且中朝之法，难以行于我国"③。然而，这并不能阻挡高丽王朝实行并完善儒学教育的脚步。睿宗四年（1109），又借鉴宋朝一经设一斋的制度，在国学设立了七斋："《周易》曰丽择，《尚书》曰待聘，《毛诗》曰经德，《周礼》曰求仁，《戴礼》曰服膺，《春秋》曰养正，武学曰讲艺。"④ 九年（1114）二月，国子生张仔等六十人诣阙，请立国学。可见进一步完善儒学教育，是大势所趋、众望所归。睿宗锐意推广儒学，又于十四年（1119）在国学建立养贤库以养士："诏有司广设学舍，置儒学六十人，武学十七人。以近臣管勾事务，选名儒为学官、博士，讲论经义以教导之。"⑤ 仁宗在位时（1122—1146），将中央官学的各项制度进一步规范化，全面规定了国子学、太学和四门学、律学、书学和算学各科目的生源要求、教师资格以及教学内容等。⑥ 五年（1127）三月，诏："诸州立学，以广教道。"⑦ 至此，高丽王朝中央、地方的官学教育制度基本完备。

高丽的国子监借鉴了唐代的国子监，也设置国子学、太学、四门学、律学、书学、算学等。国子学、太学、四门学的学生各员额三百人，在学期间，学生按年齿排序。各学生源全部来自贵族子弟，入学资格完全以官品高低为标准："国子学生以文武官三品以上子孙，及勋官

① 郑麟趾等：《高丽史（标点校勘本）》卷七四《选举二》，第 2358—2359 页。
② 同上。
③ 同上。
④ 同上书，第 2360—2361 页。
⑤ 同上。
⑥ 同上。
⑦ 同上。

二品带县公以上，并京官四品带三品以上勋封者之子为之。太学生以文武官五品以上子孙，若正从三品曾孙，及勋官三品以上有封者之子为之。四门学生以勋官三品以上无封，四品有封，及文武官七品以上之子为之。"[1] 律学、书学、算学及州县学生，都"以八品以上子及庶人为之，七品以上子情愿者，听"[2]。还规定了"杂路及工商乐名等贱事者、大小功亲犯嫁者、家道不正者、犯恶逆归乡者、贱乡部曲人等子系，及身犯私罪者"，不许入学。[3] 也就是说，身份卑贱、违反儒家道德之人及其近亲均不可入学。学生的出身参照了唐制，同时又增加了一些伦理道德的要求。

国子学、太学、四门学都设置博士、助教若干名。教师选择标准是"经学优长，景行修谨，堪为师范"[4]。律学、书学、算学都设博士若干。

教学内容上，《周易》《尚书》《周礼》《礼记》《毛诗》《春秋左氏传》《公羊传》《谷梁传》各为一经，《孝经》《论语》两经必须兼通。学习年限上，《孝经》《论语》共限一年，《尚书》《公羊传》《谷梁传》各限年半，《周易》《毛诗》《周礼》《仪礼》各二年，《礼记》《左传》各三年。各经的学习有严格的次第要求，必须先读《孝经》《论语》，然后才读各经、算学和修习时务策；如有闲暇，兼习书法，每日写一纸，并读《国语》《说文》《字林》《三仓》《尔雅》。由此可见，学习内容主要是中国儒家经典和书法、算学等，并以中国儒家经典为核心。地方官学的讲授内容，应该也是以中国儒家经典为主。

值得一提的是，高丽王朝也模仿唐宋的经筵制度，挑选清燕、宝文两阁的官员与文臣一起向国王讲论六经，解释儒家经典微言大义。例如睿宗十一年（1116），"御清燕阁，命翰林学士承旨朴景仁讲《尚书》二典"[5]。毅宗元年（1147），毅宗与臣僚集于阁中，"命翰林学士崔

---

① 郑麟趾等：《高丽史（标点校勘本）》卷七四《选举二》，第2360—2361页。
② 同上。
③ 同上。
④ 同上书，第2360页。
⑤ 同上书，卷一四《睿宗世家》，睿宗十一年十一月庚子，第410页。

惟清讲《尚书·说命》三篇，命参知政事崔梓等听讲，右司谏李元膺问难"①。根据《高丽史》的记载，高丽经筵讲授的内容主要为五经中的《尚书》《礼记》《诗经》《易经》。高丽王朝重视汲取儒家文化，于此可见一斑。

国子监确实为高丽王朝培养了众多德才兼备的官员，然而科举制度逐步发展，最终以压倒性的优势凌驾于国子监之上。高丽王朝规定了"非国子监生徒不得应科试"，试图将国子监和科举融为一体，可惜国子监还是沦为科举的附庸，成为科举的预备场所。再加上成宗十二年（993）、显宗元年（1010）、显宗九年（1018），契丹先后入侵高丽，严重破坏了中央和地方的官学。战乱结束后，国家财力遭到巨大损失的高丽王朝一时难以恢复官学。在此背景下，高丽的私学普遍设立，取得长足的发展。宋人徐兢描述高丽私学兴盛的盛况道："间阎陋巷间，经馆书社三两相望。其民之子弟未婚者，则群居而从师授经。既稍长，则择友各以其类，讲习于寺观。下逮卒伍童稚，亦从乡先生学。鸣呼盛哉！"②

高丽始创私学者是被誉为"海东孔子"的儒学泰斗崔冲。崔冲原本是朝廷重臣，官至太师、中书令。文宗七年（1053）致仕后，七十余岁高龄的崔冲招收后进，进行儒学教育，教诲不倦。由于生徒人数众多，崔冲于是设立九斋：乐圣斋、大中斋、诚明斋、敬业斋、造道斋、率性斋、进德斋、大和斋、待聘斋。③ 九斋的学生被称为"侍中崔公徒"或"文宪公徒"。在崔冲创设私学的影响下，高丽的名儒们又先后建立了十一所颇具名望、影响较大的私学。侍中郑倍杰的学生被称为"弘文公徒"，又称作"熊川徒"；参政卢旦的学生被称作"匡宪公徒"；祭酒金尚宾的学生被称作"南山徒"；仆射金无滞的学生被称作"西园徒"；侍郎

① 郑麟趾等：《高丽史（标点校勘本）》卷一七《毅宗世家》，毅宗元年秋七月甲子，第410、524页。

② 徐兢：《宣和奉使高丽图经》卷四〇《同文·儒学》，商务印书馆，1937，第139页。

③ 郑麟趾等：《高丽史（标点校勘本）》卷九五《崔冲传》，第2942页。

殷鼎的学生被称作"文忠公徒";平章金义珍（一说郎中朴明保）的学生被称作"良慎公徒";平章黄莹的学生被称作"贞敬公徒";侍中文正的学生被称作"贞宪公徒";柳监的学生被称作"忠平公徒";徐硕的学生被称作"徐侍郎徒";还有"龟山徒"和"侍中崔公徒"一起世称"十二徒"。①

开办私学的人基本都是曾经参加科举的儒臣。史称："凡应举子弟，必先隶徒中学焉"。② 私学极其发达，其教育成效和影响力甚至超过国子监和地方州学。私学有一套堪称完备的制度。以崔冲的私学为例，每年夏天，借归法寺的僧房，选取生徒中已经及第、学业优异但仍未授官之人进行夏课，专门讲授《史记》《汉书》《后汉书》和儒家的九经。授课时，十分注重儒家的礼仪："间或先进来过，刻烛赋诗，牓其次第，唱名以入。设小酌，童冠列左右，奉樽俎，进退有仪，长幼有序，相与酬唱。及日暮，皆作洛生咏以罢，观者莫不嘉叹。"③

十二所私学招收的学生皆为贵族子弟，授徒内容与儒家经典、科举考试密切相关。可以说，私学也是一种科举考试的预备学校，对促进儒家文化在高丽王朝发展有不容忽视的作用。

高丽统治者也很重视私学，不仅承认私学的正当性，而且实施一些保障措施，配合私学的开展。仁宗十一年（1133）六月，判："各徒儒生曾背受业师移属他徒者，东堂监试毋得许赴。"④ 东堂是元宗时期增设的在京学堂，专门招收不能进入国子监的学子。该制度明确要求十二生徒都必须一心一意师从一位儒师，不可随意改投他人门下，这就保证了各私学的稳定性，减少了生源的流动。此外，高丽王朝还专门针对私学生徒进行考试，考核参加夏课的生徒。⑤ 如此一来，相当于把私学纳入了国家教育体系之中。因而，杨昭全认为："由上述可知，高丽仁宗朝之

① 郑麟趾等：《高丽史（标点校勘本）》卷九五《崔冲传》，第2942页。

② 同上。

③ 同上。

④ 同上书，卷七四《选举二》，第2360—2361页。

⑤ 同上。

国子学、太学、四门学，类似于宋三舍法中之内舍。睿宗朝之七斋（除武学外之六斋），类似于宋三舍法中之上舍。而民间所办之私学，类似于宋之三舍法中之外舍。公元1261年（高丽元宗二年），高丽元宗'置东、西学堂各差别监教学教导'。东、西学堂实借鉴宋三舍法中之外舍而建。故此，自仁宗朝（1122—1146）至元宗朝（1260—1274）的百年期间，高丽亦借鉴宋之三舍法实行三舍法。"①

私学在高丽长盛不衰，直至末帝恭让王三年（1392）六月才停止。在这三百余年间，私学和国子监等官学一起为高丽王朝培育出了许多著名的文人、儒者，高丽王朝涌现出了崔承老、金仁存、尹彦颐、郑知常、金富轼等著名的文人学者。

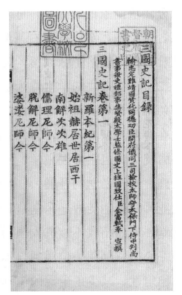

《三国史记》书影（韩国首尔大学奎章阁藏）

其中，崔承老（927—989）是高丽儒学私学的代表人物。他最先举起抑佛扬儒的旗帜，向佛教发难，揭露佛教的弊端和危害，并批判佛教寺院的剥削本质。他虽然崇尚儒家的礼乐政教、伦理纲常，主要用儒家

① 杨昭全：《中朝教育、科举制度交流》，载收入氏《中国—朝鲜·韩国文化交流史》第I卷，第118页。

文化改革本国的弊病，但也主张应当保留本民族的特征。① 金富轼奉仁宗之命编纂《三国史记》，体例完全模仿中国正史体例，分为本纪、年表、志、列传，其目的是发露"君之善恶、臣子之忠邪、邦业之安危、人民之理乱"，"以垂劝诫"，体现了儒家的历史观。②

第三节　高丽末期的朱子学与朝鲜社会全面认同、接受儒学

从 13 世纪末到 15 世纪初，朱子学传入朝鲜半岛，普及并逐渐成为统治思想。这一时期，正值高丽王朝和李氏王朝交替之际。当时的高丽贵族子弟大多留学元朝，成为在朝鲜半岛传播程朱理学的先驱。高丽忠烈王（1274—1308 在位）和高丽忠宣王（1308—1313 在位）都积极振兴儒学。忠烈王借助朱子学的信奉者安珦的力量，进一步完善国学，修建孔庙，并扩充养贤库。忠宣王长期居住在元大都（今北京市），并在大都设立万卷堂，组织高丽和元朝的儒者收集经史资料并进行研究。白颐正、李齐贤、朴忠佐等人，就是在万卷堂开始接触程朱理学，并把朱子学传播到高丽的。高丽末、李朝初，又出现了李穑、郑梦周、郑道传、权近等理学家，形成了朝鲜自己的朱子学流派。

一、高丽末期朱子学的传入

13 世纪末至 14 世纪后半期，高丽社会陷入内忧外患，儒学处于停滞状态，失去了活力和生气；佛教和寺院也腐败堕落，都无法起到收拾人心、挽救国家的作用。高丽王朝迫切需要更富生命力的统治思想。这正是朱子学传入高丽社会的背景。可以说，朱子学是适应高丽社会的需

① 参见张立文、李甦平：《中外儒学比较研究》，东方出版社，1998，第 147—148 页。
② 金富轼：《三国史记》序文《进三国史表》，第 4 页。

求而传入并传播开来的。

13 世纪末，朱子理学在高丽开始广泛传播后，安珦、白颐正、李穑等先后在中央官学里讲授朱子理学。14 世纪初，高丽仿效元朝规定，制述科、明经科的考试内容由五经改成四书，经义考试必须根据朱熹的《四书章句集注》，不得任意发挥。恭愍王十九年（1370，明洪武三年），又借鉴明朝颁布的科举程序，其中"第一场，试五经义，各试本经一道，不拘旧格，惟务经旨通畅，限五百字以上，《易》程氏、朱氏注、古注疏，《书》蔡氏传、古注疏，《诗》朱氏传、古注疏，《春秋》《左氏》《公羊》《谷梁》《胡氏》《张洽传》，《礼记》古注疏，四书义一道，限三百字以上"①，进一步确立了朱子学的官学地位。朱子理学在高丽的官学教育和科举考试中成为主流，自然也逐渐成为高丽儒学的主流。

安珦（1243—1306）是最早在高丽传播朱子学的代表人物。② 安珦十八岁及第，官至宰相。1298 年，安珦随同高丽忠宣王入元，才开始接触到《朱子全书》。他认定朱子学是孔门正脉，于是手抄《朱子全书》，并描摹孔子像、朱子像带回高丽。这是朱子学传入朝鲜半岛的最早记载。晚年，他常挂朱子像"以致景慕"，并效法朱子号晦庵，自号为晦轩。③ 他曾向弟子们说道："吾尝于中国得见朱晦庵著述，发明圣人之道，攘斥禅佛之学，功足以配仲尼，欲学仲尼之道，莫如先学晦庵。"④ 担任宰相时，他以兴学育才为己任。他曾上书建议道："宰相之职，莫先教育人才。今养贤库殚竭，无以养士，请令六品以上各出银一斤，七品以下出布有差，归之库，存本取息为赡学钱。"⑤ 他还将结余的赡学钱

---

① 郑麟趾等：《高丽史（标点校勘本）》卷四二《恭愍世家》，恭愍王十九年六月辛巳，第 1298 页。

② 多数学者认为安珦最早引入朱子学，也有少数学者认为应该是白颐正。参见韩国哲学会：《韩国哲学史》中卷，白锐译，社会科学文献出版社，1996，第 89—91 页。

③ 郑麟趾等：《高丽史（标点校勘本）》卷一〇五《安珦传》，第 3236 页。

④ 安珦：《晦轩集·谕诸生文》，转引自李梅花《10—13 世纪宋丽日文化交流研究》，华龄出版社，2005，第 155 页。

⑤ 郑麟趾等：《高丽史（标点校勘本）》卷一〇五《安珦传》，第 3235 页。

交付博士金文鼎等人，"送中原画先圣及七十子像，并求祭器、乐器、六经、诸子史以来"①。他还推荐密直副使致仕李瑱典法判书、李瑱担任经史教授都监使。在他的努力下，高丽的官学和私学教育都得到振兴，史称："于是，禁内学馆、内侍、三都监、五库愿学之士，及七管、十二徒诸生，横经受业者，动以数百计。"② 安珦似极地通过讲学宣传朱子学，为朱子学在朝鲜半岛的传播创造了良好的客观条件。

这一时期，致力传播程朱理学的学者还有白颐正、禹倬和权溥。白颐正是高丽国学大司成白文节之子，与安珦是同时代人，也是朱子学在朝鲜的早期传播者。1298 年，白颐正也随忠宣王入元，在元朝生活了十年。在此期间，忠宣王在元大都建了"万卷堂"，收集各种儒家作品，与元朝的儒者们交游。因而，白颐正得以深入了解和学习程朱理学。回国时，他专心授徒讲学，培育出李齐贤、朴忠佐等知名的朱子学者。③至于禹倬，史称其"通经史，尤深于易学，卜筮无不中。程《传》初来东方，无能知者。倬乃闭门月余参究乃解，教授生徒，理学始行"④。权溥是安珦的门生，曾经建议刊行朱熹《四书集注》以广泛传播朱子理学。他还与儿子权准搜集历代孝子六十四人，让女婿李齐贤作诗赞颂，汇编成《孝行录》刊行于世，以弘扬儒学的伦理道德。⑤

李齐贤（1288—1367）是白颐正的门人，也是权溥的女婿。他天资聪颖，年仅十五岁便在成均馆试（即国子监）取得魁首，同年又考中礼部试制述科的丙科。忠宣王在元大都时招他到万卷堂留住，与元朝的姚燧、赵孟頫等名流士大夫同席讲论诗书。在朱子学传入朝鲜半岛前，高丽的儒学教育和科举考试都沿袭唐时学风和制度，注重训诂辞章和经史。在他看来，这种方法只是堆砌文字，并不是实学。他认为倡导程朱的敬慎、修德，才能扭转高丽的学风，树立持敬笃实、齐身修德的新

---

① 郑麟趾等：《高丽史（标点校勘本）》卷一〇五《安珦传》，第 3235 页。

② 同上。

③ 同上书，卷一〇六《白文节附子颐正传》，第 3248 页。

④ 同上书，卷一〇九《禹倬传》，第 3335 页。

⑤ 同上书，卷一〇七《权溥传》，第 3289 页。

气象。忠肃王二年（1314）六月，他和朴孝修掌科举，革诗赋，用策问，表现出务实的作风。① 在他给高丽王和元朝都堂的奏疏中，常能看到他引《中庸》为据。他指出："《中庸》之书，圣门所以垂训后世，非空言也。"② 忠穆王即位，他上书都堂道："今祭酒田淑蒙已名为师，更择贤儒二人，与淑蒙讲《孝经》《语》《孟》《大学》《中庸》，以习格物、致知、诚意、正心之道，而选衣冠子弟正直谨厚好学爱礼者十辈为侍学，左右辅导。四书既熟，六经以次讲明，骄奢淫逸、声色狗马不使接于耳目，习与性成，德造罔觉，此当务之莫急者也。"③ 请求元朝挑选贤儒与田淑蒙一起讲解《孝经》和四书，借以改变高丽衣冠子弟的风气。忠穆王即位当年（1344）八月，改定科举考试："初场试六经义、四书疑，中场古赋，终场策问。"④ 两者之间必有关联。

李齐贤笃信朱子学说，尤其强调提倡朱子持敬笃实、敬慎修德的修养理念，将高丽的学风由训诂辞章之学引导到朱子的性理之学。高丽末期至李朝初期的朝鲜朱子学者，大多是李齐贤的弟子或受其思想影响之人，如李穑、郑梦周、郑道传、权近等。

14 世纪后半期，高丽的朱子学者不再停留在讲学和理论研究上，而是将朱子的学说作为思想武器，进行政治、社会改革。李穑、郑梦周、郑道传、权近等都是代表人物。在此我们仅介绍李穑的思想和实践，郑梦周等人的思想和活动将在下文一一介绍。

李穑（1328—1396），字颖叔，是高丽末期著名理学家。其父李谷也是朱子学的追随者。他天生聪慧异常，十四岁就中成均馆试。他的父亲李谷在元朝担任中瑞司典簿。1349 年，他以朝官子的身份入元朝国子监学习。1351 年，李穑回国，后成为高丽末期政界举足轻重的人物。他曾任征东行中书省儒学提举、成均馆大司成（馆长），官至侍中，封韩山君。

---

① 郑麟趾等：《高丽史（标点校勘本）》卷七三《选举一》，第 2310 页。
② 同上书，卷一一〇《李齐贤传》，第 3363 页。
③ 同上书，第 3369 页。
④ 同上书，卷七三《选举一》，第 2311 页。

在政治上，李穑是温和的改良派。他反对大地主无限制地兼并农民的土地，批判对农民的苛烈剥削，主张改良田制和租税制度，以限制土地兼并和减轻农民负担。恭愍王元年（1352），还在服丧期间的李穑上书建言道："乞以甲寅柱案为主，参以公文朱笔，争夺者因而正之，新垦者从而量之。税新垦之地，减滥赐之出，则国人增；正争夺之田，安耕种之民，则人心悦。"① 对于日本的不断侵扰，他认为"今之为计，不过有二，曰陆守，曰海战"，"陆守所以固我也，海战所以威彼也，如此则不两得乎"。② 在他看来，高丽王朝面临的内忧外患都不难解决。从他的建言，不难看出他的设想相当理想化，多少有纸上谈兵之虞。对于国家教育和人才培育，他请求"明降条制，外而乡校，内而学堂，考其材而升诸十二徒。十二徒又总而考之，升之成均，限以日月，程其德艺，贡之礼部。中者依例与官，不中者亦给出身之阶。除在官而求举者，其余非国学生，不得与试，则昔之招不来者今则麾不去矣"。③ 至于佛教和寺院的腐败，他建议"已为僧者，亦与度牒，而无度牒者，即充军伍。新创之寺并令撤去，而不撤者，即罪守令，庶使良民不尽髡缁"，并劝谏恭愍王疏远佛教。④ 五年，他又上疏论述时事八条。六年，又请求推行儒家的三年丧。到了禑大王年间，田制大坏，李成桂和赵浚打算改革私田，李穑则认为不能轻易改革旧法，坚决反对二人的建议，表现出保守的倾向。他一生为官忠直、敢于直言劝谏。恭愍王十一年（1362），"王听佛护寺僧言赐田，会（李）穑奉御宝印监试榜，王遗宦官命并印赐僧牌"，李穑对曰："此事宜议诸大臣，不可轻易。"⑤

李穑大力宣传朱子理学。恭愍王十六年（1367），高丽王朝重振成均馆，命李穑以判开城府事兼成均馆大司成，增设生员，挑选经术之士金九容、郑梦周、朴尚衷、朴宜中、李崇仁，都以他官兼教官。史

① 郑麟趾等：《高丽史（标点校勘本）》卷一一五《李穑传》，第 3520 页。

② 同上书，第 3520—3521 页。

③ 同上书，第 3523 页。

④ 同上书，第 3524 页。

⑤ 同上。

载："先是，馆生不过数十，穑更定学式，每日坐明伦堂分经授业，讲毕相与论难，忘倦于是。学者坌集，相与观感，程朱性理之学始兴。"①可以说，李穑大力宣传朱子学，是朱子学在高丽末期广泛传播的重要原因。

在思想上，李穑以朱子学为宗，尝试阐释自己的哲学思想。他的宇宙观在坚持"太极"生万物的大前提下，主张"气"构成天地万物："虽道之在太虚，本无形也。而能形之者，惟气为然。是以大而为天地，明而为日月，散而为风雨霜露，峙而为山岳，流而为江河，秩然而为君臣父子之伦，粲然而为礼乐刑政之具。其于世道也，清明而为理，秽浊而为乱，皆气之所形也。"② 他也是朱熹"理欲观"的追随者，主张存天理灭人欲。他说道："戒惧之何，存天理也，慎独焉何，遏人欲也，存天理遏人欲，皆至其极，圣学斯毕矣。"③ 此外，他的思想也受到佛教思想的影响。④ 所以，《高丽史》编撰者评价他道："穑天资明敏，博览群书，为诗文操笔即书，略无凝滞，勉进后学，以兴起斯文为己任，学者皆仰慕。掌国文翰数十年，屡见称中国，平生无疾言遽色，不露圭角，不治生产，虽至屡空，不以为意。然志节不固，无大建白，学问不纯，崇信佛法，为世所讥。"⑤

二、士林派代表郑梦周及儒家礼俗的推广

朱子学传入朝鲜半岛后，发展至李穑所在的历史时期，开始分化成重视义理的保守派和关注现实问题的革新派。此时正值高丽和朝鲜两个王朝更替之际。以郑梦周为首的节义论者强调忠节思想，重视大义名

① 郑麟趾等：《高丽史（标点校勘本）》卷一一五《李穑传》，第 3525 页。

② 李穑：《西京风月楼记》，载徐居正《东文选》卷七二。

③ 李穑：《伯中说》，载徐居正《东文选》卷九七。

④ 参见李贞馥：《高丽末期儒学考辨——牧隐诗中表现出的性理学之受容》，载阎纯德《汉学研究（第 1 集）》，中国和平出版社，1996，第 356—362 页。

⑤ 郑麟趾等：《高丽史（标点校勘本）》卷一一五《李穑传》，第 3525 页。

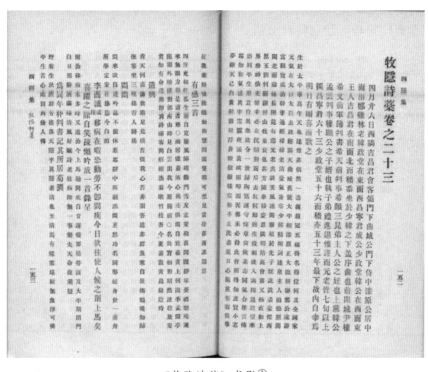

《牧隐诗稿》书影①

分。他们基于春秋大义，反对易姓革命，反对李成桂取代高丽，拒绝与李成桂一派妥协。在朝鲜王朝建立前后，他们有的被杀害，有的被革职，大部分则归隐乡野，潜心于朱子学的探研和传播。朝鲜王朝开国后，部分节义论者以金宗直为核心，逐渐形成了以研究义理为特色的"士林派"。士林派以郑梦周的精神为开端，郑梦周也是士林派影响最大的代表人物。

郑梦周（1338—1392），字达可，号圃隐，有《圃隐集》传世。恭愍王九年（1360），二十三岁的他参加科举考试，连取三场魁首，并先后担任成均馆博士、司艺、大司成等职务，与李成桂同时担任宰相。史称他"天分至高，豪迈绝伦，有忠孝大节，少好学不倦，研穷性理，深有所

_____

① 摘自释尾春芿《朝鲜群书大系》第二十四册，朝鲜古书刊行会，大正五年。

得"。① 1392 年，因反对李成桂易姓，被李芳远刺杀，享年五十六岁。同年李成桂登基，建立朝鲜王朝。

《圃隐先生集》书影②

郑梦周对朱子学的研究造诣甚深。恭愍王十六年（1367），高丽王朝重振成均馆，为礼曹正郎兼成均博士。当时，"经书至东方者，唯《朱子集注》耳。梦周讲说发越，超出人意，闻者颇疑，及得胡炳文《四书

---

① 郑麟趾等：《高丽史（标点校勘本）》卷一一七《郑梦周传》，第 3584 页。
② 摘自释尾春芿《朝鲜群书大系》第二十四册。

通》，无不吻合，诸儒尤加叹服。"① 他不仅是朝鲜半岛最早讲授《四书集注》的人，还加以阐发。李穑极为推崇他，说道："梦周论理，横说竖说，无非当理。"② 郑道传评论他的学问道："先生于《大学》之提纲，《中庸》之会极，得明道传道之旨；于《论》《孟》之精微，得操行涵养之要，体验扩充之方。至于《易》，知先天后天相为体用，于《书》知精一执中、帝王传授心法，《诗》则本于民彝物则之训，《春秋》则辨其道谊功利之分。吾东方五百年臻斯理者，几何人哉？"③ 他认为郑梦周从《大学》和《中庸》中把握儒学要旨，深得程颢传道宗旨，又从《论语》和《孟子》中体验到了涵养身心的方法，至于研究《易经》《尚书》《诗经》《春秋》，也都各得其精髓，全方位地肯定了郑梦周的学问。可见，郑梦周确实是当之无愧的"东方理学之祖"。

郑梦周不仅精通朱子学，而且还积极投身传播朱子学义理精神和践行朱子思想的实践当中，试图用朱子学说矫正高丽崇佛、礼俗混乱等现象。高丽一代，虽然科举制度、教育制度都以儒家学说为核心，但是仍崇奉佛家学说，将其作为维持统治的思想依据。郑梦周试图扭转这一局面，用朱子学的理论取代佛教思想，希冀挽救高丽王朝的衰亡走向。恭让王即位后，曾在给郑梦周的令文中称其"倡鸣濂洛之道，排斥佛老之言"④，可见他承继了程朱的思想，对佛教、道教思想严加批判。恭让王极其崇佛，找僧人粲英等为师，每月朔望为其讲经。郑梦周利用在经筵讲学的机会，进言道：

> 儒者之道，皆日用平常之事。饮食男女，人所同也，至理存焉。尧舜之道，亦不外此。动静语默之得其正，即是尧舜之道，初非甚高难行。彼佛氏之教则不然，辞亲戚，绝男女，独坐岩穴，草衣木食，

① 郑麟趾等：《高丽史（标点校勘本）》卷一一七《郑梦周传》，第 3573 页。

② 同上。

③ 郑道传：《三峰集》卷三《圃隐奉使稿序》，载释尾春芿《朝鲜群书大系（别集）》第五册，朝鲜古书刊行会，大正五年，第 75 页。

④ 郑麟趾等：《高丽史（标点校勘本）》卷一一七《郑梦周传》，第 3573 页。

观空寂灭为崇，是岂平常之道？①

这段话虽然简短，却清晰、充分地说明了儒家和佛教的本质不同。儒学所说的无非是日用平常之事，都是饮食男女之理。在这些平常的事理中，却隐含着"尧舜之道"，推而极致则可穷天地万物之理。而佛教则脱离日用平常的事理，断绝亲戚，否定饮食男女之理，虚空谈理，追求寂灭解脱。佛教违背平常之道，与儒学是根本对立的。可惜恭让王受佛家影响，不肯接受他的意见。针对恭让王佞佛之举，朝中大臣成均博士金貂、政堂文学郑道传等纷纷上书劝谏，成均馆生员朴礎、尹向等也联名上书。恭让王极其愤愤，下令处死金貂等人。郑梦周与同列上疏为金貂等中辩，其中说道："斥诋佛氏，儒者之常事，自古君王置而不论，况以殿下宽大之量，蕞尔狂生，在所优容。"② 佛教的思想与儒家义理根本对立，自然常常会遭到儒者的批判。恭让王无以言对，宽宥了金貂等人。从这一事件也可看出，在郑梦周等人的影响下，高丽王朝末期的成均馆已经有相当一部分人成为性理学的信奉者。这些信奉者形成一支力量强大的队伍，联合起来排抑佛教，为后来朝鲜王朝性理学的繁荣奠定了良好的基础。

郑梦周是朝鲜半岛用朱子家礼化导民风民俗的第一人。高丽的丧服制松弛紊乱，遭父母丧时，士大夫都是服丧百日便释服从吉，唯有郑梦周一人"庐墓，哀礼俱尽"③。为此，他得到了朝廷的旌表。他不仅仅自己遵行儒家的丧礼，而且不遗余力地把儒家的礼俗推广到全社会。在担任宰相期间，他下令士庶都要效仿《朱子家礼》，立家庙，作神主，祀奉先祖。《高丽史·礼志》"大夫士庶人祭礼"概括了他所定的祭礼。恭让王二年（1390）二月，令："大夫以上祭三世，六品以上祭二世，七品以下至于庶人止祭父母，并立家庙朔望必奠，出入必告，四仲之月必享，食新必荐，忌日必祭。当忌日，不许骑马出门、接对宾客。其俗节

① 郑麟趾等：《高丽史（标点校勘本）》卷一一七《郑梦周传》，第 3579 页。
② 同上书，第 3580 页。
③ 同上书，第 3573 页。

上坟，许从旧俗。时享日期，一、二品每仲月上旬，三、四、五、六品仲旬，七品以下至于庶人季旬。"[1] 他所定祭礼也区分了官员和庶人，官员又依照品阶不同作了区别。当年八月庚申朔，又颁行了士大夫家祭仪，详细规定了四仲月正祭、正朝、端午、中秋、忌日等不同日子的祭奠礼仪，包括主祭者、与祭者、祭品规格、上献次第、行礼仪式等各个方面的要求，清晰明了，简洁易行。[2] 次年六月乙巳，又"命申行家庙之制"[3]。这应当还是郑梦周的手笔。从恭让王二年二月到三年六月，在郑梦周的主张下，高丽王朝制定并推行了大夫士庶人祭礼以及家庙制。由此可见，郑梦周推广朱子家礼、儒家礼俗的迫切愿望。在他的推广下，朝鲜半岛原本"处处祈佛、家家祀神"的面貌改变为"处处祈孔、家家祀祖"的儒家世俗。

他的主张在后来的朝鲜王朝也得到了延续。1408年，李朝太祖薨逝，太宗"擗踊呼泣，声闻于外，治丧一依《朱子家礼》"[4]。太宗十三年（1413），责令未设家庙的士大夫于当年设立，否则移交有司惩处："家庙之设，已有著令，士大夫广占家基，崇峻堂寝，不曾立庙，殊无报本之意，乞令承重者，限今年毕立祠堂，违者文宪司纠理。"[5]

郑梦周还不遗余力地推行理学教育。为了强化理学教育，他在中央建立五部学堂，在地方设乡校。[6] 他在被刺杀前夕，还参酌《大明律》《至正条格》和高丽法令，删定修撰成新的法典。史载，"王命知申事李詹进讲，凡六日。屡叹其美。谓侍臣曰：'此律须要熟究，删定，然后可行于世也。苟不熟审，一切判付恐有可删之条也。法律一定，不可变更。'讲至'以乐人、娼妓为室者，杖八十离异，政曹外叙用'，乃曰：

① 郑麟趾等：《高丽史（标点校勘本）》卷六三《礼志五·吉礼小祀》"大夫士庶人祭礼"条，第2015—2016页。
② 同上书，卷六三《礼志五·吉礼小祀》"大夫士庶人祭礼"条，第2015—2016页。
③ 同上。
④《太宗实录》卷一五，八年五月壬申，《李朝实录》第三册，日本学习院东洋文化研究所，昭和二十九年，第239页。
⑤ 同上书，卷二五，十三年五月戊子，《李朝实录》第四册，第395页。
⑥ 郑麟趾等：《高丽史（标点校勘本）》卷一一七《郑梦周传》，第3585页。

'世实多有此等人'，深嘉纳之。"① 众所周知，《大明律》是一部以儒家礼教为指导的法典。他参酌《大明律》修律，很可能也引入了大量儒家化的法条。可惜的是，不久后高丽王朝就灭亡了，这部法典未来得及正式推行。

在王朝更迭之际，郑梦周坚持"忠臣不事二君"的忠节义理精神，拒绝与李成桂及其党羽妥协、合作。他的忠孝节义可以说是他研究性理学的结果，也是他的性理学修养的升华。② 因此，他深得后人赞誉："吾东方自箕圣以后至于丽季，阐开道学有功，斯文无如郑梦周之比。而至使人人得知君臣父子之伦，内夏外夷之义者，亦皆（郑）梦周之功也。"③

朝鲜中宗（1506—1544 在位）即位之后，士林派的势力再次登上政治舞台。他们从"东方理学之宗"的角度出发，展开了推动郑梦周从祀文庙的活动。④ 中宗五年（1510）十月，正言李耆请求郑梦周从祀文庙，认为："前朝郑梦周，人皆谓东方理学之宗。东方丧礼久废矣，梦周始加考定。如崔致远、薛聪、安裕，亦皆配享文庙，以梦周依致远等例，从祀庙廷，则足以兴起人才。"⑤ 中宗十二年（1517）八月，成均生员权磌等又上疏请求从祀。疏文提道："臣等窃念，惟我东方，若檀君之世，洪荒远矣，不复征也，箕子肇封，仅能施八条而已。惟幸皇天眷佑，乃生儒宗郑梦周于丽季，研穷性理，学海渊博，默会奥旨，暗合先儒。忠孝大节，耸动当世，制丧立庙，一依《家礼》。文物仪章，皆其更定，建学设校，丕兴儒术，明斯道、启后学，东方一人而已。比学周、程，

① 郑麟趾等：《高丽史（标点校勘本）》卷四六《恭让王世家》，恭让王四年二月甲寅，第 1399 页。

② 参见楼宇烈：《东方理学宗祖 淑世儒林楷模——郑梦周与韩国性理学》，载徐远和、卞崇道《风流与和魂》，沈阳出版社，1997，第 69—86 页。

③《圃隐先生集续录》卷三《筵臣奏辞三》，载释尾春芿《朝鲜群书大系》第二十四册，第 377 页。

④ 关于郑梦周从祀的论争，可参见柳银珠《国尚师位——历史中的儒家释奠礼》，第 153—157 页。

⑤《中宗实录》卷一二，中宗五年十月辛丑，《李朝实录》第二十册，第 403 页上。

诚亦有级；比功周、程，殆有同焉。"① 极大地肯定了郑梦周作为儒宗对朝鲜半岛朱子学学统的重大意义。当年九月，郑梦周终于从祀文庙，标志着他成为官方认可的正统朱子学者。② 韩国学者柳承国曾经指出："如言朝鲜儒学思想史之正统，比起郑道传一派，郑梦周一系则更能继承传统学脉的渊源。此点可说是韩国朱子学的特色，对韩国精神史造成了极大影响，此种影响并延及后世。"③

李氏朝鲜建立后，士林派的另一重要人物吉再也以忠节为准绳，选择辞官隐居。吉再（1313—1419），字再父，先后受学于李穑、郑梦周、权近等人。他和李穑、郑梦周一起被称为"丽末三隐"。针对勋旧派的官学，他在庆尚道金乌山积极兴办私学，讲解性理之学。其后学中，金叔滋、金宗直、金宏弼、郑汝昌、赵光祖都是活跃于李朝前期的士林派大儒。权近曾经赞誉道："呜呼！有高丽五百年培养教化，以励士风之效，萃先生之一身而收之。有朝鲜亿万年扶植纲常以明臣节之本，自先生之一身而基之，其有功于名教甚大。"④ 可以说，吉再积极讲学开启了士林派的血脉传承。

三、郑道传等勋旧派力主排佛与朱子学统治地位奠基

在高丽和朝鲜两个王朝更替之际，除了有以郑梦周为代表的节义论者，还有一派主张权变的革新势力，主要代表人物是郑道传和权近。他们的学风特点是重视功利性、经世性和实用性。他们主张改革，支持李

① 《中宗实录》卷二九，中宗十二年八月庚戌，《李朝实录》第二十一册，第 170 页下。

② 同上书，卷二九，中宗十二年九月庚寅，《李朝实录》第二十一册，第 192 页上。

③ 柳承国：《韩国儒学史》，转引自楼宇烈《儒学在现代韩国》，《传统文化与现代化》1998 年第 1 期。

④ 权近：《阳村集》卷二〇《题吉再先生诗卷后序》，《韩国文集丛刊（7）》，景仁文化社，1996，第 203 页，转引自洪军《论韩国的早期朱子学思想》，《国际儒学研究》第 24 辑，华文出版社，2017，第 119 页。

成桂建立新王朝。李朝开国后，他们成为开国功臣，在朝中握有重权，成为掌控政界和学界的重要势力。这一派是"官学派"的先驱，后来又逐渐演变为"勋旧派"，成为"士林派"批判和排斥的对象。然而，仅就丽末鲜初的批佛而言，郑道传的批判更为全面、系统而且深入。李穑、郑梦周批判佛学，停留在人伦道德层面，而郑道传则从人伦道德和哲理两个层面全面地批判佛教，从而为朱子学取代佛教成为朝鲜王朝的官方思想奠定了理论基础。有学者认为："郑道传是朝鲜王朝的助产者、经始者，也是儒学东传朝鲜半岛以来，首次实现儒学立国、儒学治国，设计未来的主要人物。"①

郑道传（1342—1398），字宗之，号三峰，是李穑著名弟子之一，是丽末鲜初的思想家、政治家。高丽王朝时，他曾任成均馆司艺、成均馆大司成、典校副令等职。辛祸初，因反对迎接北元来使，郑道传被流放会津县。不久，被宽宥可以任便居住。于是，郑道传"结庐三角山下讲书，学者多从之。常以训后生、辟异端为己任"②。朝鲜王朝建立，作为开国功臣，他先后担任了政治、军事、教育等方面的要职，成为当时最具影响力的儒臣。由于李朝太祖的信任，他受命教育王储李芳硕，也因而被卷入王子之间的王位之争，被太祖四子李芳远（后来的太宗）处以极刑。在高丽朝时，他支持以李成桂为首的改革派，主张重整田制，抑制土地兼并，加强中央集权。进入李朝后，他为王朝的安定和稳固做了大量工作。他仿照周礼六典编纂了《经国典》，经过修订后作为朝鲜王朝第一部集大成的政治法典公布并正式实施，奠定了朝鲜王朝的法制基础。他还进行军制改革，编撰了《五行阵出奇图》《讲武图》《八阵三十六变图谱》等，增强了朝鲜王朝的国防实力。虽然他支持易姓革命，但仍然坚持儒家的伦理道德观，认为三纲五常是道、是理，也特别强调忠孝两德目，认为"为臣忠，为子孝，二者人道之大端，而立身之大节

① 李甦平：《韩国儒学史》，人民出版社，2009，第168页。
② 郑麟趾等：《高丽史（标点校勘本）》卷一一九《郑道传传》，第3628页。

也"①。在意识形态方面，他崇奉朱子学，撰写《学者指南图》《采辑程氏易传五信爻象》等，又用朱子的思想批判佛教，创作了《佛氏杂辨》等著作，为朝鲜王朝崇儒抑佛的政策奠定了理论基础。他的大部分作品都收入了《三峰集》。

作为丽末鲜初改革派的基础理论家，郑道传将锋芒直指高丽王朝占统治地位的意识形态——佛教。他"自以辟佛为死而安，是欲使人祛其惑也"，以辟佛为己任，极为重视排佛。② 相较于李穑、郑梦周的排佛，他不仅指出佛教所带来的社会弊端，还特别注重从理论上批判佛教。他的排佛理论，具有深刻的哲学内容和相当完整的理论体系。可以说，他是这一时期排佛的集大成者。他通过从理论层面全面而深刻地批判佛教，不仅实现排佛的目的，而且宣传了朱子学，从而确立朱子学在李朝的官方哲学地位。

郑道传以儒批佛的论点集中反映在《佛氏杂辨》中。这篇作品写于他被害当年，被他视为终生批佛的集大成著作。这篇文章中批驳了佛教的轮回、因果、心性、真假、祸福、禅教、慈悲、地狱、乞食等，收录于《三峰集》第九卷，分设十九个小标题，针对十九个问题一一进行论述。这些小标题分别是：1. 佛氏轮回之辨；2. 佛氏因果之辨；3. 佛氏心性之辨；4. 佛氏作用是性之辨；5. 佛氏心迹之辨；6. 佛氏昧于道器之辨；7. 佛氏毁弃人伦之辨；8. 佛氏慈悲之辨；9. 佛氏真假之辨；10. 佛氏地狱之辨；11. 佛氏祸福之辨；12. 佛氏乞食之辨；13. 佛氏禅教之辨；14. 儒释同异之辨；15. 佛法入中国；16. 事佛得祸；17. 舍天道而谈佛果；18. 事佛甚谨年代尤促；19. 辟异端之辨。③ 其中"佛氏轮回之辨""佛氏因果之辨""佛氏心性之辨""佛氏昧于道器之辨""佛氏毁弃人伦之辨"和"儒释同异之辨"是尤为重要的几个论题。以下主要

① 郑道传：《三峰集》卷三《送宋判官赴任汉阳诗序》，载释尾春芿《朝鲜群书大系（别集）》第五册，第 72 页。

② 郑道传：《三峰集》卷九《佛氏杂辨》，载释尾春芿《朝鲜群书大系（别集）》第五册，第 268 页。

③ 同上书，第 242—266 页。

介绍郑道传这几个论题相关的思想。

《三峰集》书影①

　　佛教主张轮回、精神不灭，郑道传运用儒家的"气化论"和"气之生生不息"加以批驳。他运用这两个理论，说明了人与天地间的万物得以繁衍生息的根本原因。他强调："人物之生生而无穷，乃天地之化运行而不已者也。"② 他以草木为例，指出草木春华秋实是气的滋生和收敛的结果，换句话说是阴阳二气运动变化的结果。而"人之气息亦生生不穷而往者，过来者续之，理可见也"。③ 他指出，佛教轮回说的基础是精神不灭说。实际上，人和万物之生"得于气化之自然，初无精神寄寓于太虚之中，则知其死也与气前俱散，无复更有形象尚留于冥漠之内"。④人与万物都是处于发生、发展和消亡的不停变化过程中。人一旦死亡，

① 摘自释尾春芿《朝鲜群书大系（别集）》第五册。
② 郑道传：《三峰集》卷九《佛氏杂辨·佛氏轮回之辨》，载释尾春芿《朝鲜群书大系（别集）》第五册，第242页。
③ 同上书，第243页。
④ 同上书，第242页。

精神便会和肉体一起消亡，不可能脱离肉体而永生不灭。他还指出，轮回说有一个基础的观点是"定数"："今以佛氏轮回之说观之，凡有血气者，自有定数，来来去去，无复增损。"[①] 而他认为"人与万物皆天地之气所生，故气盛则一时蕃庶，气弱则一时损耗"，并不是什么"定数"。[②]所谓"天地之化虽生生不穷，然而有聚必有散，有生必有死"。[③] 人的精神不可能永生不灭，也不可能有什么轮回转世。郑道传用儒家的气化哲学论述人类与天地万物繁衍生息的原因，不仅有力地批驳佛教的精神不灭说和轮回观，更宣传了儒家的气化理论。

　　佛教主张因缘业报，也就是所谓的因果说。郑道传运用儒家的"气禀论"和"五行说"加以批判。其言道："夫所谓阴阳五行者，交运迭行，参差不齐，故其气也有通塞、偏正、清浊、厚薄、高下、长短之异焉。"[④] 由于气化时的禀受不同，所以天地万物才千差万别。得气之通且正者为人，得其偏且塞者为物。因为人和人的气禀有清浊、厚薄、高下、长短之别，所以人也有贤愚、贫富、贵贱、寿夭之异。至于人的祸福吉凶、相貌、德行等，则都取决于"五行"之衰旺。如果人以木为命，则春天旺秋天衰，相貌长且青，心慈而仁；如果以金为命，就会秋天吉夏季凶，相貌白且方，心刚而明。医生诊疗疾病，也是依据五行相生相克。总而言之，他用儒家的气禀论和五行关系否定佛教的因果业报。

　　"心性"是儒学和佛教都有的一个重要范畴，然而儒学中的"心性"与佛教的"心性"却有本质的不同。"佛氏心性之辨"一篇的主旨是说明儒佛"心性"的差异，进而批判佛教的心性说。他指出："心者，人所得于天，以生之气虚灵不昧以主一身者也。性者，人所得于天，以

① 郑道传：《三峰集》卷九《佛氏杂辨·佛氏轮回之辨》，载释尾春芿《朝鲜群书大系（别集）》第五册，第 243 页。

② 同上书，第 243 页。

③ 同上书，第 242 页。

④ 同上书，第 244 页。

生之理纯粹至善以具于一心者也。"① 又说："心者神明之舍，性则其所具之理。"② 还说"心能尽性"，"心统情性"。③ 他对"心性"的论述，都来自中国程朱理学的思想，表明了他对程朱理学的认同。他总结了佛教和儒学"心性说"的三点区别："佛氏虚，吾儒实；佛氏二，吾儒一；佛氏间断，吾儒连续。"④ 在他看来，儒家的心、性一体，落在实体上，强调尽心知性的道德修养；而佛教则说"观心见性"，分割心和性，谈"性空""心性本净"，主张"随缘放旷，任性逍遥"。所以，他又说："此吾儒之学内自身心，外而至于事物，自源徂流，一以贯通，如源头之水，流于万物，无非水也。"⑤ 在"心性"问题上，郑道传赞扬儒家推崇人的道德主体性，并以此批评佛教的"性空"论。

道和器，在儒家是一对具有重要意义的范畴。讲"道在器中""道寓于器"，道和器分别指规律和具体的事物，强调规律需要体现在事物的发展变化过程中。所以，儒家主张道不离器，强调"据器而道存，离器而道毁"。道和器也可以指本质和现象，任何本质都需要依托现象呈现，人也可以透过事物表明的特征去探寻其本质。所以，郑道传说："道则理也，形而上者也。器则物也，形而下者也。"⑥ 也说："盖道虽不杂于器，亦不离于器者也。"⑦ 接着，他以儒家辩证的道器关系论批评佛教，指出佛教虽说"道不杂于器"，却"以道与器歧而二之"；或者也说道不离器，实际上却是"以器为道"。⑧ 因而，佛教陷入"凡所有相，皆是虚妄"，"善恶皆心，万法唯识"的泥沼当中。⑨

---

① 郑道传：《三峰集》卷九《佛氏杂辨·佛氏轮回之辨》，载释尾春芿《朝鲜群书大系（别集）》第五册，第 246 页。

② 同上。

③ 同上。

④ 同上书，第 247 页。

⑤ 同上。

⑥ 同上书，第 249 页。

⑦ 同上。

⑧ 同上。

⑨ 同上。

在此基础上，郑道传进一步批评佛教毁弃人伦。他以儒家的气论哲学为基础，秉承朱子学的理论，将事物的本原归结为"理""太极"。他说："有天地万物之前，毕竟先有太极，而天地万物之理，已浑然具于其中。"[①] 人和天地万物都禀气而生，并且遵理而行。他说："道则理也……盖道之人原出于天，而无物不有，无时不然，即身心而有心身之道，近而即于父子、君臣、夫妇、长幼、朋友，远而即于天地万物，莫不各有其道。"[②] 道是天地万物运转的客观规律，是理，是不以人的意志为转移的客观存在。人间的伦理纲常、人伦秩序，也都是天道、天理，须臾不可离，绝不可以违背。而佛教则"毁人伦、去四大，其分于道远矣。又曰言无不周偏而实则外于伦理"。[③] 佛教宣扬抛弃父母，出家出世，显然是违背伦常，违逆天道，更不符合李朝的统治需要。他还将佛教比作心，道家比作气，儒家比作理，进而指出"其（指儒家，引者注）道之尊，无与为二，非心气之可比也"[④]。

可以发现，儒家的"气论"和"心性"说，不仅是郑道传用以批判佛教的重要理论武器，也是他试图借批佛大力宣传的儒家思想。有学者指出，郑道传的批佛有两大重要贡献：其一"他以'气'学思想对佛教进行批评，其结果是高扬了'气'的学术价值，使'气化流行生生不已'的思想被朝鲜朝学术界所认同"；其二是"在丽末鲜初学术界对儒家'心性'理论的挺立"。[⑤] 这样的评判，无疑是相当准确的。

① 郑道传：《三峰集》卷九《佛氏杂辨·佛氏轮回之辨》，载释尾春芿《朝鲜群书大系（别集）》第五册，第251页。

② 同上书，第249页。

③ 同上书，第250页。

④ 同上书，卷一〇《心气理篇》，载释尾春芿《朝鲜群书大系（别集）》第五册，第269—276页。

⑤ 李甦平：《韩国儒学史》，第187页。

第四节　四七理气之辩与李朝朱子学的国教化

　　朱子理学在李朝政权的确立中扮演了举足轻重的角色。郑道传曾经在《朝鲜经国典·总论》"正宝位"中写道："盖其一原之气周流无间而万物之生皆受是气以生，洪纤高下，各形其形，各性其性，故曰天地以生物为心。所谓生物之心，即天地之大德也。人君之位，尊则尊矣，贵则贵矣，然天下至广也，万民至众也，一有不得其心，则盖有大可虑者存焉。"① 用理学的理论论证李朝建立的合法性。因而，李朝创建后便把朱子学奉为国教，大力压制佛教。柳承国这样描述李朝时期的儒家地位："从开国的太祖到第三代王太宗，其间致力于儒教思想的施政，达到了政治上的安定。至第九代成宗时，文物制度皆已确立，儒教思想皆已普及于庶民阶层，奠定了朝鲜王朝五百年的基础。"② 儒家作为李朝的官方统治思想，推行了五百多年，渗透到政治、思想、文化、社会生活等各个领域，占据了朝鲜半岛传统文化的核心地位。李朝既是朝鲜半岛朱子学的兴盛期，也是朱子学走向衰弱的历史时期。在此期间，出现了李退溪、李栗谷等儒学大家，学派林立，理论创新，为朝鲜半岛的儒教传统奠定了坚实的理论基础，并实现了朱子学的国教化。

一、权近与四七论辩的兴起

　　权近（1352—1409），字可远，号阳村，是高丽末期朱子学传播者权溥的曾孙。他年少好学，十八岁便及第，历任成均直讲、艺文应教等

---

① 郑道传：《三峰集》卷七《经国典·正宝位》，载释尾春芿《朝鲜群书大系（别集）》第五册，第 191 页。

② 柳承国：《韩国儒学史》，第 114 页。

职；入李朝后，又先后担任大司宪、艺文馆大提学等职，封吉昌君，谥号文忠。他和郑道传同为李穑弟子，后来又受学于郑道传。他是丽末鲜初的朱子学者，和郑道传一起被称为李朝初期朱子学的双璧。他和郑道传虽然都是性理学者，但是思想各有侧重。郑道传更注重以朱子学为理论武器批判佛教，并致力于从有关治国的角度推动性理学的官学化；而权近则致力于深究和发展朱子学理论，侧重于重新阐发性理学理论。就朱子学理论的研究和深挖而言，权近显然优于郑道传，奠定了李朝儒学的理论基础。不仅如此，权近的思想还传播到日本，并在日本儒学界产生了一定的影响。权近的著作颇丰，主要作品有《入学图说》《五经浅见录》《四书五经口诀》《阳村集》等。其中，《入学图说》《阳村集》保存较为完整，其他大多散佚，因而较难全面地分析其思想内容。

《入学图说》是权近在丽末时期被流放后居住于金马郡时所撰。这部书曾经作为性理学入门指导书，为朝鲜理学初学者们广为传习，在朝鲜半岛儒学史上有举足轻重的地位。后人指出："退溪先生七情四端互发之说，其原出于《入学图说》。其图中四端书于人之左边，七情书于人之右边，郑秋峦因阳村而作图，退溪又因秋峦而作图，此互发之说所由起也。退溪曰，'四端理发而气随之，七情气发而理乘之'。是阳村书左右之意。"① 其一，《入学图说》是朝鲜最早的儒学图说书，是韩国儒学界"以图释说"研究范式的开创者，影响巨大而深远。受他的影响，后来出现了金泮的《续入学图说》、权采的《作圣图论》、郑之云的《天命图说》和李滉的《圣学十图》等图说儒学的书籍。其二，朝鲜儒学史上长达数百年之久的四端与七情关系之辩，可以溯源至权近。在《入学图说》中，他提到四端和七情的关系，认为四端由理、性所发，纯善无恶；七情由气、心而成，有善有恶。这是朝鲜儒学史上最早探讨四端、七情、理、气关系的论著，开启了四七论辩。由于《入学图说》的学术价值重大，因而被多次印刷，至今大约有五种版本流传于世，包括：1397 年、1425 年的晋州本，1545 年的浪州本，1547 年的荣川本，1648

---

① 金长生：《沙溪先生全书》卷一七《近思录释疑》，白山学会，1985，第 287 页，转引自李甦平《韩国儒学史》，第 211 页。

年的日本庆安刻本，1929 年的论山本。①

　　权近关于理气的探究，主要保留在为郑道传《心气理篇》所作的注释上。他沿着郑道传以理、气、心比拟儒、道、佛的思路，讨论"理先心气后""理主心气"。他以独尊儒学为大前提，强调"理"的大权威，指出："理为公共之道，其尊无对。"② 他的这一思想，后来被李退溪继承发展为"理尊无对""理贵气贱"论，开启了韩国儒学史上著名的主理论传统。权近说道："理为心气之本。原有是理，然后有是气；有是气，然后阳之轻清者上而为天，阴之重浊者下而为地。四时于是而流行，万物于是而化生，人于其间全得天地之理，亦全得天地之气以贵于万物，而与天地参焉。天地之理，在人而为性，天地之气，在人而为形，心则又兼得理气而为一身之主宰也。故理在天地之先，而气由是生，心亦禀之以为德也。"③ 这是以理为天地万物的本源，认为理不仅先于气、心而存在，而且对气、心起着决定作用。他进而运用"理主心气"的理论批驳佛教、道教。他认为："老不知气本乎理而以气为道，释不知理具于心而以心为宗。此二家自以为无上高妙而不知形而上者为何物，卒指形而下者而言，陷于浅近迂僻之中而不自知也。"④ 在他看来，儒学以"理"为本，兼治"心气"，佛教不知"心"本于"理"，道教也不知"气"本于"理"，因而佛教沦于"空寂"，道教陷于"虚无"，只有儒家的"理"才是合乎天理的大道。

　　权近力主"天人合一"论，并用它来理解人的本性。在《天人心性合一之图》中，他指出："就人心性上，以明理气善恶之殊，以示学者……人兽草木千形万状，各正性命者，皆自一太极中流出。故万物各具一理，万理同出一源，一草一木各一太极，而天下无性外之物。故《中庸》言，'能尽其性，则能尽人之性，能尽物之性，而可以赞天地之

---

① 李甦平：《韩国儒学史》，第 191 页。

② 郑道传：《三峰集》卷一〇《心气理篇·理谕心气》"于穆厥理在天地先"条，权近注，载释尾春芿《朝鲜群书大系（别集）》第五册，第 273 页。

③ 同上。

④ 同上书，卷一〇《心气理篇·理谕心气》"圣远千载"条，权近注，载释尾春芿《朝鲜群书大系（别集）》第五册，第 275 页。

化育，呜呼，至哉。'"① 他又把"天人合一"运用于社会伦理道德和政治当中，为儒家主导社会秩序制造理论根据。他说："天地之间，皆以义理为之主，而心与气每听命焉耳。"② 又说："人伦日用之间，莫非天命之流行发现，汝在父子则当亲，在君臣则当敬，以至一事一物之微，一动一静之际，莫不各有当行之理，流动充满，无小欠缺，是孰使之然哉。皆上帝所以开导启迪于斯民，使之趋善而避恶，以不昧于其所适从也。"③ 这就肯定了儒家主张的伦理道德就是"天理""理"，从而将伦理道德形而上化，抬高到了天地万物和社会本源的高度，赋予其合理性和权威性。与此同时，他对佛教和道教进行了批判。他说道："人之所以异于禽兽者，以其有义理也……夫释老之学，以清净寂灭为尚，虽彝伦之大礼乐之懿，亦必欲屏除而灭绝之。"④ 又批判两教："不知主天理之公，以裁制人欲之私，故其日用云为每陷于利害而不自知也。且人之所欲无甚于生，所恶无甚于死。今以两家之说观之，释氏必欲免死生，是畏死也，老氏必欲求长生，是贪生也，非利害而何哉。"⑤

在"天人合一"观念基础上，权近又着重解释了"四端""七情"等心性论方面的基本问题。他在《入学图说》中首次提出的"四端"与"七情"的关系问题，开启朝鲜半岛儒学史著名的"四端七情"论辩之先河。

在理解权近关于"四端""七情"关系的思想之前，有必要先了解朱子理学中这两者的关系。"四端"出自《孟子·公孙丑上》，指恻隐之心、羞恶之心、辞让之心、是非之心，是人的四种道德情感。"七情"出自《礼记·礼运篇》，指喜、怒、哀、惧、爱、恶、欲，是人的七种

① 摘自权近《入学图说·天人心性合一之图》，嘉靖二十四年朝鲜刊本。

② 郑道传：《三峰集》卷一〇《心气理篇·理谕心气》权近序，载释尾春芿《朝鲜群书大系（别集）》第五册，第277页。

③ 同上书，卷一〇《心气理篇·天答》"又当日用之间"条，权近注，载释尾春芿《朝鲜群书大系（别集）》第五册，第282页。

④ 同上书，卷一〇《心气理篇·理谕心气》"有心无我利害之趋"条，权近注，载释尾春芿《朝鲜群书大系（别集）》第五册，第273—274页。

⑤ 同上。

自然情感。在朱熹的思想中，"情"的意义至少包括三种：作为性理直接发抒的四端、泛指七情、广义的情。这么一来，朱熹哲学的心性论中就出现了一个无法自圆其说的矛盾。在朱熹哲学中，七情都是性之所发，许多具体的思虑也是性之所发。那么，那些不善的情感、思虑是否也发自自然之性？如果是的话，依照"性发于情，情根于性"的思想，善的性却生发了不善的情，这显然违背了体用一致的原则。解决这一矛盾的唯一出路，是狭义地理解"情"。[1] 在我国的朱子学传承中，并未注意到"四端""七情"之间的矛盾，也未意识到朱子思想中的这一矛盾。权近却在《入学图说》中尝试解决这一矛盾，并在朝鲜性理学界引发了一场"四端七情，理发气发"之大论辩。这场论辩，使得朝鲜性理学走上了以探讨心性论为中心的哲学路线，意味着朝鲜朱子学已经开启了本土化进程，而且在东亚儒学史上具有重要意义。

权近用"天人心性"四个字混作《天人心性合一之图》。该图呈人体形，上圆下方，头顶之上为太极，头部为天命，半黑半白为阴阳；颈部是水火金木土五行，颈部下连接心部，心的上部为理之源性，包含仁义礼智信；由心演绎出四端，也就是恻隐仁之端、辞让礼之端、羞恶义之端、是非智之端，在四端之上还有情字；心的下部为七情，即喜怒哀惧爱恶欲。七情下面有敬字圈。敬字圈分别有善恶，左侧黑底是以欲为中心的欲字圈，右侧白底是从四端衍生出的诚字圈，敬字圈及其左右两侧代表的是众人、圣人和物之别。

在《心之图》中，他说道："其体则一，而用则有二。其发原于性命者，谓之道心而属乎情，其初无有不善，其端微而难见，故曰道心惟微，心当主敬以扩充之。其生于形气者，谓之人心而属乎意，其几有善有恶，其势危而欲坠，故曰人心惟危，尤必当主敬，以克治之。"[2] 结合《天人心性合一之图》，可以发现他所说的发于性的道心之情，指的是恻隐、辞让、羞恶、是非的四端之情。这就是他在四端之上写上"情"的用意。而这种四端之情是道心，自然是纯善无恶的，所以应当主敬而扩

---

① 参见陈来：《朱熹哲学研究》，中国社会科学出版社，1988，第149—150页。
② 权近：《入学图说·心之图》，嘉靖二十四年朝鲜刊本。

充它。生于形气的人心之意，有善恶之别，在《天人心性合一之图》画于心部的左侧，与敬字圈左侧黑底部分相连。这种有善恶之别的人心之意，则应当主敬而克治它。在《天人心性合一之图》心部下写了"喜怒哀惧爱恶欲"，也就是一般意义的"七情"，其左上侧写了"气之源"。值得注意的是，这部分图和"意几"相连，或许可以理解为"七情"就是"意几"。由于气有厚薄、清浊、偏正、明暗等不同，这也就决定了"七情"必然有善有恶。可见，权近有意区分四端/道心之情和一般意义的七情。

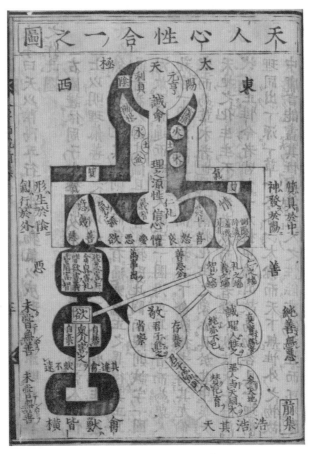

《天人心性合一之图》①

① 摘自权近：《入学图说·天人心性合一之图》。

权近将性之生发的"情"定义为道心之情，狭义地限定为恻隐、辞让、羞恶、是非的四端之情。四端之情纯善无恶，也就是说性发之情为纯善；广义的七情则与意相连，有善有恶，乃是出于气。这么一来，权近就解决了上述朱熹哲学中的"性""情"矛盾。这种思想并非权近原创，而是以《中庸》的"发而中节"为根据。有学生问权近道："昔唐韩子《原性》而本于礼书，以喜怒哀乐爱恶欲七者为性发之情。程子亦取而言之。今子以四端属首性发而七情列于心下者，何也？"① 权近回答道："七者之用在人本有当然之则。如其发而中节则《中庸》所谓达道之和，岂非性之发者哉！然其所发或有不中节者，不可直谓之性发，而得与四端并列于情中也。故列于心下，以见其发之有中节不中节者，使学者致察焉。又况程子之言，以为外物触而动于中，其中动而七情出，情既炽而其性凿矣。则其不以为性发也，审矣。"② 他以"发而中节"与否为衡量标准，如果发而中节，七情与四端并无不同，也是纯善；如果发而不中节，就不是性之所发，不能与四端并列。所以，他将七情写在心下，以表现发有中节和不中节之别。

在《天人心性合一之图》中，权近在恻隐、辞让、羞恶、是非"四情"之下又画了一个圈，里面写有"仁之端""义之端""礼之端""智之端"这"四端"，区分开了"四情"和"四端"。对此，有学生问道："恻隐、辞让、羞恶、是非即仁义礼智之端，非有二也。今子既以四者列于情下，又书其端，于外别作一圈，何也？"③ 权近回答道："四者之性，浑然在中。而其用之行，随感而动。以为恻隐、辞让、羞恶、是非之心则是心，即为四者之端，诚非二也。然发于中者，谓之心；现于外者，谓之端。故孟子于此几两言之，或言端，或不言端。而朱子于言端，以为犹物在中，其端绪见于外，则其义愈明而不容无辨矣。"④ 在他看来，"四情"与"四端"并非两种范畴，之所以将它们画于两个圈里，是为

---

① 摘自权近：《入学图说·天人心性分释之图》。

② 同上。

③ 同上。

④ 同上。

了阐明"发于中"和"现于外"的过程,性"发于中"就是恻隐之心、辞让之心、羞恶之心、是非之心这四端之情、道心之情,性"现于外",即仁之端、礼之端、义之端、智之端这"四端"。

权近关于"四端""七情"由何所发的观点,可以从《天人心性合一之图》和《天人心性分释之图·心》中看出。根据《天人心性合一之图》,七情位于心之下,左上侧还写有"气之源",似乎隐含了七情是心之所发和气之所发的意思。此外,前文已指出权近认为"四端"是性之所发,因此可以总结为"四端是性之发,七情是心/气之发"。朱熹曾说:"四端是理之发,七情是气之发。"① 两者是否有龃龉之处呢?首先,权近认为"性者,天所命而人所受其生之理具于吾心者也"。② 也就是说"心中之理即是性",因此"四端是性之发"和"四端是理之发"并无差别。其次,他在解释《心之图》时说道:"其首之尖,自上而下者,象气之源,所以妙合而成心者也。"③ 又说:"其右一点象性发为情,心之用也;其左一点象心发为意,亦心之用也,其体则一而用则有二。"④ 也就是说,从"体"而言,心是纯善的"性""理",从"用"上看,心是理气妙合,所以《天人心性合一之图》才有隐含"七情是心/气之发"的意思。实际上,在这里,气就是心之用。简而言之,"七情是心/气之发"与"七情是气之发"的精神仍然一致。

权近的《天人心性合一之图》被誉为朝鲜理学第一图。通过此图,进一步分画和解释《心之图》《性之图》等,权近阐释了天人合一、心性合一的关系,并阐明了修身的功夫。继此图之后,朝鲜大儒常采用图说的研究方法。例如,李退溪也曾利用图说的方式来阐释自己的"四端七情"说。朝鲜的朱子学者不仅继承了权近的研究方法和议题,也对他有所批评:"例如李退溪认为权近的《入学图说》巧则巧矣,但未免有

---

① 黎靖德:《朱子语类》卷五三《孟子三》,中华书局,1986,第1297页。

② 权近:《入学图说·性之图》。

③ 权近:《入学图说·天人心性分释之图》。

④ 同上。

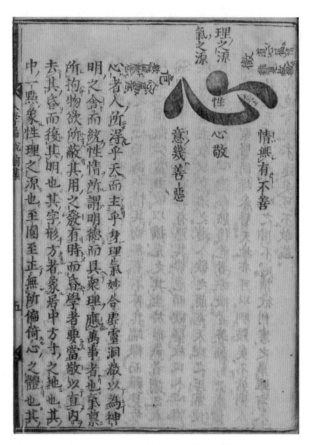

《天人心性分释之图·心》①

牵合杜撰之病；韩元震认为权近的心性学分理与气、心与性、情与意、四端与七情，有二体、二用之偏，不见其浑融无间之妙。"② 但是，权近开启了朝鲜儒学以"图说"形式阐发、推广儒学的范式，也是朝鲜儒学史上"四七之辩"之滥觞，他的研究范式和思想都被后来的岭南士林派继承和发扬，在朝鲜儒学史上具有非常重要的学术价值。

---

① 摘自权近《入学图说·天人心性分释之图》。
② 李甦平：《韩国儒学史》，第214页。

二、士林派对勋旧派的胜利

李朝建立后推行儒家政治，朝中形成了一批官僚学者，称作"两班"或"士大夫"。在李朝初期，从九斋学堂、乡校、成均馆培养出来的知识分子，只有通过科举考试才能成为朱子学者，从而获得做官的资格。学问越大，官职往往越高。这种集官僚和学者于一体的"两班"统治阶级，是李朝政教合一的产物，是依据理学固化社会身份的结果。"两班"运用理学的各种理论改革旧制，又从思想上和政治上排斥了佛教、道教，使得朱子学正统化、官学化和国教化。从李朝中期开始，这种政教合一的弊病逐渐显露出来。官僚内部的分裂对立和学阀之间的矛盾争端交织在一起，政治斗争和学派斗争混为一谈，从而在"两班"中分裂成掌权的勋旧派和在野的士林派两大派系。

勋旧派是当朝的掌权者。在太祖在位时（1392—1398），勋旧派的主要代表人物是李朝的开国功臣，如郑道传、赵浚等人。他们也支持之后继任的王，参与建立国家各项制度，掌握朝政大权，得到了各方面的优渥待遇。到了世祖（1455—1468 在位）时，包括"生六臣""死六臣"在内的部分"两班"不满世祖谋权篡位，有的被处死，有的则辞官归隐，成为新进士林派的一员。而继续留在朝中为官、支持世祖的则是这一时期勋旧派的代表，如郑麟趾、崔恒、申叔舟、徐居正等。由于他们主要活动在近畿，所以又称作"近畿派"。勋旧派长期占据高位，广有奴婢田产，思想学术上大体继承权近的学统，认为经学重于辞章，重视政治、经济等社会现实问题，也关注史书和国家典章等的编撰。如郑麟趾（1396—1478）纂有《高丽史》；徐居正（1420—1488）编了《东文选》，撰著了《东国通鉴》《新撰东国舆地胜览》等书。郑麟趾、崔恒、申叔舟等人还编写了《训民正音》，创造了标记韩语语音的文字体系，极大地推动了朝鲜文化的普及与发展。

士林派是活动在地方和乡村的两班学者，专注于儒学的研究和教育。在李朝初期，士林派主要是拒绝出仕的高丽遗臣，以吉再为代表。他拒绝与李朝合作，隐居在庆尚地区，专注讲学，培养了一批有影响力

的弟子。他的学统由金叔滋等弟子继承，传至金宗直时得到发扬光大。由于金宗直等人主要活动在岭南，因而又称"岭南士林派"。和勋旧派不同，士林派更重视辞章，注重阐发性理，强调追求道义上的责任。前期士林派的代表有金宗直、金宏弼、赵光祖、郑汝昌、李彦迪等人，其中后四位并称"朝鲜四贤"。金宗直（1431—1492）长期以朱子学教育弟子，入朝为官后，官至侍中。他反对世袭制度，主张用人应当不拘一格，有才能便可选用。他强调加强中央集权，提倡实行儒家的"仁政"。士林派初期的领袖人物赵光祖（1482—1519）师从金宗直的弟子金宏弼，官至副提学。他提倡王道政治，主张改革不合时宜的制度。李彦迪（1491—1553）在政治上提倡"中和"理论，即调和阶级矛盾；在学术思想上，力主朱子学说，较为系统地阐述了无极、太极、理气、道器、理事等思想理念，后来被李退溪所继承和发展。

成宗（1469—1495）即位后，深感勋旧派的势力过于强大。为了牵制、削弱勋旧派的势力，加强王权，成宗起用士林派的金宗直。从此以后，士林派开始进入官僚统治阶层，一般以言官身份进入御史台和弘文馆等中央行政机构任职，主要负责拟写公文、监察和商议国事等。

在成宗的庇护下，士林派的政治势力逐渐壮大起来，足以和勋旧派分庭抗礼。他们主张政治改革，反对勋旧派的保守和土地兼并。勋旧派和士林派的矛盾不断激化，展开了连续不断的权力斗争。1495 年，成宗去世，暴虐的燕山君（1495—1506 在位）即位。燕山君掌权期间，勋旧派和士林派的矛盾白热化。士林派以朱子学为思想武器，不断揭露勋旧派的行径，并批判燕山君的专横跋扈。勋旧派则蔑视士林为"野生贵族"，不时地伺机报复、迫害士林派。从 1498 年起的五十余年中，曾经爆发四次流血事件，史称"士祸"，对国家政治、经济造成了极大的冲击。经过多次的"士祸"，士林派逐渐取代勋旧派在朝中的地位，成为16 世纪之后朝鲜政界和学界的主要势力，被认定为朝鲜儒学的正统。

第一次"士祸"发生在燕山君四年（1498），该年为戊午年，史称"戊午士祸"。金驲孙担任史官时，将老师金宗直讽刺批判世祖篡位的《吊义帝文》收录在史稿中。这一年，曾经是世祖亲信的李克墩负责主管编修《成宗实录》，发现了这篇文章。于是，李克墩联合柳子光等人弹劾金宗直，建议惩处并烧毁金宗直的作品。燕山君本来对士林派也十分不满，于是下命严惩。金宗直被剖棺斩尸，金驲孙、权五福等人被斩首，金宏弼、郑汝昌、姜谦等一大批士林派人士被流放。除了个别人外，士林派大多被逐出政界，势力被急剧削弱。

第二次"士祸"史称"甲子士祸"，发生于燕山君十年（1504）甲子。为了维持骄奢淫逸的生活，燕山君不仅下令增加国家税赋，而且试图没收勋旧派大臣的田产和奴婢，因而遭到了勋旧派的极力反对。恰逢外戚文臣任士洪和与慎守勤等人共谋向燕山君揭露当年其生母废后尹氏被杀原因。燕山君盛怒下，亲手弑杀当年向成宗进谗言的淑仪严氏和淑容郑氏，赐死郑氏的两个儿子，借机整肃二十六位参与其中的"奸臣"，没收他们的全部财产。韩致亨、韩明浍、郑昌孙等八人被剖棺斩尸。此次"士祸"，勋旧派和残存的新进士林都遭到了打击。

第三次士祸发生在中宗十四年（1519）己卯，史称"己卯士祸"。中宗（1506—1544 在位）即位后，出于力量制衡的目的，他为前两次士祸中受害的士林平反、恢复名誉，任用他们的门人和子侄。赵光祖等少壮士林学者由此进入中央行政机构。在中宗的支持下，赵光祖极力地推行儒教政治建设，于中宗十二年（1517）仿照《吕氏乡约》实施乡约，倡导德业相劝、过失相规、礼俗相交、患难相恤的地方自治政策。次年，他又建议科举考试增加"贤良科"，要求地方官推荐品行兼优的士人参加廷试。在他的推动下，士林派在朝中势力迅速壮大，与拥立中宗反正的功臣产生了矛盾，形成了新的士林与勋旧的对立。赵光祖认为拥立中宗的功臣滥封过度，要求削去部分"靖国功臣"的封号。于是，中宗在靖国功臣簿上削去七十六人。十四年，洪景舟、金珒、南衮等勋旧派利用中宗的猜忌，弹劾赵光祖等人阴谋篡位。赵光祖被流放并赐药毒死，金净、韩忠、奇遵、金湜、朴世熹等都被流放，郑光弼、安瑭、李长坤等声援士林派的忠臣也遭到牵连。士林派在朝中的势力被清洗，再次遭到重创。

第四次"士祸"发生在明宗即位当年（1545，乙巳），史称"乙巳士祸"。1544 年，中宗去世，仁宗继位，以尹任为首的大尹集团得势。大尹集团推崇赵光祖的思想和政治主张，重设贤良科，恢复"己卯士祸"

受害人士的名誉和官职，重用李彦迪、柳灌等士林名士。仁宗在位仅八个月便去世，年仅十二岁的明宗（1545—1567 在位）即位，由其母文定王后垂帘听政，以尹元老、尹元衡为首的小尹集团从而得势。尹元衡及其同党诬告尹任、柳灌等阴谋叛逆，将其流放后赐死，李彦迪被流放。尹任所任用的士林们也遭到了清洗，士林派势力再次受到打击。

四次"士祸"发生的具体原因各有不同，几乎都牵涉到士林派和勋旧派的冲突和斗争。在多次"士祸"的打击下，许多士林派人士选择隐居乡间，专心研习朱子学，并开设私学、书院进行讲学活动，从而保持在京城以外地区的稳固社会基础。李退溪就在此期间创办了陶山书院。明宗亲政后，外戚青松沈氏家族势力开始走上政治舞台。为了对抗小尹集团，青松沈氏拉拢散落在各地的士林人士，小尹集团也被逼开始任用近畿地区的士林，士林派再次进入中央行政系统。1565 年，明宗被逼清算尹元衡，褫夺其官职和爵位。从此，李朝朝中形成以沈义谦和金孝元为首的两股士林派，勋旧派退出历史舞台。

在这五十余年间，士林派几次踏上中央政治舞台，运用儒家思想尤其是程朱理学进行政治改革，实践儒家的政治理想。在此过程中，程朱理学得到了实际运用，大大地扩大了影响力，为后续的发展和兴盛奠定了重要的基础。

其中政治影响最大的当属赵光祖。他秉承朱熹的理本论，以理为天地万物的始原。在理气关系上，他主张理一元论，认为理是天地万物的主宰。他说："因论理气之分，曰理为主而气为理之所使，则可矣。"[1]他又说道："惟阴阳之交变兮，寓理气之妙要。理乘气而相感兮，元复元而不消。纷四时之错立兮，各循序而昭昭。"[2] 理是天下万物都应当遵守的普遍秩序和规则。以此为基础，他进一步强调人伦纲常是人类不可违逆、必须遵行的天理："事事物物无一不出于道，而父子之伦君臣之分，皆各得其理，天之经、地之伦亦有所归焉。"[3] 并认为人性出于天

---

① 赵光祖：《静庵先生文集》卷五《筵中记事》，日本内阁文库藏本。

② 同上书，卷一《春赋》。

③ 同上书，卷二《谒圣试策》。

理，纯善无恶，"只有仁义礼智之德"①。人之所以有善有恶，是因为气禀不齐，因此他主张"克己""持敬"的修身论。在政治上，他主张实行儒家的王道政治，反对霸道："自古人君多好霸功，鲜行王道。尚霸者，虽易致国富兵强之效，岂复有仁义之道乎？行王道，虽未见朝夕之效，悠久而大成矣。"②他提倡爱民，认为："若臣者，为民而设也，上下须知此意，昼夜以民为心。则治道可成。"③从这种政治思想出发，他反对勋旧大臣兼并土地，提出实行"限田制"，同时主张轻徭薄赋，减轻百姓的负担，认为"节用而爱人，此真万世之法也"。④

静庵先生遗墨⑤

士林派中思想理论最为丰富、深刻，且影响深远者，首推李彦迪。他虽然也主张王道政治，也同情百姓，但并不像赵光祖那样力主改革，而是主张"中和"阶级矛盾。他对"太极"的阐释完全来源于朱熹的"太极则理""性则理""理一分殊"。他说道："夫所谓太极者，乃斯道之本体，万体之要领，而子思所谓天命之性者也。盖其冲漠无朕之中，万

① 赵光祖：《静庵先生文集》卷四《复拜副提学时启十四》。
② 同上书，卷四《元子辅养官时启二》。
③ 同上书，卷三《检讨官时启六》。
④ 同上书，卷三《侍读官时启九》。
⑤ 摘自赵光祖《静庵先生文集》。

象森然已具，天之所以覆，地之所以载，日月之所以照，鬼神之所以幽，风雷之所以变，江河之所以流，性命之所以正，伦理之所以著，本末上下贯乎一理，无非实然而不可易者也。"① 在理气关系上，他肯定"有理而后有气"，"虽不高于气而实亦不杂于气"。② 他既强调理决定气，也强调不可以割裂理气。他指出："道不离于形器，有人之形则有所以为人之理，有物之形则有所以为物之理，有天地之形则有所以为天地之理，有日月之形则有所以为日月之理，有山川之形则有所以为山川之理。若有其形，而不能尽其道，是空具是形而夫所以得其形之理也。然则弃形器，而出其道，安有所谓道者哉。"④ 他又进一步强调"天理不离于人事"，"道只是人事之理耳，离人事而求道，未有不蹈于空虚之境，而非吾儒之实学矣"。⑤ 因此，"若论工夫，则只中正仁义便是理，会此事处，非是别有一段根原工夫又在讲学应事之外"。⑥ 强调理不离于日用之间，不存在脱离人伦道德的理。李滉十分推崇他的思想，盛赞道："其书之言，阐吾道之本原，辟异端之邪说，贯精微彻上下，粹然一出于正，深玩

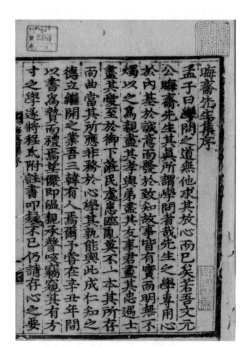

《晦斋集》书影③

---

① 李彦迪：《晦斋集》卷五《答忘机堂第一书》，日本内阁文库藏万历刻本。

② 同上。

③ 摘自李彦迪《晦斋集》。

④ 李彦迪：《晦斋集》卷五《答忘机堂第三书》。

⑤ 同上书，卷五《答忘机堂第一书》。

⑥ 同上书，卷五《书忘斋忘机堂无极太极说后》。

其义，莫非有宋诸儒之绪余而得于考亭者为尤多也。"①

后起的士林代表人物，如李滉、李珥等人，继承和发展前辈士林们的理论，向着宇宙论、认识论不断地探索，形成了朱子学哲学理论论辩的思潮，把朝鲜儒学推向了顶峰。

三、"朝鲜之朱子" 李退溪及其理气互发说

李滉（1501—1570），初名瑞鸿，字季浩，后改景浩，号退溪、退陶、清凉山人、真宝人，谥号文纯。他自幼研读儒家经典，考中科举后，历任礼曹判书、艺文馆检阅、公州判官、丹阳郡守、大司成、大提学等官职。在政治上，他也提倡"王道政治"，要求君权统一，认为"天无二日，民无二王，家无二尊"。② 主张君臣相须，认为"人主者，一国之元首也，而大臣其腹心也，台谏其耳目也，三者相待而相成，实有国不易之常势"。③ 他亲身经历了最后一次"士祸"，目睹了后两次"士祸"给士林带来的毁灭性灾难。

李退溪一生奉朱子学为金科玉律，潜心研究朱子学。他曾多次请辞回乡，积极投身朱子学教育，完善绍修书院的各项制度，参与建立的书院达九所。其中，包括著名的陶山书院。他晚年定居故乡退溪，专心建书院、讲学、著书立说和发展朱子学理论，创立了退溪学派，被誉为"朝鲜朱子学集大成者""朝鲜朱子"。他的学说在日本也产生了重要影响，尤其是影响了藤原惺窝的思想志趣，被日本人称为东方朱子。他一生著述颇丰，主要有《朱子书节要》《圣学十图》《天命图说》《心经释义》《宋季元明理学通录》《四端七情论》《退溪集》等。在六十八岁时，李退溪把《圣学十图》献给了宣祖。十图的顺序是：《第一太极图》《第

---

① 李滉：《退溪集》卷四九《晦斋李先生行状》，载释尾春芿《朝鲜群书大系（别集）》第四册，第289页。

② 同上书，卷六《戊辰六条疏》，载释尾春芿《朝鲜群书大系（别集）》第一册，第170页。

③ 同上书，第179页。

二西铭图》《第三小学图》《第四大学图》《第五白鹿洞规图》《第六心统性情图》《第七仁说图》《第八心学图》《第九敬斋箴图》《第十夙兴夜寐箴图》。该书的主旨是"学作圣人的纲领条目、修养方法、程序节次、标准规范、行为践履、情感意志等等。全面、系统而又渐次深入地论述了为圣的目的、方法。"① 本书可以说是他晚年对自己学问的总结，是其毕生体认朱子学的结晶。因而，有学者指出："《圣学十图》，熔铸宋明理学之精髓，构成他的思想逻辑结构。其规模之宏大，操履之功用，在李朝史上均属罕见。"②

李退溪曾经说道："盖尝深思古今人学问道术之所以差者，只为理字难知故耳。所谓理字难知者，非略知为难，真知妙解到十分处为难耳。"③ 他批评奇大升"乃厌穷理之烦，而欲径趋简捷，此尤可忧之大者"。④ 因此，他将思想重点放在穷理上，讨论了理气、动静、道器等问题。李退溪继承了朱熹的理本论，以理为最高范畴，认为"此理极尊无对，命物而不命于物故也"⑤。他肯定了理既是生成天地万物的根据，也是万物的主宰；认为理是万物存在的最初始元，是天地、万物、社会运行变化的必然法则："天下之物必各有所以然之故，与其所当然之则，所谓理也。"⑥

在理气关系上，朱子强调理先气后，李退溪也首先明确理对气的主导地位，肯定了"理为气之帅，气为理之卒"⑦。李退溪坚持"理贵气

---

① 黄心川：《东方著名哲学家评传·韩国卷》，山东人民出版社，2000，第 233 页。

② 同上书，第 228 页。

③ 李滉：《退溪集》卷一六《答奇明彦·论四端七情第二书·别纸》，载释尾春芿《朝鲜群书大系（别集）》第二册，第 221 页。

④ 同上书，卷一七《重答奇明彦·别纸》，载释尾春芿《朝鲜群书大系（别集）》第二册，第 241 页。

⑤ 同上书，卷一三《答李达李天机》，载释尾春芿《朝鲜群书大系（别集）》第二册，第 117 页。

⑥ 同上书，卷二五《答郑子中·论所当然所以然是事是理》，载释尾春芿《朝鲜群书大系（别集）》第三册，第 28 页。

⑦ 同上书，卷八《天命图说》，载释尾春芿《朝鲜群书大系（别集）》第四册，第 168 页。

贱"。他说道："人之一身，理气兼备，理贵气贱。然理无为气有欲，故主于践理者，养气在其中，圣贤是也，偏于养气者，必至于贼性，老庄是也。"[1] 他还对朱熹"理气决为二物"的命题进行了补充和解释，批判明人罗钦顺和朝鲜徐敬德误入气本论的歧途。[2] 他批评徐敬德的气一元论"揆诸圣贤说，尤一一符合处"[3]，指出其错误在于指气为性或认理为气，混同了理气，违背了朱子学说。[4] 他强调："朱子平日论理气许多说话，皆未尝有二者为一物之云。"[5] 在与各流派的论辩中，李退溪得出了一个结论："古今人学问道术之所以差者，只为理字难知耳。"于是，他更加专注于"理"的探讨，致力于用朱子学关于"理"的理论批判其他流派。针对当时已经传入朝鲜的阳明学，他站在朱子学的立场上，撰写了《传习录论辩》等文，系统地批判了王阳明的学说。

在肯定理贵气贱、理先气后、理气决为二物的基础上，李退溪还强调理气不相杂不相离："理之与气，本不相杂而亦不相离。不分而言，则混为一物而不知其不相杂也；不合而言，则判然二物而不知其不相离也。"[6] 他又说道："理本无形，若无是气，则奚有独发之理乎？天下无无理之气，无无气之理。"[7] 因此，理与气"相须以为体，相待以为用"。[8]

---

① 李滉：《退溪集》卷一二《与朴泽之》，载释尾春芿《朝鲜群书大系（别集）》第二册，第 90 页。

② 同上书，卷四一《非理气为一物辩证》，载释尾春芿《朝鲜群书大系（别集）》第四册，第 70 页。

③ 同上。

④ 同上书，卷一四《答南时甫》，载释尾春芿《朝鲜群书大系（别集）》第二册，第 133—134 页。

⑤ 同上书，卷四一《非理气为一物辩证》，载释尾春芿《朝鲜群书大系（别集）》第四册，第 70 页。

⑥ 李滉：《李子粹语·道体》，《增补退溪全书》第 5 册，第 186 页，转引自高令印《李退溪与东方文化》，厦门大学出版社，2002，第 87 页。

⑦ 李滉：《退溪集》卷三六《答李宏仲·问目》，载释尾春芿《朝鲜群书大系（别集）》第三册，第 361—362 页。

⑧ 同上书，卷一六《答奇明彦·论四端七情第一书》，载释尾春芿《朝鲜群书大系（别集）》第二册，第 193 页。

第一章 宣尼浮海到东国：儒学在朝鲜半岛的传播与变迁

73

李退溪认为道器与理气密切相关。在他看来："道器之分，理气之分。"① 又详细说道："凡有貌象形气而盈于六合之内者，皆器也。而其所具之理，即道也。道不离器，以其无形影可指，故谓之形而上也；器不离道，以其有形象可言，故谓之形而下也。太极在阴阳中，而不杂乎阴阳，故云上耳，非谓在其上也；阴阳不外于太极，而依旧是形气，故云下耳，非谓在其下也。然就造化而看，太极为形而上，阴阳为形而下。"② 道器关系同于太极阴阳、理气关系，也是相须不离，道为形而上，器为形而下。

在理气动静问题上，李退溪进一步发展了朱熹的思想，明确地论证了理有动静。按照朱熹的说法："盖气则能凝结造作，理却无情意，无计度，无造作。只此气凝聚处，便在其中。"③ 也就是说，理是寂然不动的本体，却可以酝酿凝聚生物。但是，朱熹并没有解释清楚为什么无情意、无计度、无造作的理却可以主宰气而化生万物。所以，有人质疑道："朱子曰，理无情意、无造作。既无情意、造作，则不能生阴阳。"④ 李退溪答道："盖无情意云云，本然之体；能发能生，至妙之用也。"⑤ 他又进一步论述道："无情意、造作者，此理本然之体也。其随寓发见前无不到者，此理至神之用也。"⑥ 他运用体用范畴来解释。虽然从体的层面上看理无情意、无造作，然而从用的角度看，理却能生发。这实际上是肯定了理也有运动。朱熹还说过："太极理也，动静气也。气行则理亦行，二者常相依而未尝相离也。太极犹人，动静犹马；马所以载

---

① 李滉：《退溪集》卷四一《非理气为一物辩证》，载释尾春芿《朝鲜群书大系（别集）》第四册，第 70 页。

② 同上书，卷三五《答李宏仲（甲子）》，载释尾春芿《朝鲜群书大系（别集）》第三册，第 349—350 页。

③ 黎靖德：《朱子语类》卷一《理气上》，第 3 页。

④ 李滉：《退溪集》卷三九《答李公浩·问目》，载释尾春芿《朝鲜群书大系（别集）》第四册，第 23 页。

⑤ 同上书，第 24 页。

⑥ 同上书，卷一八《答奇明彦·别纸》，载释尾春芿《朝鲜群书大系（别集）》第二册，第 280 页。

人，人所以乘马。马之一出一入，人亦与之一出一入。"① 实际上是明确指出气有动静，而理无动静。但是，朱熹也曾经说过："理有动静，故气有动静。"针对这种矛盾的说法，李退溪解释道："古人以人乘马出入，喻此理柔气而行，正好。盖人非马不出入，马非人失轨途，人马相须不相离。"② 从理气相须的层面理解朱熹的话，回避了理气动静的问题。他又说道："按朱子尝曰，理有动静，故气有动静，若理无动静，气何自而有动静乎？盖理动则气随而生，气动则理随而显。濂溪云太极动而生阳，是言理动而气生也，易言复其见天地之心，是言气动而理显，故可见也。"③ 结合了周敦颐"太极动而生阳"的理念，从理气不相离的层面解释了朱熹的话。

可以清楚地看到，李退溪不仅仅是复述朱熹的话，而且对其思想进一步阐发，甚至调和了朱熹思想中的一些内在矛盾。杨昭全肯定他的成就道："他批判地继承了朝鲜朱子学前驱的思想，克服朱子理学中的内在矛盾并解决了尚未解决的问题，从而进一步发展了朝鲜朱子学，使之到达顶峰，建立了自己独特而完整的理学思想体系。"④ 在当时的中国，程朱理学已经呈停滞状态，李退溪不仅能体认朱子学的要义，而且还能进一步充实和完善朱子学的理论，不仅对朝鲜儒学贡献卓著，在整个东亚儒学史上也有卓越贡献和崇高地位。

李退溪将理气关系推导到人的性情关系，从而引出了朝鲜儒学史上著名的"四七论辩"。"四七"指四端与七情，"四七论辩"就是讨论四端、七情与理、气的关系。该论辩始于李退溪修改郑之云（字静而）的《天命图》。郑之云的《天命图》原来有"四端发于理，七情发于气"的

① 黎靖德：《朱子语类》卷九四《周子之书·太极图》，第2376页。
② 李滉：《退溪集》卷一六《答奇明彦·论四端七情第二书》，载释尾春芿《朝鲜群书大系（别集）》第二册，第211页。
③ 同上书，卷二五《答郑子中·别纸》，载释尾春芿《朝鲜群书大系（别集）》第三册，第48页。
④ 杨昭全：《中国理学之传入朝鲜及影响》，载收入氏《中国—朝鲜·韩国文化交流史》第Ⅰ卷，第250—251页。

说法，后来采纳了李退溪的意见，修改为"四端理之发，七情气之发"①。李退溪的弟子奇大升（字明彦，号高峰）对此提出质疑。1559 年到 1566 年之间，李退溪和奇大升以书信往来的形式展开了一场四七理气论辩。

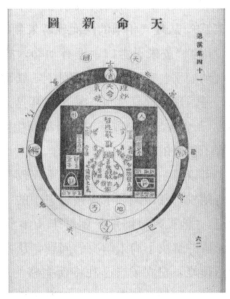

《天命图》②

　　奇大升从"理气相须不离"的观点出发，认为四端、七情也不可分离。他作《非四端七情分理气辨》论述道："子思孟子所就而言之者不同，故有四端七情之别耳，非七情之外复有四端也。今若以谓四端发于理而无不善，七情发于气而有善恶，则是理与气判而为两物也。是七情不出于性，而四端不乘于气也……论人心道心，则或可如此说，若四端七情，则恐不得如此说，盖七情不可专以人心观也。"③ 退溪辩解道："盖理之与气，本相须以为体，相待以为用，固未有无理之气，亦未有

———————————

① 李滉：《退溪集》卷一六《答奇明彦·论四端七情第一书》，载释尾春芿《朝鲜群书大系（别集）》第二册，第 193 页。

② 摘自李滉《退溪集》，载释尾春芿《朝鲜群书大系（别集）》第四册。

③ 奇大升：《非四端七情分理气辨》，载李滉《退溪集》卷一六《答奇明彦·论四端七情第一书》附，转引自释尾春芿《朝鲜群书大系（别集）》第二册，第 196—197 页。

无气之理，然所就而言之不同，则亦不容无别……愚尝妄以为情之有四端七情之分，犹性之有本性气禀之异也。然则其于性也，既可以理气分言之，至于情，独不可以理气分言之乎？"① 他总结道："四端皆善也，故曰无四者之心非人也，而曰乃若其情则可以为善矣。七情，善恶未定也，故一有之而不能察，则心不得其正，而必发而中节，然后乃谓之和。由是观之，二者虽曰皆不外乎理气，而因其所以从来，各指其所主，与所重而言之，则谓之某为理、某为气，何不可之有乎？"② 在他看来，情有四端七情之分，如同性有本然与气禀之别；既然性能分本然与气禀之性、理之用和气之用，那么情也可以分别理气。

之后，李退溪进一步把"四端理之发，七情气之发"改为"四端，理发而气随之；七情，气发而理乘之"。③ 这就是著名的理气互发说。他解释说："四端，非无气而但云理之发；七情，非无理而但云气之发。"④ 只是"二者所就而言，本自有主理主气之不同分属"，"一则理为主，故就理言；一则气为主，故就气言耳"。⑤ 总之，"大抵有理发而气随之者，则可主理而言耳，非谓理外于气，四端是也；有气发而理乘之者，则可主气而言耳，非谓气外于理，七情是也。"⑥ 理气互发互联，同时又相互区别。说四端、七情属理或属气，并不是说二者截然分开，而是强调二者各有所主、各有所重。后来，他又多次表达了这一观点。在答李宏仲时，说道："天下无无理之气，无无气之理。四端，理发而气随之；七情，气发而理乘之。理而无气之随，则做出来不成；气而无理之乘，则

① 李滉：《退溪集》卷一六《答奇明彦·论四端七情第一书》，载释尾春芿《朝鲜群书大系（别集）》第二册，第193—194页。
② 同上书，第194页。
③ 同上书，卷三六《答李宏仲问目》，载释尾春芿《朝鲜群书大系（别集）》第三册，第362—363页。
④ 同上书，卷一六《答奇明彦·论四端七情第二书》，载释尾春芿《朝鲜群书大系（别集）》第二册，第209页。
⑤ 同上书，第208—209页。
⑥ 同上书，第213页。

陷利欲而为禽兽。"① 其晚年所作的《圣学十图》也说："四端之情，理发而气随之，自纯善无恶，必理发未遂而掩于气，然后流为不善。七者之情，气发而理乘之，亦无有不善，若气发不中而灭其理，则放而为恶也。"② 从本质上讲，李退溪是从理主气、理气互发层面讨论四端与七情关系，与奇大升的出发点并不一致。

最后，奇大升虽然承认"四端是理之发，七情是气之发"，但是坚持"七情是气之发"是有条件的。他在《四端七情后说》中说道："七情之发而中节者，则于四端初不异也，盖七情虽属于气，而理固在其中，其发而中节者，乃天命之性，本然之体，则岂可谓是气之发而异于四端也。"③ 李退溪也未再作文反驳。之后，李珥又提出四端七情都是"气发而理乘之"，反对李退溪的"四端理发而气随"之说。从此，四端、七情论辩绵延三百年之久，分为主理论与主气论两派。

李退溪的四端七情论，明显受到了权近的影响。比如他说："人心，七情也；道心，四端也。"④ 又说："人心，七情是也。道心，四端是也。非有两个道理也。"⑤ 由此，又将人心、道心和人欲、天理联结在一起。他说："人心者，人欲之本；人欲者，人心之流。夫生于形气之心，圣人亦不能无，故只可谓人心，而未遽为人欲也。然而人欲之作，实由于此。故曰：人欲之本陷于物欲之心。众人遁天而然，故乃名为人欲，而变称于人心也。是知人心之初，本不如此，故曰：人心之流。此则人心

---

① 李滉：《退溪集》卷三六《答李宏仲问目》，载释尾春芿《朝鲜群书大系（别集）》第三册，第362—363页。

② 李滉：《圣学十图》第六图《心统性情图》，转引自陈来《宋明理学》，生活·读书·新知三联书店，2011，第443页。

③ 奇大升：《四端七情后说》，载李滉《退溪集》卷一七《重答奇明彦》附，转引自释尾春芿《朝鲜群书大系（别集）》第二册，第244页。

④ 李滉：《退溪集》卷三七《答李平叔》，载释尾春芿《朝鲜群书大系（别集）》第三册，第411页。

⑤ 同上书，卷三六《答李宏仲·问目》，载释尾春芿《朝鲜群书大系（别集）》第三册，第363页。

先而人欲后，一正一邪，不可以轻重言也。"① 他进一步指出："遏人欲事，当属人心一边；存天理事，当属道心一边可也。"② 最终将对四端七情的解释落实到了"存天理灭人欲"上。

四、李栗谷及其气发而埋乘之说

李珥（1536—1584），字叔献，号栗谷、石潭、愚斋，是与李退溪同时期而稍后的著名朱子学家，世称栗谷先生。他出身两班，父亲是司宪副监察李元秀，母亲是以诗、书、画三绝著称于世的申师任堂。他自幼聪颖，八岁便能作汉文诗，十三岁便中进士试初试，震惊当时江原道的士人。从十三岁到二十九岁，他曾九次考中科举榜首，人称"九度状元公"。在二十三岁的时候，他曾拜访李退溪，虚心求教。据他门生所作的《行状》记载，栗谷"二十三岁谒退溪先生于陶山，问主一无适、应接事物之要，后往来书札，辩论居敬穷理及庸学辑注、圣学十图等说。退溪多含旧见而从之，尝致书曰：世间英才何限而不肯存心于古学，如君高才妙年，发轫正路，他日所就何可量哉？千万益以远大自期"③。可见栗谷和退溪保持了长期的书信往来，退溪对他也寄予了厚望。他以"圣人"自勉，在二十岁所作的《自警文》中说道："先须大其志以圣人为准则，一毫不及圣人，则吾事末了。"④ 后来，栗谷成为与退溪齐名的儒学家，二人合称朝鲜儒学界的"双璧""二大儒"。栗谷的主要代表篇目有《天道策》《人心道心图说》《圣学辑要》《答成浩原》等，都收录在《栗谷全书》中。他的思想学说被弟子金长生、郑晔、赵宪等人所继承，形成了畿湖学派。

李栗谷历任正言、副校理兼春秋馆记事官、大司宪兼艺文馆提学、

① 李滉：《退溪集》卷四〇《答奇任问目（中庸）》，载释尾春芿《朝鲜群书大系（别集）》第四册，第33—34页。

② 同上书，卷三七《答李平叔》，载释尾春芿《朝鲜群书大系（别集）》第三册，第412页。

③ 金长生：《行状》，载李珥《栗谷全书》卷三五《附录》，日本内阁文库藏本。

④ 李珥：《栗谷全书》卷一四《自警文》。

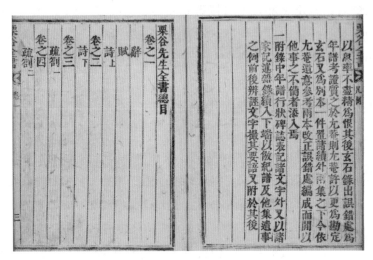

《栗谷全书》书影①

两馆大提学等职，也是一位务实的政治改革家。他主张将儒学理论与政治实践相结合，将思想学说经世致用，强调革除旧弊、改弦易张。他忧国忧民，认为"民生邦国之本"，对当时国困民穷的状况表示忧心："今者民生之困，甚于倒悬，若不急救，势将空国，空国之后，目前之需办出何地耶？"② 他痛斥当权者的奢靡无度："食不为充腹，盈案以相夸，衣不为蔽体，华美以相竞。一桌之费，可为饥者数月之粮。一袭之费，可为寒者十人之衣。"③ 因此，他积极提倡政治改革，主张变法，认为："大抵随时可变者，法制也。亘古今不可变者，王道也，仁政也，三纲也，五常也。"④ 又强调"法因时制变"，"大抵虽圣王立法，若无贤孙有以变通，则终必有弊。"⑤ 他从政治、经济、军事等方面提出了一系列改革图新的方案，在当时产生了积极的影响。

栗谷极具批判精神，极力反对"不思义理而只信师说"的学风，提

① 摘自《栗谷全书》。
② 李珥：《栗谷全书》卷一五《东湖问答》。
③ 同上书，卷五《万言封事》。
④ 同上。
⑤ 同上书，卷一五《东湖问答》。

倡独立、自主思考。他比较罗钦顺、李滉、徐敬德三人的思想道："近观整庵、退溪、花潭三先生之说，整庵最高，退溪次之，花潭又次之。就中，整庵、花潭多自得之味；退溪多依样之味。……盖退溪多依样之味，故其言拘而谨；花潭多自得之味，故其言乐而放。谨故少失，放故多失。宁为退溪之依样，不必效花潭之自得也。"① 在他看来，李滉过于尊崇朱熹，所以"多依样之味"，而徐敬德陷入"指气为性之误"，因而宁愿像李退溪一般"多依样之味"。他的思想学说，可以说是在继承朱熹和李退溪思想的基础上，加以深化和发展。他敢于批判和修正朱熹、李滉等人的观点，十分难能可贵。

在理与气的关系问题上，他倾向理气二元论。他详细地论述理气关系道："理气既非二物，又非一物。非一物故一而二，非二物故二而一也。非一物者何谓也？理气虽相离不得而妙合之中，理自理，气自气，不相夹杂，故非一物也。非二物者，何谓也？虽曰理自理，气自气，而混沦无间，无先后，无离合，不见其为二物，故非二物也。"② 即强调理气妙合，强调理气的同与合。从这种观点出发，他认为徐敬德的气一元论和李退溪的理先气后理一元论都存在缺陷。他说道："理气混然无间，元不相离，不可指为二物。程子曰：器亦道，道亦器。此言理气之不能相离，而见者遂以理气为一物。朱子曰：理气决是二物。此主理气之不相夹杂，而见者遂以理气为有先后。近来所谓性先动、心先动之说，固不足道矣，至如罗整庵以高明超卓之见，亦微有理气一物之病。退溪之精详谨密近代所无，而理发气随之说，亦微有理气先后之病。"③ 他还发挥朱熹的"佛氏偏处只是虚其理，理是实理"，强调理是实理。他说道："天以实理而有化育之功，人以实心而致感通之效，所谓理定心者，不过曰诚而已。"④

李退溪认为理气都有动静、理气互发，栗谷则明确地指出："退溪

① 李珥：《栗谷全书》卷一〇《答成浩原》。

② 同上。

③ 同上。

④ 同上书，卷六《诚策》，转引自李甦平《韩国儒学史》，第 317 页。

之病，专在于互发二字。"① 他说："理气元不相离，似是一物，而其所以异者，理无形也，气有形也；理无为也，气有为也。"② 他强调理不动，是为了突显气的活动性，突出气的作用。他说："夫盈天地之间者，莫非气也。"③ 他还说过："天地虽大，不过为元气中之一物，则天地中之物，亦不过大物中之一小物也。"④ 这种观点很接近气一元论。但是，他并不赞同气一元论，仍是主张理本论。他提出了"理通气局"的观点："无形无为而为有形有为之主者，理也。有形有为而为无形无为之器者，气也。理无形而气有形，故理通而气局，理无为而气有为，故气发而理乘。"⑤ 理"无本末，无先后"，所以理通；"气已涉形迹，故有本末也，有先后也"，因而气局。⑥ 理为形而上者，气为形而下者，"局于物者，气之局也。理自理，不相夹杂者，理之通也"⑦。基于理通气局的见解，栗谷进一步指出："理无形而气有形，故理通而气局；理无为而气有为，故气发而理乘。无为无形而为有形有为之主者，理也；有形有为而为无形无为之器者，气也。此是穷理气之大端也。"⑧ 同时，提出了"气发而理乘"之说。这一观点，是对李退溪理气互发说的修正，从另一个角度解释了朱熹理气动静说内在的龃龉，丰富了程朱理学的理气论，被认为是"古代理气论所可能达到的最为完备、亦最为合理的结论"⑨。

　　理气妙合、理通气局和气发而理乘说，成为栗谷四端七情论的重要前提。他提出"性非二性""情非二情""七情包四端"的看法。他先说："朱子曰，天地之性专指理而言，气质之性则以理杂气而言，只是此性

① 李珥：《栗谷全书》卷一〇《答成浩原》。

② 同上。

③ 同上书，卷一四《天道策》。

④ 同上书，卷三一《语录上》。

⑤ 同上书，卷一〇《答成浩原》。

⑥ 同上。

⑦ 同上。

⑧ 同上书，卷二〇《圣学辑要二》。

⑨ 罗安宪：《李栗谷与罗整庵理气论比较研究》，《人文杂志》2009 年第 2 期。

在气质之中，故随气质而自为一性……臣按：本然之性、气质之性，非二性也。就气质上单指其理，曰本然之性；合理与气质而命之曰气质之性。"① 天地之性或者说本然之性，与气质之性并非两种不同人性，气质之性兼包本然之性。然后，他进一步指出："四端七情正如本然之性、气质之性。本然之性则不兼气质而为言也，气质之性则却兼本然之性，故四端不能兼七情，七情则兼四端。"② 四端七情的关系，如同本然之性、气质之性。也就说，四端七情并非两种不同的情，而且七情兼四端。他明确地说道："七情实包四端，非二情也。"③

他详细地分析退溪的四端七情论道：

> 窃详退溪之意，以四端为由中而发，七情为感外而发。以此为先入之见而以朱子之发于理、发于气之说主张而伸长之，做出许多葛藤，每读之未尝不慨叹。以为正见之一累也。《易》曰：'寂然不动，感而遂通。'虽圣人之心，未尝有无感而自动者也。必有感而动，而所感皆外物也。何以言之？感于父，则孝焉；感于君，则忠动焉；感于兄，则敬动焉。父也、君也、兄也者，岂是在中之理义？天下安有无感而由中自发之情乎？特所感有正有邪，其动有过有不及，斯有善恶之分耳。今若以不待外感由中自发者为四端，则是无父而孝发，无君而忠发，无兄而敬发矣。岂人之真情乎？今以恻隐言之，见孺子入井，然后此心乃发。所感者，见孺子也。孺子非外物乎？安有不见孺子入井而自发恻隐者乎？就令有之，不过为心病耳，非人之情也。夫人之性有仁义礼智信五者而已，五者之外无他性；情有喜、怒、哀、惧、爱、恶、欲七者而已，七者之外无他情。四端只是善情之别名，言七情，则四端在其中矣。④

在他看来，李退溪受理气互发说所累，进而强调四端是心由中而发之

---

① 李珥：《栗谷全书》卷二〇《圣学辑要二》。

② 同上。

③ 同上。

④ 李珥：《栗谷全书》卷一〇《答成浩原》。

情，情是心感外而发之情，所以主张四端和七情是两种情，强调两者的区别。他则主张气发而理乘之，认为四端、七情都是心感外而发之情。喜、怒、哀、惧、爱、恶、欲七情涵盖了人的所有情，四端是善情的别名。也就是说，七情包括善恶之情，四端只是善情，所以七情包括了四端，不可以将四端和七情对立割裂开来。他还说："孟子就七情中剔出善一边，目之以四端"[2]，明确地指出，四端是孟子从七情中挑选出来的善情。

在此基础上，栗谷也进一步讨论了人心、道心问题。他说道："人心道心俱是气发。而气有须乎本然之理者，则气亦是本然之气也，故理乘其本然之气而为道心焉。气有亦乎本然之理者，则亦变乎本然之气也，故理亦乘其所变之气而为人心。"[3] 人心、道心都是气发理乘，理乘变化之气而发时为人心；理乘本然之气时为道心。这就和朱熹、李退溪从理论道心、以气论人心的观点不同。他主张道心不离乎气、人心亦源于理的观点，提出了人心、道心来源的新思路。他并没有把性非二性、情非

人心道心图[1]

二情的观点引入到人心、道心的讨论中，而是主张人心、道心相始终。他说："人心道心相为终始者，何谓也？今人之心直出于性命之正，而或不能顺而遂之，间之以私意，则是始以道心而终以人心也。或出于形

---

① 摘自李珥《栗谷全书》。
② 同上书，卷一四《人心道心图说》。
③ 同上书，卷一〇《答成浩原》。

气，而不咈乎正理，则固不违于道心矣。或咈乎正理而知非制伏，不从其欲，则是始以人心而终以道心也。"① 这就是从修身的角度讨论人心和道心。所以他又说："精察而趋乎理，则人心听命于道心也。不能精察而惟其所向，则情盛欲炽，而人心愈危道心愈微矣。精察与否，皆是意之所为。故自修莫先于诚意。"②

大体而言，李退溪的四端七情论强调理主气，李栗谷的四端七情论则强调气发理乘。前者注重理的作用，被称为主理论；后者更重视气的作用，被称作主气论。两人的学说各有追随者，进而形成了主理派和主气派两个不同学派，并由此引发了长达三百年的"四七论辩"。"四七论辩"的展开，标志着朝鲜朱子学的成熟。以"四七论辩"为中心的心性论、性情论和道德修养论，始终是论辩的主题。这种更侧重于人的心性、性情和道德修养论的研究倾向，是朝鲜朱子学的显著特征。

五、李朝的朱子学国教化举措

朝鲜王朝前半期，倚靠儒臣建国、治国，从国家各项政治制度、官学教育，到对百姓的教育，都以朱子学说为指导，建立起以朱子学为国教的儒教社会。

李朝太祖即位时，便运用儒家学说论证改朝换代的合理性："所谓天之所废谁能兴之者也。社稷必归于有德，大位不可以久虚，以功以德，中外归心，宜正位号，以定民志。予以凉德，惟不克负荷是惧，让至再三，金曰人心如此，天意可知，众不可拒，天不可违执之。"③ 指明高丽王朝灭亡是因为天之所废，李成桂登基建立朝鲜王朝则是天意人心所归。郑道传在《经国典·正宝位》中也写道："万物之生，皆受是气以生，洪纤高下，各形其形，各性其性，故曰天地以生物为心。所谓生物之心，即天地之大德也……得其心则服之，不得其心则去之。去就之

---

① 李珥：《栗谷全书》卷九《答安应休》。

② 同上书，卷九《答成浩原》。

③《太祖实录》卷一，载《李朝实录》第一册，第85页。

间，不容毫发焉。然所谓得其心者，非以私意苟且而为之也，非以远道干誉而致之也，亦曰仁而已矣。人君以天地生物之心为心，行不忍人之政，使天下四境之人皆悦而仰之若父母，则长享安富尊荣之乐，而无危亡覆坠之患矣。守位以仁不亦宜乎。恭惟主上殿下顺天应人，骤正宝位，知仁为心，德之全，爱乃仁所发，于是正其心以体乎仁，推其爱以及于人，仁之体立而仁之用行矣。呜呼！保有其位，以延千万世之传，讵不信舆！"①不仅论述了李朝的建立是因为人心所向，歌颂了李朝太祖的仁德，肯定了李朝建立的正当性，而且从天地万物产生的源头论证了李朝君王的名分。

李朝大规模地移植中国的礼仪教化政治体制，主要集中于世宗（1418—1450 在位）时代。世宗二年（1419）年创设集贤殿，设置数十学士，专门研习性理学，撰修书籍。世宗还曾多次遣使请求明王朝赏赐四书五经、《性理大全》等性理学书籍。如明宣宗元年（1426），"遣使以五经四书及《性理大全》《通鉴纲目》赐朝鲜国王李裪。上谓行在礼部尚书胡濙曰：'圣人之道与前代得失俱在此书，有天下国家者不可不读。闻裪勤学，朕故赐之。若使小国之民得蒙其惠，亦朕心所乐也。'"②明朝赏赐的书籍和从明朝购置的书籍，大多放置在集贤殿，供学士们研读。世宗还积极推动《经国大典》的修订。这部《经国大典》是朝鲜政治法典之大成，原为郑道传编写的《经国典》，后来历经定宗、太宗、世宗三代的修订，1469 年（成化五年，成宗即位当年）集国家政治法典之大成的《经国大典》六卷问世。"我太祖康献大王，应天顺人，化家为国，立经陈纪，规模宏远，三宗相承，贻谋燕翼，制度明备，世祖神思睿智，制作之盛，动契典则，卓越千古。殿下聪明，时宪是遵是行，金科玉条刻之琬琰，垂耀无极，猗欤盛哉。"③全书分为吏、户、礼、

---

① 郑道传：《三峰集》卷七《经国典·正宝位》，载释尾春芿《朝鲜群书大系（别集）》第五册，第191—192页。

②《明宣宗实录》卷二二，宣德元年冬十月辛未，台北"中央研究院"历史语言研究所校印本。

③《经国大典》卷首《经国大典序》，首尔大学奎章阁藏，万历四十一年钞本。

刑、兵、工六典，参照了中国的礼法制度、《朱子家礼》，较为全面地规定了李朝的各项制度。后来，成宗五年（1474）又参照中国历代礼典和高丽时代的礼书，编修刊行了《国朝五礼仪》，即模仿中国实行了"吉凶军宾嘉"五礼。此外，世宗还下令编撰、刊行《孝行录》和《三纲行实图》，此为朝鲜"行实图"类图书的起点。总而言之，世宗朝将朱子学思想渗透至国家典章制度和国民伦理，并被后继者所继承，成为整个朝鲜王朝朱子学国教化的典范。

朝鲜统治者推动朱子学国教化的举措，主要集中在进一步推广《朱子家礼》、刊行《三纲行实图》《孝行录》和推行《乡约》上，从而使两班贵族和庶民百姓都遵行儒家伦理。

《朱子家礼》又称《文公家礼》《朱文公家礼》，相传为朱熹所撰，包括通礼、冠礼、婚礼、丧礼、祭礼五大内容，将儒家的孝道贯穿其中。在高丽末年，郑梦周担任宰相时，已经下令士庶都要效仿《朱子家礼》，立家庙，祀奉先祖。李朝开国功臣之一赵浚也曾建议高丽恭让王推行《朱子家礼》。他上疏道："愿自今一用《朱公家礼》，大夫以上祭三世，六品以上祭二世，七品以下至于庶人，止祭其父母。择净室一间，各为一龛，以藏其神主，以西为上，朔望必奠，出入必告，食新必荐，忌日必祭。当忌日，不许骑马出行，对宾客如居丧礼。每岁三令节、寒食，上坟之礼，许从俗礼，以厚追远之风。违者以不孝论。"[1] 恭让王二年，高丽王朝制定了"大夫士庶人祭礼"，应当是在郑梦周、赵浚的共同努力下实现的。

太祖在即位教书中提道："冠婚丧祭，国之大法，仰礼曹详究经典，参酌古今，定为著令，以厚人伦，以正风俗。"[2] 从立国之初，就明确了要制定冠礼、婚礼、丧礼、祭礼，而这些内容都能在《朱子家礼》中找到。于是，朝鲜王朝建立后，便采取多种措施积极推动《朱子家礼》在两班贵族中的施行，用以维护社会等级制度。

首先是推动家庙的建立。太祖六年（1397）四月，谏官上书言事，

① 郑麟趾等：《高丽史》卷一一八《赵浚传》，第3620页。
②《太祖实录》卷一，元年七月丁未，《李朝实录》第一册，第86页。

其中第一、二条曰："一、定都之初，始建宗庙，以奉时祀，以荐时物。报本之诚，无所不至。然四时之享，每命大臣以摄行，愿自今除无时荐新之外，四时大享必须亲裸，以明奉先之礼，以尽报本之诚。二、士大夫家庙之制，已有著令，而专尚浮屠，谄事鬼神，曾不立家庙以奉先祀，愿自今刻日立庙。敢有违令尚徇旧弊者，令宪司纠理。"① 一是希望朝鲜国王亲自参加宗庙四时大享，亲自行裸礼；二是建议下令士大夫限期建立家庙，如果有违令者，令有司审查究办。这两条建议都获得了太祖的允准，予以施行。② 太宗十三年（1413），应汉城府之请，责令未设家庙的士大夫于当年设立，否则移交有司惩处："家庙之设，已有著令，士大夫广占家基，崇峻堂寝，不曾立庙，殊无报本之意，乞令承重者，限今年毕立祠堂，违者文宪司纠理。"③

其次，还依照《朱子家礼》进行治丧。尤其是王室，率先遵行《朱子家礼》。太宗八年（1408），太祖李成桂薨逝，太宗"擗踊呼泣，声闻于外，治丧一依《朱子家礼》，以奉宁君福根"④。世宗六年（1424）三月，礼曹上奏宗亲及大臣的丧葬、祭奠礼仪，其中有"歇柩祭即《文公家礼》所谓'亲朋郭外驻柩而奠'，宜改称路祭，郭外行之，馔品行礼，与遣奠同。临圹奠，馔品行礼上同。谢土祭与开土祭同。掩圹祭即《文公家礼》题主奠，馔品行礼与临圹奠同。虞祭，馔品上同。始行三献礼。"⑤ 可见所奏礼仪中有不少是依照《朱子家礼》所定。数日后，礼曹又上奏："谨按杜诗、《通典》，三殇虞祭不立神主，既虞而除灵座，今王女虞祭，诸依《文公家礼》，以魂魄返魂行三虞祭。"⑥ 建议王女虞祭依照《文公家礼》进行。礼曹这两次上奏都得到了世宗允准，得以推行。值得注意的是，在早几日，成均馆生员申处中等101人诣阙上书，指出当时之人惑于僧徒，"世称儒者亦屈身归命而不知识者之识也"，因而丧

① 《太祖实录》卷一一，六年四月丁未，《李朝实录》第一册，第417—418页。
② 同上书，第419页。
③ 《太宗实录》卷二五，十三年五月戊子，《李朝实录》第四册，第395页。
④ 同上书，卷一五，八年五月壬申，《李朝实录》第三册，第239页。
⑤ 《世宗实录》卷二三，六年三月己丑，《李朝实录》第七册，第340页下。
⑥ 同上书，卷二三，六年三月辛丑，《李朝实录》第七册，第343页下。

葬都依照佛教仪式办理。① 为了灭佛、辟佛，他们请求世宗采取一系列措施加以禁止和惩处："其丧葬之际，一依《家礼》之法，犯者严加科罪，以警其余。然后使旧染之俗，教之以礼义，养之以道德，则不数年间，人心正而天理明，户口增而军额充。昔为背君背父者，今知忠孝之当尽。"② 尽管《李朝实录》未明确记载中枢中等人的上书是否被世宗采纳，但是从后续这两次王室丧葬、祭奠礼仪的制定中，可以看出世宗推广《朱子家礼》的决心。

又次，为了推广《朱子家礼》，李朝还将其纳入官员考试的范围内。太宗三年（1403）六月，依吏曹之请，"令初入仕者，并试《朱文公家礼》"，"虽已入仕者，七品以下亦令试之"。③ 刚入仕为官之人，需要考《朱子家礼》，即使已经在朝为官，凡是七品以下也须参与考试。世宗时期，《朱子家礼》进一步推广。世宗八年（1426）正月："赴生员试者，使今文臣监察分台于成均正录所考讲小学、《家礼》。"④ 也就是说，参加生员试，须听官员讲授《朱子家礼》，而且还须考试。又，"咸吉道子弟欲属内侍茶房知印录事，考试书、算、律、《家礼》、元续六典，三才入格者取之"。⑤ 从这个角度看，李朝已经将《朱子家礼》纳入科举考试的范围。让《朱子家礼》成为科举和入仕者的考试内容，不仅促使贵族阶层从思想上更加重视《家礼》，而且进一步推动仕宦家庭实行《家礼》，从而促进《家礼》在朝鲜贵族社会扎根。

此外，李朝对《朱子家礼》的重视还体现在法律中。世宗二十九年（1447），议政府以《文公家礼》所载的丧服解释承受荫田的适用。史载："议政府据礼曹呈启，谨按《家礼》成服注，为人后者为其父母不杖期，亦解官，申心丧三年，继后之父有荫与有田，则所生荫田难以承受。若继后之父无荫与田，则所生之父荫与田许令承受。从之。"⑥ 由此可知，

---

① 《世宗实录》卷二三，六年三月戊子，《李朝实录》第七册，第 339 页下。
② 同上书，第 340 页上、下。
③ 《太宗实录》卷五，三年六月乙卯，《李朝实录》第二册，第 312 页。
④ 《世宗实录》卷三一，八年正月壬戌，《李朝实录》第七册，第 469 页下、470 页上。
⑤ 同上书，卷一一六，二十九年四月辛亥，《李朝实录》第九册，第 562 页下。
⑥ 同上书，卷一一六，二十九年闰四月庚午，《李朝实录》第九册，第 564 页上。

这一时期已将《朱子家礼》用于朝廷法制的解释。李朝也刊刻《朱子家礼》及其相关书籍。如中宗十三年，工曹尚书金安国曾上奏："所谓《家礼仪节》者，皇朝大儒丘浚所删定也。文义之脱略，补而备之，及《朱子家礼》之羽翼也。亦印颁而使人讲行为当。"①

《朱子家礼》主要推行于两班贵族官僚阶层，建立起贵族官僚内部的礼教社会结构。而推广和实行于庶民社会的儒教社会体制，则主要倚靠颁行《三纲行实图》《孝行录》等，以及推行《乡约》为制度依托。

《孝行录》的编撰刊刻，起于一桩杀父案。史载，世宗听闻"晋州人金禾弑父之事，矍然失色，乃至自责"②。于是，世宗召集群臣，讨论"所以敦孝悌、厚风俗之方"③。判府事卞季良建言道："请广布《孝行录》等书，使闾巷小民寻常读诵，使之骎骎然入于孝悌礼义之场。"④ 世宗十年（1428）冬十月辛巳，世宗御临经筵，对集贤殿副提学偰循说道："今俗薄恶，至有子不子者，思欲刊行《孝行录》以晓愚民。此虽非救弊之急务，然实是教化所先，宜因旧撰二十四孝，又增二十余孝。前朝及三国时孝行特异者，亦皆裒集，撰成一书，集贤殿其主之。"⑤ 偰循回答道："孝乃百行之原，今撰此书，使人人皆知之，甚善。若《高丽史》藏之春秋馆，外人不得考阅，请令春秋馆抄录以送。"⑥ 这就是编撰和刊行《孝行录》的前因后果。

世宗十三年（1431），他对近臣说道："三代之治，皆所以明人伦也。后世教化陵夷，百姓不亲，君臣父子夫妇之大伦率皆昧于所性，而常失于薄，间有卓行高节，不为习俗所移，而耸人观听者亦多。予欲使取其特异者，作为图赞，颁诸中外，庶几愚夫愚妇皆得易以观感而兴起，则

---

① 《中宗实录》卷三四，十三年十一月戊午，《李朝实录》第二十一册，第357页上。
② 《世宗实录》卷四二，十年十月辛巳，《李朝实录》第七册，第615页上。
③ 同上。
④ 同上。
⑤ 同上。
⑥ 同上。

亦化民成俗之一道也。"① 于是，又命偰循带头搜集编撰《三纲行实图》。
《三纲行实图》搜集了中国和朝鲜史书中可作为父子、君臣、夫妻三纲
典范的孝子、忠臣、烈女的事迹，汇集成书。该书由集贤殿副提学偰循
为首辑撰，分为孝子、忠臣、烈女三卷，共一册，各选取三十五名，所
有事迹都刻有图画和汉文说明，并有七言绝句赞诗，书眉处还有朝鲜文
字解释。孝子卷的赞诗取自两部分，一部分是文宗所赐《孝顺事实》中
的诗，一部分是高丽朝李齐贤为权溥、权准父子辑撰的《孝行录》所作
的赞诗；忠臣、烈女两卷赞诗，由文臣们撰写。次年，书成，正式
刊行。

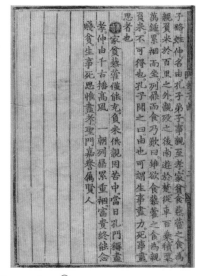

《三纲行实图》书影②

《三纲行实图》后来又多次刊行，有中宗、宣祖、英祖重刊本。中
宗九年（1514），基于《三纲行实图》的结构，减少中国的事迹，大幅增
加朝鲜的孝子、忠臣、烈女的事迹内容，编撰刊行《续三纲行实图》。
中宗十三年（1518），又以"长幼""朋友"二伦为内容，刊行了《二伦

① 权采：《三纲行实图序》，载偰循《三纲行实图》卷首，日本内阁文库藏朝鲜刊
　本。

② 摘自偰循《三纲行实图》。

行实图》。有学者指出："这时期强调作为家庭与国家体制伦理的'三纲'和作为乡村体制伦理的'二伦'，是缘于为整治燕山君时期遗留下的散乱的国家纲纪，是为有效治理地方而采取的措施。"[1] 壬辰倭乱之后，为了告慰在倭乱中牺牲的忠臣、烈女，1615年光海君下令刊行了《东国新续三纲行实图》。从书名"东国"两字，可以看出该书只有朝鲜本国的事迹了。正祖二十一年（1797），奎章阁刊印了《五伦行实图》五卷五册。该书的内容包括孝子、忠臣、烈女、兄弟、宗族、朋友、师生等事迹，可以说是综合了《三纲行实图》与《二伦行实图》，并有所增加。《五伦行实图》后来也多次重刊。

上述行实图类书籍的编撰和刊行，都是以教化百姓三纲、二伦为目的，将朱子学的父子、君臣、夫妇、长幼、朋友的伦理主张灌输给普通百姓。这些书籍都采用通俗易懂的图画书形式，就是为了让文化水平不高的普通百姓也能够通过图画快速理解人物事迹背后所蕴含的忠孝、节义的儒家价值观，从而更为有效地教化百姓。

从16世纪后半期起，朝鲜王朝还通过贯彻和实践朱子学中的乡约制度来实现礼仪教化。北宋理学家蓝田吕大钧（1031—1082）所制订的《吕氏乡约》，是中国最早的成文乡约，主要从德业相劝、过失相规、礼俗相交、患难相恤四个方面阐发乡民必须遵行的乡规民约。朱熹在此基础上进一步增添和细化，编撰成《增损吕氏乡约》，更为强调感化原则。《增损吕氏乡约》随着《朱子大全》《朱子全书》传入朝鲜，被朝鲜士人们奉为圭臬。《增损吕氏乡约》被朝鲜士人称作《吕氏乡约》，从中宗朝以后在朝鲜乡村广泛实施，对乡村社会产生了巨大影响。由朝廷主导实行乡约制度，意味着朱子学传入朝鲜半岛后开始对处于社会底层的普通平民进行礼教教化。

中宗上台后，重用以赵光祖为代表的新进士林，并支持他们实行儒家的仁政和王道理想。史载："静庵赵光祖当中庙，锐意文治，感不世之遇，以治君泽民、兴起斯文，自任以重。每入对，斋心肃虑，如对神明。设贤良科，以《小学》《乡约》为育才化俗之方，百僚无不耸励，

---

① 郑炳模：《韩国风俗画》，金青龙、赵亮译，商务印书馆，2015，第146页。

而四方为之风动。"① 在此背景下，士林们纷纷上奏建议推行《吕氏乡约》。中宗十二年（1517），咸阳道的儒生金仁范上疏，建议"遵行《吕氏乡约》以变风俗"②。中宗传此疏与政府，并盛赞金仁范。从此，朝鲜的乡约进入普及运动时期。根据中宗十三年（1518）六月弘文馆应教韩忠的奏文，可知此时推行乡约的举措主要有两个。一是"刊印《吕氏乡约》以教乡中年少之士"，因而"士皆知是非好恶之所趣，虽蠢蠢之民皆知为恶之可恶。乃曰：'某也不孝于其父母，某也不弟于其兄。'皆欲斥而不齿"。③ 二是"择其耆老为一乡之所推者，为都约正、副约，以兴励一乡"。④ 在他看来，"其所以善俗作民之道，无过于此"。⑤ 他建议："乡中小儿所读乡约乃金安国所较谚解者也，须广印乡约，颁于八道可也。"⑥ 九月，大司宪金净也上奏道："臣于外方见，《吕氏乡约》大有关于教化，前此兄弟不和者知悔而和，为悖逆者改而顺，人皆知而行之，则厚伦成俗之道，岂小补哉。"⑦ 由此可见，推行乡约已经颇见成效，民风民俗得到了很大的改善。但是守令、乡间百姓以为这只是监司推行，并非朝廷旨意，金净担心措施不能长久施行，建议："当申谕此意，使知朝廷轸念之意也。"⑧

乡约的推行，甚至逐渐替代基层制度。中宗十四年（1519）六月，仁同训导殷霖上奏："留乡所、京在所侵虐衙前乡吏，甚有弊。请以乡约中都约正、副约正纠检乡风，而罢留乡、京在等所。"⑨ 甚至侵夺了法

① 金亨在：《大东小学》卷一，学民文化社，1992，第5页，转引自蔡雁彬《朱子〈小学〉流衍海东考》，《南京大学学报（哲学·人文科学·社会科学版）》2002年第4期。
② 《中宗实录》卷二八，十二年六月甲戌，载《李朝实录》第二十一册，第147页上。
③ 同上书，卷三三，十三年六月丁亥，载《李朝实录》第二十一册，第318页下。
④ 同上。
⑤ 同上。
⑥ 同上。
⑦ 同上书，卷三四，十三年九月辛亥，载《李朝实录》第二十一册，第343页上。
⑧ 同上。
⑨ 同上书，卷三六，十四年六月乙亥，载《李朝实录》第二十一册，第408页下。

司的权力，触动了君权。因而，中宗明确表示："乡约本意乃德业相劝，其意固美。然近日闻，约中之人自用刑政，至有呈诉法司，而法司亦从其所为，是刑政在下也。此无乃终至有弊乎！"① 从而成为引发"己卯士祸"的导火索之一。

明宗即位后（1545），侍讲官周世鹏主张重新施行乡约，朝廷认为："乡约固是美事，但外方必有善人可为约长者，而后可以行之。外方其何能尽得之乎？如欲自行者，则行之可矣。自朝廷别为立法，而行移，则为难。"② 宣祖六年（1573）八月，曾就刊印《吕氏乡约》、推行乡约一事下传谕礼曹："《吕氏乡约》之书，最切于化民成俗，先为印出此册，多其件数，广颁中外。京则童蒙学，外则乡校，至于村巷学长，多数颁给。使人人皆得阅览，知其自修之道。或尽从其仪，或略仿其仪，遵而勿废。行之有渐，以致厚伦成俗之效。"③ 次年二月，李栗谷上言："请先行救民革弊之政，而后行乡约。"④ 数日后，传书礼曹："乡约乃化民成俗之要，所当举行以为导率之方，但民生憔悴，莫甚于此时，汲汲救弊，先解倒悬之苦，然后可行乡约。猝然举行，恐有难行之患。"⑤ 宣布以养民为先、教民为后，暂停推行乡约，等到民生恢复之后再推行。此后，朝鲜王朝再没有大规模推行乡约活动。

性理学者们则仍然在乡村社会中贯彻和实施乡约，而且还形成了朝鲜自己的乡约。李退溪自己在故乡庆尚道安东郡礼安推行"礼安乡约"。他在《乡立约条序》中说："凡我乡士，本性命之理，导国家之教，在家在乡，各尽彝伦之则……而犯义侵礼，以坏我乡俗者，是乃天之弊民也，虽欲无罚，得乎？此今日约条之所以不得不立也。"⑥ 表达了尝试通

---

①《中宗实录》卷三七，十四年十一月庚戌，载《李朝实录》第二十一册，第451页上。

②《明宗实录》卷四，元年八月丁未，载《李朝实录》第二十五册，第180页上。

③《宣祖实录》卷七，六年八月己巳，载《李朝实录》第二十七册，第100页下。

④ 同上书，卷八，七年二月丙午，载《李朝实录》第二十七册，第123页上。

⑤ 同上书，卷八，七年二月壬子，载《李朝实录》第二十七册，第125页上。

⑥ 李滉：《退溪集》卷四二《乡立约条序（附条约）》，载释尾春芿《朝鲜群书大系（别集）》第四册，第100页。

过理学的乡约制度来化导民风民俗、助益国家管控基层社会的政治理想。由此也可以看出，李退溪所定乡约带有十分强烈的控制乡村的目的。李栗谷虽然反对国家统一推行乡约，但却是朝鲜乡约的最大推广者。他先后主导订立了多个乡约，如《坡州乡约》（1560）、《西原乡约》（1571）、《海州乡约》（1578）及《社仓契约束》《海州一乡约束》等。他所制定的乡约，在内容和形式上也与《吕氏乡约》有很大的不同，具有朝鲜乡村社会自身的特色。[1]

虽然国内学者认为"从今存的朝鲜乡约来看，其形式主要有两类，一类以《吕氏乡约》或朱熹《增损吕氏乡约》的四纲领为基础，略加增损；另一类则另立纲目，制定新的、适宜于本地民情的乡约"。[2]但实际上，朝鲜的乡约大都具有明显的"乡规"特征，兼具教化与统治、管理乡村百姓的功能。[3]因而，韩国学者认为朝鲜的乡约应改称为乡规约。[4]可以说，朝鲜的乡约虽说祖述《吕氏乡约》，实际却兼糅了王阳明《南赣乡约》之特质。前者是一个人民自主的乡村组织，后者则是一个政府督促的乡村组织，性质相差甚大。[5]

必须指出的是，朱子学的礼乐教化得以传播至朝鲜庶民之间，还得益于"谚文"的创制。所谓"谚文"，指朝鲜语的表音文字。朝鲜只有士大夫学习汉语文，平民大多是文盲。新罗时薛聪创制的吏读使用不便，也无法取代汉字。有感于此，世宗下命特设谚文局，召郑麟趾、成三问、申叔舟等学者，在研究朝鲜音和汉语音韵的基础上，参考、借鉴汉字方体形态，总结、创制方块拼音文字。世宗二十八年（1446），《训民正音》正式刊行。此后朝鲜出现了大量的"谚解"书籍。所谓"谚

① 参见《西原乡约》《海州乡约》《社仓契约束》《海州一乡约束》，均收录于李珥《栗谷全书》卷一六《杂著三》。

② 彭林：《朱熹礼学与朝鲜时代乡风民俗的儒家化》，国际儒学联合会：《国际儒学研究》第11辑，第103—143页。

③ 金昌圭：《朝鲜时代中国蓝田乡约的施行与本土化》，《徽学》第七辑，第275—288页。

④ 参见李惠国：《当代韩国人文社会科学》，商务印书馆，1999，第252页。

⑤ 杨开道：《中国乡约制度》，商务印书馆，2015，第110页。

解"，就是采用俗语谚文对一些汉文书籍进行解释。与儒家文化相关书籍的主要有《周易谚解》《尚书谚解》《诗经谚解》《丧礼谚解》《家礼谚解》《吕氏乡约谚解》《正俗谚解》《中庸章句谚解》《中庸谚解》《论语谚解》《孟子谚解》《大学章句谚解》《大学谚解》《小学谚解》《女四书谚解》《五伦全备记谚解》等数十种。① 行实图类配有朝鲜文字的书籍，其实也是谚解的一种。谚文识读和书写比较简单，主要在没有受过正规教育的普通百姓中使用。上述"谚解"类书籍实质就是面向普通百姓解释和普及儒家文化，尤其是朱子学的性理思想、伦理道德。《丧礼》《朱子家礼》《吕氏乡约》的谚解书出现，意味着朱子学主张的礼仪文化开始向普通百姓普及。礼仪文化的平民化、普遍化，有助于朱子学国教化的实现。

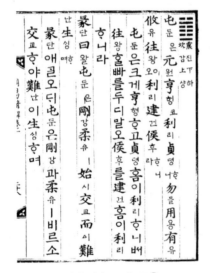

《周易谚解》书影②

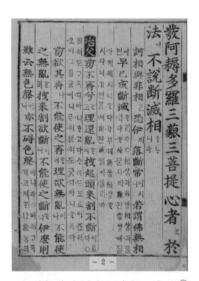

《金刚般若波罗蜜经谚解》书影③

　　总而言之，在朝廷的主导和性理学者们的努力下，朝鲜王朝逐渐建

---

① 参见乌古：《民族古籍学》，云南民族出版社，1994，第 250—254 页；黄建国、金初升《中国所藏高丽古籍综录》，汉语大词典出版社，1998，第 1—23 页。

② 摘自《周易谚解》奎章阁汉文文献本。

③ 摘自韩继禧《金刚般若波罗蜜经谚解》，成宗年间刻本。

立礼教秩序。这种礼教秩序，在两班贵族阶层以《朱子家礼》为引导，在乡村社会则以朱子《增损吕氏乡约》以及行实图类书籍为本。两种礼教秩序并行不悖，儒家的忠孝节义等伦理道德成为朝鲜的社会价值观念，促使朝鲜进入了以程朱理学为国家统治意识形态、以家礼和乡约为礼教秩序的社会体制。

第五节　朝鲜实学的经世致用之道

以四七论辩为分水岭，朝鲜朱子学由上升创造转变为因循守旧。从16世纪末开始，朝鲜朱子学进入衰退期，由社会改革的推进者转变为既得利益的维护者，出现争权夺利的党争，甚至导致流血事件，丧失了前期的学术创造力和生机。加上通过中国传入的欧洲自然科学技术，朝鲜士人们认识到性理学已经无助于朝鲜社会，开始探究自然科学知识，形成实学派。朝鲜的实学思想家们也积极汲取中国实学思潮的养分，形成反朱子学的实学思潮，出现了柳馨远、李瀷、洪大容、朴趾源、丁若镛等著名的实学家。

一、壬辰倭乱后的朱子学衰颓

16世纪末至17世纪初，朝鲜王朝遭遇了壬辰倭乱等外患，社会迅速衰弱。由此，朝鲜社会经济遭到了极大的破坏。尽管朝廷采取了一系列措施振兴经济，如降低税率、改革贡物制、发布均役法等，但这些措施只是权宜之计，无法取得根本性的效果。根据记载，"壬辰乱后，人民离散，虽大家世族举皆失业行丐……自有东方变乱之祸，惨酷之甚未有如今日者也"。[1] 祸不单行的是，各地还频繁出现自然灾害，难以维持

---

[1] 尹国馨：《闻诏漫录》，转引自金河明《燕岩 朴趾源》，陈文琴译，商务印书馆，1963，第10页。

生计的农民有的成为流民聚集到京城："诸道流民四集京城，仍以毒疠死亡相继，委弃道路，惊心惨目。"① 还有的揭竿而起："时关东诸邑，以荐荒饥民相聚为盗，往往恣意行攻劫，朝廷以为忧。"② 农耕自然经济衰颓，民间手工业却逐渐兴盛，对外贸易也有显著发展。朝鲜与日本之间的贸易相当繁荣，还有以鸭绿江、图们江沿线边境城市为中心的中朝贸易尤为活跃。商品经济的繁荣发展，迅速瓦解了传统农耕自然经济的基础。

与此同时，朝鲜朱子学早已失去活力，丧失了原有的文化功能和价值。在中央，成为两班贵族官僚主体的士林派，内部又从分为东人党、西人党到按照东西南北分为四派，西人内部又分成老论派、少论派，展开了所谓"四色党争"。在整个李朝后期，各派不断地融合，又派生新党派，在朝中围绕一些小事争论不休。所谓党争，表面上是争论名分、礼仪，但实际上却是争权夺利。③ 英祖二十二年（1746），左议丞宋寅明上疏指出："今之为荡平只皆自为而已。"并强调："世之为荡平之论者，自成一党，其祸害滋甚。"④ 这样的党争，不仅无助于朝廷的良性运转，而且成为朝鲜王朝数百年的顽疾。在地方上，还有大量无法入仕的儒生在乡村办设书院，讲学论道。随着书院数量的激增，书院也逐渐沦为宗派党争的据点。英祖十七年（1741），下令废除三百余所书院，并禁止乱设书院，希冀以此压制党争之风。

此外，李朝还实行所谓的"庶孽禁锢法"："罪犯永不叙用者、赃吏之子、再嫁失行妇女之子及孙及庶孽子孙，勿许赴文科生员进士试。"⑤ 即禁止宗亲和各品庶孽子孙参加文科生员进士试，从而无法享受两班的待遇。庶子指良妾所生之子，孽子指贱妾所生之子。庶孽禁锢法的实

---

① 《英祖实录》卷五五，十八年六月丙午，载《李朝实录》第四十四册，第290页下。
② 同上书，卷五六，十八年八月丙辰，载《李朝实录》第四十四册，第298页上。
③ 关于四色党争，可参见李岩《朝鲜朝中期四色党争的文化性格》，北京大学韩国学研究中心《韩国学论文集》第二十二辑，中山大学出版社，2014，第75—81页。
④ 《英祖实录》卷六三，二十二年正月己卯，载《李朝实录》第四十四册，第434页下。
⑤ 《经国大典》卷三《礼典·诸科》。

施，目的是严格区分嫡庶之别。儒家的名分成为剥削、限制他人入仕的重要工具。

在这种情况下，两班贵族官僚标榜的儒家伦理纲常、朱子性理，已经异化成打压异己、争夺官场利益和束缚他人的政治工具，由追求人性善的道德修养学说沦为保守僵化、威权主义的教条，丧失了其原有的思想指导价值和作用。朝鲜的思想界迫切需要注入新鲜活力。这一时期的性理学者们仍然热衷于理气关系、四端与七情关系、人心与道心的关系等抽象问题的论争，还停留在空谈性理、完全脱离实际生活的状态。

朝鲜王朝后期，站在李退溪主理派的代表人物有奇正镇、李震相，支持李栗谷主气派的代表人物有宋时烈、韩元震等。

宋时烈（1607—1689），号尤庵，师从李珥弟子金长生，官至宰相，是西人老论派的宗主，更是朝鲜王朝后期最有名的朱子学者。他是栗谷哲学的忠实继承者，对栗谷和退溪关于理气先后和理气动静问题的争论提出了自己的见解。他说："理气只是一而二、二而一者也。有从理而言者，有从气而言者；有从源头而言者，有从流行而言者。盖理气混融无间，而理自理，气自气，又未尝夹杂。故其言理有动静者，从理之主气而言也；其言理无动静者，从气之运理而言也。其言有先后者，从理气源头而言也；其言无先后者，从理气流行而言也。"① 在他看来，退溪的理有动静是从"理之主气"角度着眼，栗谷则是从"气之运理"出发谈论理无动静；从理气源头上看，理先气后，从理气流行上着眼，则理气无先后。他试图站在全面理解朱子思想的立场上，调和退溪和栗谷的观点，但他终究还是倾向栗谷的气发理乘之说。他对朱子的思想深信不疑，说道："理气说，退溪与高峰，栗谷与牛溪，反复论辩，不可胜记。退溪所主，只是朱子所谓四端理之发、七情气之发；栗谷解之曰，四端纯善而不杂于气，故谓之理之发，七情或杂于不善，故谓之气之发。然于七情中如舜之喜、文王之怒，岂非纯善乎？大抵《礼记》及子思统言

① 宋时烈：《宋子大全·附录》卷一九《记述杂录（韩元震）》，保景文化社，1993，转引自洪军《论尤庵的理气论思想——与朱子、栗谷理气说之比较为中心》，载彭永捷《张立文学派》，河北大学出版社，2014，第862页。

七情，是七情皆出于性者也。性即理也，其出于性也，皆气发理乘之。孟子于七情中撊出纯善者，谓之四端。今乃因朱子说而分四端七情以为理之发气之发，安知朱子之说或出于记者之误也。"① 他认为，退溪根据朱子学说阐发的"四端理之发、七情气之发"的理论并不是朱子的，而是朱子的弟子误记的。所以，专门撰写了《朱子言论同异考》，对此进行论证。他笃信朱子的思想，认为朱子思想没有任何谬误，怀疑或反对朱子都是"斯文乱贼"或"斯文大贼"。因此，他得到朝鲜王朝统治者的支持，他的思想也成为朝鲜王朝后期的正统思想。

奇正镇（1698—1786），号芦沙，历任司宪府令，工曹参判、户曹参判等职。他基本继承了李退溪的观点，主张理一元论，反对气一元论："圣贤眼中盈天地都是理。众人眼中，盈天地都是气"②。在理气关系上，他主张理先气后，"理极尊无对"，"气为发与行，实受命于理，命者为主而受命者为仆，仆任其劳，而主居其功"。③ 他甚至回避使用"气"这个说法，只承认理，不承认气，把主理论发展成了唯理论。

李震相（1818—1886），号寒洲，主张理先气后，理主气从，认为"异端之说，百途千岐，而其始皆由于认气，其终归于主气"④。他为了批判"心是气"，强烈地主张"心即理"。虽然他自认为继承了退溪的主理论，但是实际上"心即理"的主张与阳明学十分接近。这也就意味着朝鲜王朝朱子学已经发展至穷途末路了。

在朝鲜朱子学走向没落的同时，阳明心学则逐渐在学界引起共鸣，成为新的理论、新的学风。与朱子主张"性即理"不同，王阳明主张"心即理"，强调知行合一、致良知。在王阳明在世的时候，阳明心学已经传入朝鲜半岛。根据朴祥（1472—1530）的《讷斋集》和金世弼

① 宋时烈：《宋子大全》卷一三〇《朱子言论同异考》，转引自洪军《论尤庵的理气论思想——与朱子、栗谷理气说之比较为中心》，载彭永捷《张立文学派》，第862页。

② 奇正镇：《芦沙集·答郑载圭》，转引自魏常海《中国文化在朝鲜半岛》，新华出版社，1993，第64页。

③ 同上。

④ 李震相：《理学综要》卷一，转引自魏常海《中国文化在朝鲜半岛》，第64页。

（1473—1553）的《十清轩集》，可以推论王阳明的《传习录》初刊本大约在中宗十六年（1521）传到了朝鲜。①

阳明心学传入朝鲜后，便被朱子学者们指斥为异端。李退溪站在朱子学的立场上，撰写了《心无体用辩》《传习录论辩》等文，系统地批判了王阳明的学说。其中，《传习录论辩》逐条地批判了《传习录》。在他看来，阳明的"心即理"，乃"不知民彝物则真至之理，即吾心本具之理，讲学穷理，正所以明本心之体达本心之用，顾乃欲事事物物一切扫除，皆揽入本心衮说了。此与释氏之见何异"？② 至于"知行合一"，他说："阳明之见，专在本心，怕有一毫外涉于事物，故只就本心上认知行为一，而衮合说去。"③ 批判王阳明将穷理和实践混为一谈。

阳明学在朝鲜最早的信奉者，有南彦经和李瑶。据说宗室庆安令李瑶深信阳明学说，并向宣祖介绍了阳明心学。之后，张维、崔明谷等人也开始接受阳明学，但并未形成学派。在占据正统地位的朱子学者们的排斥和弹压下，经过百余年的时间，到了 17 世纪中叶，朝鲜阳明学才由郑齐斗创立了一个学派——霞谷学。

郑齐斗（1649—1736），字士仰，号霞谷，是早期著名朱子学者郑梦周的十一世孙。他专事阳明学说，虽然被斥为异端，但由于有英祖的礼遇和保护，并未遭到迫害。他的《霞谷集》一直秘藏于家，直到 1930 年才公开刊行。他批判当时打着朱子学旗号谋取私利的现象道："至于今日之说者，则不是学朱子，而是假朱子，不是假朱子，直是附会朱子，以就其义，挟朱子而作之威济其私。"④ 由此，他可以避开异端之嫌批判各种"假朱子说"。受到朝鲜性理学界四七论辩的影响，他把"气"的概念引入阳明学。他认为："窃谓大气元神，活泼生全，充满无穷。神

① 韩国哲学会：《韩国哲学史》下卷，第 3 页。

② 李滉：《退溪集》卷四一《杂著·传习录论辩》，载释尾春芿《朝鲜群书大系（别集）》第四册，第 73 页。

③ 同上书，第 75 页。

④ 郑齐斗：《霞谷集·存言（下）》，转引自韩国哲学会《韩国哲学史》下卷，第 49 页。

妙不测而其流动变化，生生不已者，是天之体也，为命之源者。"① 在栗谷"理通气局""气发理乘"思想的影响下，他认为："心只是理也，亦只是气也，不可以分二也。"② 他还深化和发展王阳明的"生理"概念。他说："一团生气之元，一点灵昭之精，其一个生理（原注：即精神生气为一身生理）者，宅窍于方寸，团圆于中极。其植根在肾，开华在面，而其充即满于一身，弥乎天地。其灵通不测，妙用不穷，可以主宰万理，真所谓周流六虚，变动不居也。其为体也，实有粹然本有之衷，莫不各有所则，此即为其生身命根，所谓性也。只以其生理，则曰生之谓性，所谓天地之大德曰生。惟以其本有之衷，故曰性善，所谓天命之谓性，谓道者，其实一也。"③ 他认为"生气"的根源与智慧的精华融合即为"生理"。"生理"是万事万物的本源，也就是心。所以他强调："良知之学，以其所以然、所当然之理，物所各有者，以其源皆出于心也，即由心而为本。"④ 他常用"生道""恻隐之心"来代替"良知"。他说："恻隐之心，人之生道也。良知即亦生道者也。"⑤ 在他看来，恻隐之心是人所固有的良知，人人都有，只是大多不能觉察到，"及其知之也，则悉皆张大而充之，是致知也"⑥。致良知就是扩充恻隐之心的过程，也是生道亨通的过程。在郑齐斗的思想体系中，"生气""生理""生道"是基本的概念和思想主体，常用以替代"气""心""良知"。这表明了郑齐斗并不是照搬阳明之学，而是有所发展，并形成了自己独具特色的思想理论。他的门下有李匡臣、李匡明、金泽秀、吴世泰等人。

郑齐斗的门人曾经说道："先生的道德才华进能开物成务，尊主安

① 郑齐斗：《霞谷集·存言（中）》，转引自李甦平《韩国儒学史》，第 481 页。

② 参见李甦平：《韩国儒学史》，第 483—485 页。

③ 郑齐斗：《霞谷集·存言（上）》，转引自李甦平《韩国儒学史》，第 486 页。

④ 郑齐斗：《霞谷集·存言（中）》，转引自韩国哲学会《韩国哲学史》下卷，第 55 页。

⑤ 郑齐斗：《霞谷集·与闵彦晖论辩言正术书》，转引自李甦平《韩国儒学史》，第 489 页。

⑥ 郑齐斗：《霞谷集·存言（下）》，转引自李甦平《韩国儒学史》，第 489—490 页。

民，退则能教化风俗，启迪蒙昧，继承先前圣人，引导未来学者。"[1] 阐明了郑齐斗思想的引导作用。受其引导的对象，除了后继的阳明学者外，还有摄取阳明学而逐渐兴起的实学思潮群体。阳明学传入朝鲜，至少从以下几个方面为实学的兴起破除了障碍：一是郑齐斗明确地提出反"假朱子说"，促使士人们从迷信性理学权威的桎梏中解放出来，起到了一定的解放思想作用。二是用理气合一的观点总结数百年的主理派、主气派之争。三是用阳明学的致良知、知行合一的思想，与虚伪化的性理学相对抗。四是使"人人皆可尧舜"的平等思想成为反对身份等级制、嫡庶之别的思想依据。总而言之，阳明学的传播激发了士人们寻求思想自由、学问自由的意志，反思性理学的僵化以及对人的桎梏等。

二、实学思想兴起及星湖学派、北学派的特征

面对朝鲜王朝的内忧外患，身居高位、占据正统地位的朱子学者们仍然执着于讨论性理问题，打压和排斥不同学说。而头脑清醒、具有忧患意识的中下层知识分子们则"觉察到只靠自己内在精神上的诚实是无法在现实的国际社会中生存的，于是把视线转向既要内实，又要外实，增强国力，崇尚务实的方向上来，于是朝鲜王朝后半期兴起了实学思想。它以西欧传入的政治势力和科学思想为媒介，逐渐把实学思想和开化思想结合在一起了"[2]。以柳馨远为代表的由性理学向实学转型的思想家，以李瀷、丁若镛为代表的星湖学派思想家，都主张实行从上而下的政治改革；以洪大容、朴趾源、朴齐家等为代表的北学派，冲破朝鲜传统的思想束缚，主张北学清朝，以壮大国家、发展经济；以金正喜为代表的学派，以经学为中心，重考据，讲究实事求是；以崔汉绮为中心的思想家们，讲究"气"学，提倡学习西方的科学技术。[3] 诚如有学者所

① 《门人语录》，转引自韩国哲学会《韩国哲学史》下卷，第 64 页。
② 柳承国：《韩国对儒教思想的吸收和发展》，李东哲、贺剑城译，《孔子研究》
　1995 年第 4 期。
③ 参见李甦平：《韩国儒学史》，第 495—499 页。

指出的："这些思想和主张虽然各有其理论侧面，但一个倾向却是共同的，这就是远虚文近实用，轻理学重实际，去迷信崇科学，即实学思想。"①

朝鲜政治局势的内忧外患、农业经济的衰颓、商品贸易的发展等社会条件，都是朝鲜实学思潮兴起的原因。壬辰倭乱之后，朝鲜的思想界就不再是性理学一统天下的局面了，已经出现了多元化的倾向。如前所述，阳明心学的传入为实学的兴起破除了诸多障碍，创造了良好的思想氛围。此外，从中国传入的明清实学以及欧洲的科学技术等，也为实学体系的建立创造了良好的多元异质文化氛围，提供了丰富的思想文化资源。

朝鲜与明朝、清朝的使节往来都十分频繁，为两国的思想文化交流提供了畅通的渠道。朝鲜实学的先驱者李晬光曾经三次作为使节出使明朝，《朝天录》《续朝天录》就是他记述出使明朝见闻的作品。北学派的三位主要代表都曾跟随使团或者作为使臣到过中国。洪大容曾随叔父出使清朝，在中国停留了六个月，结交了近二十名中国学者，饱览了中国的风土人情，编撰了《乙丙言行录》。朴趾源也随使臣来过中国，朴齐家则曾先后四次出使中国。在中国的经历丰富了他们的思想源泉，激发了他们的思想活力，为他们主张振兴经济、经世致用等起了很大的作用。伴随着使团等经济文化交流形式，明清的实学、西学东渐获得的欧洲先进科学技术，也随着书籍等传入朝鲜。比如丁若镛，虽然没有出使的经历，但是接触到了顾炎武的《日知录》《天下郡国利病书》等著作，深受顾炎武的影响。比如使节郑斗源，回国时带回意大利人陆若汉赠送的火炮、千里镜、自鸣钟以及若干西欧风俗记、天文书、地图等。比如使者金堉带回了汤若望的时宪历法书籍等。这些都为当时的朝鲜思想界注入了新的活力，促使那些进步思想家开始自我批评和反思，从而刺激了朝鲜实学思潮的形成与发展。

朝鲜实学思潮发生于 17 世纪初，在 18 世纪得到较大发展。早期的实学思想家有李晬光、金堉、柳馨远等人。他们并没有全盘否定朱子学

---

① 张立文、李甦平：《中外儒学比较研究》，第 175 页。

的作用，而是觉察朱子学的局限性，开始思考和研究朱子学忽视的"利用厚生"论，深刻地反省学术和政治腐败带来的一系列与理想社会不符以及思想文化僵化的现象，反思国家衰败的原因，并提出各种改革弊政的方案。朝鲜实学思潮以星湖学派和北学派为主，前者揭露时弊、主张改革，后者导入技术、振兴经济。可以说，朝鲜实学家忧国忧民意识相当强烈，他们以儒家原典为依归，以经世致用、利用厚生为目标，以兴利除弊为己任，在漫漫二百多年间矢志不渝地倡导改革，寻求富国裕民之道，承担着近代导向的使命。①

星湖学派以柳馨远和李瀷为代表。这一派重视学问应当经世致用，强调全方位的政治改革。柳馨远（1622—1673），字德夫，号磻溪，是朝鲜实学思想的创始人之一。他日常生活完全遵循《朱子家礼》，并未彻底否定朱子学说，只是反对空谈性理，提倡联系实际研究有用之学，主张学问必须有益于人民的日常生活。他在《磻溪随录》中提出改革土地制度的方案。他认为："古井田法至矣。经界一正而万事毕，民有恒业之固，兵无搜刮之弊，贵贱上下无不各得其职。是以人心底定风俗敦厚，古之所以巩固维持数百千年礼乐兴行者，以有此根基故也。后世田制废而私占无限则万事皆弊，一切反是。"② 因此，他主张依照中国古代的井田制，无偿没收全国私有的农田，平均分配给所有农民，以此提高农民的生产积极性，从而提高农业生产力，稳定国家税收。在此基础上，他还主张将各户的土地所有量作为国家税收和征兵的标准，实行兵农合一的兵制。他说道："凡定税定役，莫善于以地，莫不善于以人……以地出税，以地出役，则人或死亡而地有常，所耕者代之，故国无漏户之弊，民无无产之役。"③ 他主张的田制实质上是公田制，所以他说："公则民产有恒，人心有定，教化可成，风俗可厚，万事无不各得

---

① 参见葛荣晋：《韩国实学思想史》，首都师范大学出版社，2002，第23—45页；李甦平：《韩国儒学史》，第19—21、492—502页。

② 柳馨远：《磻溪随录》卷一《田制上》，日藏汉文古籍珍本。

③ 同上。

其分，私则一切反是耳。"① 他认为治天下最重要的就是公田和贡举，主张改革科举制，认为应当在乡约教化基础上实行贡举制。他对比科举制和贡举制道："天下之事众共则难私，独见则易私，责实则难私，以伪则易私。贡举之法博采乡党公共之论，覆以平日善恶之实，明举而会众礼兴，保任而征于久远。科举之法一切反是……夫责实备礼明以保举，则举之者不敢妄举，而惟恐其知人之或未至，为士者不敢妄进而惟恐其自修之或未尽，苟有徇私冒进者，则妄举之罪咎无所诿，而不才之黜耻无所容……如此则不唯举得其人，天下皆将务实让贤，而风俗日入淳正矣。"② 从公正和务实的角度强调贡举优于科举制。他还主张改革职官制度。他所主张的职官改革核心是"省"："盖王者设官分职只是为民也。唐虞建官惟百，夏商官信，咸臻至治。后世官愈多而政愈乱，何哉？昔贤有言曰：官省则事省，事省则民清；官烦则事烦，事烦则民浊。又曰盖官人者必先省其官，夫烦其官任不专而成治者未之有也。当今官制亦极烦矣，所宜省约冗，官省然后官纪明，官纪明然后贤才得，尽其职而治可成矣。"③ 设官任职目的都是为了民生经济，因此官员的俸禄标准也应当以民生利益为着眼点："耕者出米，仕者受禄。出米者无过于什一，而害于耕无轻于什一而不足于用，然后可以裕民生而给国用。收禄者职卑而足以代乎耕，秩崇而足以仁其亲，然后可以励廉耻而成礼俗矣。"④ 他提出的改革方案都是在大量总结中国数千年经验和汲取先贤思想的基础上提出的，具有明显的重视经验的特征。他的实学思想，被其后的实学思想家们继承和发扬。

李瀷（1682—1764），字子新，号星湖，是朝鲜实学开化期的主要代表人物。他一生未出仕，终身在近畿一带从事学术研究和讲学授徒。他的经学观立足于儒家原典，反对空疏的治经风气。他说："穷经将以致

---

① 柳馨远：《磻溪随录》卷二《田制下》。
② 同上。
③ 同上书，卷一〇《教选之制下》。
④ 同上书，卷一九《禄制》。

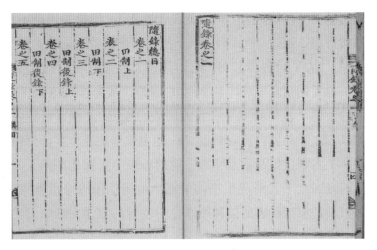

《磻溪随录》书影①

用也，说经而不措于天下万事，是徒能读耳。子所雅言，诗书执礼。
《诗》以道志，《书》以道事，《礼》以道行，皆相为用而不可阙者也。"②
他强调以经论事，结合实际事务研究经术。他说："政以治民为要，治
民莫过于下情之达。故《诗》可以察其隐而安之也。礼不独施于闺门之
内，出而应事，非礼不可……古人务实如此，在今日经术事务判然二
道，易地则皆然。"③ 以穷经致用的经学观为出发点，他主张进行全面的
改革。他强调以民为贵，将民生经济与国家兴亡治乱联系在一起。他说：
"民生之命悬于财货，财货生于民，上流则末盈而本虚，故民先死而后国随
而亡……民饥于下，国耗于上，其亡尤速。"④ 因此，改革应该以改善民生
经济为根本。在土地制度上，他反对土地私有、私相买卖。他说："夫田者
本国家之所有，恐非私主所敢断，古今所憎恶者是私田之弊。"⑤ 在考察中

---

① 摘自柳馨远《磻溪随录》。
② 李瀷：《星湖僿说类选》卷六上《经史篇一·经书门一》"颂诗"条，载释尾春芿《朝鲜群书大系》第二十册，第 46 页。
③ 同上。
④ 同上书，卷三下《人事篇四·治道门一》"兴亡系于奢俭"条，载释尾春芿《朝鲜群书大系》第十九册，第 247 页。
⑤ 同上书，卷四下《人事篇六·治道门三》"田制"条，载释尾春芿《朝鲜群书大系》第十九册，第 342 页。

国历代田制基础上，他认为"田制莫良于井田"，但是井田已不可恢复，因而建议实行均田制。① 他认为"兵不授田，则田皆为豪贵占据"，也主张兵农合一，"方平时各田其田，有事则调发易而壮勇可得"。② 在选人制度方面，他批判朝鲜王朝崇尚阀阅的痼弊，认为选人应当不拘一格，打破门第的束缚，从民间荐举有才能的人。他说："治天下以人，得人以荐，荐以才能，此愚智所通知也。"③ 他主张举主连坐，举贤得实予以奖赏，举贤不实则罚俸禄甚至夺官。他的思想主张在他的门人安鼎福等人的传承、发展之下，形成了星湖学派。他的学说以经世致用为主旨，成为后来以朴趾源为代表的以利用厚生为主旨的实学先导，对实学集大成者丁若镛也有直接的影响。

《星湖僿说类选》书影④

① 李瀷：《星湖僿说类选》卷四下《人事篇六·治道门三》"均田"条，载释尾春芿《朝鲜群书大系》第十九册，第341—344页。
② 同上书，卷五上《人事篇六·治道门四》"兵必授田"条，载释尾春芿《朝鲜群书大系》第十九册，第376—377页。
③ 同上书，卷三下《人事篇四·治道门一》"举主连坐"条，载释尾春芿《朝鲜群书大系》第十九册，第259页。
④ 摘自李瀷《星湖僿说类选》，载释尾春芿《朝鲜群书大系》第十九册。

北学派是朝鲜实学的另一个主要学派，主要代表人物有洪大容、朴趾源、朴齐家等。他们主张引进欧洲先进的科学技术，促进生产力的发展，促进商业贸易活动的兴盛，强调应该把学问研究的目的放在改善国计民生上。

洪大容（1731—1783），字德保，号湛轩，是北学派的奠基者，也是卓越的自然科学家。他自幼热爱自然科学，成年后在中国生活过一段时间，接触了西方的科学知识。在朝鲜实学家中，他科学知识最为丰富。他的哲学思想也富含科学色彩。他曾说："满天星宿，无量界也。自星界观之，地界亦星也。无量之界，散处空界。惟此地界，巧居正中，无有是理。"① 这种宇宙观，和传统的地球中心说、宇宙生成论截然不同。当时朝鲜的学问被分成义理之学、经济之学、辞章之说三等，洪大容指出："学分三等，世儒之陋见。舍义理则经济沦于功利，而辞章淫于浮藻，何足以言学？且无经济，则义理无所措；无辞章，则义理无所见。要之，三者舍一，不足以言学，而义理非其基本乎？"② 他认为辞章、经济、义理三者不可偏废。他将自己的学说定义为"实心实学"，主张"经世致用""利用厚生"。他以井田制为理想田制，但也清楚地认识到时代已经变迁。因而他说："井田之难行，先辈固已言之。虽然，无分田制产之法而能治其国者，皆苟而已。居今之世，虽不能尽反古道，而善谋国者必有通变之制矣。"③

朴趾源（1737—1805），字仲美，号燕岩，是18世纪朝鲜著名的实学家。他与洪大容交往甚笃，深受其影响。他曾随使团到中国游历，写下了著名的《热河日记》，详细介绍了清朝的各方面情况。针对当时朝鲜人贬低清朝统治者、拒绝学习清朝的态度，他指出："中华之城郭、宫室、人民固自在也，正德、利用、厚生之具固自如也，崔、卢、王、谢之氏族固不废也，周、张、程、朱之学问固未泯也，三代以降圣帝明王、汉

---

① 洪大容：《湛轩书》内集卷四，朝鲜社会科学院出版社，1965，第334页，转引自萬荣晋《韩国实学思想史》，第304页。

② 同上书，外集卷七，第256页，转引自萬荣晋《韩国实学思想史》，第313页。

③ 同上书，内集卷四，第311页，转引自萬荣晋《韩国实学思想史》，第315页。

唐宋明之良法美制固不变也。"② 即清王朝继承和延续了传统儒家文化和中原王朝之制度，因此他希望"莫如尽学中华之遗法，先变我俗之椎鲁，自耕蚕陶冶以至通工惠商，莫不学焉。"③ 他明确地提出应当北学清朝的先进文化，对朝鲜社会进行改革。他从哲学、道德、政治、社会、工商业等方面，充分、系统地论述了洪大容的"利用厚生"论。④ 他明确地提出农、工、商与士一样重要："古之为民者四，曰士农工贾。士之为业尚矣，农工商贾之事，始亦出于圣人之耳目心思，继世传习莫不各有

朴趾源像①

其学。"⑤ 他强调应当以农为本，在《课农小抄》中介绍了丰富的农业生产知识。他还明确地指出："利用然后可以厚生，厚生然后正其德矣。不能利其用而能厚其生，鲜矣。生既不足以自厚，则亦恶能正其德乎?"⑥ 因此，有学者认为："这种以'正德'为本，以'利用厚生'为末；同时又以'利用厚生'应先于'正德'的主张和思维方式，恰好说明了'实学是改新的儒学'这个道理。这也说明了朴趾源作为'利用厚生'实学派代表学者的基本立场，即主张重视现实事物与效果，同时也主张正德修身，将'正德'与'利用厚生'同时视为'修己治人'的表现。"⑦

---

① 摘自朴趾源《热河日记》，朱瑞平点校，上海书店出版社，1997。

② 朴趾源：《热河日记》卷二《驲汛随笔》，秋七月十五日辛卯，第61页。

③ 同上。

④ 参见葛荣晋：《韩国实学思想史》，第319—333页。

⑤ 朴趾源：《燕岩集》卷一六《课农小抄》，韩国启明文化社，1986，第367页，转引自李甦平《韩国儒学史》，第535页。

⑥ 朴趾源：《热河日记》卷一《渡江录》，秋六月二十七日甲戌，第12页。

⑦ 李甦平：《韩国儒学史》，第541页。

朴齐家（1750—1805），号楚亭，是朴趾源的杰出弟子。他曾四次出使中国，与纪昀、李调元、潘庭筠、李鼎元等著名学者都有交往，对当时输入中国的西方科学知识有深入的研究。他撰有《北学议》等书，系统地总结了北学派的思想，主张把有利于实现"正德、利用、厚生"之道的中国先进政治、经济、文化等引入朝鲜，并提出发展工商业、海外通商贸易等具体的方案。他在《北学议》"序"说道："辄随其（中国）俗之可以行于本国、使于日用者，笔之于书，并附其为之之利与不为之弊而为说也，取《孟子》陈良之语，命之曰'北学议'。"① 他还明确提出应当北学清朝，发展商业："善理财者，上不失天，下不失地，中不失人。器用之不利人，可以一日，而我或至于一月、二月，是失天也。耕种之无法，费多而收少，是失地也。商贾不通，游食日众，是失人也。三者俱失，不学中国之过也。"② 他利用"北学"和"利用厚生"两个关键词，主张推行改革，以实现富国强兵、振兴民生经济的目的。

星湖学派和北学派在朝鲜实学思潮中都占据了重要的位置，他们都主张改革。星湖派更侧重国家制度，尤其是田制、选举制度的改革；北学派的主要特点是主张导入技术、振兴经济。他们都批判朱子学空谈性理的缺点，但也未完全摆脱儒家思想的范畴。他们的改革方案，不是从中国历代方案中找寻，就是从清代中国模式中探讨，这也意味着他们的视野始终局限在中国文化的框架中。

三、实学集大成者丁若镛

丁若镛（1762—1836），字美镛，号与犹堂、茶山，出身南人派两班家庭。他从小接受儒学教育，23 岁接触到西方自然科学和天主教方面的书籍，开始学习西方科学知识和技术；同年考中进士；28 岁文科科举及第，步入仕途，历任兵曹参议、左副承知、谷山府使等职。他设计了汉

---

① 朴齐家：《楚亭全书》下册，韩国亚细亚文化社，1992，第 417—418 页，转引自葛荣晋《韩国实学思想史》，第 336 页。
② 同上书，第 295 页，转引自葛荣晋《韩国实学思想史》，第 341 页。

江浮桥和水原华城。在修建水原华城时，他运用了滑车、鼓轮等机械装置。可见他对科学技术的掌握程度相当高。1801年，受"辛酉邪教事件"牵连，他被发配到庆尚道。同年十月，又因"黄嗣永帛书事件"被发配康津，开始了长达十八年的流放生涯。流放期间，他直接体验到社会现实生活的方方面面，深入发展其实学思想，完成了大部分著作的撰写。流放生活结束后，他晚年继续从事著述。他的著作涉及哲学、历史、法律、政治、经学、文学、天文、地理、军事、医学等领域，有《与犹堂集》存世。

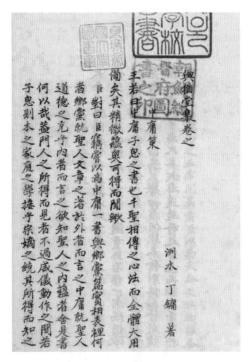

《与犹堂集》书影①

他在青年时代接触到李瀷的著作，开始志在实学，后来又从北学派汲取了不少养分。他的学问集星湖学派和北学派的特点于一体，集合了星湖学派主张政治制度改革的"经世致用"和北学派力主导入新兴技

_____

① 摘自丁若镛《与犹堂集》，首尔大学奎章阁藏钞本。

术、振兴经济的"利用厚生"思想，同时又掌握了丰富的自然科学知识和技术。因而，有学者指出："丁若镛是朝鲜王朝实学思想的集大成者，他将'经世致用''利用厚生'和'实事求是'实学会通为一，又将西方技术科学精神融会贯通，完成了庞大的实学思想体系建构。"①

丁茶山还被认为是继李退溪、李栗谷之后，朝鲜儒学史上最伟人的儒学大师。不过他和李退溪、李栗谷并不相同。作为实学家，他同样批判朝鲜朱子学背离时代需求、空谈性理。他力图追索儒家原典的思想，试图超越汉代儒学、宋明理学，直接追溯孔子儒学之源。他曾经概括自己的著作体系道："六经四书以之修己，一表二书以之为天下国家，所以备本末也。"② 儒家的四书六经是他修身的依据，是本；一表（《经世遗表》）和二书（《牧民心书》《钦钦新书》）是他治国理民的构想，是末。也就是说，经学为本，经世之学为末，二者构成了丁茶山实学思想体系。

丁茶山将自己的学说定义为"洙泗之学"，他认为自己应当"取六经四书，沉潜究索"，以"继洙泗不传之绪"为目标。在他看来，无论是汉唐儒者还是宋明儒者，都未能诠释孔子、孟子原典中的真正蕴含。他说："汉儒注经，以考古为法，而明辨不足，故谶纬邪说未免俱收。此学而不思之弊也。后儒说经，以穷理为主，而考据或疏，故制度名物有时违舛。此思而不学之咎也。"③ 又说："逮乎有宋诸君子出，而继洙泗不传之绪，扫汉唐穿凿之陋，拔《庸》《学》于《礼记》之中，进《孟子》以配《论语》，而鼓一世以心性道器之说。于是乎，儒林道学歧焉为二，而两汉以来训诂名物之学几乎熄矣。"④ 他肯定汉唐注经的考据之功，也指出其明辨不足、学而不思；肯定宋儒一扫汉唐穿凿之陋、鼓倡心性道器之说的功绩，也指出其空疏的弊病。

① 葛荣晋《韩国实学思想史》，第350页。
② 丁若镛：《与犹堂全书》（增补本）第一集《诗文集·自撰墓志铭》，景仁文化社，1987，第337页下，转引自李甦平《韩国儒学史》，第544页。
③ 同上书，第二集《论语古今注》，第167页下，转引自李甦平《韩国儒学史》，第544页。
④ 丁若镛：《与犹堂集》第十三册《对策·十三经策》。

他认为要廓清圣人之道的源流，探究学问的最佳方式就是兼具思与学的清代考据学。他说："嗟乎！今之学者徒知有七书大全，不知有《十三经注疏》，虽以春秋三礼之照耀天地，而不列乎七书之目，则废之而不讲，外之而不内。此诚斯文之大患，世教之急务也。"① 在他看来，清代考据学可以克服汉儒、宋儒的不足。基于此，他从实学和回归原典儒学为立足点，对儒家经典进行考证和解释，撰写了《论语古今注》《大学公议》《孟子要义》等阐释儒家经典的著作。

丁茶山的经学解释，具有鲜明的实学特征。他常用儒家典籍作为论证依据。如在《大学公议》中，他解释"大学之道"为："大学者，国学也。居胄子以教之，大学之道教胄子之道也。"② 他援引《周礼》等书为证，其中一条说道："《周礼·地官·师氏》以三德教国子，一曰至德，二曰敏德，三曰孝德；教三行，一曰孝行，二曰友行，三曰顺行。"③

他解释"明明德"，明确地将"明德"落实到具体的道德行为上。他说："明者，昭显之也；明德也，孝悌慈。"④ 他先从《周礼》《孟子》《尚书》中为自己的解释寻找依据。他说："《周礼·大司乐》以六德教国子，曰中和、祗庸、孝友。中和、祗庸者，《中庸》之教也；孝友者，《大学》之教也。大学者，大司乐教胄子之宫，而其目以孝友为德。"⑤ 又说："《孟子》曰，学则三代共之，皆所以明人伦也。明人伦，非明孝悌乎？"⑥ 又说："《尧典》曰慎徽五典，曰敬敷五教。五典五教者，父义、母慈、兄友、弟恭、子孝也。"⑦ 他明确地反对将朱子学说解释为"虚灵不昧"："虚灵不昧、心统性情，曰理、曰气、曰明、曰昏，虽亦君子之所致意，而断断非古者太学教人之题目。不宁惟是，并其所谓诚意

① 丁若镛：《与犹堂全书》（增补本）第一集，第157页，转引自萬荣晋《韩国实学思想史》，第362页。

② 丁若镛：《与犹堂集》第七十七册《大学公议》。

③ 同上。

④ 同上。

⑤ 同上。

⑥ 同上。

⑦ 同上。

正心亦其所以为孝悌之妙理方略而已，非设教之题目也。设教题目孝悌慈而已。"① 于是，他进而将"明明德""孝悌慈"与治国平天下联系在一起。他详细地解说道：

> 　　所谓明德，孝悌慈也；所谓新民，亦孝悌慈也……明明德全解，当于治国平天下节求之矣。乃心性昏明之说，绝无影响。惟其上节曰：孝者，所以事君也；悌者，所以事长也；慈者，所以事众也。其下节曰：上老老而民兴孝，上长长而民兴悌，上恤孤而民不倍。两节宗旨，俱不出孝悌慈三字，是则明明德正义也。②

孝，是臣子事君主的准则；悌，是晚辈侍奉长辈的要求；慈，是君主统治万民的原则。如果君主能尊老，则万民都尊崇孝道；如果君主敬长，百姓们自然也会友悌；如果君主体恤孤寡、慈爱百姓，万民也就不会背离。因此，君主以身作则，自身做到"孝悌慈"，人人也就都能做到"孝悌慈"，那么治国平天下指日可待。

　　用"孝悌慈"解释"明明德"，凸显了丁茶山经世致用的经学思想。他还绘制了"明明德""亲新民""止至善"图，清晰地表明了三者实施的过程就是治国平天下的过程，强调了三者的实践性。因而，他尤其强调《大学》的实用性。他说："臣妄窃以为，《大学》之极致，《大学》之实用，不外乎孝悌慈三者。今欲明《大学》之要旨，必先将孝悌慈三字，疏涤表章，然后一篇之全体大用，乃可昭也。"③ 又说："《大学》平天下章极论用人理财之道，反复不已。"④ 总而言之，丁茶山对《大学》的诠释充分表达了他实用实功的实学思想。⑤

① 丁若镛：《与犹堂集》第七十七册《大学公议》。

② 同上。

③ 同上。

④ 丁若镛：《与犹堂集》第十册《说·用人理财说》。

⑤ 参见丁冠之：《丁茶山〈大学〉义解对朱熹的驳论》，《第三届茶山学国际学术研讨会论文集》，第 252—253 页。

"明明德""亲新民""止至善"图①

丁茶山的政治、经济、法律等经世思想，集中体现在他的"一表二书"即《经世遗表》和《牧民心书》《钦钦心书》中。《经世遗表》集中阐述治国安民的指导原则和具体方案；《牧民心书》主要阐述地方官体察民情、防止贪污受贿的方法；《钦钦心书》专门讨论如何立法断案。他以会通洙泗传统和西学为导向，融汇了"经世致用""利用厚生"和"实事求是"诸思想。他继承了先辈们的进步思想，对朝鲜的田制、官制、法制、税制、兵制等都提出了自己的改革方案。

他主张"大凡为国之计，贵在务实，不在虚文"。② 他强调官吏的职责是"虑实事而建实职，怀实心而实政，奋发事功以成虞周之治，不亦善乎"。③ 也就是说，治国的大计在于务实，官吏的职责就是全方位地落实务实大计。

鉴于官吏职责的重要性，丁茶山专门讨论了如何培养、选拔务实的人才。他强烈反对实行科举考试，详细地论述了科举的弊端。他说道：

---

① 摘自丁若镛《与犹堂集》。

② 丁若镛：《与犹堂全书》（增补本）第五集《经世遗表》，第 276 页下，转引自李甦平《韩国儒学史》，第 563 页。

③ 同上书，第 15 页下，转引自李甦平《韩国儒学史》，第 563 页。

选治方法，为科举之目，不足以尽国人才之材也。臣窃伏念科举者，志士之所深耻也。中世之前，科规未坏，修洁之士黾勉赴试，故赵李诸先王皆以科目出身。自仁祖朝以降，科场益渰，自好者皆不入场屋。于是经行之目归于山林，而科目出身者，不复敢以儒者自处，此古今之别也。……世固有邃学精识、绝类超群，而以之为诗赋表箓反不如轻游小儿逞其斗箧之才者。昔见一士，淹贯六经、融通诸史、精于历象、明于数理、劈毫剖芒、入于微密、骋辨如河、四座敛容，单骑词翰之技至拙极涩，尽日擢肠不成数章，若是者苟必以科目概之。则虽学贯天人，才比管葛，终于弃物而已。臣目见此人，故知科目不足以竭贤也。……又凡山野之人，每以卿相家子弟目之为席势，每云肉食无谋、纨绮寡识，然幼学童习在于官方，耳闻目见、熟于庙谟，苟范家儿皆足以专对四方，王谢子弟终异于寻常百姓，特其门庭热闹、应酬浩穰，有不能专治科举之业耳？以之猝入场屋，与寒门若工之士角力斗能，则诚不能相为敌手，而以之任职、居官，决国论而行国政，则沛然若江河之不可御者多矣。若是者又必以科目囿之，卒枯槁以死，而雕虫绣虎之枝，盘踞庙堂之上，则其于收人才而亮天工，亦已疏矣。①

在他看来，科举不能遴选出有真才实干的人才。有真才实干的人，因诗文不佳而无法通过科举考试；无真才实干的人，因精通诗文反而能顺利入仕。他还强烈地批判朝鲜王朝选人注重阀阅、摒弃西北人士、区分宗派、禁锢庶孽的各种弊端，主张实行荐举与考试相结合的选人办法。他描述道："由庙堂馆阁台省之臣各荐所闻，又令方伯居留之臣各荐所知，大约荐百人，聚之京师，试其经学，试其诗赋，试其策论，询之以往古兴败之迹，访之以当世经济之务，取十人赐之以科目。"②凡登此科之人，不拘家庭出身一概予以任用。如此一来，"昔之悲歌慷慨饮酒而自放者，皆修身饬行留意于文学政事钱谷甲兵之间矣，于是人才蔚

① 丁若镛：《与犹堂全书》（增补本）第五集《经世遗表》，第 288 页下—289 页上，转引自李甦平《韩国儒学史》，第 564 页。
② 丁若镛：《与犹堂集》第九册《议·通塞议》。

兴而一国之精彩顿变"①。他还主张从农、货、教、刑、兵、工等六纲考核官吏，从事实中考察官吏的业绩。②

和前辈实学家们一样，丁茶山也把改革土地制度看作是解决民生问题和社会问题的关键。他虽然推崇井田法，但也清晰地看到以朝鲜的国情要实行井田制并不现实。他认为之前的实学家设想的均田制等并不适用于朝鲜，并提出了自己认为最为理想的田制改革方案——闾田制。他具体描述道："今欲使农者得田，不为农者不得之，则行闾田之法，而吾志可遂也。何谓闾田？因山溪川原之势而划之为界。界之所函，名之曰闾（周制二十五家为一闾，今借其名，约于三十家，有出入，亦不必一定其率）。闾三为里（风俗五十家为一里，借其名，不必五十家）。里五为坊，坊五为邑。闾置闾长。凡一闾之田，令一闾之人咸治厥事，无此疆尔界，为闾长之命是听，每役一日，闾长注于册簿。秋既成，凡五谷之物，悉输之闾长之堂（闾中都堂）。分其粮，先输之公家之税，次输之闾长之禄。以其余配之于日役之薄。"③ 闾田制就是按照一定的区域把农户划分为"闾"，设闾长。一闾内的田地由闾内农户共同耕种，没有私人土地。收获的农作物，扣去贡税和闾长俸禄外，按多劳多得原则分配。他又感叹闾田制的优点道："农者得田，不为农者不得之；农者得谷，不为农者不得之。工以其器易，商以其货易，无伤也。若士则一指柔软，不任力作，耕乎，芸乎，畚乎，粪乎？名不得注于册，则秋无分矣，将奈何？曰：噫嘻！吾所为闾田之法者，正为是也。"④ 他主张不劳者不得食，工人和商人用他们的产品或商品交换谷物；士人之类，根据他们的贡献大小，以一比十的比率换取谷物。在他看来，闾田制还可以促进士、农、工、商的合作，尤其是有实学的士人将大有作为："有朝出耕，夜归读古人书者矣；有教授富民子弟以求活者矣；有讲究实

① 丁若镛：《与犹堂集》第九册《议·通塞议》。
② 同上书，第九册《议·考绩议》。
③ 同上书，第十一册《论·田论三》。
④ 同上书，第十一册《论·田论五》。

理，辨土宜兴水利、制器以省力、教之树艺、畜牧以佐农者矣。"①

丁茶山也主张寓兵于农，将"闾田"制与"兵役"制相结合。他说："古者寓兵于农，今行闾田之法，则其于制兵也尤善矣。国制兵有二用：一以编伍以待疆场之变，一以收布以养京城之兵，二者不可废也。编伍之卒，常无统领，将卒不相习、不相为用，奚其为兵哉？今闾置闾长，令为哨官；里置里长，令为把总；坊置坊长，令为千总；邑置县令，令得节制，则制田而兵在其中矣。"② 可见他不仅主张兵农合一，而且主张将兵农、行政结合在一起，闾也就成为国家最基本也是最全面的基层行政单位。

丁茶山继承了北学派"利用厚生"的思想，也强调引入技术、发展工商业。他说："臣谨按《春秋》传，正德、利用、厚生，为王者致治之大目。"③ 他在《经世遗表》的春、夏、秋、冬各官工曹篇中，大量地论述了筑城、茶业、畜牧、采金、冶铁、造船等技术应用问题，特别强调机械的运用以及科学技术在工艺活动中的作用。④

总而言之，丁茶山的实学集"经世致用""利用厚生""实事求是"于一身，是朝鲜王朝实学之集大成者。与他同时期的，还有以"实事求是"为特征的金正喜。金正喜的学术以乾嘉考据学派为宗，致力于经学的经世致用，是朝鲜时代优秀的经学家，也是主张开眼看世界、锐意改革的思想家。

儒家学说传入朝鲜半岛后，逐渐成为朝鲜传统文化的主导思想，对朝鲜半岛历代的国家政治制度、思想文化乃至生活习惯都产生了极其深远的影响。尤其是朱子学，不仅深刻地影响两班贵族和普通百姓的日常生活，而且在朝鲜形成了不同的思想流派。诚如韩国学者所指出的："从三国时代到统一新罗、高丽时代，佛教主要在宗教领域起作

① 丁若镛：《与犹堂集》第十一册《论·田论五》。
② 同上书，第十一册《论·田论七》。
③ 丁若镛：《与犹堂全书》（增补本）第五集《经世遗表》，第36页下，转引自李甦平《韩国儒学史》，第565页。
④ 葛荣晋：《韩国实学思想史》，第367页。

用，而在人的基本伦理、日常道德乃至国家的统治哲学领域，全部是儒教在起作用。这种现象，一直延续到以崇儒抑佛政策为基调的朝鲜时代。"①

---

① 崔根德：《儒教与未来社会》，《孔子研究》1995年第3期。

第二章
宣尼浮海到东瀛：
儒学在日本的传播与变迁

作为东亚文化圈的一分子，日本也长期将儒家文化作为国家意识形态的核心，并形成了带有日本特色的儒学体系。由于地理位置和海上交通不发达，日本以朝鲜半岛为媒介开始接触儒学，因而儒学传入日本时间较晚。从飞鸟时代起，日本的儒家思想只在皇族和部分贵族中流传，且依附于佛教，未被视为独立的思想体系。镰仓、室町时代，日本对儒家学说的引进一直是片段式的、不完整的。直到江户时代，日本儒学才有了极大的飞跃。在这个漫长的历史过程里，日本的儒学经历了由简单模仿中华文化到与本族文化相糅合的过程，最终形成了具有日本民族特色的儒学。儒学深深地渗透到日本文化传统之中，成为其传统文化的一个重要组成部分。

第一节　儒学东进与儒学意识形态化

汉文字与中国文化典籍传入日本的时间难以确定。在我国五代时期，开始出现秦末徐福东渡日本的说法。如五代后周时期义楚的《释氏六帖》记载道："日本国亦名倭国，东海中。秦时，徐福将五百童男、五百童女，止此国也，今人物一如长安。"① 欧阳修的《日本刀歌》也记

---

① 义楚：《释氏六帖》卷二一《国城州市部第四十三》，浙江古籍出版社，1990，第433页。

述道："传闻其国居大岛，土壤沃饶风俗好。其先徐福诈秦民，采药淹留丱童老。百工五种与之居，至今器玩皆精巧。前朝贡献屡往来，士人往往工辞藻。徐福行时书未焚，逸书百篇今尚存。令严不许传中国，举世无人识古文。先王大典藏夷貊，苍波浩荡无通津。令人感激坐流涕，锈涩短刀何足云。"① 在欧阳修的叙述里，徐福不仅东渡日本，而且还带去了部分典籍，其中包括国内已经散佚的《尚书》百篇。他感叹本国典籍流落他国，无人研读，也未能传回。但是，这种说法未必可信。② 学界一般认为，儒学应该是在朝鲜三国时代时期经由百济传入日本。

一、百济博士与儒家经典东传日本

在东亚文化圈形成的过程中，汉字是一个非常重要的元素和纽带。《隋书》记载道："（倭国）无文字，唯刻木结绳。敬佛法，于百济求得佛经，始有文字。"③ 也就是说，汉字传入日本，经由百济。久米邦武则认为："可以肯定地说，汉字是在汉隶时代传入日本的。"④ 在他看来，汉武帝在朝鲜设置乐浪四郡时，汉字可能已经传入日本；后来的素盏呜尊时期也可能从新罗引进汉字。汉字究竟何时传入日本，并没有像朝鲜半岛那样有大量的考古出土证据作为支撑，只能从两国往来以及日本与朝鲜半岛的交往中找寻蛛丝马迹。

大约从西汉开始，日本列岛已经与我国有往来。东汉光武帝时，日本开始遣使入贡，有"汉委奴国王金印"可证。当时倭人到洛阳，都是渡海到朝鲜半岛，然后经由乐浪郡、辽东到访。木宫泰彦指出："这条联系中日的交通路线，同时也必然是汉代文化输入日本的渠道。博多湾沿海发现大量可能为中国制造的铜剑、铜甲，在筑前国筑紫郡春日村大

---

① 《欧阳修全集》卷五四《日本刀歌》，中华书局，2001，第 767 页。
② 参见久米邦武：《早稻田大学日本史》第一卷《弥生古坟时代》，米彦军译，华文出版社，2020，第 83—87 页。
③ 魏征等：《隋书》卷八一《东夷·倭国》，中华书局，1973，第 1827 页。
④ 久米邦武：《早稻田大学日本史》第一卷《弥生古坟时代》，第 83—87 页。

字须玖以及丝岛郡怡土村大字三云等地从弥生式系统的瓮棺内发现的很多中国古镜、璧、玉之类，以及在丝岛郡小富士村的海边遗址中所发现的王莽时代的货泉等物，可能都是从这条交通路线传入的。"[1] 魏晋时期，邪马台国曾多次派遣使节到中国。曹魏曾封卑弥呼为亲魏倭王，赐以金印、紫绶等。五世纪中叶，日本完成了统一。在我国南朝时期，日本的大和国曾频繁派遣使者前来。这时期，由于日本与高句丽交恶，因而只能经由百济，然后横渡黄海到山东半岛，再沿着海岸南下到达建康。[2] 使节的往来以及金印，都表明这一时期日本已有人懂得使用汉字。

汉委奴国王印

　　从汉代到南北朝时期，有许多中国人陆续移居日本。朝鲜半岛上的乐浪、带方二郡先后被高句丽吞并。原先居住在二郡的中国人有一部分渡海移居日本。魏晋南北朝时期，政权更迭频繁，战争频发，社会动荡，中原人民大量流寓迁徙，有的便辗转到达了日本列岛。日本史书称这一时期的移民为"归化人"或"渡来人"。据估计，截至6世纪上半叶，在日本列岛的中国移民大约达到了六七万人。[3] 日本学者冈晁曾经指出："必须承认，我们不论谁的血液中，都含有百分之十或二十古代

① 木宫泰彦：《日中文化交流史》，胡锡年译，商务印书馆，1980，第13—14页。
② 同上书，第35页。
③ 汪向荣：《古代中日关系史话》，时事出版社，1986，第31页。

归化人的血液。虽然流行着我们的祖先同化了归化人的说法，但并非如此，归化人就是我们的祖先。他们所从事的工作，不是为了日本人才做的，他们本身就是一个日本人在做工作。"① 移民迁入，不可能不携带和使用汉字。

日本文化史学家石田一良曾经叙述汉字最初传入日本的情况道："固然，日本人用口头说的语言应该说绳文时代就有了，可是日本却还没有表达自己语言的文字。汉字传来我国，起先是由许多从大陆和半岛过来的人们，不久则由有教养的日本人，开始用汉字来表记书写耳闻口述的话语。第五世纪时，日本人似乎已经把各氏族的神话式传说和历史的传说文字化，并且在葬礼之际拿来诵读这些当作一种礼仪了。那时，对特殊的事情和人名、地名以及歌谣等，使用中国的文字来表记。"② 在日本出土的刻有汉字铭文的大刀和古镜，都是当时使用汉字的证明。坂本太郎指出："大刀铭文用汉字来拼出日本固有名词，而且是音训并用的，借助汉字表达了日本的思想，大刀的制造时间估计是反正天皇时（5世纪初）。它有力地说明，在这个时代，汉字的使用已不单是机械地移植，而是自主性的应用。特别是这柄铁制大刀，其铭文是在刀背上用银镶嵌的，制作十分精致，说明（日本人）在日常生活和政治工作方面已能自如地运用汉字。"③

可以肯定地说，汉字的传入对日本文化的发展起到了重要的推动和促进作用。在南朝宋顺帝升明二年（478），倭王武（也就是雄略天皇）派遣使者递交的国书，就是用当时的四六骈体文撰写的：

> 封国偏远，作藩于外，自昔祖祢，躬擐甲胄，跋涉山川，不遑宁处。东征毛人五十五国，西服众夷六十六国，渡平海北九十五国，王

① 冈晃：《归化人》，转引自张声振《中日关系史》，吉林文史出版社，1986，第53页。

② 石田一良：《日本文化——历史的展开与特征》，许极燉译，孙宗明校注，上海外语教育出版社，1989，第376页。

③ 坂本太郎：《日本史概说》，汪向荣、武寅、韩铁英译，商务印书馆，1992，第45页。

道融泰，廓土遐畿，累叶朝宗，不愆于岁。臣虽下愚，忝胤先绪，驱率所统，归崇天极，道径百济，装治船舫，而句骊无道，图欲见吞，掠抄边隶，虔刘不已，每致稽滞，以失良风。虽曰进路，或通或不。臣亡考济实忿寇仇，壅塞天路，控弦百万，义声感激，方欲大举，奄丧父兄，使垂成之功，不获一篑。居在谅暗，不动兵甲，是以偃息未捷。至今欲练甲治兵，申父兄之志，义士虎贲，文武效功，白刃交前，亦所不顾。若以帝德覆载，摧此强敌，克靖方难，无替前功。窃自假开府仪同三司，其余咸各假授，以劝忠节。①

该国书足以证明，5世纪后半叶日本已有熟练使用汉文字的人。

儒学东渐日本，则是以百济为媒介而进行的。根据《日本书纪》和《古事记》的记载，百济的博士东渡日本，不仅带去儒家经典和思想，而且还肩负着为王公皇族宣讲儒学的任务。根据《日本书纪》，公元404年，百济阿直歧至日本，"阿直岐亦能读经典，即太子菟道稚郎子师焉。于是，天皇问阿直歧曰：'如胜汝博士亦有耶？'对曰：'有王仁者是秀也。'……其阿直岐者，阿直岐史之始祖也。"② 于是，日本天皇派遣使者至百济"征王仁"，王仁于次年至日本，"则太子菟道稚郎子师之，习讲典籍于王仁莫不通达。故所谓王仁者，是书首等之始祖也"。③《古事记》载："百济国王照古王以牡马一匹，牝马一匹，付阿知吉师上贡。此阿知吉师为阿直史等的祖先。……于是受命进贡者名为和迩吉师，即以《论语》十卷，《千字文》一卷，付是人上贡。此和迩吉师为文首等的祖先。"④《怀风藻》序言也记载道："百济入朝，启龙编于马厩；高丽上表，图鸟册于鸟文。王仁始导蒙于轻岛，辰尔终敷教于译田。遂使俗

① 沈约：《宋书》卷九七《夷蛮传·倭国》，中华书局，1974，第2395页。
② 舍人亲王等：《日本书纪》卷一〇《应神天皇》，应神天皇十五年，《国史大系》第一卷，第184页。
③ 同上。
④ 安万侣：《古事记》卷中《应神天皇·文化的渡来》，第108页。

渐洙泗之风，人趋齐鲁之学。"① 综合上述文献来看，儒家典籍和思想东传日本很可能始于王仁等人。他携带至日本的十卷本《论语》，应该是何晏《论语集解》。《千字文》是南朝梁武帝在位时期（502—549）编成的，不可能由王仁在此时带入日本。

据《日本书纪》载，6世纪前期，百济曾多次派遣五经博士到日本讲解儒经。继体天皇七年（513）六月，百济"贡五经博士段杨尔"。② 继体天皇十年（516）秋九月，百济"别贡五经博士汉高安茂"。③ 钦明天皇十五年（554）二月，百济仍贡"五经博士王柳贵代固德马丁安……别奉敕贡易博士施德王道良、历博士固德王保孙、医博士奈卒王有悷陀"。④ 可见，日本上层阶级对儒家五经经义的渴求。这些百济的五经博士虽然仅以个人讲授的方式在少数皇室成员和贵族中宣讲儒家经典，传播的范围较为有限，但是他们作为儒学东传日本先驱者，其历史贡献不容忽视。

百济的五经博士为皇族讲授儒经，对儒家思想渗透至皇族有着深刻的影响。《日本书纪》记载了王仁的学生太子菟道稚郎子与其兄大鹪鹩互相推让王位的故事：

> （应神天皇）四十一年春二月，誉田天皇（即应神天皇，引者注）崩。时太子菟道稚郎子让位于大鹪鹩尊。未即帝位，仍咨大鹪鹩尊："夫君天下以治万民者，盖之如天，容之如地，上有欢心，以使百姓，百姓欣然，天下安矣。今我也弟之，且文献不足，何敢继嗣位，登天业乎？大王者风姿岐嶷，仁孝远聆，以齿且长，足为天下君。其先帝立我为太子，岂有能才乎，唯爱之者也。亦奉宗庙社稷重事也，仆之

---

① 淡海三船：《〈怀风藻〉序》，载王向远译《日本古代诗学汇译》上，昆仑出版社，2014，第40页。

② 舍人亲王等：《日本书纪》卷一七《继体天皇》，继体七年六月，《国史大系》第一卷，第290页。

③ 同上书，卷一七《继体天皇》，继体十年秋九月，《国史大系》第一卷，第293页。

④ 同上书，卷一九《钦明天皇》，钦明十五年二月，《国史大系》第一卷，第335—336页。

不佞，不足以称。夫昆上而季下，圣君而愚臣，古今之常典焉。愿王勿疑，须即帝位，我则为臣之助耳。"大鹪鹩尊对言："先皇谓皇位者一日之不可空，故予选明德立王为贰，祚之以嗣，授之以民，崇其宠章，令闻于国。我虽不贤，岂弃先帝之命辄从弟王之愿乎？"固辞不承，各相让之。①

两位皇子显然受到了儒家思想的熏染与影响。有学者指出："这一事件的演进，与《左传》'僖公五年'及《史记·周本纪》所记载周泰伯、仲雍让位于季历事极类似，甚至可以看作是以《左传》《史记》并《论语》等为台本的演义。如果没有中国儒家思想文化的东传和影响，大概就不会有4世纪末两位日本皇子如此精彩的礼让场面。"②

大鹪鹩即位后，成为仁德天皇。他遵行《论语》的思想，施行仁政。四年春二月，他诏群臣道："朕登高台以远望之，烟气不起于域中，以为百姓既贫而家无炊者。朕闻古圣王之世，人人诵咏德之音，家家有康哉歌。今朕临亿兆于兹三年，颂音不聆，炊烟转疏，即知五谷不登，百姓穷乏也。封畿之内，尚有不给者，况乎畿外诸国耶？"③ 于是，三月朔日下诏："自今之后，至于三载，悉除课役，息百姓之苦。"④ 七年夏，他又对皇后说道："其天之立君，是为百姓，然则君以百姓为本。是以古圣王者，一人饥寒，顾之责身。今百姓贫之，则朕贫也；百姓富之，则朕富也。未之有百姓富之，君贫矣。"⑤ 仁德天皇的这番话，与《论语·颜渊》中"百姓足，君孰与不足；百姓不足，君孰与足"的精神完全一致。⑥

---

① 舍人亲王等：《日本书纪》卷一一《仁德天皇》，《国史大系》第一卷，第190—191页。

② 严绍璗：《汉籍在日本的流布研究》，江苏古籍出版社，1992，第6—7页。

③ 舍人亲王等：《日本书纪》卷一一《仁德天皇》，仁德天皇四年，《国史大系》第一卷，第195页。

④ 同上。

⑤ 同上书，卷一一《仁德天皇》，仁德天皇七年，《国史大系》第一卷，第196页。

⑥ 严绍璗：《汉籍在日本的流布研究》，第7页。

大庭脩指出："自古以来，中国的书籍（在日本称之为汉籍）传到日本，给予日本文化的影响之大是不可估量的。"① 日本学者纷纷指出儒家思想传入日本之后即产生了重大影响。石田一良表示："中国古代的儒教，作为日本氏族国家成立与维持的意识形态而被接受。"② 家永三郎也指出："在精神文化领域，同样也通过由朝鲜半岛渡海而来的人及其子孙后代开始使用汉字记事，传入了中国的阴阳、天文等知识。到了 6 世纪，更从百济传入了儒学经典和佛像等，大王和以大王为中心的强大豪族在文化上的优势更加明显。后面将要详细谈到，为了使大王的权威合理化，人们编造了神代传说，而这一点，如果没有大陆思想的影响，也是无法想象的。"③ 从仁德天皇的言行也可以看出，儒家思想传入日本后在上层阶级产生了重要影响，成为大和朝廷统治国家的重要政治理念。

二、遣隋使、遣唐使及儒学东进日本的第一次高潮

从应神天皇到推古天皇年间，以儒家学说为核心的中华文化一直经由朝鲜半岛传入日本，使日本的历史演进、文化发展发生了翻天覆地的变化。太宰春台指出："日本原无道，因为所谓仁义、礼乐、孝悌等字全无日本语发音，亦因无礼义，古代天皇有以兄弟姐妹或叔侄结为夫妇。因中华圣人之道传布此国，于是此国人知礼义、识人伦之道而不为禽兽之行。"④

隋文帝开皇二十年（600），第一批遣隋使正式抵达洛阳，开启了两国直接进行文化交流的历史进程。综合《日本书纪》和《隋书》的记

---

① 大庭脩：《关于东传汉籍的研究方法与资料》，羌国华译，载王勇、陆坚《中国典籍在日本的流传与影响》，杭州大学出版社，1990，第 38 页。

② 石田一良：《日本文化——历史的展开与特征》，第 315 页。

③ 家永三郎：《日本文化史》，刘绩生译，商务印书馆，1992，第 17 页。

④ 太宰春台：《辨道书》，转引自今井淳、小泽富夫《日本思想论争史》，王新生等译，北京大学出版社，2014，第 214 页。

载，日本总共派遣了六次遣隋使。① 这几次遣隋使的规模都不大，而且学习、交流的目的应该是以佛法为中心。607 年（隋大业三年，日本推古天皇十五年），日本命小野妹子为遣隋使、鞍作福利为通事，出使大隋。《隋书》记载："大业三年，其王多利思北孤遣使朝贡。使者曰：'闻海西菩萨天子重兴佛法，故遣朝拜，兼沙门数十人来学佛法。'"② 可见此次遣隋使团的目的在于求学佛法，其他几次应该也大致如此。

有唐一代，中日两国的文化交流进入空前繁荣的黄金时期。遣唐使是这一时期两国文化交流的主要形式，是前朝遣隋使活动的继续和发展，无论是规模、组织、活动范围，还是在文化交流的影响上，遣唐使都远远地超过了遣隋使。推古天皇三十一年（623），遣隋使留学生惠日福因和学问僧惠齐、惠光、惠日等搭乘新罗使船返回日本，向朝廷奏言："留于唐国学者，皆学以成业，应唤。且其大唐国者，法式备定，珍国也，常须达。"③ 建议召回学业已成的留学生、学问僧为国效力，并主张与唐王朝保持联系、加强往来。坂本太郎指出："过去圣德太子派到中国的遣隋留学生，结束了多年的学习和钻研陆续归国。他们虽然是研究佛教、医学等各种专门学问的，但他们都共同关心隋、唐那种有深远理想的政治制度和完备的统治方式。回国后，他们宣传切身体验到的唐朝那种法制完备和国力强盛的情况，使国内有识之士都认识到，这正是当前进行改革的样板。"④ 木宫泰彦也指出："日本有识人士，由于遣隋使而一度接触到优秀的中国文化，并多少吸收了一些以后，决不会就此满足，必须益加赞叹向往，狂热地试图汲取、模仿。遣唐使的派遣就

---

① 关于遣隋使的次数，学界有不同的看法。木宫泰彦认为只有三次（木宫泰彦：《日中文化交流史》，第 49—52 页。）；张声振认为是四次（张声振：《中日关系史》，第 70 页）。此采王勇之说。王勇：《历代正史日本传考注·隋唐卷》，上海交通大学出版社，2016，第 58—60 页。

② 魏徵等：《隋书》卷八一《东夷·倭国》，第 1827 页。

③ 舍人亲王等：《日本书纪》卷二二《推古天皇》，推古天皇三十一年，《国史大系》第一卷，第 391 页。

④ 坂本太郎：《日本史概说》，第 66 页。

是实现这种愿望的手段。"①

从舒明天皇二年（630 年，唐太宗贞观四年）日本开始派出遣唐使，到宇多天皇宽平六年（894 年，唐昭宗乾宁元年）停派为止，历时 264 年之久，前后历经日本二十六代天皇。日本朝廷共任命遣唐使十九次，其中三次只有任命没有成行，还有一次应该仅抵百济，有两次系为送回唐使而任命的"送唐客使"，另有一次为特派使团迎接遣唐使的"迎入唐使"，名副其实的遣唐使共计有十二次。这十二次遣唐使，从遣使目的、使团规模、组织形式到往来路线等方面都因时代而有所变化，呈现

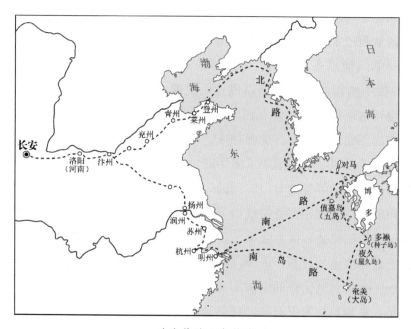

遣唐使的三条航路

出阶段式发展的态势，中日学者一般将其分为四期。② 除了中日两国史学家公认的这十九次遣唐使之外，在中国文献的记载中，还有龙朔三年（663）、咸亨元年（670）、神龙二年（706）、景云二年（711）、天宝十四

① 木宫泰彦：《日中文化交流史》，第 62 页。
② 参见木宫泰彦：《日中文化交流史》，第 62—75 页。

年（755）、大中二年（848）、大中七年（853）等七次日本人来唐的记载。[1] 这七次可能不是日本朝廷正式派出的使团，其被郑重地记入史册，表明在当时的往来交流中也发挥了一定的作用。

遣唐使团中，大都有为数不少的留学生、学问僧。木宫泰彦指出："遣唐使的一来一往，大都有留学生、学问僧随行，遣唐使的重要任务之一，可以说就是迎送留学生和学问僧。"[2] 留学生主要学习儒家文化、典章制度、技术等，学问僧以学习和钻研佛教为主，二者入唐学习的目标不同。据统计，有唐一代，日本来华的留学生和学问僧估计在二三百人左右。根据日本有关文献记载，名留史籍的学问僧有惠施、玄昉、空海、最澄、义空等九十二人，留学生有巨势臣药、吉备真备、大和长冈、阿倍仲麻吕、藤原刷雄等二十七人。[3] 到了第四期，还出现"还学生""还学僧""请益生""请益僧"等。前两者指随同遣唐使入唐又一并回国者；后两者指已有一定的基础再前往唐朝深造者，都是遣唐留学生和学问僧的一种。

此外，使团中还有知乘船事、造舶都匠、主神、医师、阴阳师、画师、史生、射手、船师、音乐长、译语、新罗译语、奄美译语、卜部等，还有杂使、音声生、玉生、锻生、铸生、细工生、船匠、拖师、傔人、挟抄、水手长、水手等，因此使团人数较多。第一期每次两艘船，人数约一百二十到二百五十人之间。第二期人数逐渐增多。进入第三期的时候，使团规模大增，每次都是四艘船，人数都在四五百人以上。例如，第九次的人数多达五百五十七人，玄昉、吉备真备、阿倍仲麻吕、大和长冈等著名学问僧、留学生就在此次使团中。

遣唐使团一般在唐朝停留一至两年。在此期间，他们广泛接触结交各界人士，游览参观长安名胜，深深感受到盛唐文化的恢宏灿烂。他们到唐朝来，并不是为了游览长安的美景，而是肩负着学习唐朝文化的重大使命。所以，他们到了长安后更是孜孜不倦地虚心学习。如第九次遣

① 武斌：《中华文化海外传播史》（第一卷），陕西人民出版社，1998，第496页。
② 木宫泰彦：《日中文化交流史》，第152页。
③ 同上书，第126—149页。

唐押使多治比县守请求向儒士学习儒家经典。玄宗特命四门助教赵玄默到鸿胪寺教授使团。使团则献上阔幅布作为束脩。使团还将皇帝赏赐的财宝全部换成书籍。可见，日本遣派遣唐使目的确实不是获得经济利益，而是汲取辉煌博大的唐文化。藤原清河一行还获准参观大明宫府库、三教殿，纵览所藏经史子集八万九千卷、九经三史典籍。木宫泰彦谈到遣唐使在移植唐代文化方面的贡献时指出："遣唐使既然选任这样有才学和通晓当地情况的人，那么即使他们留唐期间不过一年左右，而在移植唐代文化上，也可能做出许多贡献。他们来往于唐代文化的中心，而且是波斯文化和印度文化荟萃之地的长安，参加庄严的唐朝仪式，有时还接触大食国和西域各国的使臣，仅所见所闻也一定不少。"①

留学生和学问僧则不必随团归国，可以留在唐朝继续学习进修，所以他们在唐的时间相对较长。前三期的留学生和学问僧在唐的时间普遍比较长，有的长达十几二十年甚至三十多年，主要出于他们汲取唐文化的热情和决心。第四期的留学生和学问僧留在唐朝的时间比较短，一般只有一两年，很少超过五年。有学者指出："这时的留学生和学问僧已不再像前代那样毫无计划，只是漫然留学，他们对于入唐后向哪个学者请教什么问题等，大体已经预先决定，所以尽管留学期间短而收获却较大。"② 可见，此时日本模仿唐朝、传播唐文化已经取得了相当的成效了，留学生和学问僧不再需要长期留在唐朝进行深入地学习。

留学生们大多在国子监就学，不仅无须交学费，唐朝政府还供给衣物、米粮、住所等，可以心无旁骛地专心向学。国子监作为唐朝最高等级的教育机关，博士和助教均是全国著名的饱学之士，六馆学子也都是长期浸淫于儒家文化的儒生。留学生在此学习，不仅能接触到唐朝顶流的儒学文化，而且可以和先进共同切磋探讨，学业自然更易精进。和遣唐使团的其他成员一样，他们归国时，也会尽力带回书籍、工具等。如有吉备真备带回了《唐礼》一百三十卷、《太衍历经》一卷、《太衍历立成》二卷、《乐书要录》十卷、测影铁石一枚、铜律管一部、马上饮水

---

① 木宫泰彦：《日中文化交流史》，第 102 页。
② 同上书，第 154—155 页。

漆角弓一张、露面漆四节角弓一张、射甲箭二十支、平射箭十支等。这些记载不一定十分准确，但足以说明吉备真备在唐学习时很注意搜集自己国家所需要的书籍、文物、工具等。① 诚如木宫泰彦指出的："这些物品都是他们在唐朝经过细心访求、抄写而得来的，或者节省了为数不多的学费而买到的，而且当时交通不便，搬运这些物品想必付出很多的辛劳和牺牲。因此，他们并不是顺手随便搜集的，而全是精心挑选的，所以其中包括许多尚未传到日本的新译的经卷、优秀的著作、珍奇的诗集等。这些带回的物品，对于日本文化的发展必然给予清新的刺激。"②

由于中国文献典籍大量地传入，日本人开始抄写汉籍。在飞鸟时代（592—710）、奈良时代（710—794），政府设有"写经所"，由"写经生"专门抄写汉籍。876—884 年间，大学头藤原佐世根据日本各机构所藏汉籍图书，编撰成《本朝见在书目录》。该目录共录有汉籍一千五百六十八种，凡一六七二五卷。《隋书·经籍志》著录典籍三千一百二十七种，《旧唐书·经籍志》著录典籍三千零六十种。可见当时中国的文献典籍已有一半传至日本。③ 显然遣隋使、遣唐使厥功至伟。

使团回国后，一般都受到日本朝廷的重用。有不少人担任重要的职务，还有一些人在地方担任官职，在中央或地方发挥了重要的作用。如吉备真备位至右大臣，粟田真人、多治比县守、多治比广成、藤原葛野麻吕位至中纳言，藤原马养、朝野鹿取、藤原常嗣位至参议，菅原清公位至非参议。由于他们的社会地位和影响力，加上日本学习唐文化的迫切愿望，所以他们有充分的空间将所学到的唐文化传播至本国。诚如日本学者田口卯吉所说："此辈遣唐使及留学生，习染中国之风俗，返国之后，戴唐式冠，穿唐式衣服，吟唐诗，说唐话，意气洋洋，百事皆慕恋唐式。"④

美国学者赖肖尔曾指出，日本向中国"派遣使团的意义，不在于其

① 汪向荣：《古代中日关系史话》，第 127—128 页。

② 木宫泰彦：《日中文化交流史》，第 187—188 页。

③ 参见严绍璗：《汉籍在日本的流布研究》，第 20 页。

④ 田口卯吉：《日本开化小史》，余又荪译，商务印书馆，1942，第 11 页。

外交成就和附带的贸易，而在于使团参加者在中国之所学。……在使团
停留中国期间……学到了许多受到日本王朝高度赞赏的知识和技艺，为
国家的文化传播作出了巨大贡献"①。遣唐使团是唐文化的优秀传播者。
虽然他们在唐朝学习的时间长短不一，但是他们不畏艰险、勤勉向学、
孜孜不倦的热情则是一样的。回国后，他们又致力于推广和传播文化，
为本国改革的推展、"律令制国家"的建设、文化的繁荣和发展做出了
不容磨灭的突出贡献。

三、大化改新与大规模移植儒家文化

593 年，推古天皇即位后，册立圣德太子，由其执政。圣德太子执
政期间，借鉴隋朝的体制推行改革，史称圣德太子改革，又称推古改
革。圣德太子被誉为日本文明的开启者，他所推行的改革对日本影响极
为深远。他的改革主要包括五个方面：一是在推古天皇十二年（604）制
定十二冠位制，于次年正式施行。冠位只按才干和功绩授予个人，不能
世袭。冠位制的实行，在一定程度上抑制了传统氏姓贵族的势力。二是
于同年制定《十七条宪法》。三是振兴佛教，在推古天皇二年（594）下
诏"兴隆三宝"，在《十七条宪法》中也提出"笃敬三宝"，所谓三宝即
佛、法、僧。② 四是恢复中日邦交，向隋朝派出遣隋使。五是编撰《天
皇记》等史书。

虽然圣德太子改革的精神实质是兴隆佛法，但是《十七条宪法》则
以儒家思想为基调。除了第二条"笃敬三宝"外，其他条款都直接体现
了儒家思想的元素，且可以从儒家典籍中找到来源。例如，第一条"以
和为贵，无忤为宗，人皆有党，亦少达者，是以或不顺君父，乍违于邻

---

① 费正清、赖肖尔、克雷格：《东亚文明：传统与变革》，天津人民出版社，1992，
　　第 337—338 页。
② 舍人亲王等：《日本书纪》卷二二，推古天皇十二年，《国史大系》第一卷，第
　　377 页。

里。然上和下睦，谐于论事，则事理自通，何事不成"。① 体现了《论语》"礼之用，和为贵"以及《孝经》"民用和睦，上下无怨"的思想。又如第九条"信是义本"，近似于《论语》的"信近于义"。还有第十二条"国司、国造勿敛百姓。国非二君，民无两主，率土兆民以王为主"。② 集合了《孟子》中"普天之下，莫非王土，率土之滨，莫非工臣"及《礼记》"天无二日，土无二王"的思想。

可以说，《十七条宪法》的核心精神是儒家思想，表明了圣德太子力图用儒家的政治伦理来规范社会秩序的愿望。在此之前，儒学主要在日本皇族阶层中传播；此后，开始推进至不同层级的官吏阶层，甚至向社会上传播。儒家学说也被提升至日本国家意识的层面。圣德太子的改革不仅为后来建立中央集权制国家奠定了基础，而且为大化改新奠定了思想基础和理论基石，是大化改新的准备和先声。

孝德天皇（645—654 年在位）继位后，在推古改革的基础上推行日本历史上具有划时代意义的大化改新。改新事业历经四五十年，至天智天皇（661 年开始摄政，668—671 年在位）统治时期基本完成。天武天皇（673—686 年在位）统治期间，进一步进行仿唐改革，确立起古代日本的天皇制。圣德太子去世后，苏我氏的势力急遽强大，新政也随之停滞。到了皇极天皇四年（645）六月十二日，中大兄皇子和中臣镰足、仓山田麻吕周密策划，发动政变，诛杀了苏我入鹿父子，成功铲除了代表旧势力的苏我氏一族。第二天，中大兄皇子扶持孝德天皇即位，自己作为皇太子掌握实权。他立刻着手改革，首先组织新的政府，然后废除以往的大臣、大连制，设左大臣、右大臣为最高官职，分别由阿倍内麻吕和苏我石川麻吕担任，任命中臣镰足为内臣，起用隋朝时便到中国留学的僧人高向玄理和僧旻为国博士；接着大会群臣，重新确认《宪法十七条》的精神，将新政的理念奉告神祇，强调天皇绝对的权威，随后仿效中国，制定了日本历史上第一个年号"大化"，自此成为一种纪年习惯；

① 舍人亲王等：《日本书纪》卷二二，推古天皇十二年，《国史大系》第一卷，第377 页。

② 同上书，第 379 页。

八月，又派遣国司赴东国（指京都以东的镰仓、江户等地）等地，进行田亩调查和户籍编制，建立钟匮制度①，表示严明纲纪的决心；十二月，因难波（今大阪地区）靠海，海上交通便利，便于吸收唐文化，迁都难波。

大化二年（646）春正月甲子朔，贺正典礼结束后，圣德天皇颁布了"改新之诏"，明确提出了推行政治改革的具体内容。在《日本书纪》中载有改新诏书全文，主要包括四个方面的内容②：

（1）将贵族拥有的土地和人民，包括本来属于他们的田庄和部曲，以及皇室、皇族所有的"子代入部"和"屯仓"等，都收归国家所有，由政府发给"食封"。

（2）建立中央集权体制，整修京师，确定畿内制度，规定国司、郡司、关塞、斥候、防人、驿马、传马等地方制度，整顿军事和交通制度。

（3）建立户籍和账簿，实行班田收授法。

（4）改革税制，根据租庸调制，规定田调、户调以及官马、兵器、仕丁、采女的贡纳等等。

不难发现，改新诏书的基本精神就是强化中央集权。其基本做法大抵采自隋唐律令制。曾留学中国的留学生、学问僧的作用，于此可见一斑。第一条是改革的最高纲领，第三条和第四条是把第一条的原则具体

---

① 坂本太郎认为："钟匮制度是对于控诉的人无法得到公正的裁判时，可以将其原由写成文件，放入朝廷所设的匮箱中；这个匮箱每天早上打开，将其中文件上奏天皇，天皇指示群臣加以断处。如认为断处仍属不当，还可敲响朝廷设置的钟进行申诉。这一制度可使人民有二次直接向天皇申诉的权利，与前代相比，不能不说是明显地尊重了民意。"坂本太郎：《日本史概说》，第70页。

② 舍人亲王等：《日本书纪》卷二五《孝德天皇》，二年春正月，《国史大系》第一卷，第431—433页。日本史学界普遍认为，收录于《日本书纪》的"大化改新之诏"是否当年的原始文件值得怀疑。坂本太郎认为，编者只是做了润色，内容主旨没有变动。冯玮则认为，编者应当是参照了《大宝律令》加以润色，但究竟在多大程度上对原诏进行了润色，还无法判定。参见坂本太郎：《日本史概说》，第81页；冯玮：《日本通史》，上海社会科学院出版社，2008，第66页；李玉、汤重南等《中国的日本史研究》，世界知识出版社，2000，第87—89页。

体现在社会经济方面。

改新诏书颁发以后，新政府还不断下诏加以补充，并力促实行。当年又提出了规定坟墓营造规格的"薄葬令"，以及改革葬仪旧俗的举措。大化三年（647），为了改革旧职、新设百官，设立了七色十三阶。五年（649），又定冠位十九阶，并诏令国博士高向玄理和僧旻置八省百官。

661年，中大兄称制，668年正式即位为天智天皇（668—671年在位）。在此期间，他又进行了一系列的改革。定冠位二十六阶，增换冠位阶名；定氏上，给予部分效忠的贵族以荣称；定民部与家部，防止人民沦为贵族的私民；编纂法典与年籍等。668年，由中臣镰足、高向玄理等奉命编撰的《近江令》颁行。这是日本古代第一部正式成文的法典，汇聚了大化改新以来的诏敕。670年，又编制《庚午年籍》，是日本最早的较为完备的户籍。《近江令》《庚午年籍》的编订，是从法典形式上确认大化以来的革新成果，标志着大化以来的改革已初步完成。①

天武天皇（673—686在位）至文武天皇（697—707在位）在位期间，是日本确立"律令制"的重要时期。在这一阶段内，日本朝廷加强了中央集权体制，进行了一系列的改革。例如，官僚制、氏族政策、都城制、编撰律令等，为日本"律令制国家"的建立奠定了坚实的基础。天武天皇即位后，开始了建立"律令制国家"的历史进程，改革官爵和形势制度，建立全国统一的政治体制，制定法典，进一步强化中央集权和天皇的权威。天武天皇生前下令开始编纂的《飞鸟净御原令》，于持统天皇（686—697在位）统治时期颁行。从此，日本效仿唐律修订律令格式全面展开。文武天皇大宝元年（701）推出的《大宝律令》，堪称日本古代法制史上的里程碑。值得一提的是，修撰律令的功臣中，有遣唐使节伊岐连博得（德）和唐人萨弘格。在修撰律令的过程中，日本更深刻地意识到，要建设"律令制国家"，仅仅依靠重用唐人和归国的遣唐使是远远不够的，由此促使中断三十多年的遣唐使团再次派出。由此更可见，遣唐使对日本改新之重要意义。元正天皇（715—724在位）养老二年（718），在《大宝律令》基础上，修订了《养老律令》。至此，日本

① 王金林：《简明日本古代史》，天津人民出版社，1984，第82页。

第二章　宣尼浮海到东瀛：儒学在日本的传播与变迁

137

的"律令制国家"建设和仿唐改革取得了最后胜利。

大化改新的直接目的是削弱贵族的势力，巩固和加强天皇的权威，强化中央集权。学者们认为，这种观念也来自中国。正如石田一良指出的："天地万物的主宰者天帝对有德之君下降天命，令其治理天下。当他的政治得其宜，他的德惠被及人民的时候，天即下降祥瑞来作为这位君主秉承了天命的证据。这种中国的天道思想，乃成为古代日本天皇政治的支柱了。"① 坂本太郎也指出，在大化改新期间制定的律令中，"天皇不仅是历来那种宗教式的、族长式的首长，而且兼具德治国家的圣天子和法治国家的专制君主的性质，巍然高居人民之上。主持传统的神祇祭祀，听取一切重大政务的上奏并加以裁决。作为人民的父母，要使人民安居乐业，休养生息，建立一个道德蔚然成风的理想国家。"② 可以说，"日本人还接受了中国的关于君主具有至高无上权力的政体的观点，并想把他们自己半神化的领袖变成中国式的世俗统治者。此后，在理论上日本天皇就具有两重特性和作用，一方面他是本国神道的宗教领袖，另一方面又是中国那种国家类型的世俗君主"。③

日本历史上，"天皇"这一称号究竟始于何时，尚不能确定。④ 根据日本的史书，圣德太子命小野妹子献给隋炀帝的国书中最早使用了"天皇"。但是，此说在中国的史籍中并无史料可以印证。一般认为，"天皇"的称号始于天武天皇时期。在其下令制定的《飞鸟净御原令》中明确规定了天皇的权威。强化天皇权威的律令制枢纽的政治机构，基本都是确立于天武朝。

行政机构方面，在大化年间改革的基础上，天武天皇进一步加强皇权。在中央官僚机构中，形成仿照隋唐尚书省和六部的官僚机构。废除太政大臣、左右大臣和御史大夫，改设直接听命于天皇的太政官和大弁

---

① 石田一良：《日本文化——历史的展开与特征》，第43页。

② 坂本太郎：《日本史概说》，第8页。

③ 埃德温·赖肖尔：《日本人》，孟胜德、刘文涛译，上海译文出版社，1980，第45—46页。

④ 参见李寅生：《日本天皇年号与中国古典文献关系之研究》，凤凰出版社，2018，第1—3页。

官。大弁官统辖法官、理官、大藏官、兵政官、刑官、民官等六官。大弁官和六官构成的官僚机构，其实就是尚书省和六部的翻版，也是以后左右弁官和八省的原型。地方行政机构上，在全国派驻新国宰，较之前的国宰权力又多削减。新国宰同样由大弁官统辖。大弁官虽然统辖六官和新国宰，但是和以往的太政大臣和左右大臣相比，实际上扮演的是类似与天皇和群臣联络的角色，并不掌握实权。

在人才选用方面，天武天皇也实行了一些新的政策。一方面，他吸取前几任天皇的教训，实行皇亲政治、任人唯亲，依靠皇后、皇子等亲人打理国政；另一方面又不拘一格起用人才。天武五年（676）正月下诏："凡任国司者，除畿内及陆奥、长门国以外，皆任大山位以下人。"① 四月又下诏："外国人欲进士者，臣连伴造之子，及国造子听之。唯虽以下庶人，其才能长，亦听之。"② 吸纳外国人，为冠阶较低者提供入仕的机会，进一步打压了贵族的势力。七年，下诏："凡内外文武官，每年，史以上属官人等，公平而恪勤者，议其优劣，则定应进阶。正月上旬以前，具记送法官，则法官校定，申送大辨官，然缘公事，以出使之日，其非真病及重服，辄缘小故而辞者，不在进阶之列。"③ 制定考评官员勤务和官位升迁的考选办法，整顿吏治，进一步加强对官僚的掌控。

天武天皇还实行了一系列措施，以打击贵族的势力。第一，彻底废除部民制，改革食封制度。天智天皇（661—671 在位）一度向守旧派妥协，恢复了贵族的部分特权，如占有部曲等。天武四年（675），废除了贵族对部曲的人身所有权，将赐予贵族、臣僚、寺院的山林池泽岛浦收归国有，代以食封制，即支配封地上的劳役和收获物的制度。第二，制定"八色之姓"。天武十一年（682），天武天皇诏令："凡诸应选考者，能捡其族姓及景迹，方后考之。若虽景迹行能卓然，其族姓不定者，不

第二章 宣尼浮海到东瀛：儒学在日本的传播与变迁

在选考之色。"① 将族姓序列作为考选文武官的重要条件，显示了原族姓制秩序仍根深蒂固。天武十三年（684），制定由真人、朝臣、宿弥、忌寸、道师、臣、连、稻置八姓组成的"八色之姓"，调整原有的官僚之序，确立了朝廷官员新的身份秩序。② 第三，调整冠阶制，将冠位赋予范围扩大至亲王。天武初，保持了天智三年（664）制定的冠位二十六阶，同时设立了诸王位阶，使诸王也成为授予冠位对象。另外，为了提拔畿外出身的平定壬申之乱功臣，又建立了外位制。天武十四年（685）正月，又施行冠位四十八阶，将授爵位对象扩大至皇子、皇女，使皇子、诸王的爵位有别于群臣，从而确定了皇子、皇女也是天皇臣子的身份地位。

天武天皇还加强对农民的控制，强化人身对土地的依附关系。废除部曲后，在全国范围内建立里的行政组织，每里五十户。天武五年（676）下诏："自今以后，明察百姓，先知富贫，简定三等，仍中户以下，应与贷。"鼓励生产和减轻农民的徭役负担，将农民紧紧束缚在土地上。北山茂夫认为，至天武六年（677）以此为基础的户籍制度在当时可能已经产生。③

仿照长安的格局、形制，修建一个以皇宫、政府机构为中心的首都，是加强天皇权威和中央集权的一个重要措施。在大化改新之前，日本的首都并不固定。只要有天皇的宫殿，就是京城。大化改新后，日本接受了中国固定统治中心的思想，于是参照唐朝都城的形制建造都城。天武天皇五年，仿效中国"凡都城，宫式非处，必两参造之"，制定了建筑新都的计划。天武十一年（682）三月，又重新提起修建都城的计

---

① 舍人亲王等：《日本书纪》卷二九《天武天皇下》，天武天皇十一年，《国史大系》，第 528 页。

② 参见石田母正：《古代的身份秩序》，载《日本古代国家论》第 I 卷，岩波书店，1973；竹内理三：《天皇八姓制定的意义》，载《律令制和贵族政权》第 I 卷，御茶之水书房，1957，转引自冯玮《日本通史》，第 72 页。

③ 北山茂夫：《壬申之乱》，载《日本古代政治史研究》，岩波书店，1959，转引自冯玮《日本通史》，第 72 页。

划。这次建造的应该就是后来的藤原京。① 持统天皇即位后，开始着手建造。天武八年（694），从飞鸟净御原宫迁都藤原京（今奈良县橿原市）。藤原京东西约 4 公里，南北约 6 公里，由北向南有 12 条街；以太极殿为中轴，东西各有 4 坊。坊与坊、条与条间相隔半公里，井然有序。藤原京仿照唐之长安、洛阳而建，是古代日本最早的规划性都城，在日本都城史上具有重要意义。

元明天皇和铜三年（710），日本又迁都到平城京（奈良），开始了奈良时代。平城京可谓是长安的缩小版，东西约 4.2 公里，南北约 4.7 公里。和长安城一样，城郭呈方形，棋盘格式布局；宫城也位于城的北部，宫城内为庭院式布局；南北大街和东西大街也是正角相交，把全城划成整齐的城市，甚至连许多建筑物的名称也一样。比如宫城内正殿都称太极殿，宫城或皇城正门都叫朱雀门，门前干道同称朱雀大街。太极殿的青瓦、红柱、白墙，也同于唐朝的流行样式。② 平城京的整个京城建筑颇为壮观，完全可以和长安城媲美，被日本历史学家称为"富有国际性的小长安"③。桓武天皇延历十三年（794），迁都平安京（京都）。平安京东西约 4.57 公里，南北约 5.3 公里，形制也是仿照长安。

从广义上讲，大化改新并不仅仅指大化年间的改革，还包括之后五十余年的多次改新。经过数次的改新，日本效仿唐朝，建立起了"律令制国家"，强化了天皇的权威，加强了中央集权。律令制的核心精神即儒家思想。石田一良指出："儒教思想在奈良时代并不像在德川时代那样具有独立的思想体系，承担或尽到意识形态的任务。而是融化在构成氏制律令国家上层的构造的政治的机构和行为里边，使它的机能发挥作

第二章 宣尼浮海到东瀛：儒学在日本的传播与变迁

① 林部均：《藤原宫和"藤原京"一条坊制导入期的古代宫都的一样相》，《古代学研究》第 147 号，1999 年 8 月，第 21—42 页，转引自王海燕《日本古代史》，昆仑出版社，2012，第 153 页。

② 参见梁思成：《唐招提寺金堂和中国唐代的建筑》，《现代佛学》1963 年第 2 期；马兴国：《千里同风录——中日习俗交流》，辽宁人民出版社，1988，第 118—120 页。

③ 姚嶂剑：《遣唐使——唐代中日文化交流史略》，陕西人民出版社，1984，第 90 页。

用。尤其在天皇的诏敕里边，儒教的色彩显得特别浓厚。"[1] 他还说："律令的制定也是用儒教的王道思想作它的意识形态……律里本来也包含有法家的思想，但是，主要的是依据儒教的思想……律乃在严格要求对于天皇尽忠，对于父母事孝。"[2]

第二节 奈良、平安时代的大学寮、贡举制与儒学衰颓

日本律令制时代的大学寮、贡举制，是传播儒学的重要体系。这两种制度的兴亡，直接决定了日本儒学的兴衰。

一、大学寮、贡举制与儒学传播

1. 大学寮

在天武天皇统治时期，已经存在大学寮、阴阳寮、外药寮等教育机构，但具体学制和运作情况不详。自《大宝律令》制定，日本才开始将大学寮、国学制度化。奈良时代，日本的官学教育走上了制度化阶段，模仿自唐朝的大学寮、国学制度得到了系统化。律令时代日本官学学制的规定完整地保存在《养老律令》中。由于《养老律令》是《大宝律令》的延续，所以通过《养老律令》可以了解到《大宝律令》的大致内容。

大学寮归式部省管辖，设有事务官和教官两种职任。事务官为行政官员，设有长官大学头、次官大学助、判官大学允等职。大学头不仅是大学寮的最高长官，也是管理全国文教的最高行政长官。教官包括博士、助博士、音博士、书博士、算博士。博士即明经博士，助博士在

---

① 石田一良：《日本文化——历史的展开与特征》，第41—42页。
② 同上书，第42—43页。

《养老令》中称为助教，二者一起负责教授儒家经典、课试学生；音博士、书博士和算博士分别负责教授儒家经典读音、书法、算术。博士和助教不仅要精通经书，德行也必须足以为人师表，书博士和算博士只要相关业绩优秀就可以。

由于当时学校教授的内容全部来自中国，如明经包括《论语》《礼记》《春秋》《左传》《孝经》《毛诗》等，所以这一时期的各道博士往往是从唐朝归国的遣唐使团员中选拔。有些留学生出身不够高贵，无法担任高官，他们就在大学寮中教授中国的经典。还有一些博士是唐朝来的移民，比如袁晋卿，随第九次遣唐使到了日本，因为精通《文选》《尔雅》而被任命为大学寮的音博士。

大学寮的学生定员为明经生四百名，算生三十名，书法生若干名。入学年龄为十三至十六岁。入学时间可以自行选择，但入学时要行束脩之礼，也就是向博士和助博士（助教）奉上布匹、酒食等，并致礼。日本大学寮的入学资格有严格的门第限制："凡大学生，取五位以上子孙，及东西史部子为之。若八位以上子情愿者，听。国学生，取郡司子弟为之。并取年十三以上，十六以下，聪令者为之。"② 一般而言，五位以上的大臣、诸王子孙和东西史部的子弟可以自由入学，六、

《学令》中的大学寮制度①

---

① 摘自清原夏野、小野篁等《令义解》，《国史大系》第十二卷，经济杂志社，明治三十三年。

② 清原夏野、小野篁等：《令义解》卷三《学令第十一》，《国史大系》第十二卷，第119页。

七、八位官位的子弟经申请可以入学，庶民子弟基本没有入学的机会。在日本，三位以上为贵，五位以上为通贵，也就是说五位以上都是贵族。所谓东西史部子，是大和时代以来大陆移民的后代，当中不少人有儒家文化的功底，在日本朝廷中担任史官或博士。其中，被指赐姓氏的，一般居住在皇城左右，所以得名。从招生范围看，日本的大学寮具有浓厚的贵族学校特征，但仍然为位阶不高的中下层官员子弟保留了位置。

《大宝律令·学令》规定的大学寮教学科目分为明经、音、书、算四科。明经科，学习儒家经典，是"本科"；音、书两科是明经的入门，算科是附随"本科"的"别科"。各学科的教学内容和教材都统一规定。明经科的必修内容是《论语》《孝经》，选修科目分为大经《礼记》《左传》，中经《仪礼》《周礼》《毛诗》，小经《尚书》《周易》。教科书是指定的经典注释，和唐朝一样。《孝经》和《尚书》用孔安国、郑玄注，《论语》用郑玄、何晏注，《礼记》《周礼》《仪礼》和《毛诗》用郑玄注，《周易》用郑玄或王弼注，《左传》用服虔或杜预注。

其教学方法是，先"素读"，跟随音博士用汉语读音诵读经典原文；然后是"讲义"，又称为"正业"，由博士或助博士依照规定的注疏讲解经文。博士和助博士分经讲授，讲完一经为"终将"。没有讲完一经，不能改讲其他经典。每年七月举行大试，考问大义八条，通过六条以上者为上等，通过四、五条者为中等，通过三条以下者为下等。如果连续三年大试都只取得下等的成绩，或者学习了九年还不能够升为贡举，则劝令退学。学成者，推送为举人，报送至太政官，参加式部省的贡举考试。毕业要求是，除了必修的《论语》《孝经》外，还需通二经，即大经、小经各通一部或中经通二部。算科的教科书有《孙子》《五曹》《九章》《海岛》《六章》《缀术》《三开重差》《周髀》和《九司》，共九经。学生分经学习，"辨明术理"即为通经。对书法生的要求是："唯以笔迹秀巧为宗，不以习解字样为业，与唐法异也"。①

① 清原夏野、小野篁等：《令义解》卷三《学令第十一》，《国史大系》第十二卷，第122页。

国学是设在地方上各国的学校，每国（国，为地方行政组织）设立一所。国学不设专门的事务官，归国司管辖。国司需管理国学的各项行政事务，任命国学士、补选学生、主持大试和举荐贡人。国学的学科和大学寮基本相同，但是以明经科为主，另设医学。教官只有主要教授儒家经典的国学士和讲授医学医师各一人。他们一般从当地选任，只有在当地没有合适人选的时候才可以从邻国选仕。国学的教学水平较低，对学生的考核要求也不高，主要是讲读儒家经典，培养学生关于律令制国家的政治理想和政治观念。

国学的学生定员，依据各国的面积大小和人口多少而有所差别。一般而言，大国五十人，上国四十人，中国三十人，下国二十人。学生以郡司子弟为主，当郡司子弟数量低于定员时，庶民子弟中有才华的人才有机会入学，但一般只能修读医学。入学年龄和大学寮一样，都是十三到十六岁。《大宝律令》没有规定关于国学的教学内容、教科书和考试评级等，估计大体上和大学寮一样。国学也是每年七月举行大试。国学生在学时间最长为九年，成绩优异者可由国司推荐为贡人，报送至太政官，参加式部省的贡举考试。

原则上，每国设国学一所，但是也有例外。日本在九州设立的大宰府学，是由筑前、筑后、丰前、丰后、肥前、肥后等六国的国学合并而成的。大宰府学的教官设大宰博士和医师各一人，博士负责教授经业和课试学生。学生的定员为 240 名，医学生的定员不详。

大学寮和国学也都模仿唐朝的国子监，于每年春秋两季的仲月上丁日举行释奠礼，祭奠先圣孔宣父（孔子），以表示尊师重道。日本朝廷还允许大学生列席朝廷及公卿贵族的公私仪式。学生在学校时，应该以长幼为序，除了弹琴、投壶、射箭外，不得作乐、杂戏。对学业不良的学生，博士可以根据具体情形酌情采用笞捶进行体罚。

《学令》中还详细规定了学生休假等内容。每旬休息一天，休息之前，由博士进行考试，摘出三言让学生诵读，又摘出大义一条，出三个问题，通过两个问题算及第。如果只答出一个问题，则根据情况予以处罚。每年还有两次定期休假，一次是五月的田假，一次是九月的授衣假。遇到学生身患疾病或者家人生病的特殊情况，学生可以请假。

国学生须向国司陈牒请假，由国司决定是否批准；在大学寮就读者，须向大学头请假。不听从教官教导和一年内超假百日的学生，给予退学的处罚。学生因服丧年休学二十五日以下者，允许服丧期结束后复学。

2. 贡举制

与大学寮相匹配的贡举制也具有浓厚的贵族色彩，只是律令制国家学生入仕的途径之一，徘徊在日本国家政治体制的边缘。日本贡举制度的起源，最早可追述至《大宝律令》。明确规定以贡举制度来选拔人才的法典，是718年的《养老律令》。称"贡举"而不称"科举"的原因，主要跟制度内容有关。所谓"贡举"，根据《养老律》之《职制律》疏曰："贡者，依令，诸国贡人；举者，若别敕令举及大学送官者，为举人。"也就是说，贡人是指由地方推荐到中央应考的人；举人是指出身于中央大学寮或地方国学，顺利通过学校考试，进而参加贡举考试的人。《唐律疏议》载："依令，'诸州岁别贡人。'若别敕令举及国子诸馆年常送省者，为举人。"[1] 可以看出，日本的贡举制仿照的正是唐朝科举制的贡举部分，所以称作"贡举"也符合制度本身的特质。

日本著名学者宫崎市定指出："日本制定律令的时期，虽然在绝对年代上与唐朝处于同一个时代，但就社会发展水平而言，决不能说处于相同的时代。"在他看来，把律令时代的日本比拟为汉朝最为恰当。[2] 山本七平则更为明确地指出，这个历史时期的日本"还没有达到实施科举的阶段"[3]。在这种社会发展状况下，日本模仿唐朝实施贡举，并未一味地复制唐朝的制度，而是做出一些调整和改变，存在一系列日本独有的特征。

关于应考学生的出身，唐代科举允许举子自荐参加贡举，而日本的

---

① 长孙无忌等：《唐律疏议》卷九《职制律》，刘文俊点校，中华书局，1983，第183页。

② 宫崎市定：《宫崎市定亚洲史论考》中，张学锋等译，上海古籍出版社，2017，第814页。

③ 山本七平：《何为日本人》，崔世广等译，国际文化出版公司，2010，第69页。

贡举实际上只限于官僚子弟占多数的大学寮学生报考。奈良时代的日本贡举制考生，必须是"诸国贡人""敕令举""大学送官者"，即必须是大学寮和地方国学的学生。《大宝律令》的《学令》规定：参与贡举考试的人员，必须先在中央设立的大学寮或者地方的国学接受中国古典教育并通过学校考试，而且这些学校仅招收五位以上的贵族家庭子弟，叵特招其他人员。① 显然，有资格参与贡举考试的基本上都是中央贵族和地方豪族的子弟。可以说，日本贡举制把平民子弟屏蔽在外，具有浓厚的贵族气息。

关于考试的程序，《养老令·考课令》规定："凡贡人，皆本部长官贡送太政官，若无长官，次官贡。其人随朝集使赴集。至日，皆引见辨官，即付式部。已经贡送，而有事故不及试者，后年听试。其大学举人，具状申太政官，与诸国贡人同试。试讫得第者，奏闻留式部；不第者，各还本色。"③ 掌管贡举考试的是政府机构，是八省之一的式部省。贡人、举人都必须先报至太政官，然后才交付式部省。贡举每年举行一次，参加省试、办理申报手续都定在十一月一日。关于考试的形式，《养老令·考课令》规定："凡试贡举

《考课令》中关于考试内容的规定②

---

① 天野郁夫：《试验的社会史》，东京大学出版会，1988，第2—29页。
② 摘自清原夏野、小野篁等《令义解》，《国史大系》第十二卷。
③ 清原夏野、小野篁等：《令义解》卷三《考课令第十四》，《国史大系》第十二卷，第156—157页。

第二章 宣尼浮海到东瀛：儒学在日本的传播与变迁

147

人，皆卯时付策，当日对毕，式部监试，不讫者不考。毕对，本司长官定等第、唱示。"①

在考试科目上，日本保留了唐朝的秀才、明经、进士、明法、明书、明算六科，但是以秀才、明经、进士、明法四科为主，将明书、明算二科改为大学寮的内试科目，另外又设置医、针等科。此外，唐朝所规定的童子科、武科、孝悌力田科等科目，日本法典间或也进行了规定，但是未曾加以施行。值得一提的是，日本很快设立了与秀才科相匹配的文章科，秀才科成为独领风骚的考试科目。天平二年（730），在大学寮设置"文章生"二十人、"文章得业生"二人，成立文章科。820年，在《弘仁式》中，取文章生最优秀的五名称为"俊士"，又从中取最为优秀的两名为"秀才生"，"随才学之浅深，拟二科（按指秀才、进士）之贡举"。② 可见，只有大学寮中最为优秀的学生，才会被推荐应秀才科试。到平安时代末期，日本秀才科超过了进士、明经、明法诸科，呈现出独占鳌头的态势，被士人所崇尚。③

在考试内容上，日本贡举制也和唐制不尽相同。④ 秀才科考方略策二条，比唐制少三条。文理俱高者为上上，文高理平、理高文平者为上中，文理俱平为上下，文理粗通为中上，文劣理滞为不第。和唐制一样，也是分为上上、上中、上下、中上四个等级，四等以上的为合格，四等以下的为落第。明经科考察《论语》《孝经》共三条，《周礼》《左传》《礼记》《毛诗》各四条，余经各三条，以文注精熟、辨明义理为评判标准。考试总计十条，通十条为上上，通八条以上为上中，通七条为上下，通六条为中上。如果不通《论语》《孝经》或仅通一经为不第。进士科试《文选》七帖、《尔雅》三帖与时务策三条，时务策比唐制少

① 清原夏野、小野篁等：《令义解》卷三《考课令第十四》，《国史大系》第十二卷，第156—157页。

② 转引自高明士：《隋唐贡举制对日本、新罗的影响》，载林天蔚、黄约瑟《古代中韩日关系研究》，香港大学亚洲研究中心，1987，第93页。

③ 高明士：《日本古代学制与唐制的比较研究》，学海出版社，1986，第135页。

④ 清原夏野、小野篁等：《令义解》卷三《考课令第十四》，《国史大系》第十二卷，第155—156页。

三条。注重文辞与义理。帖策全通者为甲，两策通及帖读答对六帖者为乙，以外皆为不第。明法科与唐制完全相同，试律七条、令三条，识达义理、问无疑滞为通。全通为甲，通八以上为乙，通七以下为不第。就选拔录用的人才而言，四科要求"皆须方正清修，名行相符"。^① 有几点值得注意。其一，日本的秀才科尤为重视《论语》《孝经》，规定了《论语》《孝经》全不通为不第，而唐朝并没有此规定。可能日本较唐朝更重视《论语》《孝经》，也有可能是受新罗的读书三品科影响。其二，日本的考试较唐制简单，录取标准也较低，尤其是秀才、明经、进士三科。

在唐朝，考生及第授阶后，还需要通过吏部的铨选才能做官，而日本的贡举则不同。秀才、明经两科的考生取得上上、上中能直接授予位阶，取得上下、中上等级的考生则会被留在式部省（称为留省），等待合适的时机再授官。明法、进士等科目的考生及第后，日本朝廷就会授予一定的官阶，然后酌情录用。也就是说，除了特殊情况，日本贡举及第不仅能取得入仕资格，而且可以直接授官任职。另外，和唐朝的制度一样，落第的考生可以回到原来的学校继续学习，重新参加贡举试。如果已经达到学习年限九年（律学的年限为六年），就按规定勒令退学。

日本律令时代大学寮和国学的设立并不是为了提高百姓文化素质、普及文化教育，而是为了培养符合律令制政治理想的官吏。大学寮和国学之门只向地方豪族和中央贵族打开，并不随意向庶民开放。因此，绝大部分庶民并没有机会接受儒家经典等方面的教育。在这种背景下，文化知识不可避免地被贵族和豪族们世代垄断。与此同时，大学寮和国学都把儒家经典作为主要学习内容，所以这一时期的日本官学教育体系不仅是贵族色彩浓厚的教育体系，而且也是以儒学为主的传播体系。与之相适应的贡举制，也只允许大学寮和国学的学生参考，考试内容也以儒家经典为核心。通过官学教育体系与贡举制的开展，《论语》《孝经》等儒家经典成为日本贵族和豪族必备的文化修养。这就使得儒家文化广泛地传播到日本官宦贵族和地方豪族，扩大了儒家文化在日本

① 刘海峰：《科举考试的教育视角》，湖北教育出版社，1996，第 115—116 页。

的影响范围。

二、大学寮、贡举制的贵族化与儒学衰微

律令时代的大学寮和国学最大的隐忧来自生源的限制。在奈良、平安时期，大学寮和国学的贵族色彩日渐浓厚，这从生源上得到了体现。根据日本学者考证所得的五位以上贵族人数，我国学者李卓估算了有资格进入大学寮就读的人数在日本总人口中比例：奈良时代约 0.022%，平安时代约 0.016%，即使把六位以下的所有下级官位也计算进去，比例也不高于 0.62%。[1] 显然有资格进入大学寮的人是少之又少的。而国学的情况则略有不同。据李卓统计，郡司子弟应高于学额，各国国学很可能无法满足郡司子弟的入学需求，更不要说庶民子弟了。另外，从国学的实际运营情况看，奈良时代并没有做到一国设立一所国学，而是三四国才有一所国学。[2] 可见，只有贵族和部分地方豪族才有机会进入官学学习，广大的庶民子弟则被排除在外。

为了振兴官学体系和解决下层官员子弟无法进入大学寮的问题，奈良和平安时代，日本朝廷多次奖励学业优异者，并对大学寮进行了多次改革。

在奈良和平安时代，日本朝廷曾多次奖励学业优良的学生，以资鼓励学文教育。元正天皇养老五年（721）正月曾下诏"宜擢于百僚之内，优游学业、堪师范者，特加赏赐，勉励后生"，并将绝、丝、布、锹等赏赐给锻冶造大隅等人。[3] 其中，明经第一博士为锻冶造大隅、越智广江，第二博士有背奈行文、调古麻昌等，文章领域有山田三方、纪清人、下毛野虫麻吕等，明法、算术、阴阳、医术等都有人分别受到赏

---

① 李卓：《日本古代贡举的贵族化》，《史学集刊》2019 年第 5 期。

② 桃裕行：《上代学制的研究》，目黑书店，1947，第 418 页，转引自李卓《日本古代贡举的贵族化》，《史学集刊》2019 年第 5 期。

③ 藤原继绳、菅野真道等：《续日本纪》卷八《元正天皇》，养老五年正月，《国史大系》第二卷，第 127 页。

赐。政府尊重这些有学问的人，优待学者。历代屡次对各道学者赐予物品，以奖励其学业；对学者有时还因其学而免其罪。这些都表明，新兴国家认识到文化繁荣的根源在于学者的活动及所施政策的健全。[1] 日本朝廷赏赐学业优异者，以物质上奖励和授予荣誉称号优待学问突出、认真问学的人，同时鼓舞后进不断进取。

在官方的认知里，大学寮等教育不兴的原因是学生贫困。圣武天皇天平二年（730）三月，太政官上奏说："大学生徒，既经岁月，习业庸浅，犹难博达。实是家道穷困，无物资给，虽有好学之心，不堪遂志。"[2] 于是经太政官奏请，挑选五至十名天性聪慧、艺业优良的学生，赏赐他们夏冬服装和伙食费，让他们专精学问。赏赐衣物资费虽然有激励作用，但毕竟只能惠及少数人，因而日本天皇又为大学寮等机构拨置了公廨田，以资助学生学习。孝谦天皇天平宝字元年（757），为了振兴礼乐，拨给在京的大学寮、典药寮等教育机构公廨田。其中，大学寮三十町，雅乐寮、阴阳寮和典药寮各十町，内药司八町。大学寮等机构可以将受封的土地出租，将租金收益用于补贴贫困学生的衣食等费用。由于公廨田有助学、劝学的意义，所以后来就被称为"劝学田"。桓武天皇延历十三年（794），又拨给大学寮越前国的水田一百〇二町。醍醐天皇延喜十四年（914），三善清行上奏《意见封事十二条》，建议将大学寮的劝学田增至二百町，并将每年常陆国举稻九万四千束和丹后国举稻八百束的利稻拨发，用于充实大学寮的杂用或学生的伙食。[3] 但实际上，平安时代的劝学田已经迅速减少，有些地方的劝学田甚至大量荒弃。三善清行上言的当年，劝学田仅剩七町。[4]

有学者认为："劝学田大量减少和荒废，是平安初期延喜年间以后

① 坂本太郎：《日本史概说》，第9页。
② 德川光国：《日本史记》卷一六，安徽人民出版社，2013，第129页；藤原继绳、菅野真道等：《续日本纪》卷一〇《圣武天皇》，天平二年三月，《国史大系》第二卷，第178页。
③ 藤原明衡：《本朝文粹》第二卷《三善清行〈意见十二条〉》"请加给大学生徒食料事"条，转引自梁忠义《日本教育》，吉林教育出版社，2000，第56页。
④ 同上书，第57页。

大学寮急剧衰退的主要原因之一。"① 但是，这种理解未必符合实际情况。毕竟大学寮的学生是五位以上贵族的子弟，这种身份出身的人因家境贫困而无心向学的可能性到底有多大，值得怀疑。而且朝廷一再拨发的劝学田也并未受到重视，恰好说明大学寮并不重视劝学田所带来的经济收入。日本学者西村真次指出："当时的时代氛围是崇尚享乐，做学问需要认真的态度，而且枯燥乏味，做起来非常辛苦。所以喜欢做学问的人很少。青年人都憧憬享受和名誉。天平时期即将迎来学问绝迹的时代。"② 贵族子弟贪图享乐、无心向学，恐怕才是大学寮一蹶不振的重要原因。

因此，日本朝廷只好强制学者招收学生，强制贵族子弟入学。天平二年（730），阴阳、医学、七曜和颁历等博士都进入老年，如不教授弟子，恐怕学问传承从此断绝。于是，日本朝廷命令吉田宜、大津守、御立清道、难波吉成、山口田主、和部石村、志斐三田次七人培养弟子，给予准大学生的待遇；又令粟田马养、播磨乙安等五人，各收两名弟子，学习外语。天平十一年（739），又下令上层贵族的"荫子孙"进入大学寮学习，并降低入学的出身限制，使下级官员的子弟有机会进入大学寮。比如允许新设的文章科、明法科招收"舍人""兵卫""资人"以及"卫士""仕丁"入学，前三种为"荫子孙"或"位子"，后两种为平民子弟。

平安时代，日本朝廷也曾多次发布命令强制贵族子弟入学。平城天皇大同元年（806），敕令诸王及五位以上官员的子孙，十岁以上者都必须入大学寮分业学习。③ 为了充实大学寮的学生数量，不仅强制五位以上官员子孙入学，而且降低了入学年龄。但是这一举措并没有振兴大学寮，反而带来了学生积年不能成业的负面效应。嵯峨天皇弘仁三年

---

① 梁忠义：《日本教育》，第 57 页。

② 西村真次：《早稻田日本史》第二卷《飞鸟宁乐时代》，米彦军译，华文出版社，2020，第 269 页。

③ 藤原绪嗣：《日本后纪》卷一四《平城天皇》，大同元年六月，《国史大系》第三卷，第 73 页。

（812），不得不暂缓强制入学的政策。淳和天皇天长元年（824），又下令五位以上官吏的子孙，二十岁以下者皆入大学寮学习经史。^① 这次又将年龄上限提高了。到了 10 世纪初，大学寮已经走向全面衰亡。于是，延喜年间，朝廷彻底放弃入学年龄限制和出身限制，敕令说"凡游学之徒，情愿入学，不限年龄多少，总加简试，其有通一经，听预学生。但诸王及五位以上子孙，不繁简试"^②。这从侧面反映了贵族子弟无心入大学寮就读以及大学寮生源严重不足的窘迫情形。

日本官学教育科目与贡举科目并不匹配，也是一大弊端。如前所述，日本的贡举考试主要科目为秀才、明经、进士、明法四科，但是《大宝律令·学令》中规定的教学科目主要围绕明经一科展开。想参加秀才、进士和明法科考试的人员，还需要通过其他渠道学习。学制与贡举的不一致，不仅妨碍了学生的贡举仕途，也限制了官学的发展。

为了与贡举考试科目相对应，日本朝廷还调整了大学寮的学科组织。神龟五年（728）七月，圣武天皇下令增置文章博士一人、律学博士二人，秩同大学助博士，并设置学生二十人。这时候的学生应该是占用明经生的名额，并没有增设员额。学生可以依兴趣自行选择读文章或者律学。天平二年（730），正式确定文章科员额二十、明法生员额十人。从此，正式确立了明经、文章、算学、明法四科。大同三年（808），平城天皇从文章科中析出纪传科。纪传科主要教授中国史学类典籍，如《史记》《汉书》《晋书》等。这时候已经有"道"的概念，所以大学寮的学科都称某某道。到了仁明天皇承和元年（834），又将纪传道归并到文章道。从此一直到《延喜式》制定，大学寮基本呈四道并立的局面。

文章、明法两科的设置，除了增加大学寮的教学学科外，还为下级官员子弟和平民子弟增加了进入大学寮修读的机会。按规定，杂任及白丁，不限年龄多寡，都可以录取为文章生、明法生。文章科的博士，秩

---

① 佚名：《类聚三代格》卷七《公卿意见事》，天长元季八月廿日太政官符，《国史大系》第十二卷，第 345 页。

② 藤原时平、藤原忠平等：《延喜式》卷二〇《大学寮》，《国史大系》第十三卷，第 649 页。

同大学助博士，可见文章科设立之初地位较低。陈水逢认为，这是由于奈良时代一般贵族均注重明经道造成的结果。① 然而，文章科的出现使得日本社会争相以赋汉诗、作汉文为荣。到了平安时代，贵族向往唐朝文风的潮流日益兴盛，文章生的地位与要求也得到了显著提高。

808 年，纪传科从文章科独立出去后，文章科的地位发生了巨大的转变。弘仁十一年（820），嵯峨天皇仿照唐朝的弘文馆、崇文馆制度改革文章科。一是将生源由杂任、白丁改为良家子弟。参照弘文馆、崇文馆的录取标准的话，应该是三位以上的贵族子弟。如此一来，文章生的出身要求高于大学寮的其他科目。二是在文章生中设置俊士五人、秀才二人，文章生优秀者复试为俊士，俊士中的翘楚为秀才生。该举措将文章科贵族化，再次将下级官员子弟和庶民子弟屏蔽在大学寮的大门之外。第二年，又提升文章博士的官位，由原来的位同大学助博士的正七位下提升到从五位下，高于大学博士的正六位下，仅次于大学头的从五位上。大学寮也由一个培养官吏人才的机构，逐渐转变为贵族子弟学习语言文学和基本教养的场所。827 年，中纳言安世良峰上奏道："太政官去十一年十五日符称，案唐式，照文、崇文两馆学生，取三品以上子孙，不选凡流。今须文章生者取良家子弟，寮试诗若赋补之。……偏据符文，似谓三品以上。纵果如符文，有妨学道。何者？大学尚才之处，养贤之地也。天下之俊咸来，海内之英并粹。游夏之徒，元非卿相之子；扬马之辈，出自寒素之门。高才未必贵种，贵种未必高才。且夫王者之用人，唯才是贵。"② 安世良峰强调"高才未必贵种，贵种未必高才"，主张朝廷取消文章生的身份限制，唯才是举。透露出文章生作为参加秀才科的主要考生，也已经趋向贵族化。高明士认为，文章科的制度类似唐朝的国子监下的广文馆，其走向贵族化，蓝图依然在唐制，只

① 陈水逢：《中国文化之东渐与唐代政教对日本王朝时代的影响》，中国国家图书馆蓝印本，1966，第 86 页。

② 藤原明衡：《本朝文粹》卷二《安世良峰〈太政应补文章生并得业生复旧例事〉》，大曾根章介、金原理、后藤昭雄《新日本古典文学大系》第二十七卷，岩波书店，1992，第 145 页，转引自崔晓《从日本汉诗看古代日本贡举制度》，《世界历史》2012 年第 1 期。

是到了日本以后变为极端。①

经过嵯峨天皇的改革，文章科彻底取代明经科，成为大学寮一枝独秀的科目，改变了日本的学术风向。明经科以讲授儒家的思想道德和政治理念为主，文章科则以教授汉语诗文、和歌为主。文章科的贵族化，实际上是中央政府向贵族喜好妥协的一种结果。大学寮被贵族垄断得更为彻底了。

综上所述，大学寮自创设之始就存在贵族化的倾向，经过奈良、平安时代的改革，该隐患不仅没有消除，反而进一步加强。10世纪以后，日本的大学寮基本上被贵族所把持，出现学官教职世袭化、私家化等现象。

一方面，贡举考试各科对应的教学道分别被某氏族垄断。大学寮的主要科目即纪传、明经、明法和算道等四道的课程，由不同家系的学官讲授，教职也是由这些学官家系世代掌握。纪传道的纪传博士，由菅原氏、大江氏、藤原南家、藤原式家、日野家等氏族世袭；明经道的明经博士，由中原氏、清原氏世袭；明法道的明法博士，由坂上氏、中原氏世袭；算道的算博士，由小椊氏、三善氏世袭。文章道文章博士的竞争相当激烈，长期是菅原家与大江家的世袭家职。9世纪晚期，文章博士有了两个特权，一个是"举牒"，负责推举文章生晋升文章得业生；另一个是"选举"，即举送学生任官。当文章博士成为贵族私家之任后，往往只推举门人弟子。在贵族化日益严重的情况下，即使是贵族子弟，能否入仕也一定程度上掌握在这些私家化的博士手中。大学寮博士推荐学生参加贡举，不是依据被推荐者的才学高下，而是以家庭出身，致使科举考试逐渐流为形式。② 尤其是秀才科，更被贵族子弟所垄断，成为一种功名世袭制。由此，以巩固中央集权为根本目的的贡举制逐渐走向贵族化，不仅无法压制贵族，反而成为贵族的囊中之物。

另一方面，平安中期以后，大学寮呈现出衰落之象，以藤原氏为首

① 高明士：《东亚教育圈形成史论》，第252页。

② 高明士：《隋唐贡举制对日本、新罗的影响》，载林天蔚、黄约瑟《古代中日韩关系研究》，第94页。

的贵族相继为自己一族子弟开设"大学别曹"，使得官学进一步衰败。①
这些"大学别曹"的性质是私学，主要由贵族创办，最初设在大学寮附
近专供本族子弟住宿、学习的场所，后来逐渐演变为学校。有名的"大
学别曹"主要有式部少辅兼大学头和气广世于平安时代初期创办的弘文
院、821 年右大臣藤原冬嗣创办的劝学院、847 年右大臣橘氏公创办的学
馆院、881 年治部卿在原行平创办的奖学院。这些"大学别曹"不受大
学寮管辖，为贵族子弟提供了更为优越的学习环境，增强了各族贵族子
弟在大学寮中的势力，进一步削弱了大学寮的作用，使官学逐渐流于
形式。

地方上的国学，也以不同的方式走上衰亡。按照《大宝律令》的规
划，每国都设置一所国学，但是实际上并没有实现。唐朝之所以能够在
全国各地设置郡学，重要的前提是汉代以来数百年的政治、经济、文化
的积累，需要有高度发展的经济水平和深厚的儒家文化积淀，并非一蹴
而就。而同时期的日本，无论是经济实力还是文化发展水平，都难以和
唐朝相比拟。所以，日本各国设立国学时，面临着缺乏足够的财力、合
格的教官、符合要求的教科书等困难。其中，最难以解决的是教官。

按照《学令》的规定，国学设国学士一人，一般从当地出身者中选
任，只有在当地没有合适人选的时候才可以从邻国选任。为了解决各国
国学教官配置问题，日本朝廷多次调整相关规定。大宝三年（703），朝
廷发出通知，如果在本国和邻国都选不到合适的人选，可以向式部省申
请，由式部省选任。② 神龟五年（728），朝廷又下令，国学士可按每三、
四个国设一名的比例进行设置。

在此背景下，国学逐渐发展起来。养老七年（723），首先在伊势、
远江、常陆、美浓、武藏、越前、丹波、出云、播磨、伊予、备后、陆

---

① 寄田启夫、山中芳和：《日本教育史》，密涅瓦书房，1993，第 4—7 页，转引自
吴光辉《日本科举制的兴亡》，《厦门大学学报（哲学社会科学版）》2003 年第 5
期。

② 藤原继绳、菅野真道等：《续日本纪》卷三《文武天皇》，大宝三年三月，《国史
大系》第二卷，第 27 页。

奥、长门设置了国学，都配置了国学士和医师。到了宝龟十年（779），开始恢复每国设立一所国学的制度。到了平安前期的弘仁年间（810—824），国学遍布五十八个国，进入了全盛时期。

但是师资严重不足一直困扰着国学，严重阻碍了国学的发展。为了进一步解决这一问题，孝谦天皇天平胜宝九年（757），规定大学寮的明经生、传生，还有典药寮的医生、针生，阴阳寮的天文生、阴阳生、历算生等，都可以出任国学的学官。到了平安时代，还允许不是大学寮毕业的"非受业博士"或"非业博士"到国学担任国学士，甚至出现了在京城对国学士进行"遥授"的博士。[①] 到了平安时代，国学士有三十人左右，不能满足每国都有国学士的需求。平安时代中期以后，国学就迅速衰亡了。

大学寮的贵族化、国学的衰亡，也使得贡举制走向空泛化与形式化，成为一种功名世袭制，加速了日本的贡举走向终结。正如有学者所指出的："可以说日本贡举在起点上就摒弃了科举的平等原则，进而堵塞了普通平民子弟进入仕途之路，也使贡举制因缺乏广泛的群众基础而无法具有像中国科举那样旺盛的生命力。"[②] 日本贡举制允许特招其他人员，规定碍于身份不能进大学寮的，可以先进入地方国学，在学习九年之内达到通二经以上的标准后，申送式部省，经考试后补为大学生或授予位阶。[③] 这种被认为是"庶民进入中央官界的唯一途径"，似乎为日本的贡举制的身份限制打开了一个缺口。[④] 然而，从庆云年间（704—707）到承平年间（931—938）这 230 多年中，经过方略试考取秀才的也仅有65 人。宽平（889—898）以后，"只有儒后儒孙，相承父祖之业。不依

① 梁忠义：《日本教育》，第 60 页。

② 李卓：《日本古代贡举的贵族化》，《史学集刊》2019 年第 5 期。

③ 清原夏野、小野篁等：《令义解》卷四《学令第十一》，《国史大系》第十二卷，第 122 页。

④ 多贺秋五郎《唐代教育史的研究——日本学校教育的源流》，不昧堂，1953，第155 页，转引自崔晓《从日本汉诗看古代日本贡举制度》，《世界历史》2012 年第1 期。

门风，偶攀仙桂者，不过四五人而已"①。可见，尽管设立之初日本统治者确实曾经设计了庶民入仕的通道，但是到了 9 世纪，这个通道日益狭窄。927 年颁布的《延喜式》又规定，只有得业生才能参加国家任官考试。② 庶族子弟进入仕途的难度与复杂程度进一步增加，日本的贡举制丧失了公平选拔人才的初衷。到 12 世纪，伴随着日本公卿政治的崩溃，式部省试虽然形式上仍然保留实施，但是名目已经彻底发生变化。士子参加考试都须经权贵人士推荐，考试内容主要是应酬宴会与行幸的赋诗，及第条件很低。

在日本的选官体系中，贡举制的地位并不高，并没有在朝廷中受到足够的重视。在日本，还有一个更受贵族青睐、在选人中扮演更为重要作用的入仕途径，那就是荫位制度。荫位制，是模仿唐朝的门荫制度，根据父祖官位而授予官阶的选官制度。相对于贡举及第的授阶，日本贵族子弟通过荫位制所获的官阶更高。根据《选叙令》的规定，五位以上的贵族子弟，只要满 21 岁就可以根据父祖恩荫叙位并直接任官，不需要充任职役历练。大体而言，普通官员的叙位年龄是 25 岁以上，但是以荫位出身则限 21 岁以上，降低了 4 岁。③ 叙位后可以根据与天皇关系的远近获得位，然后再根据位获任官职。④ 在大学寮的贵族弟子，也是年满 21 岁，不论学业考绩如何，就可以直接报送太政官进行荫位、任官。⑤ 而且有荫位资格的贵族子弟，如果参与秀才、明经考试成绩合格，可以

① 佚名：《类聚符宣抄》卷九《方略试事》，《国史大系》第十二卷，第 1288—1289 页。

② 佚名：《日本纪略》后篇一《醍醐天皇》，延喜十三年，《国史大系》第五卷，第 794 页；藤原时平、藤原忠平等：《延喜式》卷二〇《大学寮》，《国史大系》第十三卷，第 649 页。

③ 清原夏野、小野篁等：《令义解》卷四《选叙令第十二》，《国史大系》第十二卷，第 135 页。

④ 同上书，卷四《选叙令第十二》，《国史大系》第十二卷，第 135—136 页；《令集解》卷一七《选叙令》"五位以上子条"并注，内务省图书馆藏，明治刻本。

⑤ 同上书，卷三《学叙令第十一》，《国史大系》第十二卷，第 124 页。

加叙一阶官位，如果又在贡举中及第，可以在两种出身中选择高位叙位。[①] 在日本，荫位制下的贵族子弟无须勤奋苦读，单单凭借家世就可以获得正八位下到从五位下的位阶，远比贡举制的授阶高。也就是说，通过贡举考试进入仕途，不仅需要付出成倍的努力，而且官位起点更低。如果说律令制下的大学寮和贡举制度有教育贵族子弟和选拔优秀人才的设想，那么荫位制的规定则背离了这一初衷。在荫位制下，贡举制不仅不是贵族子弟入仕的唯一途径，而且是更为艰辛的渠道。凭借家世就能获得更高官位的贵族子弟，当然不愿意通过贡举入仕，这也就不难理解为什么日本贡举制的及第人数很低。可以说，荫位制削弱了贡举制，甚至加快了贡举制消亡的历史进程。

为振兴大学寮和贡举，平安时代的《延喜式》规定："凡补文章生者，试诗赋，取丁第以上。若不第之辈，犹愿一割者，不限度数试之。"[②] 也就是说，文章生评为甲、乙、丙、丁、不第五个档次，只要考到丁等就合格，而且不第者可以不限次数地重考。把文章生的要求降得这么低，恰恰表明文章生的考试已经一蹶不振、积重难返。延喜年间以后，大学寮迅速衰亡。高仓天皇治承元年（1177）四月，京都大火，大学寮的校舍被燃烧殆尽。此后，大学寮也未再复建。镰仓时代，大学寮有名无实；到了吉野时代，大学寮名实俱亡了。贡举制赖以实行的基础不复存在。

总而言之，屈从于贵族是日本儒学传播体系从诞生伊始便具有的特色。随着时间的推移，该特色日渐浓郁。这就决定了日本儒学从来都只流传在贵族之间，无法下沉至普通民众，更无法积淀成为日本本民族的文化心理。一旦政治上的扶植者丧失了权位，那么它的意识形态地位也就失去了依据。此外，日本的儒学也存在内在的缺陷。有学者指出："早期日本儒学所吸收的既然主要是汉唐经学，自然亦难于摆脱其母国

① 清原夏野、小野篁等：《令义解》卷四《选叙令第十二》，《国史大系》第十二卷，第135页。
② 藤原时平、藤原忠平等：《延喜式》卷一八《式部上》，《国史大系》第十三卷，第606页。

儒学的弊陋。加之，日本人必须阅读以异国文字汉文写成的儒家经典，因而他们更为注重章句解读而忽视义理。这样就使汉唐经学繁琐支离而缺乏思想创造力的弊陋，在日本表现得比母国更加严重。"① 学官教职世袭化、私家化的现象，更加重了日本儒学的僵化。因而，飞鸟至平安时代的儒学走向衰颓是不可避免的。

第三节　禅僧与朱子学的东传

12 世纪中期，日本进入以将军、武士为主体的武家政治与以天皇、公卿为主体的公家政治对立的时代。战争频发，摧毁了飞鸟时代以来建立起的文化事业。与汉唐儒学一样注重章句、训诂的日本儒学也陷入衰落、停滞状态。佛教成为日本文化的主流，寺院也取代学校，成为教育的主要载体。与此同时，禅宗在中国发达兴盛，成为日本儒佛两家关系变化的一个契机。朱子学传入日本，大约滥觞于 12 世纪末到 13 世纪的中日禅僧交往。在整个镰仓时代和室町时代，朱子学在日本的传播基本依附于禅学的宣传。到了室町时代后期，日本的朱子学才初具规模，并形成了自己的学派。镰仓、室町时代，朱子学虽然未能脱离佛教而独立，但经数百年的流传，其影响已逐渐扩大，从而为江户时代朱子学的独立与兴盛准备了条件。

一、镰仓时代朱子学的传入

在讨论朱子学何时传入日本时，学界一般用"宋学"来代替"朱子学"。虽然在传入时间上，学界仍未取得统一的看法，但大多认为应当是在 12、13 世纪，也就是我国的南宋末年至元朝初年以及日本镰仓幕府

---

① 王家骅：《儒家思想与日本文化》，浙江人民出版社，1990，第 50—51 页。

时代的中叶。① 在传播方式上，主要倚靠中日禅僧的交流往来。之所以出现这种特殊的传播方式，主要有两大原因：其一，自废止遣唐使以后，中日之间的正式官方交往陷入了低迷，文化交流只能倚靠其他渠道。② 武家政治奖励海外贸易，因此两国间的商船往来相当频繁。③ 加上武家极力吸收中国佛教中的禅宗、净土宗的思想，中日僧人往来频繁。僧人们在宣传禅宗、净土宗时，也将大量的朱子学相关书籍带到了日本，无形中传播了朱子学。其二，朱子学与禅宗有一定的相关性，因而也吸引了武家。朱谦之先生指出："当时武士以好禅僧而并接受禅学与宋儒之学。镰仓时代是以武士为中心的封建社会，幕府的成立，标志着以新的阶级关系为基础的社会确立。此时统治者需要带有封建性的宗教哲学思想，又以其不文之故，对于不立文字直指单传的禅学特为欢迎。禅宗直截简明，颇与武士的性格相合；武士驰驱于矢石之中，于生死不能无念，禅僧以主观唯心主义的说教，提供武士以信佛即可得救的虚伪观点。禅与武士道相联系，而宋学又与禅相联系，武士欢迎禅，也就欢迎宋学。"④

南宋时期的入宋僧大多是修业僧侣，以学习禅宗为主要目的。根据木宫泰彦的统计，南宋时期日本的入宋僧足有一百余人，这一数字足以与唐朝时期相匹敌。⑤ 这些入宋僧在南宋停留少则数月，长则十余年，必然接触到已经声名远播的朱子学。他们回国时，往往携带大量的汉文典籍。朱子学文献也就随之东传日本。日本东洋文库存有《中庸章句》钞本，卷末有按语"正治二年三月四日，大江宗光"。正治二年即 1200

① 学界存在多种不同看法，具体可参见汤勤福：《日本朱子学的起源问题》，《南开学报》1994 年第 4 期；又收入氏著《半甲集》上，上海三联书店，2010，第286—293 页。

② 参见藤家礼之助：《中日交流两千年》，章林译，北京联合出版公司，2019，第125—143 页。

③ 参见木宫泰彦：《日中文化交流史》，第293—304 页；藤家礼之助：《中日交流两千年》，第145—154 页。

④ 朱谦之：《日本哲学史》，三联书店，1964，第26 页。

⑤ 参见木宫泰彦：《日中文化交流史》，第306—334 页。

年，可见此时朱熹的作品已经传入日本。①

　　一般认为，与朱子学东传日本关系密切的入宋禅僧主要有俊芿、圆尔辨圆、兰溪道隆等。入宋僧俊芿，于1199年携带弟子安秀、长贺入宋，在明州（今宁波）、杭州等地学习禅学。1211年，俊芿归国，除携带大量佛经外，还携带儒道书籍二百五十六卷，其中应当包括四书及相关书籍。②《汉学纪源》认为"宋书之入本邦，盖首乎僧俊芿赍回之儒书"③。在他回国之后三十年，日本出现了第一部复刻宋版的《论语集注》。有学者认为，"日本开印中国朱子学著作之始，也是朱子学传入日本的最显著的标志"，而且在这三十年内，"目前中日史籍中并没有再输入儒书的记录"，可以推断俊芿是宋学传入日本的先驱。④ 更为真确可靠的宋学东传者，应该是俊芿之后的入宋僧圆尔辨圆和赴日宋僧兰溪道隆等。

　　圆尔辨圆（1202—1280），谥号"圣一国师"，是中日文化史上第一个有书目可查的从宋朝带回朱子学著作的人。1235年，他入宋求佛法，先师从佛鉴禅师（即无准师范），后又受教于北磵居简、痴绝道冲二禅师。佛鉴授予他《佛法大明录》，告诉他："宗门大事均备于此书。"《大明录》为宋末居士奎堂所作，引程子、朱子、杨龟山、谢上蔡、罗豫章、张南轩之说，是一部援儒入佛、从禅宗角度阐释三教合一的作品。北磵居简和痴绝道冲两位禅师都主张调和儒释，痴绝道冲更提出"三教融合"论。圆尔辨圆无疑也熏染了这三位禅师的思想倾向，兼糅儒释精神于一身。1241年，他回国后在筑前、博多草创崇福和承天二寺。后来，由于获得藤原道家的崇信，又立东福寺。

　　他回国的时候带回了数千卷典籍，收藏于京都东福寺的普门院。

---

① 严绍璗：《汉籍在日本的流布研究》，第43页。

② 《泉涌寺不可弃法师传》，京都泉涌寺藏本，转引自严绍璗、源了圆《中日文化交流史大系·思想卷》，浙江人民出版社，1996，第158页；木宫泰彦：《日中文化交流史》，第353页。

③ 伊地智潜隐：《汉学纪源》，转引自严绍璗、源了圆《中日文化交流史大系·思想卷》，第158页。

④ 严绍璗、源了圆：《中日文化交流史大系·思想卷》，第159页。

1353年，东福寺第二十八世大道一以编著成《普门院经论章疏语录儒书等目录》，当时著录实存于该寺庙的汉籍外典合计一百零二种，去掉重复的，共得九十四种。① 其中，朱子学相关的有以下几种：《吕氏诗纪》五册（即《吕祖谦家塾读诗记》），《胡文定春秋解》四册，无垢先生《中庸说》二册（张九成作），《晦庵大学》一册，《晦庵大学或问》三册，《晦庵中庸或问》七册，《论语精义》三册（相传为朱子作），《论语直解》三册，《孟子精义》三册（相传为朱子作），《晦庵集注孟子》三册，《五先生语录》二册（即周茂叔、程明道、程伊川、张横渠、朱晦庵五先生）。圆尔辨圆不仅将朱子学著作传入日本，而且还为当时幕府掌权的北条时赖讲授《大明录》。这可能是日本禅林讲授朱子学的最早经筵。② 因而有学者认为，就这一点而言，圆尔辨圆可谓是日本传入宋学之第一人。③

十三世纪中期，除了入宋僧传播朱子学典籍外，被日本称为"归化僧"的赴日宋僧也致力于把朱子学说介绍到日本。他们不仅携带有关朱子学的相关书籍到日本，还依据朱子学哲理阐发禅学，尤其注重义理上的阐发。这比入宋僧以引进书籍为主的传播活动更为深入，为日后朱子学在日本的勃兴奠定了基础，真正扩大了朱子学在日本的影响。其中影响最大的当属兰溪道隆。

兰溪道隆（1213—1278），俗姓冉，法名道隆，因籍贯而号兰溪。后宇多天皇赐谥号"大觉禅师"，这是日本禅师的谥号之始。他也曾经先后师事北磵居简、痴绝道冲和无准师范三位禅师，与圆尔辨圆师出同门。他与入宋僧明观智镜交往甚笃，早有东渡之志。据《本朝高僧传》载："宽元四年（1246），（道隆）居明州天童山，适闻日本商舶泊于来远亭，往浮桥头观之。忽有神人告之曰：'师之缘，在东方。'遂来日。"④

① 严绍璗：《汉籍在日本的流布研究》，第43—47页。
② 严绍璗、源了圆：《中日文化交流史大系·思想卷》，第160页。
③ 西村时彦：《日本宋学史》，第28—29页，转引自朱谦之《日本的朱子学》，人民出版社，2000年，第40页。
④ 万元师蛮：《本朝高僧传》卷一九《道隆传》，东京帝国大学图书馆藏本。

这一年，兰溪道隆偕同弟子义翁绍仁、龙江德宣等，乘日本商船东渡日本。

1248年，执权北条时赖将道隆迎至镰仓粟船之常乐寺。1249年，北条时赖发愿创建了日本第一所具有南宋风格的纯粹禅宗道场，并迎请道隆开山住持。1253年，建长寺建成，以兰溪道隆为开山祖。道隆作建长寺钟铭，署名"建长禅寺住持宋沙门道隆"。日本禅寺之名由此而始。他在道场阐发禅宗义理，也宣讲三教合一，阐发、宣传朱子学的义理。

在侍者圆显等人著录的《大觉禅师语录》中可以看到，兰溪道隆深深浸染朱子学，常借用程朱理学的思想进行发挥，一派儒僧的面貌。他说："盖载发育，无出于天地，所以圣人以天地为本，故曰圣希天。行三纲五常，辅国弘化，贤者以圣德为心，故曰贤希圣。正心诚意，去佞绝奸，英士蹈贤人之踪，故曰士希贤。乾坤之内，宇宙之间兴教化、济黎民，实在于人耳。"[1]"三纲五常"自然是儒家思想，"盖载发育"语出《中庸》，"正心诚意"出自《大学》，"圣希天""贤希圣""士希贤"来自周濂溪《通书·志学章》。可见，他对朱子学典籍烂熟于胸，信手拈来，熟练地用于阐发义理。北条时赖向其请教教化之道，他回答道："天下大事非刚大之气，不足以当之。要明佛祖一大事因缘，须是刚大之气，始可承当。今尊官兴教化、安社稷、息干戈、清海宇，莫不以此刚大之气，定于载之升平。世间之法既能明彻，则出世间之法无二无异分。"[2]所谓"刚大之气"，实质上从孟子的"浩然之气，至刚至大"演绎而来。北条时赖又问为政之道，他回答道："政者正也，所以正文物也。文物不正则世不治。故古之圣贤先正文，而以治国矣。为正字一止也，是以不究一不能知正也。公要知为政之禅，请必究一去。一者万物之根本，

---

① 圆显等：《大觉禅师语录》卷中《建长禅寺小参》，《大日本佛教全书》第九十五册，东京帝国大学图书馆藏本。
② 同上书，卷上《常乐寺录》"复之物通人兴"条，《大日本佛教全书》第九十五册。

诸学之本源也。公究之识得一，其应用无量，何言东土之政，可以治天地也。"① 实质上是在《论语》"政者正也"的基础上加以阐发。此外，在和弟子讲论时，兰溪道隆经常谈论到宋儒反诸己身的省察功夫。他说："以上诸圣，皆自反求诸己，而至于不疑之地。且返己者何？于一切处十二时，一一从自己上反复推穷。"② 又说："参学如猫之捕鼠，先正身直视，然后向他紧要处一咬咬定，令无走作。究道参玄，亦复如是。首正其心，诚其意，目不斜视，口不乱谈。"③ 这些阐发的都是克己复性的修身功夫。

可以清楚地看出，兰溪道隆不仅熟谙朱子学的典籍和思想，善于运用朱子学的义理加以阐发，而且对朱子学有相当的认同。"在某种意义上可以说，他的禅林道场，就是传播中国宋学的基地。从兰溪道隆起，宋学在日本的传播进入了一个由形式到探究内容的阶段。"④

自兰溪道隆之后，赴日宋僧大都以儒僧的面貌出现。比如 1260 年东渡日本的西蜀禅僧兀庵普宁，先后师事痴绝道冲、无准师范两位禅师，与圆尔辨圆交好。又如 1269 年东渡的大休正念。朱谦之先生指出："道隆、普宁、大休皆以禅僧而兼理学，对于镰仓一般武士予以极大的影响。尤以普宁为幕府中心人物时赖的皈依僧，大休为时宗及北条实时、显时所倾倒。镰仓幕府礼聘儒僧不但想利用他们的技术知识，而且想利用他们的宗教来作争取统治地位的武器。镰仓武士与禅结合，禅又与儒结合。武家好禅，禅好宋学，于是乎遂使宋学伴着禅而入武家的时代。"⑤

在朱子学东传日本的过程中，儒生的踪影虽然较为罕见，但是南宋遗民李用的事迹不容忽视。《宋东莞遗民录》载其事迹道：

---

① 《人字辨》，转引自朱谦之《日本的朱子学》，第 41—42 页。
② 圆显等：《大觉禅师语录》卷下《示左马禅门》，《大日本佛教全书》第九十五册。
③ 同上。
④ 严绍璗、源了圆：《中日文化交流史大系·思想卷》，第 162 页。
⑤ 朱谦之：《日本的朱子学》，第 43 页。

李用，字叔大，邑之白马乡人。……初业科举，及读周程诸书，即弃之，杜门潜心理学，非亲友婚祭不出，如是者十年，而践履日益熟，士之从学者馆无虚日。自号竹隐，人因称曰"竹隐先生"……所著《论语解》梓行天下……理宗特书"竹隐精舍"赐之……用安贫乐道，无所求于世，其诲生徒，貌肃色和，亹亹有序，人乐从之游，以故多所造就。德祐二年，用使其婿熊飞起兵勤王，而身浮海至日本，以诗书教授，日本人多被其化，称曰"夫子"。年八十一卒，日本人以鼓吹一部，送丧返里，至今莞人送丧鼓吹号"过洋乐"，乐人皆倭衣倭帽以像之。①

陈伯陶案语："用德祐二年丙子（1276）浮海至日本，越三年祥兴己卯（1279）宋亡。用在日本教授，人被其化。其卒当宋亡以后，盖因宗邦沦丧，故栖身异域，不复返里也。"② 由此可见，将朱子学东传日本的，除了两国禅僧外，还有儒者。梁容若高度评价了李用传播理学之功："若竹隐之浮海，实为缁徒外华人传理学于扶桑之第一人。其声施虽不如朱舜水，而耿介之操，贞固之节，遭际艰屯，流离转徙，无时无地，不以淑世淑人为念，则二人初无二致。"③ 当然，由于他未能像兰溪道隆等赴日宋僧一样得到武家的保护，影响力较小。

总而言之，从 1211 年入宋僧俊艿携带儒学书籍回国，到 13 世纪 60 年代兰溪道隆、兀庵普宁等赴日宋僧在道场阐发义理，朱子学的书籍和义理都已经传入日本。由于赴日宋僧深受镰仓幕府的重视和支持，朱子学也逐渐成为日本思想文化的新内容。

二、室町时代的五山禅僧

"五山十刹"是中国南宋宁宗（1194—1224 在位）年间形成的一种

---

① 陈伯陶：《宋东莞遗民录》卷下《李用传》，民国时期东莞陈氏刊本。
② 同上。
③ 梁容若：《中日文化交流史论》，商务印书馆，1985，第 185—186 页。

禅宗寺院的寺格及位次的制度。随着日本禅宗的兴盛和发展，日本全面移植了中国的禅林制度，也设置了"五山十刹"。大体在室町时代的前中期，"五山十刹"既是佛教禅宗的活动中心，也是朱子学的传播中心。正如永田广志所指出的那样："当时在士人中间盛行的禅宗，不仅在于只同老庄乃至后世的儒教思想有密切关系，而且还因为当时留学中国的僧侣也必须亲炙宋学，所以儒学就成了僧侣特别是五山僧侣的教养之一。"[1] 这一时期，五山禅僧们（天龙寺、相国寺、建仁寺、东福寺、万寿寺的禅僧）对朱子学持兼容并蓄的态度，主张兼糅儒释，坚持儒佛互补、以儒补佛的思想理念。他们经常在一起讲习、讨论佛经和朱子学，由此在他们当中涌现出一批兼容朱子学的著名儒僧，日本的朱子学开始步入独立发展的形态，形成了日本朱子学史（儒学史）上的一个特殊形态——"五山儒学"。坂本太郎指出："镰仓时代起传来的宋学，即朱子学，与禅僧一起逐渐传播开来，到这一时期已成了儒学的主流。因此，这一时期的儒学，完全是由禅僧维持的，而公卿、博士们只是靠禅僧的提示，拾人牙慧而已。"[2] 到了室町后期，禅僧桂庵开始用"和训"训点《四书章句集注》，并于 1481 年出版了其中的《大学章句》；专门的朱子学著作，如《理气性情图》也开始刊行。朱子学在日本得到了广泛而深入的传播。

14 世纪中期，日本禅林中出现了朱子学讲筵，主要按照朱熹注讲授《四书》。朱子学讲筵的出现，是日本朱子学进入研究时期的主要标志之一。该现象的出现，与日本当时的政治形势不无关联。虽然镰仓幕府分别在 1274 年和 1281 年成功抗击元朝，但是经济损失惨重，朝政陷入了窘境，无法兑现承诺抗元武士的赏金。于是，心怀不满的武士们纷纷倒向公家。后醍醐天皇即位后（1318），利用这个绝佳机会，联合反幕府的武士和寺社力量，策动了多次倒幕运动。1333 年，在足利尊氏等倒幕武士的帮助下，倒幕成功，北条氏和镰仓幕府宣告灭亡。后醍醐天皇一度

---

① 永田广志：《日本哲学思想史》，版本图书馆编译室译，商务印书馆，1978，第 35 页。

② 坂本太郎：《日本史概说》，第 236 页。

恢复天皇亲政，开始了短暂的"建武中兴"（1333—1336）。在倒幕的过程中，后醍醐天皇曾将朱子学的"名分论"作为策动倒幕运动的思想武器。身为皇太子时，他便喜好钻研儒学和禅学，即位后曾邀请玄惠入宫讲授朱子学，开启了朱子学讲筵的先声。

玄惠（1279—1350），号独清轩，天台宗学僧，深通朱子学，是日本正式开设朱子学讲筵的第一人。《大日本史》称他"粗涉书史，由有词藻为世所称，长读司马光《资治通鉴》，尊信程颢、程颐、朱熹之说"①。后醍醐天皇招其侍读，"先是，经筵专用汉唐诸儒之注疏。至是，玄惠始唱程朱之说，世人往往学之者。"② 一条兼良在《尺素往来》中也说："近代独清轩玄惠法印，宋朝濂洛之义为正，开讲席于朝廷以来，程朱二公之新释，可为肝心候也。"③ 花园天皇曾在日记中记载了数次后醍醐天皇、朝臣们与玄惠切磋朱子学的情况：

> 元应元年（1319）闰七月廿二日甲辰，今夜资朝（日野资朝，引者注）、公时（菅原公时，引者注）等，于御堂上局谈《论语》，僧等济济交之。朕窃立闻之。玄惠僧都义，诚达道峙，其余人皆谈义势，悉叶道理。④

> 元享二年（1322）七月廿七日癸亥。谈《尚书》，人数同先。其意不能具记。行亲（当时的大学头，引者注）义，其意涉佛教，其词似禅家，近日禁里之风也，即是宋朝之义也。⑤

元享三年（1323）七月，又记述道："近日风体，以理学为先。"⑥ 虽然

---

① 光国源：《大日本史》卷二一七《文学列传·僧玄慧》，东京吉川弘文馆，明治四十四年排印本。

② 同上。

③ 一条兼良：《尺素往来》，转引自严绍璗、源了圆《中日文化交流史大系·思想卷》，第163页。

④《花园天皇宸记》，转引自严绍璗《汉籍在日本的流布研究》，第42页。

⑤ 同上书，第164页。

⑥《花园天皇宸记》，转引自王家骅《儒家思想与日本文化》，第61页。

已经难以探知当时讲筵的具体内容，但是从上述记述中也能清晰地了解到玄惠讲筵确实以朱子学为核心。玄惠一生讲学，弟子门生众多，日野资朝、日野俊基、菅原公时、吉田冬方等人都成为玄惠的学生，在朱子学方面造诣颇深。他们都拥护朱子学"大义名分"论，是后醍醐天皇倒幕活动最得力的助手。其中日野资朝、日野俊基曾纷到各地向不满镰仓幕府的武士宣扬朱子的名分大义，拉拢他们的支持。尽管"建武中兴"以失败告终，但是在这个过程中，朱子学被用作倒幕的思想武器，政治影响力已经得到极大的提升。因而，永田广志说："在京都奠定宋学基础的人，一般认为是曾任后醍醐天皇侍讲的僧玄惠。因而传说跟他学习的北畠亲房受到宋学的影响，或者他的《神皇正统记》受到朱子的《资治通鉴纲目》精神的影响，也不是没有原因的。"①

　　玄惠倡导程朱之说，开日本朱子学研究之风。朱子学讲筵从此逐渐兴盛，无论是禅林还是俗众都不乏讲解朱子学之人，如菅原公时、义堂周信等。他们都用朱子注讲解四书，与之前讲解汉唐章句训诂截然不同。僧侣们积极参加讲筵，学习朱子学义理。根据记载，"宝德元年（1449）闰十月三日，长照院竺华来过。竺华曰：吾翁大椿筑紫人也，少年东游，就常州师，学四书五经，始闻《孟子》讲。时食不足，就人求豆一斗，挂之座隅，日熬一握，以疗饥耳。如是者凡五旬。"② 禅僧为了学习四书五经，竟然忍受了长达五十天的饥饿。其刻苦勤奋向学的精神固然令人动容，但更值得关注的是朱子学在禅僧中的吸引力、影响力。此外，日本皇子龙泉令淬曾致信玄惠道："伏念叟傍为京学之保障，而士大夫之有文者，莫不从而受教也。而身老矣，虽欲解形村墅，又为王公将相之所要诱而不得自便也。"③ 可见此时的朱子学讲学活动在士林中的影响力也不容低估。

---

① 永田广志：《日本哲学思想史》，第62页。

② 茅原定：《茅窗漫录》，《日本随笔大成》（第一期）22册，弘文馆昭和五十一年，转引自严绍璗、源了圆《中日文化交流史大系·思想卷》，第165页。

③《松山集·贻独醒老书》，转引自严绍璗、源了圆《中日文化交流史大系·思想卷》，第166页。

随着朱子学影响力扩大，朱子学典籍的需求量也随之增大。室町时代流传的儒家经典仍是以汉唐旧注为主，难以满足士人的需求。于是，禅僧歧阳方秀用朱子注讲解四书的同时，又加以"和训"。所谓"和训"，就是按照汉字的原意标注日本假名，帮助汉文程度不高或不懂汉字的日本人领会汉籍的含义。汉籍和训大约起源于平安时期，真正形成始于歧阳方秀的《四书》和训，完成于桂庵玄树的"桂庵标点"。汉籍和训的出现，极大地推动了汉文化的传播，使得日本朱子学研究面目为之一新，也促使朱子学讲筵达到兴隆的阶段。

禅僧文之玄昌在《南浦文集》中说道："我今说《集注》和训之权舆。昔者应永年间（1394—1428），南渡归船载《四书集注》与《诗经蔡传》来，而达之洛阳。于是，惠山不二歧阳和尚始讲此书，为之和训，以正本国传习之误。"① 文中所说的"惠山不二歧阳和尚"即为歧阳方秀。歧阳方秀（1363—1424），号不二道人。早年师从梦岩祖应，已由禅入儒。梦岩祖应为圆尔辨圆再传门人。1386年，歧阳方秀又受学于硕学义堂周信，专攻程朱之学。三十岁，归东福寺，后来成为该寺首座。他曾批评当时的日本学界道："日本才足利一处学校，学徒负笈之地也。然在彼而称儒学教授为师者，至今不知有好书，徒就大唐所破弃之注释教诲诸人，惜哉。后来若有志本门之学者，速求新注书而可读之，云云。"② 于是，他为了推广朱子新注，总结汉籍和点的经验，运用世俗世话为四书编写和训。

歧阳方秀的弟子入明僧桂庵玄树致力于改进和训，将汉文直读变为适合初学者通读的汉文译读，也就是说不是按照汉字的读音注释假名，而是根据和训、标点理解的意思标注假名。他编写了《家法和点》，并于1501年刊印，次年又刊印了《和刻四书新注》，开创了"桂庵标点"。该方法可以让不懂汉文的日本人也能读懂朱子学典籍，领会朱子学义

---

① 严绍璗、源了圆《中日文化交流史大系·思想卷》，第167页。此处"洛阳"指京都。
② 转引自上书，第168页。

理，成为五山时代后期阅读汉文典籍的标准方法，汉籍和训也随之定型化。之后，萨南派的文之玄昌编著了《四书集注训点》《周易传义训点》《素书训点》和《周易大全训点》等，在更广泛的范围内推广了朱子学。汉文译读法有力地推动了朱子新注的普及，促使朱子学日本化向前跨出了一大步，朱子学研究著作日见增多，而成为独立的学问。因此，有学者认为和训的出现和成熟"是日本宋学研究已经成为独立学问的标志"②。

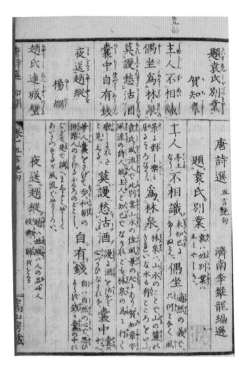

《唐诗选和训》书影①

这一时期也出现了朱子学研究的专门性著作，这是日本朱子学步入独立发展形态的标志之一。镰仓时期禅僧的《语录》，如兰溪道隆的《大觉禅师语录》、兀庵普宁《兀庵语录》、大休正念的《大休语录》，虽然都是布道传教的作品，但是他们都儒释兼综，作品里夹杂了他们对朱子学的理解和阐释。五山时代前期的禅僧文集，如玄惠的胞兄、五山文化的开创者虎关师炼的《济北集》、中岩圆月的《中正子》、义堂周信的《空话日用工夫略集》等，都以论的形式专门讨论了朱子学相关的一些议题。这些作品都是日本朱子学研究的作品，但仍不是专门研究朱子学的著作。

云章一庆所著的《理气性情图》《一性五性例儒图》等作品，是已

---

① 摘自李攀龙编选、嵩山房高英和训《唐诗选和训》，文政癸未年刻本。
② 严绍璗、源了圆：《中日文化交流史大系·思想卷》，第170页。

知的日本最早研究朱子学理气之说的著作，可惜已经散佚。① 云章一庆
（1386—1463）是歧阳方秀的弟子，"喜诵程朱之说"，曾经讲授《元亨释
书》。② 他的弟子桃溪瑞仙将他讲授《百丈清规》的讲义记录成书，名为
《百丈清规云桃抄》。该书"大众章"论心性之学，"尊祖章"论儒佛不
二，"住持章"论述三纲领八条目、格物致知和诚意正心等，"报恩章"
论儒学传统，是日本现存最早的朱子学研究著作，被认为是日本宋学达
到独立研究阶段的标志。③

之后，这种以讲义形式出现的朱子学研究著作日益增多。云章一庆
的胞弟一条兼良（1402—1481）所著的《四书童子训》，是日本最早依据
朱熹《四书章句集注》编写的和训。《茅窗漫录》记载此事道："据以上
诸说，朱学之书本朝始于后醍醐帝之时。禅阁兼良公的《四书童子训》
则据朱注而编成。"④ 清原业忠（1409—1467）也编著了《易学启蒙讲
义》。他的孙子清原宣贤（1475—1550）一人便编撰了十六种之多，有
《周易抄》《中庸抄》《童子训》《曲礼抄》《易启蒙通释抄》《大学听尘》
《论语听尘》等。可见，15 世纪中后期到 16 世纪上半叶，研究朱子学的
著作在日本已经十分流行了。

从 12 世纪中期到 15 世纪中期，经过历代禅僧们的不懈努力，朱子
学在日本已经有了长足的发展。在多种条件共同作用下，日本在 16 世纪
前后形成了多个本国的朱子学学派。

三、室町后期的博士公卿、萨南、海南三派鼎立

五山时代，在禅僧讲筵、和训汉籍、创作朱子学研究著作等风潮

---

① 参见万元师蛮：《本朝高僧传》卷四二《京兆南禅寺沙门一庆传》，东京帝国大
　学图书馆藏本。

② 同上。

③ 严绍璗：《日本中国学史》第一卷，江西人民出版社，1991，第 86—87 页。

④《茅窗漫录·朱子学四书来由并二先生像》，载《日本随笔大成》（第一期）22
　册，弘文馆昭和五十一年版，转引自严绍璗、源了园《中日文化交流史大系·
　思想卷》，第 171 页。

下，朱子学的影响范围进一步扩大，也逐渐深入宫廷，出现了一批研究朱子学的公卿贵族学者。16世纪前后，五山禅僧和公卿贵族独占朱子学的局面逐渐被打破，形成日本本国的三个朱子学学派，即博士公卿派、萨南学派和海南学派。学派的出现，意味着朱子学已经传播至世俗社会，朝着普及化的方向发展。应仁文明之乱（1467—1477）之后，日本的形势急剧变化，战争频仍，地方领主和武士趁机夺取主家的权力和领地，成为"战国大名"。从此，日本进入了连年混战的"战国时代"。为了逃避战乱，博士、公卿和禅僧纷纷离开京都，逃往各地依附地方大名。于是，朱子学逐渐普及至地方。

博士公卿派的主要代表有一条兼良、清原业忠、清原宣贤等。自奈良时代以降，博士家和公卿家大都恪守汉唐儒学，在平安后期亦呈衰颓之势。禅林朱子学讲筵兴起，为传统博士公卿儒学注入了新学风。博士公卿儒学迅速复兴起来，并形成了博士公卿派朱子学。

一条兼良世称一条禅阁，号桃华叟，又号三关老人，历任摄政、关白等职。他博学多才，精通儒、释、神道，又熟悉朝廷礼仪，擅长和歌，有"第一儒者""第一程朱学者"之誉。他虽然是公卿的代表，但其儒学也有家学渊源。其外祖父菅原秀长是当时精通朱子学的名儒，其庶兄云章一庆也是著名朱子学者。他所作的《四书童子训》完全采用朱子注，是日本最早的《四书章句集注》讲义，可以说是《四书章句集注》的和训。他受伊势神道影响，崇尚神道，调和儒释，主张神、儒、佛三教一致。他认为心为本体，神道的镜、剑、玉，儒学的智、仁、勇，佛教的般若、法身、解脱，都是心的作用，而一心的实现即所谓中道。神、儒、佛三教都归于一心，用一心来统一三教，这就是他的三教调和论的特点。在政治上，他也站在神、儒、佛三教一致的立场上提出政教政策。他倡导日本为神国，应先敬神，次崇儒佛。实际上，日本朱子学作为新兴的势力，影响力与神、佛并不可同日而语。他强调三教一致、次崇佛，实质上有助于朱子学这一新兴势力增长，使之为武家政治服务。

博士家的代表主要是清原业忠及其孙清原宣贤。当时著名的博士家有清原、菅原、中原等，而博士朱子学的确立、博士家儒学的复兴则是

清原家之功。清原业忠、清原宣贤可谓博士家儒学的复兴者。业忠的曾祖良贤是最早参酌朱子学新说的博士家，他曾为后圆融天皇进讲朱子学著作《礼记集说》。清原业忠是当时的大儒，被称为"第一等名儒"，著有《本朝书籍目录》《永享大飨记》《论语讲义》等。他曾解释《论语·里仁》"一以贯之"章道："忠体恕用，体用同一即一贯。以己心及于物，恕也。自他同一则一贯焉。""忠恕者，曾于所传道也。万殊一本，一本万殊也。"① 朱子原注如下："盖至诚无息者，道之体也，万殊之所以一本也；万物各得其所者，道之用也，一本之所以万殊也。以此观之，一以贯之实可见矣。"② 可见他受到了朱子新注的影响。但是，"从清原业忠的学问整体来看，仍然停留在以旧注为主参以新注的水平，尚未摆脱传统家风"③。

清原宣贤进一步发展、革新了清原家儒学，将学风变为以新注为主，参酌旧注。他是一代硕儒，是日本第一个用新注讲论全部四书五经之人，而且还著有近二十种朱子学研究著作。他的《论语听塵》一书，汉唐旧注只采用了《何晏集解》、皇侃《论语义疏》、韩愈《论语笔解》等四种，朱子学新注则采用了朱子集注等二十余种。

清原宣贤曾担任后柏原天皇、后奈良天皇和方仁亲王的侍读，又是幕府将军足利义植、足利义晴以及诸公卿的老师，还曾为僧俗们开设讲席，极大地推广了朱子学说。在他影响下，出现了三条西实隆等好学公卿，使公卿儒学为之一振。清原宣贤的功绩还在于为广大普通民众讲解朱子学说。1529 年六月，清原宣贤前往能登，为能登的大名畠山义总讲解《蒙求》，为时一个多月。次年，宣贤再次来到能登，在畠山义总宅邸讲解朱熹《中庸章句》和赵岐注《孟子》。1532 年，宣贤到了若狭小滨的栖云寺讲《孟子》。1545 年，又到了越前，在一乘谷附近住了下来，经常为当地人讲解朱熹《大学章句》《中庸章句》和《古文孝经》。虽然他同时讲解旧注和新注，但是以新注为主。这一时期，在地方上讲解儒

---

① 转引自王家骅《儒家思想与日本文化》，第 62—63 页。

② 朱熹：《四书章句集注·论语集注》卷二《里仁》，中华书局，1983，第 72 页。

③ 王家骅：《儒家思想与日本文化》，第 63 页。

学的博士家还有菅原章长和菅原长淳等。可以说，博士家们在地方上的讲学，向地方普及传统儒学和朱子新学，是日本儒学向地方普及的重要事件。

萨南派的活动中心在九州的萨摩（今岛根）和肥后（今鹿儿岛），其创者是入明僧桂庵玄树，所以也称作"桂庵学派"。桂庵玄树（1427—1508）自幼学习程朱理学，十六岁剃度，在长门永福寺出家。1467年，他作为遣明使团成员入明，谒见明宪宗，后周游苏杭等地，1473年归国。在明期间，他与明初江南诸儒多有往来。他归国时，日本正值应仁文明之乱，京师讲学受挫，于是前往石见和长门永福寺暂居。1477年，他受到肥后守护大名菊池为邦和菊池重朝父子的邀请，前往肥后讲学。他对菊池氏父子说，明人流传一句话："不宗朱子元非学，看到匡庐始是山。"① 劝诫菊池氏学习朱子学。1478年，他受萨摩藩主岛津忠昌延聘，至萨摩掌管与明朝交涉事宜，同时在桂树庵讲授《大学章句》，宣传闽洛之学，开创了萨南学派的学统。后来，他一度回到京都，执掌建仁寺、南禅寺。他最大的贡献是将汉籍和训定型、规范化，完成了"四书和化"的工作。在萨摩讲学期间，他还助力日本第一部朱子学著作刊印。在他的影响下，萨摩的重臣伊地知重贞于1481年刊印了朱熹的《大学章句》，1492年再次刊印。

桂庵玄树虽然是禅僧，却不受五山学风影响，阳禅阴儒。他自称"关西孔子"，奉朱子学为圭臬，所讲儒学是纯粹的朱子学，著有《岛阴集》《岛阴杂著》《桂庵家法倭点》等。明儒洪子经为他的《岛阴集》作序道："桂庵精内典，通儒书，旁及庄列，无一之不究心矣"。② 后人也称他："身披禅衣，心服阙里。"③ 他的门徒众多，肥后守护大名菊池氏、萨摩守护大名岛津氏以及他们的重臣鸟取政秀、伊地知重贞、平山忠

---

① 西村天囚：《日本宋学史》第105页，转引自王家骅《儒家思想与日本文化》，第68页。

② 转引自朱谦之《日本的朱子学》，第110页。

③ 足利衍述：《镰仓、室町时代之儒教》，第561页，转引自王家骅《儒家思想与日本文化》，第69页。

康、新纳忠亲都是他的学生。他的门下也有不少禅僧，如月渚英乘等。他的传人中月渚英乘、二洲一翁、文之玄昌、泊如竹以及海南学派的元祖南村梅轩都是著名的朱子学学者。他的学生们又到各地讲授朱子学，致使九州一带"兴仲尼之道，移东鲁之风"①。

文之玄昌去世后，文之玄昌成为萨南学派的核心人物。文之玄昌（1555—1620），号南浦，著有《南浦文集》《圣迹图和钞》《日州平治记》《砭愚论》《决胜记》《襟带集》等。他师从二洲一翁，而二洲一翁则是桂庵的弟子月渚英乘的学生。文之玄昌还曾接受明儒黄友贤的指导，学习孔孟濂洛之学。他和祖师桂庵一样，也是阳禅阴儒，崇重朱子学说。他以承继道统自命，力排旧注，倡导朱子新注。他的见解已脱离禅宗色彩，完全一派儒者的味道。他曾经说道："天下之达道有五，曰君臣、父子、夫妇、昆弟、朋友也。所以行之者有三，曰知、仁、勇也。行此三者有一，曰诚也。子思之所述，孟子之所传，不可诬也。有诚则天下国家可均也，况父子昆弟乎？是以诚满诸中，而彪诸外，则虽妇人小子，皆知其然也，否则反之。……一和成而八音调，一诚立而五典行焉。所谓诚者，真诚无妄之谓，和者从容不迫之谓也。诚与和者，反复相因，有诚则有和，有和者必有诚矣，且复古今之通议也。"② 因而学者指出："文之生于藤原惺窝之先六年，其卒仅后于惺窝一年，日本宋儒之学虽以惺窝为创始，而惺窝之学，实亦有所本。"③

文之玄昌还有一大贡献，就是完成了对岐阳方秀和桂庵玄树的和训、和点的修正工作。他的训点作品主要有《四书集注训点》《周易传义训点》《素书训点》和《周易大全倭点》等。他曾经到京都的东福寺讲解《大学章句》，受众颇广。后水尾天皇也招其入宫讲解新注。后来他西归萨摩，萨隅日三州有志于学者都可以跟他学习濂洛之学。据说："公及

① 西村天囚：《日本宋学史》，第122页，转引自王家骅《儒家思想与日本文化》，第69页。
② 文之玄昌：《南浦文集》卷首《众乐说》，转引自朱谦之《日本的朱子学》，第118页。
③ 朱谦之：《日本的朱子学》，第118页。

士大夫游其门者，问禅者少，皆受朱注，自此三州（指萨摩、大隅、日向）靡然成风。"① 可见萨南学派在九州一带已经影响极广。其门人泊如竹先后刊刻桂庵玄树及其作品，更进一步助成萨南学派的传播与发展。

海南学派又名"梅轩学派"，为南村梅轩所创。南村梅轩的生卒年、学问渊源不详。他曾经是长州守护大名大内氏的家臣，天文年间（1532—1555）曾经是土佐守护大名吉良宣经的门客，向其讲授《四书》《孝经》，并讲论为政之道。吉良宣经问他何为儒者之学，他回答道：

> 夫儒者，学者之总称，而有小人儒、君子儒之分，或有达儒、腐儒、直儒、曲儒等之目。务记诵之末，昏义理之源，徒卖名买禄，牵于利习，惟私欲是计，是小人儒也。拘泥文章字句之迹，不辨一般事务，不适当时之用，是腐儒也。其心顽曲偏颇，专引古道谤今政，不责己而尤人，巧笔舌而颠倒是非善恶，是曲儒也。君子儒则不然，讲习仁义之道，得心躬行，自纲常彝伦之大，至起居饮食之细，幽而鬼神之道，显而至天地之理，周通无遗，其心活动，左右自在，当事接物，应机从变，无所涩滞，言行一致，心貌和同，事君父以此道，使臣妾以此道，推之至治国平天下，皆莫非此道，皆谓之道义之学。②

他突出道义的核心地位，推崇讲究道义的君子儒，批判追名逐利的小人儒，并主张"存心、谨言、笃行三事，为修为之基"③。他认为，道义之学"备具于四书中而无缺"④。显然他推崇的儒学是朱子之学。不过他仍然认为禅才是根本之道。他说："三纲五常之道，足以维持天地。诸子百家弗能变更之。但明晓此心，莫若禅。心乃身之主，万事之根也。"⑤

南村梅轩门下有吉良宣经、吉良宣义、南海三叟（即忍性、如渊、

---

① 和岛芳男：《中世的儒学》，转引自王家骅《儒家思想与日本文化》，第 69 页。

② 转引自朱谦之《日本的朱子学》，第 122—123 页。

③ 转引自上书，第 123 页。

④ 同上。

⑤ 西村天囚：《日本宋学史》，第 148 页，转引自王家骅《儒家思想与日本文化》，第 70 页。

天室）等人。他离开土佐后，忍性、如渊、天室成为海南学派的中心。江户时代南学派的元祖谷时中就是天室的弟子。

总之，室町后期朱子学逐渐摆脱禅学的束缚，以独立的思想形态出现，不仅向地方普及，而且在某些地方大名的统治范围内成为主流的学术思想，甚至成为统治思想。这一时期朱子学的发展，为江户时代儒学的鼎盛奠定了坚实的基础。

第四节　江户时代朱子学的兴盛和本土化

为了建立一个更加统一、稳固的新秩序，江户时代（1603—1868）的德川幕府奉朱子学为官学，将朱子学作为"德川幕府的公认之学"①。从此以后，日本的儒学逐渐摆脱禅宗的束缚，开始独立发展，进入其在日本的鼎盛时期。这一时期，日本思想家们积极发挥主观能动性，发表了有关朱子学说的创造性见解，分别从不同角度发展甚至改造了朱子学，从而形成了京师学派、水户学派、海南学派、大阪学派以及海西学派等多个朱子学派。其中，京师学派的代表人物藤原惺窝与林罗山，在促使朱子学摆脱佛学、成为官学上贡献尤大。

一、藤原惺窝与京师朱子学派

藤原惺窝（1561—1619），名肃，字敛夫（一说敛夫误），号柴立子、昨木山人。他出生于日本的第一名门藤原家，为著名歌人中纳言藤原定家（1162—1241）的十二世孙。得益于家学渊源，其擅长作诗著文，在日本和歌与国文方面享有盛名。1591 年，当时的关白丰臣秀次曾邀他参加诗会，德川家康也请他前往江户讲解《贞观政要》。其孙藤原为经将其所作和歌、国文整理成《惺窝和歌》五卷、《惺窝文集》十二卷。

---

① 武夷山朱熹研究中心：《朱熹与中国文化》，学林出版社，1989，第 249 页。

藤原惺窝幼年颖悟，七岁跟随僧人学习《心经》《法华经》等佛经；后削发为僧，先于播州景云寺修习佛法，后又在京都五山之一的相国寺修习佛学，先后师从东明宗昊与文凤宗韶。相国寺正是室町时代朱子学的传播中心之一，精通儒学的禅僧辈出。于是，惺窝也和其他禅僧一样，既修习禅学，也研学儒学。他接触到朱子学，并认真研读宋儒性理之书，逐渐对佛教产生不满，意欲脱离佛教，改为服膺儒教。

1590 年，朝鲜国使者一行访问京都。藤原惺窝前往拜访，并赠以诗文。而朝鲜使团中的李退溪后学——许箴之却在给惺窝的书信中说道："子释氏之流而我圣人之徒，拒之尚无暇，反为不同道者谋，岂非犯圣人之戒而自陷异端。"① 被许箴之称为"不同道者"，惺窝难免受到打击。1593 年，惺窝启程前往大明，准备拜访良师研学朱子学。后因风浪，仅到达鬼界岛（今硫黄岛）、鹿儿岛。他返回京师后，恰逢丰臣秀吉派兵入侵朝鲜，不仅带回了大量的儒学作品，而且俘虏了一批朝鲜儒者。因此，惺窝又阅读了许多儒学著作，还结识了朝鲜退溪学派传人姜沆。经过一番研读后，惺窝认为"圣人无常师，吾求之于六经足矣"②。他写信给姜沆说道："日本诸家言儒者，自古至今，唯传汉儒之学而未知宋儒之理。四百年来，不能改其旧习之弊。……自谓汉唐儒者，不过记诵词章之间，才注释音训，标题事迹耳。……若无宋儒，岂续圣学之绝绪哉。"③ 十分清晰明了地表示推崇宋学的思想倾向。于是，在姜沆的协助下，惺窝闭门谢客，专心致志地探究六经经义，并开始依照朱子学的义理为四书、五经作"和训"，著成《四书五经倭训》。这是日本学术史上最早全面采用朱子学观点注解四书、五经的著作，有别于传统《论语》《孟子》和五经采用的汉唐旧注，《大学》《中庸》通行宋学新注的做法。该书的创作表明惺窝的思想旨趣已转向儒学。后来，惺窝还还俗脱离佛门，在个人生活上也脱离佛教。

① 转引自王家骅《儒家思想与日本文化》，第 78 页。
② 转引自井上哲次郎《日本朱子学派之哲学》，万丽莉译，中国社会科学出版社，
　2021，第 5 页。
③ 转引自王家骅《儒家思想与日本文化》，第 79 页。

　　藤原惺窝生活在日本战乱频发、各派系争斗纷扰的时期，但他并未参与任何派系的争斗，而是长年隐逸于民间，潜心修学。虽然藤原惺窝的学问规模庞大而深度不足，但颇具特色。

　　首先，在藤原惺窝所处的时代，程朱之学、陆王心学都已经传入日本，而惺窝则尤为推崇朱子学。朱子关于"理"的主要观点，在惺窝的论说中都能找到相似的阐释。其一，理本论。朱子认为"理"是形而上的宇宙本体，是世间万物的本源，也是世间道德的标准。藤原惺窝说："夫天道者理也，此理在天未赋于物曰天道，此理具于人心未应于事曰性，性亦理也。盖仁义礼智之性与夫元亨利贞之天道，异名而其实一也。凡人顺理则天道在其中，而天人如一者也。徇欲则人欲胜其德，而天是天人是人也。"① 可见，他也认为"理"是先于万物存在并且是万物产生之依据，是万事万物都必须遵循的宇宙真理与规则。其二，"理一分殊"说。朱子主张"理一分殊"，曾用"月印万川"的比喻加以阐释，强调从"分殊"上着眼，每人因地位不同，需要遵循的伦理规则不同，从而从宇宙本体的高度论证了儒家伦理道德的合理性。惺窝也接受了朱子的这一理论，用"理一分殊"说去解释日本等级结构的合理性，还特别注意强调只注重"理一"或"分殊"的危险性。其言道："学问之道，分别义理，以理一分殊为本。万物一理，物我无间，则必入于理一，流于释氏平等利益，墨子兼爱。专以分殊见之，则必流于杨子之为我矣。二者皆未得其善。故读圣贤之书，晓圣贤之心，则可专以理一分殊为宗。若可，则无弊矣。"② 如果只讲"理一"而不论"分殊"，就会"入于理一"，流于释墨；如果只讲"分殊"而不论"理一"，就会流于杨朱的"为我"之说，因而必须以"理一分殊"为宗，如此一来便可没有偏差。不过，惺窝对于朱子学的主要兴趣似乎不在本体论，因而很少论及理气关系，常常用有伦理道德性质的"义理""道理"解释"理"，表现

---

① 转引自吴光辉《文化与形象：日本学研究前沿》，厦门大学出版社，2019，第60页。
② 转引自张品端《藤原惺窝对朱子学的阐发》，载张品端《朱子文化和宋明理学》，
　厦门大学出版社，2016，第407页。

出对伦理学更为浓厚的兴趣。①

其次，藤原惺窝虽然推崇朱子学，但是却兼采各家学说，对陆王心学和汉唐儒学旧注都不排斥。他曾说："周子之主静，程子之持敬，朱子之穷理，象山之易简，白沙之静圆，阳明之良知，其言似异而入处不别。"② 又说："汉唐训诂之学，亦不可不一涉猎者也。其器物名数典刑，虽曰程朱，依焉而不改者伙矣，让矣而不注者数矣。"③ 显示出了兼容并蓄的博大胸怀。因而，佐藤一斋曾指出："我邦首倡濂洛之学为藤公，而早已取朱陆如此。"④

藤原惺窝被视为日本京师学派的创始人和日本朱子学的开山鼻祖。黄遵宪《日本国志·学术志》云："自藤原肃始为程朱学，师其说者凡百五十七人。"注云："肃，字敛夫，号惺窝……时海内丧乱，日寻干戈，文教扫地，而惺窝独唱道学之说。先是讲宋学者以僧元惠为始，而其学不振，自惺窝始奉朱说，林罗山、那波活所皆出其门，于是乎朱学大兴。"⑤ 藤原惺窝门下涌现出大批著名的儒者，直接推动日本儒学，尤其是朱子学进入全盛时期，因而把藤原惺窝视为江户时代独立的儒学流派的开创者，有充分的道理。

藤原惺窝对日本儒学发展的最大贡献在于，推动了日本儒学、朱子学的独立发展。惺窝脱佛归儒的做法，在当时的日本思想界引起了巨大的震动。1600年，德川家康召见藤原惺窝。惺窝身穿自制的儒者之服前往。在座的禅僧诘问惺窝道："吾子初奉佛；今又为儒，是弃真归俗也。"惺窝回答说："由佛者言之，有真谛，有俗谛，有世间，有出世。若以我观之，则人伦皆真也，未闻呼君子为俗也。我恐僧徒乃是俗也，圣人何废人间世哉？"⑥ 这是以儒家之崇人伦反驳佛教，表明其更为推崇儒家之君子、圣人，更为信奉儒学。惺窝还曾指出："我久从事释氏，然有

① 参见王家骅：《儒家思想与日本文化》，第81页。

② 转引自朱谦之《日本的朱子学》，第180页。

③ 转引自上书，第176页。

④ 转引自井上哲次郎《日本朱子学派之哲学》，第32页。

⑤ 黄遵宪：《日本国志》，天津人民出版社，2005，第782页。

⑥ 转引自井上哲次郎《日本朱子学派之哲学》，第8页。

疑于心。读圣贤书，信而不疑。道果在兹，岂人伦之外哉！释氏既绝仁种，又灭义理，是所以为异端也。"① 直接尊奉儒学为正道，指斥佛教为异端。藤原惺窝对佛学的质疑，在后世也得到了很高的评价，被视为日本儒学走向独立的象征性事件。不过，由于藤原惺窝排佛归儒的形象只见于其弟子林罗山所作之《惺窝先生行状》，因而今中宽司、大桑齐等学者对惺窝是否排佛提出了质疑。② 然而，无论如何，惺窝确实使日本儒学摆脱了佛禅的束缚，获得了独立发展的可能性，促使日本的朱子学发展成为完全独立的学派。这是他不容磨灭的历史功绩之一。

藤原惺窝推动日本朱子学独立发展，还表现在使之逐渐摆脱政府的束缚。惺窝不仅自己脱佛归儒，还主动倡导向社会普及儒学，而不是将之限制在禅僧和博士公卿之中。他反对政府只允许禅僧和少数博士公卿世家公开讲论儒学，主张应该让广大士人自由研究儒学和讲论儒家义理。他积极劝说德川家康彻底改革教育和思想文化，主张抛却佛禅，改以朱子学为官学。为了巩固新幕府的统治，德川家康接受了惺窝的建议，努力倡导朱子学，印刷了《易经》《诗经》等儒家经典和朱子学作品，还邀请惺窝为其讲授《贞观政要》和朱子学义理。后来，德川幕府历代将军都推崇朱子学，尊奉朱子学为国学。于是，日本的朱子学日渐摆脱对宫廷、博士公卿世家的依附，在社会上也出现了儒学为业的儒者，从而促使日本朱子学真真正正独立成学派。

藤原惺窝还是朱子学日本化的有力推动者。他在《假名性理》中说："日本之神道亦以正我心，怜万民，施慈悲为奥秘，尧舜之道亦以此为奥秘也。唐土曰儒道，日本曰神道，名变而心一也。"③ 主张神儒合一，用朱子学解释日本的神道，将日本的神道等同于中国的儒道，强调日本固有的武士道和神道与儒学本质上相一致。这种思想，实际上蕴含

---

① 转引自王家骅《儒家思想与日本文化》，第 79 页。

② 参见王玉强：《近世日本朱子学的确立》，社会科学文献出版社，2017，第 88—90 页。

③ 藤原惺窝：《假名性理》，转引自永田广志《日本哲学思想史》，陈应年、姜晚成、尚永清等译，商务印书馆，1983，第 66 页。

着以日本的神道与中国儒学相抗衡的意识。这就使传自中国的朱子学开始走上日本化的道路，促使日本本土朱子学派的诞生。

总而言之，作为日本朱子学说的开创者，藤原惺窝的主要历史功绩有：第一，使日本儒学摆脱佛学的羁绊，不再为禅僧和博士公卿世家所垄断，获得独立发展的地位，开始向社会传播，促使研习儒学的儒者诞生，进而令日本朱子学终于成为一个独立的学派。第二，积极向当权者宣传朱子学，推动朱子学成为官学。第三，推进朱子学的本土化，使之与日本神道相结合，成为日本武士道精神的重要内容，而大力推动朱子学向社会传播也使得德川幕府时代的武士阶层得以接受朱子学熏陶，二者相结合，进一步强化了朱子学对日本武士道精神的影响。在分析惺窝的朱子学时，新加坡学者龚道运曾指出，朱子学"在 16 世纪传入日本后，其最显著的成就在使德川时代的武士阶层接受了以朱子学为基调的文明的熏陶，为明治维新开辟了道路，就如西方近代日耳曼族接受基督教的洗礼，终于促成西欧近代文明的进展一样"。①

二、林罗山及朱子学的日本化

林罗山（1583—1657），名忠，一名信胜，号罗山，剃发后法号道春。其为藤原惺窝的弟子，是真正将朱子学确定为德川幕府时代官学的思想家。13 岁时，罗山在京都五山之一的建仁寺作"稚儿"，不剃度出家，只读书、接受教育。其宵衣旰食，造诣颇深，蜚声于五山佛门。禅僧们纷纷劝其遁入空门，认为其一定会成为禅林的翘楚。罗山不仅不愿出家，而且返回家中，并立誓："余何敢入释氏而弃父母之恩哉？且无后者，不孝之大矣，必不可为之。"② 此时的罗山已经表现出对儒家伦理的认同了。之后，罗山四处求书，专精四书五经，学业更为精进。

---

① 龚道运：《日儒藤原惺窝的朱子学》，转引自杨青《纪念朱子诞辰 860 周年国际学术会议论点综述》，载武夷山朱熹研究中心《朱子学新论——纪念朱熹诞辰八百六十周年国际学术会议论文集》，上海三联书店，1991，第 679 页。
② 转引自井上哲次郎《日本朱子学派之哲学》，第 26 页。

1600 年，18 岁的罗山不仅已经读了朱熹的《四书集注》，而且开始以该书教授弟子。这时候，公开讲授儒学经典仍然是明经博士的专利，而且博士公卿家讲授四书时，《大学》《中庸》采用朱熹的章句，而《论语》《孟子》与五经则仍然采用汉唐旧注。相较之下，罗山的讲解更为新奇，因而吸引了不少学子，也招致博士公卿家的嫉恨。外史清

林罗山像

原秀贤上奏德川家康，以未经允许讲书为由，要求惩治罗山。德川家康不以为然，反而认为罗山的做法颇为可取。于是，罗山得以继续讲授宋儒注疏。与此同时，罗山还自编了《既读书目》，列举了 440 余种。仅从书目看，罗山的阅读范围相当广泛，数量众多，不仅深入研读了儒家典籍，还广泛涉猎中国的诸子百家、佛学和天主教作品以及日本本土的典籍。在稚龄便有如此惊人的阅读量，确实难能可贵，但也有失之泛泛之虞。

1604 年，在藤原惺窝门人吉田玄之的引荐下，罗山终于拜见了仰慕已久的惺窝。惺窝赠予深衣道服，收其为弟子。于是，罗山更为孜孜汲汲，经常求问于惺窝。二人之间的问答形成两卷，名为《惺窝答问》。

1607 年，罗山被德川幕府聘为顾问。其先后服务于德川家康、秀忠、家光、家纲四代将军，深受幕府将军的信任。在此期间，其积极宣讲朱子学，向历代将军宣传朱子思想，从而确保朱子学稳坐官学宝座。

林罗山一生著作颇丰，多达一百五十多种，可谓著作等身。颇为遗憾的是，这些作品大多比较粗疏，缺乏其个人精研的成果。然而，其在日本朱子学的发展史上，尤其是朱子学日本化方面的历史功绩，确是不容抹杀。相较于其师藤原惺窝，罗山之发展与贡献主要表现在以下几个方面：

首先，更为坚定地排佛，进一步促进了日本儒学的独立。日本学者

石田一良曾指出，林罗山思想的原点就是排佛论。① 在 20 岁时，罗山曾
撰写了 18 篇以"辩"为题的文章，其中批判佛教的多达 11 篇。他批判
佛教无视人伦，不论名分纲常。在《告禅徒》中，他描写道："（妙）超
有妻子，为断恩爱之欲，使妻买酒，因闭户，杀其二岁儿，串炙之。及
妻还，见之怪焉，乃瞰炙儿以饮，妻熟视大叫唤而出，超亦便出，是乃
紫野大灯国师也。"② 借用大灯国师妙超杀子食子的传说，强烈地抨击佛
教毁灭人伦，弃绝义理，惨无人道。他还在《寄颂游书》中，从虚实之
处比较儒佛二教，其文曰：

> 夫儒也实，佛也虚，是虚实之惑，滔滔者天下皆是。今若于虚与
> 实，则谁人取虚而舍实哉？云云。昔者关中之大儒张横渠壮访释书，
> 累年尽究，其说知无所得，反而求之六经，涣然自信曰：吾道自足乌
> 乎！横渠可谓善改过者也。其在李唐则韩氏之《原道》《佛骨表》，在
> 赵宋则程子朱子已下，愧言释老之事，云云。程子曰：佛书如淫声美
> 色能易惑人。朱子曰：寂灭之说高而无实，云云。彼所谓道者，非道
> 也。吾所谓道者，道也。道也与非道也，无他，实与虚也，公与
> 私也。③

这是祖述宋儒之学以批驳佛教。显然，罗山攻击佛禅的理论水平已经高
出藤原惺窝。因而，有学者认为："可以说从林罗山开始，日本朱子学
更明确地进入了从朱子学角度界定朱子学与佛教关系的时代。"④

必须指出的是，林罗山 47 岁时接受民部卿法印，而且剃发为僧。此
举在当时遭到了非议。例如，中江藤树猛烈地批评道："夫林氏剃发，
若非佛者，则假形之徒，非从我俗矣，不言而可知。而附断发之权，卿
服之义，自欺欺人。其惑世诬民，充塞仁义，其害不可胜言。譬之小

① 转引自王玉强《近世日本朱子学的确立》，第 106 页。
② 转引自井上哲次郎《日本朱子学派之哲学》，第 39 页。
③ 转引自上书，第 41 页。
④ 王玉强：《近世日本朱子学的确立》，第 106 页。

人，犹如穿窬之盗哉？"① 实际上，罗山此举实属无奈，更有以权位进一步巩固朱子学官学地位的用意。②

其次，更为旗帜鲜明地恪守朱子学，排斥陆象山心学。在教导林罗山时，藤原惺窝曾强调对儒家内部各流派不要有异同之见，主张兼推朱陆之学。而罗山并未盲从其师，而且还曾多次对藤原惺窝兼采象山之学表示不满。其曾说道："其父子之道在六经，解经莫粹于紫阳，舍紫阳弗之从，而唯区区象山之是信，不几于似惑欤？"③ 又说："向者先生（指藤原惺窝，引者注）专言陆氏之学，陆氏之于朱子，如熏莸冰炭之相反，岂同器乎？同炉乎？"④

值得一提的是，罗山关于理气问题的阐释经历了变化。在朱子的思想中，理气二元，不离不杂，而林罗山主张理气一元。他说："太极理也，阴阳气也，太极之中本有阴阳，阴阳之中亦未尝不有太极。五常理也，五行气也，亦然。是以或以理气不可分之论胜，虽知其戾朱子之意，而或强言之，足下以为如何？"⑤ 又说："理气一而二，二而一，此宋儒之意也。然阳明子曰：'理者，气之条理；气者，理之运用。'由之思焉，则彼有支离之弊，由后学起，则右之二语，不可舍此而取彼也。要之，归乎一而已矣，惟心之谓乎？"⑥ 这显然是赞同王阳明的理气论，批判朱子的理气有支离之弊。对此，井上哲次郎认为，罗山的理气说并未采用宋儒之说，而是选择了王阳明的一元世界观。⑦ 然而，在其讲解张载的《西铭》时，又表现出接近气一元论的理气一元论，因而其理气一元论很可能来自张载的学说。⑧ 可以说，林罗山在理气关系上的阐释

---

① 转引自井上哲次郎《日本朱子学派之哲学》，第28页。

② 参见胡勇：《朱子学新生面的开显：林罗山理学思想研究》，山东大学出版社，2016，第158—159页。

③ 转引自井上哲次郎《日本朱子学派之哲学》，第33页。

④ 同上。

⑤ 转引自朱谦之《日本的朱子学》，第186页。

⑥ 转引自井上哲次郎《日本朱子学派之哲学》，第35页。

⑦ 转引自上书，第34—36页。

⑧ 参见朱谦之：《日本的朱子学》，第186页。

颇为推崇阳明学，但这并不意味着他推崇阳明学。他曾批判道："陈白沙之静坐，王阳明之良知，则虽似顿悟，虽有高明，然不平易欤。"① 又论道："阳明出，而后皇明之学大乱矣，必又有可畏之君子者出焉而一之。"② 可见，他确实是完全尊奉朱子学，排斥阳明心学，并无并推二说之意。而且，到了中年以后，林罗山的理气论便归于朱子学，声称"今崇信程朱，乃以格物为穷理之谓"③。曾有学者指出，"日本朱子学派名副其实的开创者是林罗山"，"林罗山理气论演变的终结，不独是纯思辨的结果，更主要的是林罗山要使自己的理论适应当时统治阶级的需要"。④ 可见，林罗山理气论思想的变化，与其推崇朱子学的目的密不可分。

再次，在神儒关系上，他进一步从学理上阐释"神儒一致"论。以朱子学为支点，林罗山激烈地批判了佛教和天主教等宗教。但这并不意味着他反对一切宗教。他其实也致力于调和朱子学和日本固有的宗教，即神道。当有人询问如何区别神道与儒道时，其回答道："自我观之，理一而已矣，其为异耳？"⑤ 还说："本朝神道是王道，王道是儒道，固无差等。所谓唯一宗源，理当心地，最当尽意。"⑥ 从而提出神儒一理的"理当心地之神道"。他还强调："王道一变至于神道，神道一变至于道。道，吾所谓儒道也，非所谓外道也。外道者，佛道也。"⑦ 这就将朱子学与佛学区隔为内道与外道，同时将朱子学和日本的神道都划归内道，强调二者本质相同。可以看出，其阐释神儒合一的理论性比藤原惺窝更强，而且从朱子学最高宇宙本体"理"的高度阐释了日本的神道，似乎有削弱神道神秘主义的意味。

最后，在推动朱子学社会化和官学化方面的贡献更为巨大。尽管林

---

① 转引自井上哲次郎《日本朱子学派之哲学》，第36页。

② 转引自上书，第36—37页。

③ 转引自王家骅《儒家思想与日本文化》，第84—85页。

④ 同上书，第85页。

⑤ 转引自井上哲次郎《日本朱子学派之哲学》，第45页。

⑥ 转引自朱谦之《日本的朱子学》，第188页。

⑦ 同上。

罗山的朱子学思想基本祖述朱子，对朱子学并没有太大的发展性阐述，但是他按照幕府体制的要求，力图用朱子学解决江户时代武士阶级面临的诸多问题，从而使朱子学开始在日本发挥治平的政治作用。

林罗山曾用朱子学理论为德川幕府时代的身份等级制度制造理论依据。其在《经典题说》一书中写道："天自在上，地自在下，上下之位既定，则上者贵下者贱。自然之理之所以有序，视此上下可知矣，人心亦然。上下不违，贵贱不乱，则人伦正，人伦正则国家治，国家治则王道成，此礼之盛也。"① 从天地尊卑引申出人类社会的秩序，从而将日本社会的身份等级、尊卑贵贱说成是合乎天理的永恒秩序。其又强调："世界万物均有上下名分，人间社会也是如此，君臣父子尊卑贵贱各有其位，不得混淆。"② 在江户时代的幕藩体制下，将军与大名，大名与武士之间，更像是封主与封臣的关系。因而，林罗山在忠孝观上更重视忠，以此强调封臣对封主的忠诚，进而稳定幕藩体制下统治者的内部关系。其言道：

> 孝亦道也，忠亦道也，非他，只一心而已。若夫战阵无勇，则虽苟免而偷生，然此心之义既亡，与行尸视肉无以异也。奈何无羞恶哉！若无羞恶则不义也，不孝也，不忠也，曰"竭其力"，曰"致其身"，曰"为臣死忠，为子死孝"，然二者不可得而兼也，舍轻而取重可也。③

"君国大事"比"父家之私事"更"重"，这种思想迎合了德川幕府的统治需求，林罗山因而受到德川幕府数代将军的信任与重用。入仕幕府，掌握幕府学政，参与幕府律令的制定，撰写政府的重要文书，宣讲朱子学说，为其大力推进朱子学的官学化提供了莫大的便利。于是，林罗山不遗余力地依据朱子学理论规范幕府体制下的等级秩序与伦理道德规范，推动朱子学式的法令规章与政策等在德川

---

① 转引自伊文成、马家骏《明治维新史》，辽宁教育出版社，1987，第170页。
② 同上。
③ 转引自朱谦之《日本的朱子学》，第191页。

幕府的贯彻与落实，并且全力促成神儒联手，赋予日本神道在幕府与各藩至高无上的崇高地位。

黄遵宪陈述江户时代日本朱子学勃兴之过程道：

> 逮德川氏兴，投戈讲艺，专欲以诗书之泽销兵革之气。于是崇儒重道，首拔林忠于布衣，命之起朝仪，定律令，俾世司学事，为国祭酒。及其孙信笃，遂变僧服种发，称大学头，而教儒日尊。幕府既崇儒术，首建先圣祠于江户，德川常宪自书大成殿字于上，鸟革翚飞，轮奂俱美。诸藩闻风仿效，各建学校。由是人人知儒术之贵，争自灌磨，文治之隆，远越前古。①

依照儒学，编订朝仪，重定律令，以及建太学以教授儒学等等，均起于林罗山。可以说，儒学在日本江户时代得以重新与国家制度相挂钩，林罗山厥功至伟。从林罗山起，其家族更是掌握了德川幕府的文教大权。第三代将军德川家光时，林家世袭儒官并建立学塾，专门教育贵族子弟研习朱子学说，从而进一步夯实了朱子学作为官学的地位。

总而言之，林罗山的历史功绩，主要是继藤原惺窝之后更进一步推进了日本儒学独立和朱子学官学化，继续调和神儒，为幕府统治提供了具有朱子学意味的日本神道，并将儒学与朱子学的人伦道德、社会伦理论等确定为日本的统治原则。

所谓日本儒学的独立发展，主要包含两层含义：其一是摆脱对佛禅的从属地位，作为一种独立的意识形态和思想学派逐渐发展起来；其二是脱离对中国儒学的依附，日本思想家开始按照日本本身的社会生活方式和文化理念对儒学思想进行阐发，也就是本土化、日本化。② 而这一切的起源无疑是藤原惺窝与林罗山，尤其是林罗山。其为德川幕府礼教文化政治的实施与推广奠定了坚实的基础，直接推动

---

① 黄遵宪：《日本国志》，第 781—782 页。
② 参见武斌：《中华文化海外传播史·第三卷》，陕西人民出版社，1998，第 2174 页。

了江户时代日本朱子学的兴盛与本土化。

第五节　江户时期其他儒家学派的勃兴

虽然朱子学派占据江户时代的官学地位，但并不意味着朱子学独霸当时的日本儒学界。大约在 17 世纪中期，日本出现了古学派和阳明学派。这两个学派不仅分别继承了中国儒学的部分传统，而且都对朱子学提出了批判，与日本朱子学各派各放异彩，并未淹没于朱子学的光辉之中。

一、中江藤树与心学的兴起

作为民间的儒家学派，日本的阳明学兴起于江户时代前期，兴盛于江户时代中后期，代表着下层士族、中小地主及市民的利益，对江户时代后期的日本社会变革起着积极的推动作用。其创始人为中江藤树（1608—1648），在中江藤树之后分为两派。其中，熊泽蕃山（1619—1691）、佐藤一斋（1772—1859）、大盐中斋（1793—1837）等人为事功派，更注重改造社会；梁川星岩（1789—1858）等人为德教派，更强调内省。

虽然日本最早的阳明学者出现于江户时代，但是早在室町时代，日本的禅僧便与王阳明本人有来往。1510 年，室町幕府将军足利义澄以禅僧了庵桂悟作为遣明正使，率领 290 余人来到大明朝。出使明朝期间，了庵桂悟受正德皇帝之命前往宁波育王山广利寺，因而结识了王阳明。1513 年 5 月，了庵桂悟即将东归日本，王阳明赠以《送日东正使了庵和尚归国序》。这件事被日本学者认为是阳明学东传之始。例如，川田铁弥指出："如桂悟禅宗之外，兼传程朱之学余姚之学，论知行合一之义，为日本王学倡导之矢,其在斯人乎!"① 武内义雄直接指出:"日本阳明学之传,从了庵桂悟开始。"② 日本学者石崎东国详细地论述道:

> 余姚王学为中江藤树先生初传我日本,此今日三尺童子皆知之事。然我藤树先生在阳明没后八十年始生,且在其三十七岁时方得见《阳明全书》,是岂王学东传日本在阳明之后历百十七年之星霜耶?殊不知先百三十二年前,阳明先生四十二岁时,乃与一日本老僧发生交际,是后世学者不能不知了庵桂悟和尚其人也。③

我国学者朱谦之也认为:"来中国最早传去王学的,即八十七岁之遣明使僧了庵桂悟。"④ 近年又有学者详细考辨《送日东正使了庵和尚归国序》一文,肯定了阳明学东传日本始于了庵桂悟的说法。⑤ 可以肯定地说,了庵桂悟出使明朝,与王阳明的往来,是阳明学派东传日本之始,成为日后日本阳明学派的渊源。

与中国的阳明学相似,日本的阳明学派也存在与官学朱子学相抗衡的现象。与此同时,日本的阳明学派还有一个十分显著的特点——努力与日本神道相结合。井上哲次郎指出:"若说阳明学的根本,虽然出自明朝的王阳明,但一进入日本便立刻日本化,以至于自身带有了日本的性质。若要列举其显著的表现,那就是与神道合一的倾向。扩而言之,

① 川田铁弥:《日本程朱学之源流》,转引自王守华、卞崇道《日本哲学史教程》,山东大学出版社,1989,第 105 页。
② 武内义雄:《儒教之精神》,转引自王守华、卞崇道《日本哲学史教程》,第 105 页。
③ 石崎东国:《阳明学派的人物》,前川书店,1911,第 62 页,转引自杨晓维、秦蓁《了庵桂悟使明与阳明学之初传日本——基于〈送日东正使了庵和尚归国序〉真迹实物与文本的研究》,《史林》2019 年第 5 期。
④ 朱谦之:《日本的朱子学》,第 163 页。
⑤ 杨晓维、秦蓁:《了庵桂悟使明与阳明学之初传日本——基于〈送日东正使了庵和尚归国序〉真迹实物与文本的研究》,《史林》2019 年第 5 期。

呈现出以国家精神为本的趋势。"① 这两大特点，在几位重要代表人物身上都有所表现。

中江藤树，名原，字惟命。因其常常在藤树下讲学，故而被尊称为藤树先生。他出生在日本商品经济比较发达的近江地区一个下级武士家庭。他从小便接受儒家文化教育，11 岁读《大学》，17 岁跟随禅僧学习《论语》，后来又研习《四书大全》。在 32 岁之前，中江藤树基本上是朱子学的信奉者。33 岁时，他接触到明人钟人杰编纂的《性理会通》和王阳明门人王畿的《王龙溪语录》，得到了很大的启发，开始由朱子学转向阳明学。不过，《王龙溪语录》中掺杂的禅语，也令其诧异和不解。到了 37 岁，他终于购得《阳明全书》，读后豁然大悟，感叹道："圣人一贯之学，以太虚为体，异端外道，皆在吾范围中，吾安忌言语之相同哉。"② 从此以后，他彻底倾倒于阳明学，成为日本阳明学派的开创者。中江藤树的主要作品有《翁问答》《孝经启蒙》《大学解》和《中庸解》等，其中《大学解》和《中庸解》明确地展现了他的阳明学思想。

对于转向阳明学，中江藤树曾有多次论述。他曾对弟子们说道："余尝信朱学，命汝辈专以小学为准则，今始知其拘泥之甚矣，盖守格法之与求名利，虽不可同日而论，至其害真性活泼之体则一也。汝辈读圣贤书，宜师其意，勿泥其迹。"③ 又致书池田子：

> 我深信朱子学，长期用功于此，但不觉德化之效用，对学术也心生疑问，难以愤启。此时承蒙天道之惠，传入《阳明全集》（实为《阳明全书》，引者注），买来熟读之，愚拙的我有所愤启，疑问得以解决，稍许领会德化之要领，此乃一生之大幸。如若没有这一助之力，此生或许空虚无果。④

---

① 井上哲次郎：《日本阳明学派之哲学》，付慧琴、贾思京译，中国社会科学出版社，2021，第 424 页。
② 转引自上书，第 11 页。
③ 同上。
④ 同上。

可见，他主张读书贵得其意，不必拘泥于语言文字。对其而言，接触阳明学、转入阳明学乃是人生一大幸事。值得注意的是，中江藤树转入阳明学后，虽然崇敬王阳明，但并未否定朱子。其曾言道：

> 有人云朱子为大儒，又为贤者，有人云王子为文武之士，也为贤者。的确，朱子学问过于广泛，学者近理学、远心法，王子过于仁、约，类似于异学悟道之流。然而，二人共为贤者在于以天理为心，去人欲，都不做杀害无罪之人取得天下之事。①

无论朱子，还是王阳明，都是贤者。二人的学问各有所长。他强调："我不偏不倚，我只希望这些见解最为合理，如果这并非真知，那就是我愚笨。"② 在朱王之间，他并没有党同伐异的想法。

中江藤树主张"神儒合一论"，并以阳明学为立脚点阐释神道，解释神道与儒学的相似之处：

> 天地开辟，出现人道，人道即天地之道。天地不言而教人，神圣辅助之，以言语教化人，只是神代还未出现文字，便通过物品象征人之德进行教化。盖此心中有三德，能照万事万物，晓谕明辨，溥博渊泉，而时出之，以铸镜来象征此德。神明不测而无私，宽裕温柔慈爱之德，磨玉象征之。堪忍之力强劲，不破坏事物，神武不杀之德，铸剑象征之。中国的圣人将之命名为知、仁、勇，天地之神道和汉相同，像我朝神皇之象征与中国圣人之言完全一致，不能言之奇特，因为心相同，道则相同，故神道的内在即便不借用儒道，也能心法明，政教完备，更何况异端呢？神道可谓简易明白，无微不至。③

总之，日本神道同于中国之知（智）、仁、勇，日本神皇与中国圣人之

① 转引自井上哲次郎《日本阳明学派之哲学》，第30页。
② 同上。
③ 转引自上书，第89页。

心相同，故而道亦相同。

继中江藤树之后的阳明学思想家，是熊泽蕃山。熊泽蕃山名伯继，字了介，小字次郎八，号蕃山、息游轩。其本姓野尻，因被外祖父收养而改姓熊泽。和中江藤树一样，熊泽蕃山也并非终生信奉阳明学。其一生经历了信奉朱子学，转入阳明学，再到兼糅朱王学说的几次变化。熊泽蕃山16岁初仕于冈山藩主池田光政，4年后辞职。此时的他尚未接触朱子学和阳明学。22岁，他才开始阅读朱熹的《四书集注》，接触到朱子学。次年即慕名投到中江藤树门下，开始受到阳明学的熏陶。之后，他又通过渊冈山学习了阳明学的"良知说"，俨然成为一名阳明学者。熊泽蕃山的思想与他的老师相比，"有一个特点，那就是他从根本上把阳明学的'心法'理论同易经的哲学以及见于古典的各种范畴结合起来，或者同佛教理论进行比较，作出了更加详尽的发挥"①。

扩大阳明学在日本的影响，可谓是熊泽蕃山的一个卓越贡献。27岁以后，熊泽蕃山再度从仕于冈山藩，被任命为"藩头"，主管冈山藩的军务，受到重用。在熊泽蕃山的倡导下，藩主池田光政也逐渐崇信阳明学，并邀请中江藤树的长子与门人前来讲学论道。熊泽蕃山负责主持讲论，并起草被称作"花园会约"的规则。其中第一条规定："诸子之会约，以致良知为宗。"② 熊泽蕃山成为阳明学的积极倡导者，冈山藩也俨然成为阳明学的宣传中心。后来，熊泽蕃山还跟随池田光政前往江户。一些大名和幕吏也慕名向熊泽蕃山求教，阳明学的影响因而日益扩大。这种情况引起了幕府及林罗山等御用学者的不满。于是，熊泽蕃山遭到了迫害，于37岁被迫辞职。此事被视为是江户时代初期幕府镇压思想异端的重大事件。

辞职后，熊泽蕃山过着颠沛流离的生活，但仍然不忘著述，完成了《集义和书》《集义外书》《三轮物语》和《大学或问》等重要作品。在这些作品中，熊泽蕃山折中朱王的立场表露无遗。他在《集义和书》中

---

① 永田广志：《日本哲学思想史》，第84页。

② 转引自王家骅《日本儒学史论》，王起、秦莲星、万丽莉、费清波译，江苏人民出版社，2019，第132页。

说："愚既不取于朱子，亦不取于阳明。"① 又说："愚拙自反慎独之功向内而成受用，乃取子阳明良智之发起，辨惑则依朱子穷理之学。"② 他并未否定朱子学的地位，而是认为无论是汉儒还是朱子，或者是王阳明，都各有其学术贡献，在儒学发展史上相因相继。他还主张"儒学改造论"，即必须根据日本本土的情况有选择地传播朱子学。

更有意思的是，熊泽蕃山对朱子学和阳明学都展开过批判。他说："朱学王学虽在世间竞争，但都距简易之善较远。"③ 又说："在当今儒者的形势中，无论朱学还是王学都无助于治国之道，国君世主采用得少，则危害少，采用得多，则危害多。王学之徒责难朱学为格法，但许多心学者却被格法迷惑。"④ 可见，无论是朱子学，或是阳明学，都不是他心目中完美的学说。不过深入探究后，不难发现熊泽蕃山确实不喜欢朱子学。他说："朱学虽然擅长说理，但很多与自然不符，而且，如今的朱子学家虽采用圣贤之法，但很多人的内心感情与小人相同。"⑤ 宣称折衷朱王，或许是迫于幕府御用朱子学学者迫害，为求自保，不得已而为之。他对于阳明学说，则不乏认同之论。例如，"面向内心时，哪怕一言也能尽其精微，面向心外时，即便进行千言万语的热情讲习，也只是说话而已，不能尽其精微。云云。"⑥ 又如："从凡夫到圣人的真才实学只在慎独功夫上。"⑦ 因而，熊泽蕃山虽然有折中朱子学和阳明学的表态，但究其本质仍是阳明学的崇奉者。

熊泽蕃山继承和发展了中江藤树的"神儒合一论"。他认为，日本的各种教法唯独应取神道："不执着于儒教，既见世俗学问粗鄙，又知朱学王学之弊，完全没有任何学问可取。天地之神道乃大道，我国存在日本水土孕育的神道，大道虽无名，但为我国之道，必须要选择的话，

---

① 转引自王家骅《日本儒学史论》，第 133 页。

② 同上。

③ 转引自井上哲次郎《日本阳明学派之哲学》，第 149 页。

④ 同上。

⑤ 转引自上书，第 150 页。

⑥ 同上。

⑦ 同上。

应取神道。"① 他认为 "神道与圣人之道虽名称不同，但同为人道，少不了三纲五常"②。他也借用儒学的智、仁、勇三德来为日本神道作注解，认为日本的玉、镜、剑三器分别代表仁、智、勇三大德："三种神器乃神代的经典，上古没有书，又没有文字，便制作器具用来象征。玉乃仁之象，镜乃知之象，剑乃勇之象，云云。神代的文字语言完全没有流传下来，只有三种象征保留了下来，极其简易，此乃道德学术的渊源，高明广大、深远神妙、幽玄悠久，全都具备，心法政教不求于他，足矣。"③ 他还主张日本的神道不能与其他国家的宗教相互混淆，而是应该在吸收其他宗教理念基础上发展神道。

> 日本水土孕育的神道既不能拿到中国、印度，也不能将他们的宗教拿来使用。中国的水土孕育的圣教，既不能从日本拿来，也不能拿到日本使用。印度通过人心形成的佛教也是如此，云云。既要学习儒教，也要学习佛教，理论才会丰富，心胸才会宽广，便能确立我们独立的神道。④

显然，熊泽蕃山的 "神儒合一论" 带有较为浓郁的本土意识。

1691年熊泽蕃山去世。日本的阳明学从此进入了沉寂期。直至大约一个世纪后的江户时代后期，日本的阳明学才出现复兴的迹象，出现了佐藤一斋、大盐中斋和吉田松阴等代表人物。佐藤一斋长期担任幕府官学的大学头，所以只能 "阳朱阴王"，在朱子学的包围之中传播阳明学，从而为明治维新造就了一批人才。其阳明学思想主要体现在为《周易》《大学》《近思录》和《传习录》等书所作的注中。大盐中斋不仅是日本近世晚期与佐藤一斋齐名的阳明学学者，而且以发动和领导大阪起义为后人称颂。吉田松阴出身下级武士家庭，师从佐藤一斋的门人。他曾上

---

① 转引自井上哲次郎《日本阳明学派之哲学》，第157页。

② 转引自上书，第158页。

③ 转引自上书，第156—157页。

④ 转引自上书，第157页。

言尊王攘夷，并密谋刺杀幕府老中（总理政务的幕府官员），因计谋泄露而被捕并处以极刑，时年仅 29 岁。他的精神影响了我国的维新志士。例如谭嗣同，不仅渴望成为吉田松阴式的人物，而且以身践行了吉田松阴的壮举。

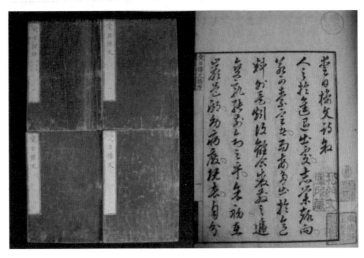

佐藤一斋著作集《爱日楼文诗》（江户时代刻本）

概而言之，日本阳明学虽然源自我国的阳明学，但是长期处于在野状态，表现出浓厚的折衷朱王的倾向。前期的中江藤树和熊泽蕃山更注重调和神儒，后期的佐藤一斋等人则更重视实践，主张变革，不仅为日本的明治维新作了思想准备，也激励了我国的维新派。

二、古学派及其分支

古学派是日本儒学的重要流派。其以古代儒家经典为依归，表面上是复古，实际上是试图在日本的朱子学和阳明学之外另外建构一个思想体系，从而与这两个学派相抗衡。有学者指出："古学派的思想是日本儒学中最具日本特色的一部分，充分表现了日本文化与日本民族心理的

特征。"① 古学派的主要代表人物为山鹿素行（1622—1685）、伊藤仁斋（1627—1705）和荻生徂徕（1666—1728）。

作为古学派的先驱，山鹿素行的思想旨趣经历了一个痛苦的变迁过程。他 9 岁便进入汤岛林家学塾，直接跟随林罗山学习儒学。他还广泛地涉猎兵学、神道、佛学、老庄与日本的歌学等。他对这些思想体系都有不满之处，因而开启了古学。他曾详细地回顾自己的思想历程道：

> 余自幼年至壮年，专攻程子、朱子之学理，故当时余著述之书，悉止于程朱之学理。中年爱好老子、庄子，玄玄虚无之说信以为本。此时尤尊信佛法。……觉得修程朱之学，则陷于持敬静坐之功夫，人品趋向沉默。老庄禅之法式，比诸朱子学豁达而自由。……然在今日之日常事务上，则无法领会。……神道虽属我国之道，……吾辈不详之点，终不得解。②

尽管他涉猎了多种学说，但是始终未能从这些学说中找到出路。经过一番思索后，他认为："读汉唐宋明学者之书不得要领，则直觉周公、孔子之书，以为规范，或可正学问之道。"③ 因此，在 41 岁时（时为宽文二年，1662），他的思想转向批判宋学，从朱子学者转为古学者。不过，诚如日本学者田原嗣郎所言："素行的朱子学批判，是没有真正理解朱子学且立足于己见的一种所谓超越性的批判。"④ 因而，他实质上是在"朱子学的地盘上与朱子斗争"⑤。

伊藤仁斋几乎和山鹿素行同时开始提倡古学，而且其思想经历与山鹿素行也十分相似。他早年醉心朱子学，后来对朱子学渐感不满，转而

---

① 王家骅：《儒家思想与日本文化》，第 128 页。
② 转引自永田广志《日本哲学思想史》第 89 页。
③ 转引自李卓、许译匀、郭丽等《日本近世史》，昆仑出版社，2016，第 336 页。
④ 田原嗣郎：《德川思想史研究》，未来社，1967，第 177 页，转引自王家骅《日本儒学史论》，第 143 页。
⑤ 相良亨：《近代日本儒教运动的系谱》，理想社，1975，第 124 页，转引自王家骅《日本儒学史论》，第 143 页。

学习阳明学和佛老之学。受我国明末学者吴廷翰启发，伊藤仁斋最终认识到朱子学、阳明学和佛老之学都脱离日常人伦，开始质疑宋儒之学不符合孔孟之道，决心直接通过《论语》《孟子》去追求真正的圣人之道。他在京都堀河家塾讲学40余年，受教者有3000余人。在他的倡导下，形成了"仁斋学派"，又称"崛川学派"。他去世后，其长子伊藤东涯继承了家塾，继续阐发和宣传古学。可以说，古学派的兴起和壮大，仁斋学派厥功至伟。江户时代中期，冈山藩儒者汤浅常山曾评论伊藤仁斋道："宋后数百年，理学滔滔，古学先生出于此中，能发独得之识，可谓射日本文运启行之嚆矢者也。"[1]

　　荻生徂徕早年也信奉朱子学，大约50岁才逐渐走上以古文辞研究倡导古学的思想路线。受我国明代学者李攀龙和王世贞的影响，荻生徂徕接受了"文章立教"和复古的思想，并运用于文学和儒学之中。其将古文辞的解读作为诠释儒学的基本方法，因而其学说被称作"古文辞学"。他的学说在日本影响巨大，"有一个时期，对于思想界，比其他任何儒学派别都产生了更为广泛的影响，大有标志了日本儒学最高峰之感"[2]。更为重要的是，他的学说最终促使日本朱子学思想体系解体，推动了江户时代儒学从封闭体系走向开放体系。[3] 而且他的学说也传到了中国和朝鲜，对中国的经学和李朝的思想都产生了一定的影响。

　　三人之间并无明确的师承关系，思想上虽有共通之处，但也有不少差异。他们虽然都标榜古学，但是"三人三趣"。"所谓三人三趣，即素行是兵学者，他钻研儒学，具有打通儒学、兵学而融为一体的特点；仁斋有君子之风，具有专注个人道德实践的特点；徂徕重功利主义，兼具

---

① 转引自井上哲次郎《日本古学派之哲学》，王起译，中国社会科学出版社，2021，第90页。

② 永田广志：《日本哲学思想史》，第139页。

③ 参见丸山真男：《日本政治思想史研究》，王中江译，三联书店，2001，第42页；相良亨：《江户时代的儒教》，载宇野精一等《东洋思想日本的展开》，东京大学出版会，1967，第281—288页，转引自王家骅《日本儒学史论》，第151—152页。

文学者与政治家之特点。因此，三人在古学派中各成一派。"①

虽说"三人三趣"，但是三人在尊崇古代经典、复归于古代经典上却是一致的。当然他们倡导回归古代经典，提倡复古，并不是简单地回归中国传统的孔孟之学，而是借此否定朱子学，并从中探索有益于当时社会的思想。古学派的得名，就是因为这个学派排斥汉唐以后的儒学，认为只有古代的儒学——也就是孔孟的儒学——才有真义，而且孔孟道统自宋代起已经湮灭了。在他们看来，朱子学不仅不是儒学正统，而且还是异端邪说。朱谦之先生曾指出，日本古学派的复古主张，实际上是要回归经世之学与实用之学。②

山鹿素行的复古思想从道统观出发。他认为，孔子的道统早已断绝。他说："圣人之道，夫子没而后虽不明，子思、孟轲少有其传。汉唐之间，虽人皆知圣人可贵，其学杂博而不纯，至宋周、程、张子，皆嗣曾点之风流，圣人之微旨殆绝。朱子近于日用之间详其学，是孟轲之后，唯朱子一人之功也。"③ 尽管他并未彻底否认朱子学与孔子之学的关联，也仅认为朱熹为孔子学说之余流而已："道统之传，至宋竟泯没，况陆王之徒不足算，惟朱元晦大功圣经，然不得超出余流。"④ 因此，他决心"以周公、孔子为师，不师汉、唐、宋、明诸儒，为学志在圣教，而不在异端"。⑤ 俨然以承续孔子道统正宗者自居。

伊藤仁斋则撰写了《论语古义》《孟子古义》《论孟字义》等作品，试图在《论语》《孟子》中探寻孔孟的真义，并建构自己的思想体系。⑥ 他运用文献学的方法，否定朱子学推崇的《大学》《中庸》之正统性，认为《大学》乃汉人伪作，并非孔子遗书，《中庸》也有不少后人冒名增添的内容，但保存了《论语》的衍义。他还认为《论语》和《孟子》互为表里、相得益彰，《孟子》是《论语》至关重要的注脚。他自称以

---

① 转引自井上哲次郎《日本古学派之哲学》，第 8 页。

② 朱谦之：《日本的古学及阳明学》，人民出版社，2000，第 27 页。

③ 转引自井上哲次郎《日本古学派之哲学》，第 37 页。

④ 转引自王守华、卞崇道《日本哲学史教程》，第 79 页。

⑤ 同上。

⑥ 刘宗贤、蔡德贵：《当代东方儒学》，人民出版社，2003，第 166 页。

孔子为标准，主张摈斥六经内容中与《论语》《孟子》相抵触的地方，并对宋儒展开批判，认为宋儒之论与佛老相通，大多不是圣人之意，而是异端之论。伊藤仁斋的表面目标是重新获得原初的孔孟思想，即所谓的"古义"，因此其学说也被称作"古义学"。此外，他还针对宋学的心性之学，根据《论语》《孟子》的义理，主张儒家古典主义的"仁学"，认为"道者何？仁义是也"。[①] 他将孟子的四端视作道德之"端本"，并否定宋儒仁义礼智乃"性之名"的看法："仁义礼智四者，皆道德之名，而非性之名。道德者，以遍达于天下而言，非一人之所有也。性者，以专有于己而言，非天下之所该也。此性与道德之辨也。"[②] 又强调："仁义二者，实道德之大端，万善之总脑。智礼二者，皆从此而出。"[③]

　　相较于伊藤仁斋重《论语》和《孟子》，荻生徂徕则推崇《荀子》和六经。[④] 他贬低《孟子》，认为《孟子》的撰写是为了与告子争论，没有体现真正的古道。荻生徂徕认为六经才是真正的先王之道，主张从六经中探寻："欲求圣人之道者，必求诸六经以识其物，求诸秦汉以前书以识其名，名与物不舛，而后圣人之道可得而言焉已。"[⑤] 荻生徂徕还极力地为荀子昭雪："孟、荀匹也。韩愈之喜孟，犹且不得不以并称者以此。至于宋儒跻以媲仲尼，跻其书以媲《论语》，何肆也？明帝因之，布诸学宫，以为功令，而后孔、孟《论》《孟》为天下之公言。荀则以性恶见摈，又援李斯而逮累之。今学者遂唾其书弗顾，甚或至下比诸申韩诸家，又何之冤耶？云云。"[⑥] 他的一些思想均来自荀子。例如，他论礼、论乐，与《荀子》几乎同出一辙。[⑦]

　　从六经即先王之道出发，荻生徂徕认为孔子的核心思想"仁"，不外乎"养之道""治国家之道"和"长人安民之道"，其内容就是礼乐刑

---

① 转引自井上哲次郎《日本古学派之哲学》，第 133 页。

② 转引自上书，第 139 页。

③ 转引自上书，第 137 页。

④ 刘宗贤、蔡德贵：《当代东方儒学》，第 166 页。

⑤ 转引自严绍璗《日本中国学史》第一卷，第 131 页。

⑥ 转引自井上哲次郎《日本古学派之哲学》，第 312 页。

⑦ 参见上书，第 312—314 页。

政："礼乐刑政，先王以是尽安天下之道，是所谓仁也。"① 他进一步将自然规律和人的生活法则区分开，指出："先王之道，先王所造也。非天地自然之道也。盖先王以聪明睿智之德，受天命，王天下。其心一以安天下为务，是以尽其心力，极其智巧，造作是道，使天下后世之人由是而行之。岂天地自然有之哉。"② 也就是说，先王之道并不是先天存在的，而是先王所造。借此他批评宋儒专重道德功夫：

> 圣人之道专为治国天下之道。所谓道，非事物当行之理，非天地自然之道，圣人所设立之道也。道乃治国天下之术。且圣人之教专指礼乐，乃有风雅文采者，未尝涉心法、理窟。宋儒以来，合实际事业而先为理窟，不顾风雅文采而陷于野卑。忘道乃天子之道，故专说道理悟人为第一。③

他又进一步指斥宋儒之弊，遮蔽了先王之道："后儒仅能言精粗本末一以贯之，而察其意所向往，则亦唯重内轻外，贵精贱粗，贵简贵要，贵明白贵齐整。由此以往，先王之道，藉以衰飒枯槁，肃杀之气，塞于宇宙。"④ 因而，他强调应当通过文章、考证获取先王之道："人才之生者，无越于学问。学者当以知文字为要路，以学历史为作用。"⑤ 又说：

> 读书之道，以识古文辞、识古义为先。如宋诸老先生，其禀质聪敏，操志高迈，岂汉唐诸儒所能及哉？然自韩、柳出而后文辞大变，而言古今殊矣。诸先生生于其后，以今文视古文，以今言视古言。故其用心虽勤，卒未得古之道者，职此之由。及于明沧溟先生，始倡古文辞，而士颇能读古书如读后世之书者亦有之，只其所志，仅在丘明、子长之间，而不及六经，岂不惜乎？然苟能遵其教，而知古今文辞之

---

① 转引自永田广志《日本哲学思想史》，第 140 页。
② 同上。
③ 转引自井上哲次郎《日本古学派之哲学》，第 360 页。
④ 同上。
⑤ 转引自上书，第 341 页。

所以殊，则古言可识，古义可明，而古圣人之道可得而言焉。①

除了主张复古外，古学派还改造了日本的武士道理论，完成了武士道由"死的觉悟"向"道的自觉"的过渡。② 这个任务主要由山鹿素行完成。他撰写了《武教小学》《武教本论》等作品，用周公、孔子的儒学理论来发展日本神道，提出了具有新内涵的"士道论"。他说：

> 凡云士之职，在于顾其身，得主人而尽奉公之忠，交朋辈厚信，身慎独专义。而己身有父子、兄弟、夫妇等不得已之交接，是亦天下万民悉不可无人伦。而农工商以其职而无暇，不得常相从以尽其道。士则弃置农工商而专勤斯道。三民之间苟有乱人伦之辈者，速加惩罚，以待正人伦于天下。③

由此，他提出武士有两大职分：一是对主君尽忠，一是自觉实践"人伦之道"，试图向武士灌输"忠于主君，不顾身家"的思想。④ 永田广志指出，山鹿素行"是一个建立在'君道'—'臣道'的'格法'之上的武士道的建树者，是一个把儒教首先作为维持武士阶层的特权地位和这个阶层内部的现有秩序的行为规范之学而全面加以应用的思想家"。⑤ 他还强调日本神道并不亚于儒教，倡导大日本主义，将日本称作"中朝""中国"，把中国称作"外朝"，试图摆脱日本朱子学者盲目崇拜中国的理念，从而为日本的扩张和侵略张目。⑥

稍晚于古学派，日本又有一学派称作江户国学派，或多或少承袭了山鹿素行的武士道思想。这个学派的主要代表有贺茂真渊、本居宣长和平田笃胤等。他们宣传王道复古，提倡"大和魂"，排斥包括朱子学在

① 转引自井上哲次郎《日本古学派之哲学》，第 340 页。
② 相良亨：《武士道》，塙书房，转引自王家骅《日本儒学史论》，第 144 页。
③ 转引自王家骅《日本儒学史论》，第 144 页。
④ 叶渭渠：《日本文明》，中国社会科学出版社，1999，第 322 页。
⑤ 永田广志：《日本哲学思想史》，第 92 页。
⑥ 刘宗贤、蔡德贵：《当代东方儒学》，第 165 页。

内的儒家学说以及佛教。他们极力地推崇"皇国神道"，从据说包含有日本固有神道思想的《万叶集》《古事记》等书籍中找寻思想依据，向朱子学发起围剿。他们主张日本天皇是天照大神的子孙，这不仅决定了日本固有文化的与众不同，也赋予了日本统治世界的使命。王逸舟说："日本人一直试图在'混合文化'的外表下保留'纯粹的'日本文化。在此意义上，天皇的存在就是这种文化的渊源。"[1] 可以说，山鹿素行和江户国学派的思想，最终成为日本军国主义的思想根源。

诚如王家骅所言，在阳明学派、古学派与江户国学派的围剿下，日本朱子学逐渐走向衰落："或者反对禁欲主义，或者在思维结构上瓦解了宋学乃至儒学的思维方式，内驱地成长了近代思想的要素，在客观上导致了日本儒学的衰落与崩溃。"[2]

第六节　明治维新后的"论语加算盘"说

时间来到江户时代末期，伴随着资本主义经济的萌芽与发展，日本幕府社会内部的矛盾日趋尖锐，封建经济制度与身份等级制度也日渐走向解体。与此同时，西方的自然科学与哲学思想也开始传入日本。面对这样的社会现实，儒学的理论创造与思辨都无法应对。1720 年，幕府开始采取开明政策，不再禁止天主教以外的西学书籍。于是，西学迅速地传入日本，也飞快地与儒学形成冲突之势。随之而来的是，从享保时期（1716—1735）以后，也就是荻生徂徕之后，日本的儒学逐渐走向衰落。18 世纪末，为了挽救朱子学的颓势，江户幕府与御用朱子学学者专门实施了一次所谓"宽政异学之禁"，但仍然难以阻挡日本儒学江河日下的趋势。1868 年，德川幕府被推翻，于是朱子学也就退出了官学的地位。如何因应变幻莫测的时势以改造儒学，成为日本儒学家们必须面对的一

---

① 王逸舟：《当代国际政治析论》，上海人民出版社，1995，第 118 页。
② 王家骅：《儒家思想与日本文化》，第 142 页。

个重要问题。

一、水户学派的变迁

水户学派，是一个以水户藩德川家的大名和一些学者为中心形成的带有儒学日本化倾向的流派。该学派的发展大致可以分为两个阶段。前期水户学派主要由参与水户藩第二代藩主德川光国（1628—1701）主持的《大日本史》纂修事业的学者们组成。到了幕府末期，水户藩主德川齐昭（1800—1860）设弘道馆，兴办学校培育人才，出现了藤田幽谷、会泽正志斋、藤田东湖等学者，这就是后期水户学派的代表人物。大体而言，水户学派并没有深刻的哲学或伦理学理论，尽管其以朱子学为基调进行史书纂修，但其前期的目的在于明大义名分，后期则以鼓吹尊王攘夷为特征。①

在编纂《大日本史》期间，德川光国曾延聘来自中国的朱舜水为其讲解《春秋》大义。朱舜水（1600—1682），名之瑜，字鲁屿，号舜水，浙江余姚人。明末清初，舜水曾先后参与郑成功等人的抗清斗争。郑成功失败后，舜水渡海流寓日本长崎。舜水认为，编纂史书的目的并不仅仅是记载保存历史事实，更在于明义理。所谓明义理，指展现儒家的名分大义、道德理念。在他看来，《资治通鉴》即是一部明义理的经典历史作品："一部《通鉴》明透，立身制行，当官处事，自然出人头地……

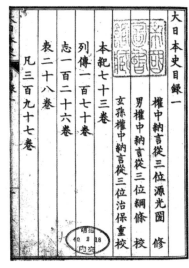

《大日本史》明治四十年刻本

---

① 参见 永田广志：《日本哲学思想史》，第 245 页；井上哲次郎：《日本朱子学派之哲学》，第 347 页。

经简而史明，经深而史实，经远而史近，得之史而求之经，亦下学而上达耳。"① 受到朱舜水的影响，德川光国认为编修《大日本史》的目的在于"正闰皇统，是非人臣，辑成一家之言"②。也就是要按照一定的纲常与道德标准，借助历史叙述的形式，区分日本皇室、幕府将军、各藩藩主的正统与闰统，判定臣子的是非功过。因而，"编纂《大日本史》本是修史事业，但与其说其目的以史实研覆为主，不如说在于明大义名分。换言之，其目的在于，通过叙述史实，阐明诸如君臣间之本分等国家道德。"③

到了后期，水户学派早期的修史方针逐渐被修正，正名、尊王攘夷的理念日益抬头。当时，日本社会内外交困，幕藩体制危机日渐紧张。在国内，饥荒与农民起义频繁出现，幕藩财政窘迫，武士贫困；在国外，西方列强对日本虎视眈眈。

为了应对幕藩体制的窘境，藤田幽谷（1774—1826）率先撰就了《正名论》，提出尊王论。他把名分论作为尊王论的理论基础："甚矣哉，名分之于天下国家，不可不正且严也，其犹天地不可易欤！……君臣之名不正，上下之分不严，则尊卑易位，贵贱失所，强凌弱，众暴寡，亡无日矣。"④ 藤原惺窝、林罗山等人以朱子学天理为基础的自然秩序名分论，在幕府末期已经基本丧失解释力了。因而，幽谷引入神道和神国作为尊王论的又一理论基础："赫赫日本，自皇祖开辟，父天母地，圣子神孙，世继明德，以照临四海。四海之内，尊之曰天皇。八洲之广，兆民之众，虽有绝伦之力，高世之智，自古至今，未尝一日有庶姓奸天位者也。……皇统之悠远，国祚之长久，舟车所至，人力所通，殊庭绝域，未有若我邦也。"⑤ 虽然幽谷倡导尊王论，但并未否定幕藩体制。其言道："幕府尊皇室，则诸侯尊幕府；诸侯尊幕府，则卿大夫敬诸侯；

① 朱舜水：《朱舜水集》，中华书局，1981，第 274 页。
② 转引自尾藤正英等《日中文化比较论》，王家骅译，浙江人民出版社，1992，第 202 页。
③ 井上哲次郎：《日本朱子学派之哲学》，第 348 页。
④ 转引自王家骅《日本儒学史论》，第 193 页。
⑤ 转引自上书，第 193—194 页。

夫然后上下相保，万邦协和。"①皇室与幕府，幕府与诸侯，诸侯与卿大夫之间，仍有严格分明的上下尊卑关系。只要每一下阶对待上阶时，都能保持君臣之义，遵守君臣之道，自然上下和谐、国家安定。可见，他所设想的等级秩序是，尊王既是幕府将军的义务也是特权，而大名、武士等则是通过尽忠直属上级来履行所谓的尊王义务。如此一来，真正掌握国家大权的仍然是幕府将军，而非天皇。1792 年，俄国使节拉克斯曼率军抵达北海道根室，极大地冲击了当时的日本社会。深受震撼的幽谷趁机提出了攘夷论。他把边境危机看作国家改革内政、强兵的良机，建议推行以富国强兵为目的的内政改革："有为之君，安不忘危，必作内政，以寓军令。自有北虏之警，幕府尝屡下令，使缘海诸侯预备不虞，此强兵之良机不可失也。"②虽然如此，幽谷的攘夷论仍然主张锁国。不过，幽谷关于尊王论与攘夷论的阐释，成为后期水户学派相关思想理念的发端，深深地启发了后学。

1824 年，英国船员强行登陆了水户藩治内的大津浜。当时幽谷的门人会泽正志斋（1781—1863）正担任笔谈役，参与了与英国人的交涉，亲身体会到英国人意图侵略日本的野心。因此，正志斋开始撰写《新论》，着手构筑尊王攘夷论。正志斋认为，国体的核心是天皇的尊严，维护天皇的尊严是攘夷的目的。也就是说，他将国体作为纽带，将尊王攘夷联结在一起。在他看来，天皇统治乃"天日之嗣，世御宸极，终古不易"③，因而尤为强调天皇统治的永久性。但这种以天皇为君主的统一国体，并不是对幕藩体制的否定。他将幕府看作是辅弼天皇的中央政府，将大名说成是朝廷的地方官。这样的国体并不是天皇的权力统一，仍然是建立在分权性质的幕藩领主制度上的统一。所以，他说："今共邦君之令，奉幕府之法，戴天朝以报天祖。"④又说："为臣民者，各从

① 转引自王家骅《日本儒学史论》，第 194 页。
② 同上。
③ 转引自上书，第 195 页。
④ 转引自上书，第 196 页。

第二章　宣尼浮海到东瀛：儒学在日本的传播与变迁

其邦君之命，即从幕府政令之理，仰天朝报天祖之道也。"① 可见，正志斋这种以国体为核心的尊王论实质上仍然尊崇幕府。不过，"正志斋的尊王论具有将幕府的绝对权威相对化的意义，孕育着发展国家主义思想的可能性，但这种可能性直到幕末开国乃至明治以后，才转化为现实"。② 他认为，攘夷的根本方策是"明夏夷之邪正""明国体"，提出了"修内政""饬军令""富邦国""颁守备"等富国强兵之策。③ 他一方面意识到西方国家军事力量的强大，主张以全国之力予以反击；另一方面又将其蔑视为蛮夷，攻击西洋之学道："然而，西荒蛮夷，其性多巧思，如鸟之善巢，蜂之善窝。奇拔淫工，足以眩惑俗目。乃视天地亦为一器玩，管窥蠡测，巧言如簧，以售其说。……则其所谓穷理者，适足以使人渎神、慢天。"④ 他明确地打出了反对西洋之学的旗帜，支持幕府的异国船驱逐令。显然，其攘夷论亦是以锁国为实质。

继藤原幽谷和会泽正志斋之后，后期水户学派的主要代表人物为藤田东湖和德川齐昭。藤田东湖（1806—1855）是藤原幽谷的次子，深得水户藩第九代藩主德川齐昭（1800—1860）信任。东湖先后发表了《弘道馆记》《弘道馆记述义》。这两篇文章只是继承了幽谷和正志斋的思想，并无创新之处。但由于二人掌控着水户藩的政治核心，而且德川齐昭为幕府的副将军，因而二人的主要贡献是在将幽谷和正志斋的理念带入政治领域进行实践。东湖提出了倚靠振兴"天地正大之气"来攘夷的设想："磅礴正气之所，富国强兵是大本，若国富兵强，外患何足担忧"。⑤ 这种主张显得不切实际。1858 年《日美友好通商条约》签订后，齐昭依然持已经过时的攘夷论，批判幕府的开关政策。他认为，开关意味着对外失败，可能造成"失征夷之名目故，大名又轻蔑公家之义，终至背弃公家"⑥ 的后果。可见，他认为攘夷实质上也是为了尊王。他又主张，

---

① 转引自王家骅《日本儒学史论》，第 196 页。

② 同上。

③ 同上书，第 196—197 页。

④ 转引自永田广志《日本哲学思想史》，第 251 页。

⑤ 转引自王家骅《日本儒学史论》，第 200 页。

⑥ 转引自上书，第 201 页。

幕府将军应当带头向全国展示尊王的态度，避免给大名及以下各级人员留下攻击幕府的话柄。他希望进行幕政改革，从而将亲藩大名和外样大名聚集到一起，共同分担和克服德川家族的危机。齐昭始终坚守着德川幕府副将军的身份地位，其尊王攘夷也一直以尊幕府、锁国为本质，脱离了当时日本社会的需要。

另外，大桥讷庵（1816—1862）将后期水户学派排斥西洋学的观点进一步加以理论化。在《辟邪小言》中，他从朱子学出发，系统地否定西洋之学。他批判西洋之学"毕竟只是形气之末，绝未涉及于理"，根本没有探寻宇宙之天理。[1] 他从不知穷理、不知天、不知仁义、不知活机等多个方面批判了西洋学说，认为西洋之学"毫不知天心，恃测算推步之术，局蹐于其末而已"，"视天亦为一死物，陷于玩弄侮慢"。[2]

综上所述，水户学派可以分为前期和后期两个阶段。前期以德川光国为中心，以明大义名分为核心，以修史事业为主；后期以德川齐昭为中心，主张尊王攘夷论，开始将学派理念引入政治活动。两个时期的思想核心都是为了维护幕藩体制，以所谓的尊王攘夷保持闭关锁国，维持德川幕府早已日落西山的统治。可以说，水户学派的出发点是维护封建制度。不过，后期水户学派的尊王攘夷论很快地"同反对幕府的强藩所着手的、争取国家统一的动向结合起来了"。[3] 正志斋的《新论》广为流传，极大地影响了幕府末期的人心，成为当时志士必读之书。比如，吉田松阴不仅与《新论》所表达的民族危机感深有共鸣，而且一度笃信后期水户学派的尊王攘夷论。但是，1858 年，幕府无视孝明天皇的敕令，签订了《日美友好通商条约》。从此，松阴等尊王攘夷志士们坚决地脱离了后期的水户学派，提出了以讨幕开国为实质的尊王攘夷论。他抨击幕府："傲然自得，以谄事墨夷为天下之至计，不思国忠，不顾国辱，而不奉天敕，是征夷之罪，天地不容，神人皆愤，准此大义，讨灭诛

---

① 转引自永田广志《日本哲学思想史》，第 252 页。

② 同上。

③ 同上书，第 246 页。

谬，然后可也，不可少宥。"① 他主张："以国家大计言之，欲振雄略驱四夷，非航海通市何以为……锁国故苟偷之计，末世之弊政也。"② 可见，水户学派的思想虽然落后、故步自封，但却以其攘夷思想孕育出了进步的倒幕之士。

二、福泽谕吉对儒学的清算与沿袭

稍晚于后期水户学派，有一股具有资产阶级启蒙思想意味的思潮席卷了日本，直至 1877 年西南战争之后才逐渐式微。1873 年，森有礼（1847—1889）、福泽谕吉（1835—1901）、西周（1829—1897）、津田真道（1829—1903）、中村正直（1832—1891）、加藤弘之（1836—1916）等人成立了"明六社"，刊发《明六杂志》。明六社是日本明治初期新型知识分子组成的具有启蒙性质的思想团体，迅速成为日本启蒙思想运动的中心。明六社以"开启民智""文明开化"为己任，通过机关刊物《明六杂志》引进西方的哲学、政治、伦理、法律、教育、历史等思想。他们全面地批判以儒学为主的封建意识形态，引进德国思想家孔德的实证主义，提倡"实学"，抨击儒学是"虚学"；引进英国功利主义哲学家穆勒的思想，提倡功利主义和快乐说，批判儒学的禁欲主义；引进法国启蒙思想家的天赋人权说和社会契约论，提倡独立自尊，反对儒家以封建纲常为表现的等级观念和服从道德；引进德国的君主立宪主义，批判儒家思想维护的君主专制。

明六社的思想启蒙活动在日本播下了自由、平等、法治的种子，较为全面地清算了儒学。然而，这些启蒙思想家的思想与儒学仍有一定的延续性。例如，借用了儒学中"实学"的概念。在儒学中，"实学"指经世致用之学，而津田真道却说："若近今西洋之天文、格物（指物理学）、化学、医学、经济学、哲学，实学也。"③ 又如，大部分启蒙思想

---

① 转引自王家骅《日本儒学史论》，第 197 页。

② 同上。

③ 转引自王家骅《儒家思想与日本文化》，第 167 页。

家把批判重点放在儒学的自然哲学，仍然肯定儒学伦理观的普遍价值。例如，西周说："若孔孟之说，由人人当行之道，无可诽讥，唯其形气家所涉之理，往往出于妄想，禹贡洪范五行说亦不足取。"① 可以说："这些不仅反映了日本启蒙思想家儒学批判的不彻底性，也是此后日本统治阶级复兴儒学道德的前兆。'义明开化'时期的日本启蒙思想运动，是拖着儒学尾巴的儒学批判运动。"②

福泽谕吉是明六社声望和影响最大的启蒙思想家。他出生于大阪的下层武士家庭，21岁跟随大阪著名兰医绪方洪庵学习兰学。③ 1858年，到江户应聘，开办兰学堂，翌年开始学习英语。1860至1870年，其先后三次游历欧美，深刻地体会到西方近代科学与资产阶级自由民主思想的先进性。返回日本后，他全身心投入教育与著述事业，致力于宣传西方思想文化，尤其是民主思想，形成系统的、富有启蒙意义的思想，被誉为"日本的伏尔泰"。谕吉对儒学的批判，可谓是日本近代启蒙思想运动中最尖锐且有系统的。然而，即使是像他这样坚定的儒学批判者，依然拖着儒学的尾巴。

福泽谕吉激烈地抨击儒学的名分与伦理道德。他的《劝学篇》首篇开宗明义道："'天不生人上人，也不生人下人。'这就是说天生的人一律平等，不是生来就有贵贱上下之别的。"④ 旗帜鲜明地打出了天赋人权、自由平等的旗号。其目的是打破日本社会按照朱子学大义名分确定的身份等级观念。他在第二篇中阐述人人平等的观点，并指出日本社会中的等级与贵贱："根本上是弄错了人类平等的大原则，把贫富强弱的现实情况用作为非作歹的工具，致使政府倚仗富强的势力来妨害贫弱人民的权利。"⑤ 他强调名分滋生伪君子，更是专制盛行的原因。他指出，"所谓仁政含有强迫性质"，"由于极力维持上下尊卑的名分，一意倡导虚名，

---

① 转引自王家骅《儒家思想与日本文化》，第168页。

② 同上。

③ 兰学，指日本闭关锁国时代通过荷兰传入的西方科学文化知识。

④ 福泽谕吉：《劝学篇》，群力译，东尔校，商务印书馆，1958，第2页。

⑤ 同上书，第12页。

以实施专制，毒害所及，遂形成人间社会所流行的欺诈权术"。① 总而言之，他认为倡导所谓大义名分、忠孝伦理道德，不过是为了行专制职权，最终导致日本社会盛行欺诈权术。在《文明论概略》中，他梳理了日本儒学的发展史，虽然肯定了儒学"排除了世俗神佛的荒谬之说，扫除了人们的迷信"及"陶冶人心，使之进于文雅这一方面"等功绩，但这只是儒学古时的作用。② 他历数日本儒学对日本社会造成的种种负面影响，进一步抨击道："生在今天的世界而甘受古人的支配，并且还迭相传衍，使今天的社会也受到这种支配，造成社会停滞不前的一种因素，这可以说是儒学的罪过。"③ 因此，他鼓励人们抛弃朱子学、儒学，奋力学习西洋学说与科学文化，打破陋习，积极追求个人独立、国家独立。然而，他在强烈批判儒学的大义名分和伦理道德时，却无意识地继承了儒学"天"的概念。他将儒学"天"的概念作为宣扬"天赋人权"论正当性的依据："基于天理，个人和国家都是应当自由和不受拘束的。"④ 同时，也主张为人处世当本于天理人情。他说："治学的要道在于懂得守本分。……所以本分就意味着基于天理，顺乎人情，不妨害他人而发挥自己的自由。"⑤ 总而言之，"若详细探究则可看出，福泽谕吉所谓的'天'，仍保留着许多传统儒学的性质"，其"依然认为'天'具有'不可思议'的神秘性"。⑥

福泽谕吉也攻击朱子学是一门"远离实际不切合日常需要"的虚学。他认为，"能读难懂的古文，能咏和歌和作诗等不切人世实际的学问"，并没有儒学家所说的那样可贵，进而提出："我们应当把不切实际的学问视为次要，而专心致力于接近世间一般日用的实学。"⑦ 而"世间

---

① 福泽谕吉：《劝学篇》，群力译，东尔校，商务印书馆，1958，第 62—63 页。
② 福泽谕吉：《文明论概论》，北京编译社译，商务印书馆，1959，第 145—146、149 页。
③ 同上书，第 149 页。
④ 福泽谕吉：《劝学篇》，第 6 页。
⑤ 同上书，第 4 页。
⑥ 王家骅：《日本儒学史论》，第 355 页。
⑦ 福泽谕吉：《劝学篇》，第 3 页。

一般的实学"，有伊吕波四十七个字母、写信记账、打算盘和使用天秤等，还有"地理学介绍日本国内及世界万国的风土情况；物理学考察天地万物的性质并探究其作用；历史是详记年代研究古今万国情况的典籍；经济学是从一身一家的生计讨论到国家世界的生计的学问；修身学则阐述合乎自然的修身交友和处世之道"等等。① 显然，他所谓"实学"更多的是强调学问的实用性，合乎日常生活需要，与传统儒学所说的实学一脉相承。到了晚年，他在《福翁百话》中说道："实学宗旨是要求人从小勤奋学习，成年之后，将所学知识用到实际之中，以求生活独立，安身立命，从而达到人生目的。如果凭此不能满足凡俗欲念，那也是无可奈何之事。文明实学必定会结出果实，但也只是揭示事物原理，说明应用之法。"② 他认为学习实学的目的之一是安身立命，从而达到人生目的，显然其所谓实学也包含了伦理学的思想。因此，"福泽谕吉的'实学'，并非只是'以物理为核心'，而是包含了'物理'与'伦理'双层内涵的实学"。③

　　尽管明治初期的启蒙思想或多或少承袭了儒学，但是依然冲击了儒学的意识形态地位。1872 年，明治政府最高行政长官太政官发布了《关于奖励学事之被仰出书》，公开指责儒学误国，指斥其"虽动辄倡为国家，却不知立身之计，或趋辞章记诵之末，陷于空谈虚理之途，其论虽似高尚，而鲜能行于身，施于事者。"④ 维新三杰之一的大臣木户孝允（1833—1877）也说："儒者以《论语》一册，不为国家倡言立身，若沿此习弊，则为国之大害也。"⑤ 因而，在明治政府颁布的新学制中，儒家典籍和朱子学著作都被剔除出学校教育，许多儒者也从学校中被清洗出去。

① 福泽谕吉：《劝学篇》，第 3 页。

② 福泽谕吉：《福翁百话——福泽谕吉随笔集》，唐澐等译，上海三联书店，1993，第 69 页。

③ 王家骅：《日本儒学史论》，第 359 页。

④ 转引自王桂等《中日教育关系史》，山东教育出版社，1993，第 315 页。

⑤ 转引自杨绍先、刘丹、岳蓉《亚太五国传统改革与现代化研究》，贵州教育出版社，1998，第 58 页。

19 世纪 80 年代末，随着日本民族主义和国粹主义的抬头，"文明开化"思潮与明治政府过激的欧化政策都招致越来越多的抨击。例如，鸟尾小弥太（1848—1905）批判"文明开化"是"以美为母，以法为父，妄自移风易俗，傲奢淫荡"。① 他还指责以外国文物制度取代日本文物制度"有如去松叶而添竹叶，硬插异花异实"②。人们开始呼唤儒学伦理的回归。在此背景下，传统派代表人物元田永孚（1818—1891）致力于原封不动地恢复儒学，西村茂树（1828—1902）则力图改造儒学以适应时代需求。③ 虽然福泽谕吉也于 1882 年撰写了《德育如何》，强烈反对复活儒学道德，但是当时日本复活儒学伦理观的气氛日炽，复活儒学已成大势所趋。1890 年，日本天皇发布了《教育敕语》，阐述了儒学的伦理观及日本国民对天皇的义务。该敕语的发布，标志着日本复活儒学道德的政策出台，意味着儒学在东西方文化冲突中取得了胜利。虽然这一时期的儒学已经丧失了官学的地位，但依然是日本政府统治国民的思想工具。这一次的胜利，也为后来日本学者加工改造儒学，使之更为适应现代社会提供了有效的借鉴。

三、涩泽荣一及其"论语加算盘"说

恢复在日本伦理道德方面的重要地位后，直到二战前，儒学一直占据着日本道德教育的主导地位，依然有形或无形地影响着日本社会生活的方方面面。得益于涩泽荣一的阐扬与实践，在效仿西方资本主义而发展起来的日本现代企业和商业经济中，儒学亦发挥着重要引导作用。

涩泽荣一（1840—1931），被誉为"日本近代资本主义经济的最高指导者""日本近代实业界之父"等。涩泽家主要从事蓝玉制造与贩卖，兼营农耕和养蚕，是一个半工、半商、半农的家庭。涩泽家虽然经商致富，但并非武士阶层，社会地位低下，经常遭到领主代官的欺压。这样

---

① 转引自吴廷璆《日本近代化研究》，商务印书馆，1997，第 494 页。
② 同上。
③ 参见王家骅：《儒家思想与日本文化》，第 169—172 页。

的家庭出身，决定了涩泽荣一对商业经济有着先天的同情。他 7 岁开始跟随儒者尾高惇忠学习《小学》、《蒙求》、四书五经、《史记》与《十八史略》等，接受系统的儒学教育。1863 年，荣一投身到尊王攘夷的倒幕运动中。1867 年，他陪同民部大辅德川昭武前往法国和欧洲其他国家考察，目睹了西方资本主义国家的富强与对工商业的重视。这次游历令其认识到"当时欧美各国之所以能获得那样的繁荣，完全是由于工商业的高度发展所致"。[①] 1869 年回到日本后，他任职于大藏省，力图劝谏上峰进行财政改革。但是，他的建言都未被采用。因此，他于 1873 年辞去官职，开始投身于实业。在投身实业界的 43 年中，他始终坚持亲自给员工讲授《论语》，并撰有《论语与算盘》《论语讲义》《经济与道德》等著作，深刻地影响了几代日本人。他一生的成就不仅在于先后创立了五百多家企业，更在于重新阐释了儒家思想。他将儒家思想与西方的近代性思想相融合为"道德经济合一说"，或称"论语加算盘""义利两全说"，并大力倡导，从而培育出具有日本特色的资本主义精神。

涩泽荣一坚信"我们有必要研究日新月异的欧美新东西，但决不能忘了，在东方古来传承下来的东西中，也有不能遗弃的东西"。[②] 这种"不能遗弃的东西"，指的是儒学，而且特指孔孟的学说。在他看来，孔子的学说具有普适性，可以超越阶层和国体。他说："我确信，只要遵从《论语》的教导，努力修身齐家，就能平平安安地生活下去。"[③]

他将孔子的学说与朱子学完全区分开来，并且批判了朱子学和宋儒学说给日本社会带来的诸多流弊，希望人们能够重新回到儒家原典，回归孔子。对其而言，孔子的学说本就是合乎日用之学，而宋儒的解释却脱离实际，将《论语》"驰骋于高深的理学"[④]。这种弊病为藤原惺窝、林罗山等人所承袭，以至于将儒学与社会实际完全隔离，从而导致了德

① 涩泽荣一：《论语与算盘：人生·道德·财富》，王中江译，中国青年出版社，1996，第 49 页。
② 同上书，第 7 页。
③ 涩泽荣一：《日本人读〈论语〉：涩泽荣一〈论语〉言习录》，李均洋、佐藤利行译审，中国工人出版社，2010，第 4 页。
④ 同上书，第 5 页。

川幕府时代教育的痼疾：

> 德川幕府三百年间的教育，立足于这一主义，读书学文成为与实业无关的士大夫官僚的事，而占国民大多数的农工商阶层虽担任着国家基础的各种实业，却成了一生不读书不学文的无知文盲。长此以往也就习惯成自然，人们也就不足为怪，实业和学问完全分道扬镳了。士大夫官僚高高在上贬斥农工商为下民，农工商则嘲笑士大夫不懂得自我生存之道，骂他们只知道读'青表纸'、识方块汉字。①

正如有学者所言："涩泽荣一对《论语》的诠释不仅仅是从文字上考证孔子思想，更主要的是试图使明治时代的日本人从传统的轻利、鄙利思想的误区中走出来，轻装上阵地投入到日本现代化的经济活动中去。"② 他借着批判后儒的义利观以及日本幕府时代的诸多问题，系统地阐释了其"论语加算盘"的主张。

涩泽荣一首先重新解释了孔子的义利观。他指出："后儒误解孔子的学说，其中最为突出的是富贵观念和理财思想。"③ 他认为，宋儒过度强调义利对立，陷入空谈，"使得从事生产事业的实业家们的精神，几乎都变成了利己主义。在他们的心目中，既没有仁义，也没有道德，甚至想尽可能钻法律的空子去达到赚钱的目的"④ 这种思想发展到顶点，"使个人消沉，国家也因而衰弱……由此可知，仅仅是空理空论的仁义，挫伤了国家元气，减弱了物质生产力，最后走向了亡国"⑤ 因此，他主张"义利两全说"。他说："我认为真正的谋利而不以仁义道德为基础的话，那么就决不会持续久远。这样说，搞不好也许会陷入轻利、不顾人伦、超然世外的观念中。坚持这种观念看待社会中的利益虽然未尝不

---

① 涩泽荣一：《日本人读〈论语〉：涩泽荣一〈论语〉言习录》，李均洋、佐藤利行译审，中国工人出版社，2010，第 5 页。

② 徐水生：《中国哲学与日本文化》，中华书局，2012，第 56 页。

③ 涩泽荣一：《论语与算盘：人生·道德·财富》，第 78 页。

④ 同上书，第 88 页。

⑤ 同上书，第 75 页。

可，但是人世间一般都是根据自身的利益而工作的，这样就会忽视仁义道德。而缺乏仁义道德，社会就会不断衰落下去。"①

接着，他提出了《论语》应与经济合二为一的观点。他始终认为"算盘要靠《论语》来拨动；同时，《论语》也要靠算盘才能从事真正的致富活动"。②致富的根源"就是只有依据仁义道德和正确的道理而去致富，其富才能持续卜去"。③他进一步指出：

> 孟子主张求利和仁义道德相统一，后来的学者割裂了两者的关系。结果是，行仁义则远富贵，求富贵则远仁义，商人被称为奸商，加以鄙视，不能与士为伍，商人也自居卑屈，从而专以赚钱为目标，因此，使经济界的发展迟缓了几十年甚至几百年。今天这种观念虽渐渐消失，但仍然不够。我希望人们把求利与仁义之道统一起来，以《论语》和算盘来指导求利从商。④

如此一来，振兴工商业以及发展工商业自然成为"论语加算盘"说的应有之义。涩泽荣一痛切地意识到，"强国必须富国，富国就必须振兴农工商业"，因此弃官进入实业界。⑤

何谓农工商业的振兴？首要就是商人阶层必须壮大和发展起来，在社会地位上与政府官员毫无高低之分，关系完全平等。涩泽荣一希望日本社会能够打破轻商、贱商的旧习，认为商人阶层必须发展壮大起来，社会地位也应提升到与政府官员平等的位置。为此，他希望商人们也能够好好修习儒学，加强自身的修养和修为，从而赢得大众的尊重，提升自身的社会地位。借由日本平安时代学者菅原道真曾提倡的"和魂汉才"，他提出了"土魂商才"的主张。所谓的"和魂汉才"，指日本必须以日本特有的大和魂为根基，但也必须学习中国的文化学术，以培养才

① 涩泽荣一：《论语与算盘：人生・道德・财富》，第 75 页。
② 同上书，第 3 页。
③ 同上书，第 3—4 页。
④ 同上书，第 107 页。
⑤ 涩泽荣一：《日本人读〈论语〉：涩泽荣一〈论语〉言习录》，第 4 页。

艺。"士魂商才"也是这个意思。士魂指武士的精神，"只有《论语》才是培养士魂的根基"①。商才指商业才能，"本来也是要以道德为根基的。离开道德的商才，即不道德、欺瞒、浮华、轻佻的商才，所谓小聪明，绝不是真正的商才。因此说商才不能离开道德，当然就要靠论述道德的《论语》来培养"②。士魂、商才，二者缺一不可，而且都需要倚靠《论语》来培养。以此为基础，他还阐释了工商业的"信"等道德要求。③

不难发现，涩泽荣一解释《论语》时，并未拘泥于原文，而是自由阐发，借以发表个人的主张。他的"论语加算盘说"，一方面清算了日本幕府时代轻视工商业的各种思想，另一方面以孔子之名倡导发展工商业，同时沿袭幕府时代重视道德的理念，不但契合了日本近代资本主义形成时期的发展需求，而且切切实实地促进了日本近代资本主义的形成与发展。在他的影响下，明治时代有不少武士阶层出身人的投身到实业，成为"士魂商才"型的企业家。时至今日，日本的企业家们仍然对涩泽荣一的"论语加算盘说"推崇备至。

纵观儒学、朱子学在日本的传播史，虽然其传播进程并不算十分的顺利，但依然对日本的思想文化、社会风气等产生了深远的影响。明治维新后，儒学不仅未被日本人抛弃，反而经过学者们的改造与阐发，被巧妙地运用于社会经济等方面，在日本近现代社会发展中发挥了积极作用。在当前的日本社会里，《论语》中的为人处世之道依然吸引着人们如饥似渴地学习，经过日本学者吾妻重二审定的日语版《朱子家训》也在广为传播。学习儒家经典《论语》和朱子学热潮正席卷全日本。④ 因而，美国学者赖肖尔说：

① 涩泽荣一：《论语与算盘：人生·道德·财富》，第4—5页。
② 同上书，第5页。
③ 参见梁林军：《论涩泽荣一儒商思想的逻辑构建》，《人文论丛》2018年第1期；王家骅：《日本儒学史论》，第443—445页。
④《寻找"心灵支柱"和"经营哲学"：学〈论语〉热潮席卷全日本》，《北京晚报》2010年2月12日23版。

当代的日本人，显然已不再是德川时代他们的祖先那种意义上的孔教门徒了，但是，他们身上仍然渗透着孔教的伦理道德观念。孔教对他们的影响或许比任何其他传统宗教或哲学都更大。……日本人全心全意地接受了现代科学、有关进步和发展的现代观念、伦理道德的普遍原则、民主思想及其社会准则等等，但在这个表层之下，强烈的孔教特性却仍有其潜在的作用，诸如相信政府的道德基础、重视人与人之间的关系、强调忠诚、热衷教育和勤奋工作等等。今天，几乎没有一个人认为自己是孔教徒了，但在某种意义上来说，几乎所有的日本人都是孔教徒。①

总之，在现代日本社会里，儒学虽然已不再具有意识形态的地位，但是儒家的某些价值观、伦理观在日本社会仍有顽强的生命力。

---

① 埃德温·赖肖尔：《日本人》，第 233 页。

第三章
宣尼浮海到安南：
儒学在越南的传播与变迁

　　越南地处亚洲东南端，与中国山水相连，有着源远流长的历史和文化联系。早在先秦时期，中原文化已经传至今天的越南地区。从秦朝到北宋，我国历朝政府在今越南北部和中部设置郡县进行管辖。在这段被越南人称为"内属"或"北属"，延续千余年的历史时期中，以儒学为中心的汉文化广泛且深入地传入越南。越南史家陈重金曾指出："当儒教、老教、佛教在中国兴盛之时，我交州之地还属于中国，因而我们的人也皈依了这些宗教。后来我国自主之后，这些教更形兴盛。"① 正式建立自己的政权后，越南依然源源不断地主动吸收和移植儒家文化，进行了旷日持久的融合与创造，成为东亚文化圈的重要组成部分。我国学者冯承钧指出："昔之四裔，浸染中国文化最深者，莫逾越南。"② 中国台湾学者陈正祥也指出，越南"属汉文化圈的一环"，而且"越南吸收汉文化的程度，和朝鲜相似；在某些方面，并且还要深刻些"③。可见，在东亚文化圈各国之中，越南浸染中国文化最深。

---

① 陈重金：《越南通史》，商务印书馆，1992，第 55 页。
② 冯承钧：《译序》，载马伯乐《占婆史》，冯承钧译，上海古籍出版社，2014，第 95 页。
③ 陈正祥：《中国文化地理》，三联书店，1983，第 208 页。

第一节　前李朝时代（郡县时期）的儒学传播

在中国的古籍中，上古时代今越南北部地区被称作"交趾""骆越"等。在《尚书》《楚辞》等书中，记载了关于神农、颛顼等南抚交趾或南至交趾的传说。在越南的东山文化遗址中，也出土了当年中华文化南传的相关文物。诚如美国学者费正清所言："看来，从早期东山文化时期以来，越南就一直受到汉文化的影响。"[1] 自秦汉起，越南北部为我国历朝政府统治，长达千余年。以儒学为中心的中华文化，从而广泛南传，深刻地影响了当地的风俗文化，推动了当地的文明开化。

一、汉魏六朝时期儒学在安南的传播

早在战国时期，楚国大将吴起已经跨过五岭征伐百越，开始经略今越南北部地区。公元前214年，秦朝平定南越地区，在此设置了南海、桂林和象郡三郡。其中象郡包括今越南北部和中部地区。至此，越南北部与中部地区成为中国的郡县，开始归入中国版图，进入了长达千余年的北属时期（或称郡县时期）。秦始皇大力开发岭南地区，下命南下大军就地谪戍，并从内地征调未婚女子前往与其婚配。此后，中原人不断地迁居岭南，带去了先进的生产技术与文化，其中自然包括儒家学说。公元前204年，秦朝的南海尉赵佗吞并桂林和象郡，自立为南越武王（后改称"南越武帝"），建立了南越国。南越国沿袭了秦朝的郡县制，同时效仿汉初的郡国并行制，在今越南北部和中部地区设置了交趾和九真二郡，推行汉式政治，大力传播以儒学为中心的中原文化。

公元前111年，汉武帝派兵平定了南越国，在其地设置交趾刺史部，

---

① 费正清、赖肖尔、克雷格：《东亚文明：传统与变革》，第262页。

下设九个郡进行管辖。其中，交趾、九真和日南三郡位于今越南北部和中部地区。具体而言，交趾郡包括今我国广西壮族自治区南部的一部分区域和今越南北部；九真郡相当于今越南宁平地区和清化以及义安的中下游，直到蓝江以南的地区；日南郡则在九真郡之南，相当于广平一带。① 东汉献帝时，改交趾刺史部为交州。两汉时期，官方以儒学为统治思想，因而中央政府派往三郡的官吏们也都以儒学为指导，在当地整顿社会秩序，实施儒学教育，移风易俗。史称，交趾各郡"山川长远，习俗不齐，言语同异，重译乃通，民如禽兽，长幼无别，椎结徒跣，贯头左衽，长吏之设，虽有若无"，自汉武帝设郡以来，"颇徙中国罪人杂居其间，稍使学书，粗知言语，使驿往来，观见礼化"。②

公元 226 年，吴主孙权因交州偏远，设法加强对该地区的管控。其以合浦为界，以北属广州，以南属交州，后又在今越南北部和中部增置新昌、武平、九德三郡，与前代所设的交趾、九真、日南，同属交州。此后，两晋与南朝各朝继续掌控着交州地区，持续地开发着交州的经济，不断地推动以儒学为中心的汉文化在当地的传播进程。

在这八百年左右的时间内，交趾等地与我国今两广和内陆地区有着便利的水陆交通，为频繁的经济、文化交流以及人口流动创造了良好的条件。移民、官吏们与当地居民杂居相处，广泛地传播了汉语和汉字。越南京族的京语吸收了大量的汉语词汇。汉字也逐渐成为越南最早使用的文字。汉字和汉文在越南的广泛应用，为以儒学为中心的中原文化广泛传播创造了有利条件。史载："秦余徙民，染同夷化；日南旧风，变易俱尽。"③ 又载："凡交趾所统，虽置郡县，而言语各异，重译乃通。人如禽兽，长幼无别。项髻徒跣，以布贯头而著之。后颇徙中国罪人，使杂居其间，乃稍知言语，渐见礼化。"④ 越南的史籍也记载道："孝武

① 参见陶维英：《越南古代史》，刘统文、子钺译，商务印书馆，1976，第 452—467 页。

② 陈寿：《三国志》卷五三《吴书·薛综传》，裴松之注，中华书局，1971，第 1251 页。

③ 郦道元：《水经注校释》卷三六《温水》注引《林邑记》，陈桥驿校释，杭州大学出版社，1999，第 629 页。

④ 范晔：《后汉书》卷八六《南蛮传》，李贤注，中华书局，1965，第 2836 页。

（即汉武帝，引者注）诛吕嘉，开九郡，设交趾刺史，徙中国罪人，杂居其间，稍使学书，粗通礼化。"[1] 可见，中原人士移居交趾，与当地居民交流交融，确实带动了当地民俗民风的变化。

从南越国到两汉时期，再到两晋南朝，前往当地的官吏都十分重视实施儒学教育与儒家教化。历任郡守与刺史的倡导，文人学者的宣传，加之民间交往的深入，儒学思想逐渐深入越南，并推动了越南社会的发展。在这一时期，赵佗、锡光、任延和士燮等几位历史人物在传播儒学上发挥了重大作用。

赵佗统治南越国时，"有爱民之仁，有保邦之智；武功摄乎蚕丛，文教振乎象郡；以诗书而化训国俗，以仁义而固节人心"。[2] 其注重振兴文教，将诗书之类的儒家书籍传入象郡，用儒家的仁义教化人心。在其统治下，象郡的民俗为之一变。汉高祖刘邦称赞他："居南方长治之，甚有文理，中县人以故不耗减，粤人相攻击之俗益止，俱赖其力。"[3] 也称赞他积极推广汉文化，依照中原礼教大力推行教化政策，促进了汉、越民族的文化交流，确保了南越国与汉朝之间的和睦。当代越南史家陈重金评价赵佗的历史功绩说："赵佗建立了南越国，把中国文明传播到南方，因而自此以后我国之人都濡染了这种文明。"[4] 总而言之，在秦朝以严刑峻法为立国之本的背景下，赵佗却能以儒家理念来治理象郡，他是较早在越南系统传播儒家思想的重要人物。

汉朝在各郡都设置了太守掌管郡内事务，历任郡守都为儒学的传入做出了贡献。其中，最为著名的当属西汉末年东汉初年的交趾太守锡光和九真太守任延。任延少习儒经，以学问著称："年十二，为诸生，学于长安，明《诗》《易》《春秋》，显名太学，学中号为'任圣童'。"[5] 两

① 后黎朝国史馆：《大越史记全书·外纪全书》卷四《属吴晋宋齐梁纪》，越南内阁本。

② 黎嵩：《越鉴通考总论》，载武琼《越鉴通考》卷首，版本不详，越南国家图书馆藏。

③ 班固：《汉书》卷一下《高帝纪下》，中华书局，1962，第73页。

④ 陈重金：《越南通史》，1992，第24页。

⑤ 范晔：《后汉书》卷七六《循吏传·任延》，李贤注，第2460页。

人任职期间，都注重设立学校教育学子，以儒家礼乐教化百姓。二人以儒术治理治下的事迹与功绩，得到中越两国的称颂。三国时，薛综上书吴主孙权，盛赞二人功业道："及后锡光为交趾，任延为九真太守，乃教其耕犁，使之冠履，为设媒官，始知聘娶。建立学校，导之礼义。由此以降，四百余年，颇有似类。"① 《后汉书》详细记载道：

> 又骆越之民无嫁娶礼法，各因淫好，无适对匹，不识父子之性，夫妇之道。（任）延乃移书属县，各使男年二十至五十，女年十五至四十，皆以年齿相配。其贫无礼娉，令长吏以下各省俸禄以赈助之。同时相娶者二千余人。是岁风雨顺节，谷稼丰衍。其产子者，始知种姓。咸曰："使我有是子者，任君也。"多名子为"任"。②
>
> 初，平帝时，汉中锡光为交趾太守，教导民夷，渐以礼义，化声侔于（任）延。王莽末，闭境拒守……领南华风，始于二守焉。③

越南《大越史记全书》也载："锡光汉中人，在交趾教民以礼义。复以任延为九真太守……视事四年，召还，九真人为之立祠，其生子置名皆曰任焉，岭南文风始二守焉。"④ 今人陶维英也指出："从锡光和任延太守的同化政策之后，氏族社会的习俗已经逐渐让位于父权家族与婚礼制度。在日常的生活方式上，由于越汉两族的杂居，衣、食、住、行等风俗习惯乃至越南人的语言，已经逐渐地受到汉族很多的影响。越南人的信仰也深深地和汉族的信仰交融在一起。"⑤ 总之，锡光和任延都给当地带去了先进的汉文化，令社会发展较为落后的越南接受了中国的儒家文化，深受当地百姓的爱戴。

---

① 陈寿：《三国志》卷五三《吴书·薛综传》，第 1251 页。

② 范晔：《后汉书》卷七六《循吏传·任延》，第 2462 页。

③ 同上。

④ 后黎朝国史馆：《大越史记全书·外纪全书》卷三《属西汉纪》。

⑤ 陶维英：《越南历史》，转引自中国社会科学院历史研究所《古代中越关系史资料选编》编辑组《古代中越关系史资料选编》，中国社会科学出版社，1982，第 699 页。

东汉末年至三国初期，士燮任交趾太守，对儒学文化在当地的传播与发展贡献卓著。士燮曾游学京师，举孝廉，师事经学家刘陶。其精通儒学，学问优博，尤其专精《左氏春秋》和今古文《尚书》。时人袁徽称之"既学问优博，又达于从政，处大乱之中，保全一郡，二十余年疆场无事，民不失业，羁旅之徒，皆蒙其庆，虽窦融保河西，曷以加之？官事小阕，辄玩习书传，《春秋左氏传》尤简练精微，吾数以咨问传中诸疑，皆有师说，意思甚密。又《尚书》兼通古今，大义详备。闻京师古今之学，是非忿争，今欲条《左氏》《尚书》长义上之"。[①] 其儒学造诣之高于此可见一斑。汉灵帝中平四年（187），他出任交趾太守。汉献帝建安八年（203），其与交趾刺史张津奏请改交趾为交州，得到了应允。由于交州动乱，士燮奏请汉献帝由其兄弟数人分别担任九真、合浦和南海诸郡太守。后来，汉献帝又封其为安远将军、龙度亭侯。交州实际上已经成为士燮家族割据地。士燮治理交州前后约四十年，奠定了越南儒学发展的根基。他开办学校，倡导儒学。史载："时有刺史士燮乃初开学，教取中夏经传，翻译音义，教本国人，始知习学之业。"[②] 他还以儒家礼教化民成俗："习鲁国之风流，学问博洽，谦虚下士，化国俗以诗书，淑人心以礼乐。"[③] 士燮家族统治交州期间，正值各路诸侯逐鹿中原、割据混战，而交州之地则因士燮及其家族之力而得以疆场无事，民不失业。交州以安定的局势吸引了大批中原人士前来避难，其中不乏刘熙、程秉、薛综、许靖、许慈、刘巴等饱读儒经的学者。在士燮的支持与帮助下，他们招收门生，讲解经书，扩大了儒经的传播范围。士燮在交州为传播儒学做出重大贡献，因而被越南人尊称为"士王""南交学祖"，先后入祀越南君王庙和孔庙。越南史书称赞道："我国通诗书，习礼乐，为文献之邦，自士王始，其功德岂特施于当时，而有以远及于后代，岂不盛矣哉！"[④] 越南的《四字经》也称颂道："三国吴时，士王为

---

① 陈寿：《三国志》卷四九《吴书·士燮传》，裴松之注，第1191—1192页。

② 严从简：《殊域周咨录》卷六《南蛮·安南下》，中华书局，1993，第236页。

③ 黎嵩：《越鉴通考总论》，载武琼《越鉴通考》卷首。

④ 后黎朝国史馆：《大越史记全书·外纪全书》卷三《士纪》。

牧，教以诗书，熏陶美俗。"① 当代越南史家陈重金虽然不认同越南成为文献之邦始于士燮，但亦指出："此公做官时乃一饱学之士，注重学术，喜欢帮助有学问之人，因而后来才得我国学祖之美名。"② 由于士燮本身的儒学造诣水平较高，又以安定的社会环境吸引了一批名儒来到交州之地，在他们的共同传播下，越南的儒学学术氛围前所未有的活跃。

值得一提的是，在儒学文化的感召下，越南地区也涌现出一批儒者。他们既是儒学在越南传播的结果，亦是儒学进一步传播的重要使者。事实上，由于交趾悬远，各级官吏不可能都由朝廷派遣，加之利用当地豪强统治当地百姓，更有利于加强统治，因而在当地选拔和培养合乎朝廷需要的人才，也就成为历代政府的要务。早在秦始皇时期，就有交趾人李身（号翁仲）任职校尉，曾带兵抗击匈奴。后世传说"唐赵昌为交州都护，夜梦与李身讲《春秋》《左传》"。③ 寄托着越南人民向往儒学的美好追求。陈重金曾指出："从汉朝治理交趾之时起到士燮已逾300年，交趾人已有考中孝廉、茂才的有学问之人。"④ 汉灵帝中平年间（184—189），交趾人李进任交趾刺史，"请交趾依中州例贡士"，此后交趾"人才得与中州同选"。⑤ 越南史书对此事记载得更为详细：

> 刺史李进上言于汉帝曰："率土之滨，莫非王臣。今登仕朝廷，皆中州人士，未尝奖励远人。"辞意感切，多所援引。汉帝诏我州之有孝廉、茂才，许除补属州长吏，不得任中州。进复上疏曰："所举孝廉，请与十二州博士以人才专对。"而有司恐远人虚诞，毁折中朝，不许。时我越人李琴宿卫在台，遂邀乡人卜龙等五六人，当正元万国朝会之日，俯伏殿廷曰："皇恩不均。"有司问其故，琴曰："南越迁远，不为皇天所覆，后土所载，故甘雨不降，凉风不飞。"辞意恳苦。诏慰劳

---

① 转引自杨焕英《孔子思想在国外的传播与影响》，教育科学出版社，1987，第42页。
② 陈重金：《越南通史》，第32页。
③《岭南摭怪》卷二《李翁仲传》，武琼校正，乔富修定，版本不详，越南国家图书馆藏。
④ 陈重金：《越南通史》，第32页。
⑤ 张燮：《东西洋考》卷一二《逸事考》，中华书局，1981，第237页。

之，以我茂才一人为夏阳令，孝廉为六合令。后李琴仕至司隶校尉，张重为金城太守，则我越人才得与汉人同选者，李琴、李进有以开也。①

此段记载透露出多个重要信息：其一，当时，在朝中任职的交趾人并非少数；其二，在朝中为官的交趾人积极地向朝廷举荐交趾人，期望交趾能获得与其他州部相同的举官权力，表现出对汉王朝极强烈的认同感；其三，自此之后，交趾刺史部也获得与其他州相同的举官名额。众所周知，儒学及儒家倡导的德行乃是两汉选官的重要标准。当儒学成为仕宦之梯，自然吸引交趾人学习儒学。举官名额的增多，无疑更进一步加深交趾与汉王朝的关联，更加激励了交趾人重视和修习儒学，也对儒学等中原文化在交趾的传播与发展发挥了积极作用。

南来北往的士人、儒者与官员们，为儒学传入越南架起了一座桥梁。越来越多的越南人读儒经，遵从儒家的礼仪。如三国时期的僧人康僧会，世居天竺，其父因商贾移居交趾，"年十余岁，二亲并终，至孝服毕出家"，"明解三藏，博览六经"。②

二、隋唐时期儒学在安南的传播

隋开皇九年（589），隋文帝灭陈，再次统一了中国。作为陈朝的领土，交州等地也被纳入隋朝统治。开皇十年（590），罢交州为玉州。仁寿二年（602），设交州道行军总管府。隋炀帝大业元年（605），平林邑，收复日南郡旧地，设比景郡、海阳郡。唐高祖武德五年（622），设交州总管府；后又改置为交州都督府。唐高宗调露元年（679），又改置为安南都护府。安南之称，即由此开始。唐玄宗天宝十年（751），置安南管内经略使，由安南都护兼任，在安南屯兵4200人。唐肃宗至德二年

---

① 后黎朝国史馆：《大越史记全书·外纪全书》卷三《士纪》。
② 释慧皎：《高僧传》卷一《译经上》，汤用彤校注，汤一玄整理，中华书局，1992，第14—15页。

（757），改安南都护府为镇南都护府，晋升为节度使。唐代宗大历三年（768），复改镇南都护府为安南都护府，罢节度使，设经略使。唐德宗贞元六年（790），加增招讨处置使。唐懿宗咸通七年（866），由于南诏对安南的侵扰，再晋升为静海节度使。都护府之下，设州、县和乡各级政府。唐王朝在安南边缘少数民族聚集之地设置了数十个羁縻州，由安南都护府直辖。终唐一代，安南的总管、都护、节度使和刺史（太守）等地方高级文武官员都由中央政府直接任命和罢免，也都必须执行中央政府的各类法令。交州地区与中原的关系达到了一个新的高潮。在隋唐发达的政治文化深刻影响下，安南的社会、经济和文化等方面都有了较大的发展。

这一时期，依靠着科举制度和教育制度的倡导、地方官长的推广、南来北往士人们的宣传，以及移民与当地居民的交往交流，儒学在越南的传播深度、广度都大大地提高了。

在郡县时代的前期，已有不少交趾人士被察举孝廉、茂才等而到中州为官。隋唐时期，中央政府在安南地区推行与内地相同的选拔人才制度和文教制度。在安南开设学校，讲授儒学，发展儒家文化教育，同时也通过进士、明经等科目的考试广泛网罗人才。唐代的科举制度较隋代完备，对安南士子参加科举考试的政策也作了更为明确的规定。唐高宗上元三年（676），设置了南选使，专门负责前往交州、广州等地选补官吏，确保安南士子入仕渠道畅通。天宝十三年（754），唐玄宗发布敕令："如闻岭南州县，近来颇习文儒。自今以后，其岭南五府管内白身有词藻可称者，每至选补时，任令应诸色乡贡，仍委选补使准其考试。有堪及第者，具状闻奏。如有情愿赴京者，亦听。其前资官并常选人等，有词理兼通、才堪理务者，亦任北选，及授此官。"① 会昌五年（845），明确规定国子监及官学每年选送进士和明经业者人数，其中"金汝、盐丰、福建、黔府、桂府、岭南、安南、邕容等道，所送进士不得过七人，明经不得过十人"，又规定道："其诸支郡所送人数，请申观察使为解都送，不得诸州各自申解。诸州府所试进士杂文，据元格并合封送

① 王溥：《唐会要》卷七五《选部下·南选》，中华书局，1955，第 1369—1370 页。

省。准开成三年五月三日敕落下者，今缘自不送所试以来，举人公然拔解；今诸州府所试，各须封送省司检勘，如病败不近词理，州府妄给解者，试官停见任用阙。"[1]

有了较为完备的制度保障，安南士子们也络绎不绝地前往中原求学，并与内地人士一起参加科举考试，入朝为官。在被遴选到中州任官的安南人中，不乏蜚声于世、彰著于史的人物。其中，姜公辅、姜公复与廖有方尤为著名。姜公辅，为唐代名相，爱州日南人，出身九真姜氏，于唐德宗年间考中进士，补校书郎，因制策科成绩优异授右拾遗，为翰林学士。其为官正直，敢于直言上谏，被拔擢为谏议大夫、同中书门下平章事。后因直谏忤旨被贬为太子右庶子，又贬为泉州别驾。最终卒于泉州，葬于九日山。九日山因而有"姜相峰"之名，还有"姜相台""姜相墓"等古迹。姜公辅才高而忠鲠，熟读儒家经典，著有《白雪照春海赋》及《对直言极谏策》。其主张以礼义治国，指出："廉耻生于礼义，礼义立，孰有不耻且格乎？"[2] 姜公复为姜公辅之

泉州姜相峰石刻

弟，亦举进士，担任过比部郎中。其所作《对兵部试射判》收录于《全唐文》。文中不乏"射以观德，乐以和声""呦呦之鸣鹿"之类的儒家经典措辞。[3] 廖有方，元和十一年（816）进士，任职校书郎。其善于写诗，与唐代著名诗人柳宗元交好。柳宗元曾撰文称赞他："刚健忠厚，

---

① 王定保：《唐摭言》卷一《会昌五年举格节文》，上海古籍出版社，1957，第2页。
② 姜公辅：《对直言极谏策》，载董诰《全唐文》卷四四六，中华书局1983年影印本。
③ 姜公复：《对兵部试射判》，载董诰《全唐文》卷六二二，中华书局1983年影印本。

孝悌信让，以质乎中而文乎外，为唐诗有大雅之道。"① 显然三人均深深浸染于儒家学说之中，不仅熟读典籍，而且能够运用儒家思想阐释自己的政见，或者将儒家倡导的德行落实于日常生活之中。由此可见，儒家思想在安南的传播已经取得了相当的成效，安南已经出现了一批服膺儒学的儒者。

国家在安南实行科举制度，令大批安南士子们为了通过考试而研习儒家学说。入朝为官后，与内地士大夫的交往又进一步提高了他们的儒学修养。他们的成功激励着广大安南士子进取向学；当他们卸任还乡，又转身成为在当地传播儒学的重要力量。史称："开元间，大兴文教，而九真姜公辅遂用经学起家，入翰林，为名宰辅。交人自是益向于文学矣。"② 说的正是这一史实。后世的统治者也清晰地看到士子们在传播知识、宣传儒学以及提升当地文化水平中的重要作用，因而越南立国后，继续效仿这种尊崇儒学的做法，大力推行科举制度。

隋唐时期，中央政府派往安南的官员，大多精通儒学，重视振兴儒学教育，倡导儒家思想，以儒家思想改易风俗。这在中越史书上均有记载。如《旧唐书》载，马植先后担任安南都护、安南招讨使，其到任后"约之以信诚，晓之以逆顺"，各羁縻州首领"总发忠言，愿纳赋税"。③ 如《越南辑略》载："唐，王福畤为交趾令，大兴文教，士民德之。至今祀之，号王夫子祠。"又载："马聪，安南都尉，用儒术教其俗，僚夷率服。"④《大越史记》也记载了唐懿宗年间王式治理安南的事迹："王式虽儒家子，前在安南，威服华夷，名闻远地。"⑤ 儒学造诣颇深的官员们以儒家教化之术治理安南，令当地人民都能理解并接受儒家的一些浅层次的理念，在日常生活的方方面面都尽力遵照儒家的准则，从而极大地扩大了儒学在安南的传播广度。

---

① 柳宗元：《柳河东集》卷二五《送诗人廖有方序》，上海古籍出版社，2008，第418页。

② 苏濬：《安南志》，载《粤西文载》卷一八《志》，影印文渊阁四库全书本。

③ 刘昫等：《旧唐书》卷一七六《马植传》，中华书局，1975，第4565页。

④ 徐延旭：《越南辑略》卷二，清光绪三年梧州郡署刻本。

⑤ 后黎朝国史馆：《大越史记全书·外纪全书》卷五《属隋唐纪》。

此外，唐代的文学璀璨无比，达到了前所未有的高度，这也吸引着安南士人与文学家们唱和、交流。当时游学中原的安南人络绎不绝，与著名诗人王维、贾岛等有深入的交往。如贾岛有诗名《送黄知新归安南》《送安南惟鉴法师》等。唐朝著名文学家王勃、杜审言和沈佺期等曾经流寓安南，也带去了唐朝的诗风与儒学。上元三年（676），著名诗人王勃前往交趾探望担任交趾令的父亲王福畤，在归程时不幸溺水而亡。神龙元年（705），诗人杜审言流放峰州（今越南山西、兴化一带），留下了《旅寓安南》等诗篇。次年，诗人沈佺期流放驩州（今越南义安荣市一带），写下了《初达驩州》《岭表逢寒食》《驩州南亭夜望》《度安海入龙编》《题椰子树》《九真山净居寺谒无碍上人》等诗篇。此外，还有韩偓《安南寓止诗》和张籍《山中赠日南僧诗》等诗篇。窦参、杨收等多位文学家也曾贬谪或流放驩州。这些文学家的到来，也直接或间接地推动了儒学在安南的传播。于是，当时的安南诗人阮公简写下了这样的诗句："威仪共秉周家礼，学问同尊孔氏书。"① 而与唐朝诗人有所往来的安南著名僧人，如无碍上人和惟鉴法师，不仅精通佛法，而且兼通儒学，并乐于传播儒学。

自秦朝设郡县直至唐末的千余年间，今越南北部和中部地区一直处于我国历代政权的统治之下，持续浸染着中华儒风。历代王朝在当地设置官署，派遣各级官吏，推行中原的政治制度、教育文化制度，推广儒家学说，加上各类人员的往来交流，儒家经典不断地输入该地区，儒家学说持续地影响着当地社会的方方面面。诚如陈重金所言，"北属时代长达 1000 多年"，"从此以后国人濡染中国文明非常之深，尽管后世摆脱了附属中国的桎梏，国人仍不得不受中国的影响。这种影响年深日久，已成了自己的国粹"，"我交州地区受中国人统治这么多年，无疑人们的生活也发生了与前大不相同的变化"，"在信仰、学问以及治理方法上，无论什么时候都受中国的影响"。② 费正清也指出，"越南的文化输入大多来自中国"，"汉式政权和古中国的大部分文人文化在越南地区扩散开

① 转引自朱杰勤《亚洲各国史》，广东人民出版社，1958 年，第 56 页。
② 陈重金：《越南通史》，第 3、51 页。

去——就像其在华南的扩展一样——建立起了灌溉平原以农业为基础的文明"，中华文明实际使越南文化达到了鼎盛时期。① 以儒学为中心的中原文化广泛南传，促使当地社会、经济、文化等方面都发生了重大飞跃。这也为后来越南的建国准备了必要的条件。

公元 939 年，越南人吴权宣布独立，建立吴朝（938—约 968）。之后，越南人又相继建立了丁朝（968—980）、黎朝（980—1009）。虽然此三朝国祚都较短，未进行大规模的文教建设，但都表现出对儒学的推崇。如丁朝时，曾设有明堂辟雍。② 黎朝末年曾上表于北宋请求赐予九经："黎帝龙铤应天十四年（1007）春，遣弟明昶与掌书记黄成雅献白犀于宋，表乞九经及大藏经文，宋帝许之。"③ 《宋史》亦载，景德四年（1007）秋七月"乙亥，交州来贡，赐黎龙铤九经及佛氏书"④。可见，经过千余年的传播，儒学已经获得了当地人的认同。

第二节　儒学在越南的发展及统治地位的确立

越南立国前期，丁朝和前黎朝虽然对儒学都有一定的认同，但始终更为崇奉佛教，尊佛教为国教。儒学和儒生的地位并不高，以至于"圣学不闻，儒风未震，僧尼半于民间，佛寺满于天下"⑤。佛教地位高于儒学的这种局面，到李朝之后才逐渐改变。

---

① 费正清、赖肖尔、克雷格：《东亚文明：传统与变革》，第 263—264 页。
② 后黎朝国史馆：《大越史记全书·本纪全书》卷一《丁纪·废帝》。
③ 潘清简：《钦定越史通鉴纲目·正编》卷一，版本不详，越南国家图书馆藏。
④ 脱脱：《宋史》卷七《真宗纪二》，中华书局，1977，第 134 页。
⑤ 黎嵩：《越鉴通考总论》，载武琼《越鉴通考》卷首。

一、李朝时期：儒佛并重

公元 1009 年，李公蕴建立了李朝（1009—1225），健全了越南的封建统治制度，平定了内乱，开启了越南的统一王朝时期。也是从李朝开始，越南的统治者才越来越重视国家意识形态的建设，儒学的地位也逐渐提升。

整体而言，李朝时期推行的是儒佛并重、各得其所的政策。在李朝初期，无论是在朝堂之上或是在民间社会，佛教的地位均高于儒学，影响也更大。李朝太祖李公蕴本人为僧人李庆文的养子，并在禅僧李万行的支持下登上皇位。史臣称其登基"甫及二年，宗庙未建，社稷未立，先于天德府创立八寺，又重修诸路寺观，而度京师千余人为僧"。① 其崇佛之盛于此可见一斑。太宗李佛玛是禅宗无言通派的僧祖，曾"诏发钱赁工，造寺观于乡邑，凡百五十所"，又"诏写大藏经，留于重兴藏"。② 李朝诸位皇帝都崇奉佛教，圣宗皇帝更有越南阿育王之称。由于统治者热衷佛教，不惜斥巨资建设佛塔寺院，以至于"百姓大半为僧，国内到处皆寺"③。诚如越南学者阮维馨所言："站在历史实际的角度看，佛教从来未能被用于驾驭一个国家，制定其对内对外路线政策，确定朝制或社会制度，规定上自宫廷下至村社的尊卑秩序。"④ 虽然李朝诸帝都尊崇佛教，但只是将其作为控制和麻痹百姓的思想工具。至于指导国家各项制度和维持统治秩序的思想理论，则必须依赖儒家学说。因此，为了巩固统治和建立更为完善的统治体系，李朝越来越重视儒家学说的作用，逐渐提高儒学的地位。

1010 年，太祖打算迁都时，即以儒家天命观为导引：

① 后黎朝国史馆：《大越史记全书·本纪全书》卷二《李纪·太祖皇帝》，越南内阁本。

② 同上。

③ 同上。

④ 阮维馨：《李朝的思想体系》，林明华译，《东南亚研究》1987 年第 1、2 期。

昔商家至盘庚五迁，周室迫成王三徙。岂三代之数君，徇于己私，妄自迁徙，以其图大宅中，为亿万世子孙之计，上谨天命，下因民志，苟有便辄改。故国祚延长，风俗富阜。而丁、黎二家，乃徇己私，忽天命，罔蹈商、周之迹，常安厥邑于兹，致世代弗长，算数短促，百姓耗损，万物失宜，朕甚痛之，不得不徙。况高王故都大罗城，宅天地区域之中，得龙盘虎踞之势，正南北东西之位，便江山向背之宜；其地广而坦平，厥土高而爽垲；民居蔑昏垫之困，万物极蕃阜之丰；遍览越邦，斯为胜地，诚四方辐辏之要会，为万世京师之上都。朕欲因此地利，以定厥居，卿等如何？①

其对儒家思想的灵活运用，不仅展示了本人深厚的儒学素养，也为百官起了表率作用。

太祖驾崩后，东征王、翊圣王与武德王起兵反叛，与太子李佛玛争夺皇位。在平定三王叛乱后，太宗李佛玛命在大罗城圣寿寺后建庙，并规定朝廷大小官员都须到庙中祭坛行礼，宣读誓书："为子不孝，为臣不忠，神明殛之。"② 试图用儒家的忠孝思想来引导和约束百官。太宗还着手推行儒家的礼乐制度，多次躬行籍田。1038 年，太宗下令建神农坛，亲自祭拜神农后，欲再次行籍田礼。有官员劝阻道："此农夫事耳，陛下焉用此为。"其答道："朕不躬耕，则无以供粢盛，又无以率天下。"③ 史臣吴士连赞颂道："太宗复古礼，躬耕籍田，率天下，上以供宗庙，下以畜万民，治效臻于富庶也，宜哉。"④ 1148 年，英宗也曾亲耕籍田。⑤

圣宗继位后，更加注重提高儒家文化的地位。之后的诸位皇帝也倡导儒学。与此同时，与儒学密切相关的文庙、科举和教育等各项事务和制度都在李朝一一实行，儒家的地位也随之不断提高。到了仁宗时期，儒学在越南已相当兴盛。

---

① 后黎朝国史馆：《大越史记全书·本纪全书》卷二《李纪·太祖皇帝》。
② 同上。
③ 同上。
④ 同上。
⑤ 潘清简：《钦定越史通鉴纲目·正编》卷四。

首先出现在李朝的儒学标识是文庙。1070年，圣宗下令在当时的首都升龙（今河内）"修文庙，塑孔子、周公及四配像，画七十二贤像"①。朝廷一年四季分别在文庙祭祀，皇太子也要莅临学习。这是关于越南修建文庙祭祀孔子的最早记载。之后，李朝又不断地扩建和修缮文庙。到了李朝末年，苏宪诚为英宗辅政，奏请英宗提倡儒学，并建议在升龙城南也修建文庙，以表示对儒学的敬慕之心。于是，1171年，英宗"修文宣王庙殿"②。

紧接着，李朝也实行了科举制度。1075年，仁宗"诏选明经、博学及试儒学三场"③。这应该是越南最早的一次科举考试，设有明经、博学和儒学三场。此次开科取士，共选中十人，其中黎文盛为首科。之后，李朝又多次以儒经考察士人，并赐予不同出身。例如，1185年，高宗"试天下士人，自十五岁能通诗书者，侍学御筵，取裴国忾、邓严等三十人，其余并留学"④。又1192年，高宗"试天下士人，入侍御学"⑤。尽管这一时期李朝的科举制度尚未完备，但是其考试内容为儒学经典，使得儒学与仕途相结合，从而刺激士人们埋头研读儒家经典。当研习儒家学说成为李朝士人的进身之阶，儒学的社会地位自然而然地大大抬高了。如此一来，儒学的传播阻力越来越小，影响范围便越来越广。

李朝随后也设立了国子监。1076年，仁宗"选文职官员识字者，入国子监"⑥。此时的国子监乃是王公子弟和文官学习儒家经典的场所，其意图是提高文官们的儒学素养。1086年，仁宗又设翰林院，"试天下有文学者，充翰林院官"⑦。莫显绩中选，被任命为翰林学士。此时能进入国子监学习的人非常少，影响并不大。1181年，高宗"以李敬脩为帝

---

① 后黎朝国史馆：《大越史记全书·本纪全书》卷三《李纪·圣宗皇帝》。

② 同上书，卷四《李纪·英宗皇帝》。

③ 同上书，卷三《李纪·仁宗皇帝》。

④ 同上书，卷四《李纪·高宗皇帝》。

⑤ 同上。

⑥ 同上书，卷三《李纪·仁宗皇帝》。

⑦ 同上。

师，内则奉侍经幄，外则教民忠孝"①。李敬脩虽然名为帝师，但实质上有教导万民儒家忠孝伦理的职责。

为了进一步传播儒学，方便士人们阅读儒家典籍，李朝还多次派遣贡使到宋朝乞市书籍。《宋史》载，宋徽宗大观初年（1107），李朝仁宗之"贡使至京乞市书籍，有司言法不许，诏嘉其慕义，除禁书、卜筮、阴阳、历算、术数、兵书、敕令、时务、边机、地理外，余书许买"②。早在元丰元年（1078），宋神宗曾下诏"除九经外，余书不得出界"③。由此可以推知，李朝此次求购所得的书籍中必有大量儒家经典。李朝对儒经传入越南十分重视。1126 年，仁宗下令在都城的寿圣寺举行规模盛大的"庆贺五经礼"④。

随着文庙、科举制和儒学教育在李朝的发展，越南社会上出现了一个依据儒家学说培育而成的阶层——儒生。儒生阶层的出现，标志着儒学在越南社会上已有一定的地位。不过，由于与儒学相关的各项制度刚刚起步，儒生的数量还不算很多，因而此时越南的儒学尚未能超越佛教的地位。

二、陈朝时期：儒学压倒佛教

公元 1225 年至 1400 年，是越南历史上的陈朝时期。在这 170 余年间，越南儒学与佛教的地位发生变化。儒学在越南日渐兴盛，地位进而超过佛教。一方面，南宋灭亡时，许多臣民逃入越南，如左丞相陈宜中、吏部尚书陈仲微和参知政事曾渊等逃入越南，在当地任职。他们当中有硕儒名家，为越南带去了二程、杨时和朱熹等理学家的作品。于是程朱理学也开始在越南传播。另一方面，陈朝的开国君主陈日煚的佛学造诣和儒学素养都很深厚，深知儒家学说具有佛学所无法比拟的政治功

① 后黎朝国史馆：《大越史记全书·本纪全书》卷四《李纪·高宗皇帝》。
② 脱脱：《宋史》卷四八八《外国四》，第 14070 页。
③ 同上书，卷一五《神宗纪二》，第 295 页。
④ 后黎朝国史馆：《大越史记全书·本纪全书》卷三《李纪·仁宗皇帝》。

能，因而认为必须发展儒学，尤为重视儒家学说维护社会秩序和推进制度建设的作用。陈朝基本沿袭了李朝的政治、经济制度，继续推展儒学教育，发展和健全以儒学为基础的科举制度，继续增修文庙以崇祀孔子，大量地输入儒家典籍。这些举措，都促使越南儒学发展到又一个新高度，为儒学在后黎朝跃居统治地位奠定了基础。

为了整顿政治、社会秩序，陈朝极力在民间推崇儒家的伦理道德观念，用忠孝节义思想引导社会风气。陈朝前期积极传播朱子学，逐步建立起政教合一的政治体制。根据朱子学的思想，陈太宗改造越南尚不成规范的礼仪，更定刑律礼仪二十一条。陈仁宗虽然醉心佛学，但也将"仁"作为治理天下之本，推行轻刑薄赋。

在教育方面，陈朝逐渐形成了一套涵盖中央与地方、官学与私学的儒学教育体系。各级学校从教育目的、教育内容、教师的选用以及学生的考核和任用等等，均体现着崇尚儒学的特征。

关于陈朝的官学制度，明人严从简记述道："本国自初开以来，都用中夏汉字，并不习夷字。"① 立国之初，太宗便采取一系列措施完善中央官学。其先于 1243 年重修国子监②，后于 1253 年六月"立国学院，塑孔子、周公、亚圣，画七十二贤像奉事"，又于九月"诏天下儒士诣国子院，讲四书、六经"。③ 显然此时官学学官的选拔条件为能讲授四书、六经。陈圣宗也曾于 1272 年下诏"求贤良明经者，为国子监司业，能讲谕四书、五经之义，入侍经幄"④。可见程朱理学已经成为陈朝中央官学的主要教育内容，得以在越南广泛传播。由于太学生是国家的储备人才，因而陈朝皇帝非常重视太学生的教育。一是亲临太学或命名师讲解儒家经典。例如，陈英宗于 1306 年"命天章学士阮士固讲五经"。⑤ 又如陈明宗于 1323 年"幸太学"。二是举行考试，优秀者为朝廷所用。

① 严从简：《殊域周咨录》卷六《安南下》，第 237 页。
② 后黎朝国史馆：《大越史记全书·本纪全书》卷五《陈纪·太宗皇帝》。
③ 同上。
④ 同上。
⑤ 同上书，卷六《陈纪·英宗皇帝》。

陈明宗于 1314 年"冬十月，试太学生，赐爵簿书令，命局正阮柄教习，以为他日之用"①。又，1345 年，陈裕宗"试太学生，试法用暗写古文、经义、诗赋"②。1384 年，陈朝废帝"试太学生段春雷、黄晦卿等三十名。夏五月，选太学生余数，为葆和宫书史"③。可见太学的考试内容无非是四书、五经、古文和诗赋，考试方法主要为默写、解释经义以及作诗赋。

尽管中央官学地位崇重，但太学生人数毕竟有限，不能收纳广大子弟入学。为了扩大儒学教育的范围，使各地的民间俊秀也能入学，陈顺宗于 1397 年四月在州镇置教授与监书库。同年五月，陈顺宗下诏曰：

> 古者国有学，党有序，遂有庠，所以明教化，敦风俗也。朕意甚慕焉。今国都之制已备而州县尚缺，其何以广化民之道哉！应令山南、京北、海东诸路府，各置一学官，赐官田有差，大府州十五亩，中府州十一亩，小府州十亩，以供本学之用。路官督学官，教训生徒，使成才艺，每岁季则选秀者，贡于朝，朕将亲试而擢之焉。④

此诏规定了地方官学的几方面规制：一是设置范围包括山南、京北、海东诸路府；二是设学田以供官学之用；三是考选制度，每年向朝廷选送优秀学子。可惜的是，适逢胡季犛欲行篡夺之事，此诏未能施行。⑤ 不过，从此诏令的内容亦可推知，到陈朝末期，儒学已经压倒了佛教，确立其作为统治思想的地位。甚至有中国史家认为越南"俗尚礼义，有中国之风"，"凡民间俊秀子弟，八岁入小学，十五岁入大学，其诵诗读书、谈性理、为文章，皆与中国同"。⑥

除了各级官学外，越南的皇室子弟教育也以儒学为中心。1251 年，

① 后黎朝国史馆：《大越史记全书·本纪全书》卷六《陈纪·英宗皇帝》。

② 同上书，卷七《陈纪·裕宗皇帝》，越南内阁本。

③ 同上书，卷八《陈纪·废帝》。

④ 同上书，卷八《陈纪·顺宗皇帝》。

⑤ 同上。

⑥《岛夷志略校释》，汪大渊、苏继庼校释，中华书局，1981，第 50 页。

陈太宗"亲写铭文，赐诸皇子，教以忠孝和逊温良恭俭"①。1274 年，陈圣宗"选天下儒学有德行者，入侍东宫。以黎辅陈为少师，兼储宫教授。以阮圣训、阮士固等充内侍学士。上亲写诗，以训皇子。并制贻后录二卷"。② 皇帝不仅亲自以儒家伦理道德教导皇子，还遴选有德行之儒者为皇帝讲学。这种以儒家理念为核心内容的皇室教育，更彰显了陈朝崇尚儒学的精神。

除了官办学校外，陈朝也出现了儒生自发在乡间办学的现象。私学招收乡间子弟，可补官学之不足，能够在民间社会传播儒学，从而扩大了儒家学说在越南的传播范围。

越南的科举考试制度在陈朝也得到了完善，考试内容发生了根本性的转变，由通考三教经典变为以儒学为基本考试内容。开国后，陈太宗仿效宋朝的科举考试程式和取士标准，改革科举制度。1232 年，仿效殿试录取进士的做法，对太学生进行考试，根据成绩高低分三甲录用人才："二月，试太学生。中第一甲张亨、刘琰，第二甲邓演、郑卸，第三甲陈周普。"③ 1246 年，定"大比取士，以七年为准"④ 的考试制度。次年二月，"大比取士。赐状元阮贤、榜眼黎文休、探花郎邓麻罗，太学生四十八名出身有差"⑤。从此确立了状元、榜眼、探花三魁之选的制度。《大越史记全书》中记载了 1396 年所定的科举考试制度：

> 诏定试举人格，用四场文字体，罢暗写古文法。第一场，用本经义一篇，有破题接语，小讲原题，大讲缴结，五百字以上。第二场，用诗一篇，用唐律，赋一篇，用古体，或骚或选，亦五百字以上。第三场，诏一篇，用古体，制一篇，表一篇，用唐体四六。第四场，策一篇，用经史时务中出题，一千字以上。以前年乡试，次年会试，中

① 后黎朝国史馆：《大越史记全书·本纪全书》卷五《陈纪·太宗皇帝》。

② 同上。

③ 同上。

④ 同上。

⑤ 同上。

者御试策一篇，定其第。[①]

可见，陈朝的科举制度逐渐完善和制度化，到末年已与中国基本相同。以儒学为基本考试内容的科举制度极大地激发了学子研读儒经和程朱理学的热情，从而为儒学的传播与发展起到了巨大的推动作用。

作为文教系统重要组成部分的文庙，在陈朝也得到了长足的发展。自陈艺宗时期（1370—1372）开始，出现了越儒从祀文庙的情况。1370年，"国子监司业朱安卒，赠文贞公，赐从祀文庙"。[②] 此即越儒从祀文庙之始。次年，陈艺宗又"赐赠少傅张汉超，从祀孔子庙庭"[③]。后世大儒潘孚先曾论道："历代名儒，有能排异端，传道统，方得从祀文庙，明道学之有原也。"[④] 越儒从祀文庙，表明越南已有高水平的儒学大师，亦昭示着儒学在越南已具有崇高的地位。

随着儒学的发展，越南的儒士阶层不断壮大，在官员队伍中所占比例逐渐扩大，政治地位也不断提升，所担任职务遍及地方和中央各级政府。从陈明宗时期（1314—1329）开始，儒士逐渐进入上层统治集团，起着举足轻重的作用。1358年，陈裕宗封朱子学者范师孟为入内行遣知枢密院事。这是越南历史上第一位执掌大权的朱子学者，这也标志着越南朱子学者已经成长为一支重要的政治力量。

儒士在朝廷中得势后，迅速掀起排佛扬儒运动，又反过来促进了儒学的传播，扩大了儒学的影响。朱安、黎文休、张汉超等著名儒者，都倾尽毕生精力排斥佛学，大力传播朱子学。如张汉超曾在碑文中视佛教为异端，主张独尊儒术："当会圣朝，欲畅皇风，以振颓俗；异端实可黜，圣道当复行；为士大夫者，非尧舜之道不陈前，非孔孟之道不著述。顾乃拘拘与佛氏嗫嚅。"[⑤] 在越南朱子学者与儒臣的通力协作下，佛

① 后黎朝国史馆：《大越史记全书·本纪全书》卷八《陈纪·顺宗皇帝》。
② 同上书，卷七《陈纪·艺宗皇帝》。
③ 同上。
④ 同上书，卷八《陈纪·废帝》。
⑤ 同上书，卷七《陈纪·裕宗皇帝》。

教为异端邪说的观念日渐深入人心。陈朝统治者也采取了各种措施限佛排佛。如 1396 年春正月,陈顺宗下诏"沙汰僧道,年未及五十以上者,勒还本俗"①。

总而言之,在陈朝的儒佛之争中,原本处于劣势的儒学逐渐占据优势,佛教势力也随之日渐衰落。儒学成为官学,儒士阶层也在政治思想诸领域中取代了佛教僧侣的地位。在此背景下,越南出现了首部奉敕撰修的史书——《大越史记》。该书由黎文休仿照《春秋》编撰而成,是越南的第一部正史,确立了以儒学为准绳的历史评判标准。这些都表明,儒学在陈朝已经占据官方意识形态地位。

继陈朝之后,越南出现了一个短命的王朝——胡朝(1400—1407)。胡朝统治者继续推行限佛尊儒政策,发展儒学教育,重新厘定科举之法,勒令大批僧侣还俗,逐渐形成了崇儒重道的局面。不过,胡朝开国君主胡季犛只推崇周公,贬低孔子,攻击韩愈与程朱。对此,越南学者武挑评论说:"从朱文安到张汉超、阮德达,越南诸位儒学家,培养了众多的学子,撰写了许多注解四书、五经的著作,但他们只是处在理解和依靠、应用汉儒、宋儒的范围,很少有批判或违背。像胡季犛那样质疑孔子和提高周公的情况甚为罕见。"② 胡季犛这种对儒学有选择地接受,甚至试图恢复原教旨的儒学,明显有将儒学越南化的倾向。这种态度实质上亦是儒学传播到一定阶段必然发生的情况。

1406 年,应越南故王陈日奎之弟陈王平之请,明成祖派兵助其灭胡,并于次年在越南设立交趾布政使司。越南进入了短暂的"属明时期"(1407—1427)。在这二十年间,明朝做了三件大事,推动越南的儒学进一步发展。一是广揽人才,重用儒生,"敕辅晟嵩交趾应有怀才抱德,山林隐逸,明经能文,博学有才,贤良方正,孝悌力田,聪明正直……之人,悉心访求,礼送京师擢用。"③ 二是于 1419 年派监生唐义

---

① 后黎朝国史馆:《大越史记全书·本纪全书》卷八《陈纪·顺宗皇帝》。

② 武挑:《古今儒教》,越南社会科学出版社,1990,第 311 页,转引自何芳川《中外文化交流史》,国际文化出版公司,2008,第 293 页。

③ 王圻:《续文献通考》卷二三五《四夷考》,明万历三十年松江府刻本。

颁赐四书、五经、《性理大全》等理学书籍给越南各府、州、县学校，作为教授生徒的教材，供儒生学习。① 三是在各府州县设立文庙、开设学校，完善了越南地方官学。② 此三项举措提高了儒生的地位，推动儒学进一步深入到各府州县。此外，还有大批的中国移民来到越南。他们在此繁衍生息，办立私塾，读四书、五经，加速了朱子学在越南的传播。

概而言之，从陈朝到属明时期的 200 余年间，朱子学已在越南确立了国家意识形态的地位。这也为儒学在后黎朝、阮朝进入全盛奠定了基础。

三、黎朝时期：崇孔尊儒

1428 年，黎利建立黎氏王朝（1428—1789），史称后黎朝。后黎朝脱离明朝统治，迫切需要重新建立一个统一的中央政权，维持更为集中、稳定的社会统治秩序。儒家学说正好适应了越南的需求，因此得到了后黎朝统治者的尊崇。黎太祖登基后，便着手模仿中国的各项制度，以儒学为指导建设和完善统治秩序。史载："太祖即位以来，其施为政事，蔼有可观。如定律令，制礼乐，设科目，置禁卫，设官职，立府县，收图籍，创学校，亦可谓创业之宏谟。"③ 之后的黎朝诸帝均继续崇重儒学，将儒学作为制定各种典章制度的理论依据，作为全国上下共同遵守的金科玉律。儒学在越南取得了独尊的地位，开始进入鼎盛时期。黎朝推崇儒学的举措主要表现在抬高孔子的地位，健全儒学教育，完善以儒学为内容的科举取士制度，广泛引入和翻刻儒学经典，推广儒家教化理念等。

与李朝和陈朝不同，黎朝统治者从开国伊始便推尊孔子，逐步仿照中国建立一系列祭孔礼制。黎太祖立国之始，即"祠孔子以太牢，其崇

---

① 后黎朝国史馆：《大越史记全书·本纪全书》卷一〇《黎皇朝纪·太祖高皇帝》。
② 同上书，卷九《属明纪》。
③ 同上书，卷一〇《黎皇朝纪·太祖高皇帝》。

重至矣"①。1435 年，黎太宗"命少保黎国兴释奠于先师孔子，后以为常"②，确立了越南的释奠礼。1465 年，黎圣宗从阮廷美之奏，"定各镇路文庙春秋二丁祭，止十哲"③。又于 1472 年"定丁祭，每年各府春秋二仲，上丁行礼"④。从此以后，越南各镇路府均须在春秋二上丁日祭祀孔子。黎圣宗还曾多次扩修首都升龙的文庙。如 1484 年，"作文庙大成殿。并东西庑、更服殿、书板祭器库、明伦堂、东西讲堂、东西碑室、三舍生学房及诸门四围缭墙"⑤。经过几次修葺和扩建，升龙的文庙规模越来越大，殿宇也愈加恢宏。到 1755 年，越南文庙中的孔子像开始着王者之服，即以王者尊孔子。史载，"初制文庙衮冕服。政府阮辉润上言：'圣人万世帝王之师，向来文庙循用司寇冕服，非所以示崇重。'乃命改用衮冕之服。文庙用王者服自此始。"⑥

　　文庙遍及越南的都城与各地，与此相匹配的是中央官学与地方官学的发达。黎朝统治者十分重视儒学教育。史载，越南"崇儒教，交州有国学、文庙，各郡县皆建学，祭祀、配享俱如中国"⑦。其学校之制，"在国都置国子监，则有祭酒司业五经博士教授之官以教贡士辈。又有崇文馆、秀林局，则有翰林院兼掌官，以教官员子孙崇文秀林儒生辈。在各府则制学校文庙，有儒学训导之官以教生徒辈"⑧。开国之初，黎太祖便采纳朱子学者阮荐的建议，在京师设国子监，各路县设学校。为了鼓励学子们入学，黎太宗采取多种举措提高儒士的地位。如，1434 年二月，"若文武自六品以上，有所管男，及国子监生诸色役已有岂字，官赐公奴私奴，并免"⑨。同年八月，又"赐国子监生及路县生徒着冠服，

① 后黎朝国史馆：《大越史记全书·本纪实录》卷一一《黎皇朝纪·太宗文皇帝》。
② 同上。
③ 同上书，卷一二《黎皇朝纪·圣宗淳皇帝上》。
④ 同上。
⑤ 同上书，卷一三《黎皇朝纪·圣宗淳皇帝下》。
⑥ 潘清简：《钦定越史通鉴纲目·正编》卷四一。
⑦ 纪昀等：《清文献通考》卷二九六《安南》，影印文渊阁四库全书本。
⑧ 严从简：《殊域周咨录》卷六《安南下》，中华书局，1993，第 237 页。
⑨ 后黎朝国史馆：《大越史记全书·本纪实录》卷一一《黎皇朝纪·太宗文皇帝》。

并与国子监教授及路县教职着高山巾。初教授、监书库皆太古巾，至是令戴之"①。为了扩大儒学教育，黎朝还不断重修和扩建国子监。例如，1511年襄翼帝"命阮文郎重修国子监崇儒殿及两庑明伦六堂、厨房、库房，并新构东西碑室，左右每间置一碑"②。于是，越南的朱子学教育日趋发展起来。在黎太宗时期，越南已经基本形成一套管理各级官学学生的制度。1434年，黎太宗采取了多项相关举措，今摘录如下：

正月，"文武百官自六品以上，有所管及藩镇父道首领官等……其嫡子孙各听报名，赴监读书，以俟选用"③。

正月十五日，"天下诸路县官等，速具本路应试士人，期以本月二十五日赴本道点集，至二月初一日考试。中选者免徭役，补入国子监。若在各路学读书者，二十五岁以上考不中者，还民"④。

二月四日，正式对天下学生考试，"中考者千余人，分为三等。一等、二等还国子监，三等还路学读书，并免徭役"⑤。

八月，"试吏员考暗写。一等补国子监，二等补生徒及文属"⑥。

综上可知：第一，一定层级的官宦嫡子孙可以直接进入国子监就学，这是国子监生的入学条件之一。第二，各路县学子则可通过考试取得入国子监读书的机会。大体而言，考中一、二等者补入国子监就学，免徭役；只取得三等者仍在各路学读书，亦免徭役；如果满25岁仍未考中一、二等者，则令其还民，不得继续在官学读书。第三，吏员通过考试，取得一等，亦可入国子监。此外，二月的考试结果有千余人考中，由此可以推知此时越南的儒士阶层人数较前已大有增加。

黎圣宗更锐意于儒学教育，于1467年三月首置五经博士。史载："时监生治《诗》《书》经者多，习《礼记》《周易》《春秋》者少。故置

① 后黎朝国史馆：《大越史记全书·本纪实录》卷一一《黎皇朝纪·太宗文皇帝》。
② 同上书，卷一五《黎皇朝纪·襄翼帝》。
③ 同上书，卷一一《黎皇朝纪·太宗文皇帝》。
④ 同上。
⑤ 同上。
⑥ 同上。

五经博士,专治三经,以授诸生。"① 可见,置五经博士的目的是避免监生偏重《诗》《书》,期望监生们能够博通五经。同年四月,从秘书监学士武永祯之言,还颁五经官板于国子监。② 1484 年六月,黎圣宗还采纳御史台副都御史郭有严等人的建议,定国子监三舍生除用令,以督促、鼓励国子监学生和儒生们学习。其建议如下:

> 臣等窃见国子监三舍生,例准逐年会试中场者。中三场充上舍生,中二场充中舍生,中一场充下舍生。每舍一百名,并给季钱,三舍生每人九陌。及除用时,吏部及国子监官保举选除。如三舍生数,一体并同,殊无差别。合无三舍生季钱,下舍生宜减,上舍生宜增一陌为一贯,中舍生如前九陌,下舍生减一陌为八陌。至除用时,吏部及国子监官照缺保举,上舍生三分,中舍生二分,下舍生一分。如此则三舍生中场多少,优劣前后等级适宜,而天下人才咸知激勤。③

此即根据会试中场数量,将国子监生分为三舍,发放不同数量的季钱,并决定其除用之前后。

1510 年,襄翼帝颁治平宝范于天下,其中规定道:

> 监生、儒生生徒每至朔望,各具衣巾,点目如法,遵守学规,习肆课业,期于成材,以资国用。敢有侥幸奔竞,游戏道途,废弛学业,一遭欠点,罚中纸一百四十张,二遭欠点,罚中纸二百张,三遭欠点,笞四十。下四遭欠点者,捡奏刑部勘问。一年欠者,举奏充军。乡试提调、监试、监考、考试、巡绰等官及社长,宜体朝廷德意,务秉公心,期得实材,为国家用。④

---

① 后黎朝国史馆:《大越史记全书·本纪全书》卷一二《黎皇朝纪·圣宗淳皇帝上》。

② 同上。

③ 同上书,卷一三《黎皇朝纪·圣宗淳皇帝下》。

④ 同上书,卷一五《黎皇朝纪·襄翼帝》。

详细规定监生与儒生如懈怠读书、违反规定，应该受到什么样的惩罚。如此一来，在校的监生与儒生们自然得认真对待。

整体而言，后黎朝的儒学教育远比前朝发达，除了体系完备、制度完善外，其教育目的、内容以及对学子的考核等，方方面面均体现了崇尚儒学的特征。

继续实行并健全以儒学为内容的科举考试，是儒学在黎朝进入全盛的又一重要标志。为了确保以儒术立国，在草创时期黎太祖便着手以儒学选拔人才。1427 年，黎太祖"令诸路荐举良方正，智勇英杰之士，召对擢用，隐蔽者以降黜论"①。定鼎当年六月，又令"大臣文武等官各举贤良方正，荐举得人，升赏依举贤臣例。若为财为亲，荐举非人者，依荐奸人论罪"②。十一月，又令"天下官员军民等，期以明年五月就东京。文官考试经史，有精者除文官，武官考试武经、法令、奇书等章"③。1429 年五月二十六日，令"诸府路军人及山林隐逸之士，果有通经史，工于文艺，期以今月二十八日就省堂通身听候，至日入场会试，中者选用"④。二十八日，又令"内外官文武，有精通经史，自四品以下，期令月二十九日悉就省堂入场会试"⑤。这些虽然并不是正规的科举考试制度，但是已经明确将"精通经史"作为考核与选拔人才的条件。

1434 年，黎太宗效仿明朝制度，正式确定科举考试制度：

> 今定为试场科目，期以绍平五年各道乡试，六年会试都省堂。自此以后三年一大比，率以为常，中选者并赐进士出身。所有试场科目具列于后：第一场经义一道，四书各一道，并限三百字以上；第二场制诏表；第三场诗赋；第四场策一道，一千字以上。⑥

---

① 后黎朝国史馆：《大越史记全书·本纪实录》卷一〇《黎皇朝纪·太祖高皇帝》。
② 同上。
③ 同上。
④ 同上。
⑤ 同上。
⑥ 同上书，卷一一《黎皇朝纪·太宗文皇帝》。

此时，黎朝的科举考试已经基本制度化，已有了会试、乡试之法。考试内容为儒家经典、制诏表策和诗赋等。到了黎仁宗时，进士前三名又有状元、榜眼、探花之设。为了激励士子们积极读书、应试，1442年黎太宗开始效仿明朝制作了题名录，立于国子监和文庙中。①

为了确保考生的德行符合儒家伦理道德，黎圣宗时期还制定了保结乡试例，规定所有应试士子必须"听本管官及本社社长，保结其人，实有德行者，方许上数应试。其不孝、不睦、不义、乱伦及教唆之类，虽有学问辞章，不许入试"②。该规定要求士子们不仅要研读儒学经典，还必须按照儒家的伦理道德修身养性，体现了德才兼备的选才标准。这种要求实际上寄托了程朱理学"修身齐家治国平天下"的理想，以期士子们身体力行，成为黎民百姓的楷模。该要求无形中渗透了黎朝统治者崇儒重道的统治理念，也强化了儒学的教化作用，自然而然大大提高了儒学在社会上的地位。

1448年，翰林院侍读兼东阁学士杜润曾赞颂黎朝科举制度道："黎朝文明之详，科目之政，肇于顺天（太祖年号——引者注），始于大宝（太宗年号——引者注），行于太和（仁宗年号——引者注），而特盛于洪德（圣宗年号——引者注）也。向非圣上尽君师之贵，亲制作之权，安能成光志之未成，备前圣之未备耶。"③越人潘辉注对后黎朝的科举盛况评论说："历朝科举之盛，迫于洪德（黎圣宗年号）至矣。"④据统计，黎圣宗在位38年，开科12次，取士511人，两项均超过李朝和陈朝开科取士数目的总和。到了1499年，黎宪宗开科取士时，应试者竟然达到五千余人。黎朝的科举考试之兴盛，应试者数目之众，于此可见一斑。

儒学教育的发达及科举考试的兴盛，使得越南境内对儒学书籍的需求剧增。为了满足举国上下对儒学典籍的需求，后黎朝大量地购买和翻

---

① 后黎朝国史馆：《大越史记全书·本纪实录》卷一一《黎皇朝纪·太宗文皇帝》。
② 同上书，卷一二《黎皇朝纪·圣宗淳皇帝上》。
③ 同上书，卷一三《本纪实录·黎皇朝纪·圣宗淳皇帝下》。
④ 潘辉注：《历朝宪章类志》卷二八《科目志》，版本不详，越南国家图书馆藏。

刻相关书籍。史载，越南"士人嗜书，每重赏以购焉"①。又载，越南"递年差使臣往来，常有文学之人则往习学艺，遍买经传诸书，并抄取礼仪官制内外文武等职，与其刑律制度，将回本国，一一仿行"②。又载，越南于明英宗"天顺二年（1458），遣使入贡……其使者乞以土物易书籍、药材，从之"③。可见越南购买儒学书籍的渠道主要有三种：一是商人购买书籍作为货物回国贩卖，二是跟随使团前来明朝购买，三是以朝贡方式用土产换取中国书籍。但是，单单依靠购买数量有限，而且远水难解近渴，因而越南还引进了中国的印刷术，大量地翻刻儒家经典。除前述黎圣宗颁五经官板于国子监外，后黎朝还有多位君主下令刻书。如1731年，后废帝"命阁院官校阅五经本，刊行颁布"④。1734年，"印五经板，颁布天下，王亲制序文。五经板成，命藏于国学"⑤。同年，"颁《五经大全》于各处学官。先是遣官校阅五经北板，刊刻书成颁布，令学者传授，禁买北书。又令阮效、范谦益等分刻四书、诸史、诗林、字汇诸本颁行"⑥。如此一来，越南的儒家典籍日益增多，大大利于儒家思想的传播。

儒学在黎朝的传播，促使越南出现了一批著名的儒学家或以儒学为其主导思想的学者，其中最著名的有阮秉谦、吴士连、黎贵惇等。阮秉谦（1491—1585），连中三元，曾任吏部尚书，深受二程理学影响，因而被封程旋侯，被世人称作"状程"。其晚年在家乡讲学，从其学者数量众多。以吴士连（生卒年不详）为首撰修的《大越史记全书》，是现存越南古代最重要的编年体史书，书中对历史人物和事件的褒贬均以儒家学说为准绳。黎贵惇（1726—1784）则是古代越南著书最多的大儒。他深受朱子学的影响，著有《四书略解》《书经演义》《易经层说》《春秋略论》《群书考辨》等。

---

① 张燮：《东西洋考》卷一《交趾》，第 20 页。
② 严从简：《殊域周咨录》卷六《安南下》，第 237 页。
③ 张廷玉：《明史》卷三二一《安南传》，中华书局，1972，第 8327 页。
④ 潘清简：《钦定越史通鉴纲目·正编》卷三七。
⑤ 同上。
⑥ 同上。

儒学在后黎朝的兴旺发达不仅仅停留于精英阶层，还下沉至民间，成为黎民百姓的生活准绳。为了化民成俗，后黎朝以儒家思想为指导制定了一系列的教化条例，令全国上下无论男女老幼均受到儒学的熏陶。1428 年，黎太祖登基当天便下诏"诸路老人自七十以上免差役，孝子节妇听路官奏闻旌赏"①。黎圣宗在位时，全面地推行儒家教化，将越南的儒家教化渗透到方方面面。他颁布激劝忠义令，根据《朱子家礼》制定婚姻嫁娶礼仪，编订《洪德法典》，颁布《二十四训条》，将儒家的伦理纲常、等级观念、长幼尊卑理念、敬老慈幼思想等，具体到条文当中，用强制性的行政手段将儒家思想有效地推广至越南人民的社会生活以及人伦关系当中。如学者所言，《洪德法典》的制订"是新儒教（指朱子学）在越南的非凡胜利，它通过牺牲非家庭的关系来使家庭关系的伦理扩展到最大的限度，而非家庭关系会使社会的变动性增加。至于农民的迁移，在越南并没有威胁到国家日渐加强的以家庭为中心的正常秩序。农民可以连同他们的家庭一起迁移，同时仍然要按'五伦'行事"②。1510 年，襄翼帝颁布《治平宝范》五十条；1663 年，黎玄宗颁行《教化条例》四十七条。这些规条均依照儒家思想而定，详细且具体地规定了上至文武百官、下至黎民百姓应当遵守的各种儒家准则，集中反映了黎朝统治者竭力向民间普及儒家伦理的良苦用心。1665 年，黎玄宗又"令旨各处承司精择属内各县社，有孝廉者，即以名闻，命官阅选，随材授任"③。这是仿效两汉时期的举孝廉，直接将人们的德行与入仕相挂钩，旨在吸引人们以修身养性为业，从而实现社会稳定的目的。黎朝崇重儒学的根本目的为稳固统治、稳定社会秩序，在此表露无遗。

由于后黎朝统治者自始至终推行各项崇儒尊孔的举措，到了后期，越南社会"三纲五常及正心修身齐家治国之术，礼乐文章，一皆稍备"，

① 后黎朝国史馆：《大越史记全书·本纪全书》卷一〇《黎皇朝纪·太祖高皇帝》。

② 亚历山大·B·伍德斯特：《中世纪的越南与柬埔寨：比较评论》，李延凌译，江宝校，《东南亚纵横》1985 年第 1 期。

③ 后黎朝国史馆：《大越史记全书·本纪续编》卷一九《黎皇朝纪·玄宗穆皇帝》，越南内阁本。

黎圣宗劝学文

"风俗、文章、字样、书写、衣裳、制度并科举、学校、官制、朝仪、礼乐、教化翕然可观"。① 儒学教育与科举考试的兴盛，儒家经典及朱子学作品等书籍大量输入与翻刻，以及儒家伦理在越南社会的制度化，都表明了儒学在后黎朝的尊崇地位。当然，这一时期传播的主要是朱子学。经过朱子学阐释的儒学思想，已经成为越南的治国思想，成为越南进行各种制度建设的理论依据，成为规范越南社会生活的金科玉律。

第三节　儒学在阮朝的鼎盛状态

1802年，越南最后一个封建王朝——阮朝（1802—1945）建立。此

---

① 严从简：《殊域周咨录》卷六《安南下》，第237页。

时，"大一统"的越南基本形成，但经历了南北分裂和规模空前的西山农民起义后，社会局面特别复杂。为了维护"大一统"的局面，阮朝继续实行推尊儒学的政策，使得越南的儒学在阮朝前期臻于极盛。陶维英说："黎代和阮代儒学占据独尊地位"，"对于儒学，黎朝和阮朝诸王均极为尊重"。[1] 其举措也大体同于前朝，即发展儒学教育、推展科举考试、广建文庙祭孔、推广儒家教化等等。这种局面直到 1884 年越南沦为法国殖民地后才有所改变。从 1802 年到 1884 年，阮朝与中国继续维持着宗藩关系，与清朝的文化交流十分密切，因而随着程朱理学在清朝步入穷途末路及乾嘉汉学的兴起，阮朝推崇的儒学也随之而变。

一、系统的儒学教育与社会教化

阮朝前期的尊孔崇儒，首先表现在进一步抬高了孔子的地位。早在偏安广南的时代，阮朝就开始修建文庙。嘉隆帝（1802—1820 在位）阮福映起兵统一越南后，又于 1794 年在镇远营修建文庙。[2] 立国之后，嘉隆帝即于 1803 年正月"置文庙礼生五十人，监校一人，典校二人，庙夫三十人，命诸营镇各立文庙，庙置典校二人，礼生、庙夫各三十人"[3]。越南之前的各朝都未曾像阮朝这样，在立国之始就命各地兴建文庙，其崇儒尊孔于此可见一斑。1808 年，又命于安宁建文庙：

> 帝以隆湖旧庙规制窄狭，乃卜地于安宁移建之。命有司量材鸠工，高大其制。……庙制，正堂、前堂、左右从祀堂各一，前设大成门，左金声门，右玉振门。又于大成门外设堂二，左崇文，右肄礼。庙之左，设思敬堂。庙之后，左神厨，右神库。周围缭砌砖墙，设门三，前文庙门，左达诚门，右观德门。墙外遍植松木。民家坟墓有辟过者

---

① 陶维英：《越南文化史纲》，胡志明出版社，1992，第 271—272 页。

② 翦伯赞：《中外历史年表》，中华书局，1961，第 762 页。

③ 阮朝国史馆：《大南实录正编》第一纪卷二〇《世祖高皇帝实录》，日本庆应义塾大学刊本。

给钱徙之。①

可见，开国之初阮朝所建文庙之规制已经相当完备。为了"崇尚儒术，垂情礼乐"，嘉隆帝于同年四月仿明嘉靖制，停用文宣王称号，改称"至圣先师孔子"。② 同年七月，文庙告成，"安先师神位。命礼部奉神像，择庙中净地藏之。四配、十哲、先贤、先儒，次列牌位，祀于左右及东西两庑。制祀器，定乐章，文物焕然一新矣"③。

之后阮朝的诸位君主都十分注重祭孔。如第二位皇帝明命帝（1820—1841 在位）于 1822 年亲自参加文庙春祭，并下谕礼部："朕即位之初，常欲躬亲释奠，少伸景仰……今国事全吉，恭诣行礼。凡祭品祭器并要精洁，分献陪祀百官各敬谨其事，用称朕尊师重道至意。"④ 由一国之君带头崇祭孔子，带动朝野上下更为狂热地尊崇孔子，从而更加提升了孔子的地位。到了嗣德（1848—1883）年间，越南南北各大城镇都建有文庙，祭孔的仪式也更加隆重，孔子在越南的地位达到了巅峰。

其次，阮朝也更为重视系统的儒学教育，更进一步完善教育体系与教育制度。嘉隆帝曾说："学校储才之地，必教育有方，方可成材。"⑤因此，其十分重视儒学教育，在统一之后便大力兴办各级儒学教育机构。1803 年，其在京城顺化之西建国学，在全国各营镇置督学，督课士子，并制定课士法、申定教条，颁行全国。嘉定留镇臣阮文仁等奏言："为国必本于人才，行政莫先于教化……请宜申定教条，俾多士有所成就。"⑥ 其法大致如下：

> 社择一人有德行文学者，免其徭役，使以其学教授邑中子弟。人
> 年八岁以上，入小学，次及《孝经》《忠经》。十二岁以上，先读《论》

① 阮朝国史馆：《大南实录正编》第一纪卷三四《世祖高皇帝实录》。

② 同上书，第一纪卷三五《世祖高皇帝实录》。

③ 同上书，第一纪卷三六《世祖高皇帝实录》。

④ 同上书，第二纪卷一三《圣祖仁皇帝实录》。

⑤ 转引自贺圣达《东南亚文化发展史》，云南人民出版社，2010，第 144 页。

⑥ 阮朝国史馆：《大南实录正编》第一纪卷二二《世祖高皇帝实录》。

《孟》，次及《庸》《学》。十五岁以上，先读《诗》《书》，次及《易》《礼》《春秋》，旁及子史。有敢酒博从歌唱者，告官惩治，以儆其情。①

其教学内容不外乎四书、五经以及子书、史籍，且以四书为基础。阮朝监生分三类，皇室子弟为尊生，官吏子弟为荫生，民间子弟之俊秀者为学生。但是无论哪一类学生，均以学习儒家经典为业。明命帝时，改国学为国子监，增设讲堂一、彝伦堂一，并筑左右二学舍，后又增建左右学房十九间。1833 年，置祭酒、司业和助教，并于诸城营镇，每府置七品教授一员，每县置正八品训导一员，以教导学生。阮朝之儒学教育较前朝更为制度完备，因而日渐兴盛。嗣德帝继续崇重儒学，于 1854 年亲临学舍视学，并制诗十四章，刻之于石，以备师生诵习。维新帝（1907—1916 在位）时，将国子监改建至顺化城内。监舍建筑包括彝伦堂、左右讲堂、祭酒司业的办公室、生员宿舍以及体育场等，规模大为扩展。

阮朝也效仿中国庙学合一的规制，将文庙设于国子监，由国子监负责文庙祭祀。祭祀这种具象化的教育手段，与讲授、课试等常规教育手段相糅合，进一步强化了学子们对儒学的崇仰。孔子的形象日益神圣化，其思想也更加至高无上，从而更为稳固儒学在越南的统治地位。

阮朝重视儒学教育，也集中表现在重视对皇子进行系统的儒学教育。据说在统一前，嘉隆帝便派侍讲和翰林侍学等为东宫讲授经史，并督促其德业进益。1823 年，大臣吴廷阶奏上针对皇子儒学教育的集善堂规程，深得明命帝赞赏。该规程凡十一条，其中：

一曰讲学经籍："谨按清高尊御制《乐善堂全集》序云：余生九岁始读书，十有四岁学属文，今年二十矣，其间朝夕从事者，四书五经、性理、纲目、大学衍义、古文渊鉴，此则高尊当为皇子自表其所学然也。且诸书所载圣贤蕴奥，历代政事备焉，学堂中应以进讲。"②

二曰经史摘要："四书、五经至宋而下……而讲释之卷帙，多至汗牛……今学堂讲帙，请以日讲四书解义、日讲《书经》解义、日讲《礼

① 阮朝国史馆：《大南实录正编》第一纪卷二二《世祖高皇帝实录》。
② 同上书，第二纪卷二一《圣祖仁皇帝实录》。

第三章　宣尼浮海到安南：儒学在越南的传播与变迁

记》解义、日讲《春秋》解义、日讲《易经》解义，御纂《诗义折中》、御定《孝经集注》《孝经御批》《历代通鉴辑览》，定为讲论之书。"①

三曰讲诵次序："诸皇子入学，初读小学，既竟帙，继之以四书，而又竟，则以次讲五经，间之以史，凡经书讲到某篇，需要背讲本文熟悉，使涵泳圣贤言语。"②

六曰侍问之礼："每月望晦二日恭侍慈寿宫，此二日停讲。初一、十一、二十一三日，入直正殿，早入直，晚就学。初六、十六、二十六三日，早就学，晚漏下。六转八侍光明殿，并将所习之书恭侍清问。"③

集善堂规程为皇子们规定的学习内容均为儒家经典，也规定了人子的侍问之礼，期望皇子们能身体力行，遵行儒家的孝道。之后，吴廷阶又奏定座讲听讲位次与皇子入学进止之仪等，规范皇子接受儒学教育的礼仪。皇子们都接受了儒家经典以及儒家礼仪的洗礼，继位后自然以孔孟之道为治国思想，进一步强化了儒学在阮朝的崇高地位。

阮朝也效仿中国的经筵制度，注重君主继续吸收儒学。1803年，朱子学者范如登向嘉隆帝进言道："自古帝王为治之道，备载于书，伏望万机之暇，六日一御经筵，命儒臣更直进讲，以知求知之本。"④ 嘉隆帝接受了此建议，之后阮朝历代君主也十分注重提升自身的儒学修养，不断地从儒学中汲取治国之道。

延续后黎朝的做法，阮朝也完全以儒学为指导，制定各类教化性的规范，促进儒学的普及化与社会化，促使更多的黎民百姓接受儒学的熏陶。

1804年，嘉隆帝宣称："王者以孝治天下，而孝莫大于尊亲，追崇祖宗，所以致敬而达孝也。"⑤ 1806年，其又强调："孝莫大于显扬，礼莫隆于爱敬。故孝之所至，礼必报焉。"⑥ 这是向全国提倡儒家之孝道。明命帝继续向全社会推广儒家教化。1832年，其宣布："朕以孝治天下，

---

① 阮朝国史馆：《大南实录正编》第二纪卷二一《圣祖仁皇帝实录》。

② 同上。

③ 同上。

④ 同上书，第一纪卷二二《世祖高皇帝实录》。

⑤ 同上书，第二纪卷二四《圣祖仁皇帝实录》。

⑥ 同上书，第二纪卷二九《圣祖仁皇帝实录》。

盖欲民之孝于其亲也。故有犯罪而亲老丁单，每常屈法伸恩，准其留养。"① 即模仿中国的法律，实行留养制度，借以倡导孝亲。同时效仿中国，实行旌表孝行的制度，赐予孝子贤孙"孝行可风""孝顺可风"之类的匾额，予以褒扬。《明命政要》"教化"条称：

> 举贤良方正，以表德行。旌孝顺节义，以明人伦。官八十以上，民百岁以上，无不优加赏奖，所以劝孝也。五代同堂，四代同居，无不旌表，所以劝睦也。循节之臣，立庙祀之。清白之吏，玺书褒奖之，劝忠良也。春首诏令，申之以礼让，周阙之悬象也。十条训谕，申之以孝忠，皇范之敷言也。②

所谓十条训谕，是模仿我国清朝康熙皇帝的《圣谕十六条》，将儒家的教化理念高度概括，颁行全国，令所有百姓恪守遵行：

> 一曰敦人伦，君子守道，所以常守其麻；二曰正心术，惠迪吉，从逆凶，惟影响；三曰务本业，业广惟勤；四曰尚节俭，慎乃俭德，惟怀永固；五曰厚风俗，无有淫朋而有此德；六曰训弟子，逸居无教近于禽兽；七曰崇正学，息邪说，距诐行，放淫辞；八曰戒淫慝，天道福善祸淫；九曰慎法守，各守尔典以承天麻；十曰广善行，作善降之百祥。③

这些都表明，阮朝极力地模仿中国的制度，向全国推广儒家伦理道德，试图以儒家思想塑造民风民俗、整饬社会秩序，使忠孝节义观念成为社会风气，从而为国家统治创造一个稳定的社会基础。嗣德帝又将《十条训谕》用喃字译成《拾条演歌》。以歌谣的形式，借用喃字，更便于不识汉字的百姓传颂，利于广泛流传。

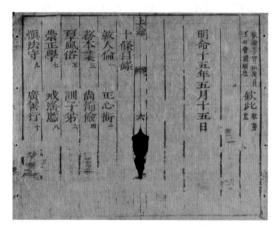

《上谕训条音解》书影

在统治者的极力推广下，儒家的忠孝节义等伦理道德日渐成为越南人的伦理信条。一直到 20 世纪初，越南仍将儒家伦理道德当作公民道德的重要内容。如《新订伦理教科书》有云："必孝于父母，友于兄弟，夫妇相和，朋友相信，恭俭持己，博爱及众，修学习业，以启发知能，成就德性，进而广公益，开世务，重宪法，明公理。"①

二、科举考试唯取儒家与朱子学的兴盛

作为儒学至为有力的推动者，科举取士制度在阮朝进一步发展，且与儒学结合得更为紧密。嘉隆帝时，阮朝便开始实行科举。1807 年六月，定乡试试法，规定凡有重丧、不孝、不睦、乱伦、叨唆之类情形，以及嘉隆元年（1802）以后犯劫逆案者，均不得入试。② 也就是说，品行违反儒家伦理纲常者不得参加科举考试。至于考试内容，阮朝初年沿用后黎朝的四场文套。1832 年，明命帝下命初定三场取士法：第一场用八股制义、五经各一题，传一题；第二场用诗赋；第三场用策问。③ 到

① 佚名：《新订伦理教科书·序》，1908 年印本。
② 阮朝国史馆：《大南实录正编》第一纪卷三一《世祖高皇帝实录》。
③《试发新硎》，明命十四年柳斋堂印版，越南汉喃研究院藏本。

了嗣德帝年间，阮朝科举考试场数在三场、四场之间变动，但大体上仍是仿照明清的三场考试内容。①

与前朝相比，阮朝科举考试有两大重要不同。第一，"唯儒一家，别无他教"②。李、陈及后黎三朝的科举制与中国有一个显而易见的差异，即佛、儒、道三教并试。1195 年，李朝高宗"试三教，赐出身"③。1227 年，陈朝太祖"试三教子。谓儒、道、释各承其业者"④。又于1247 年"试通三教诸科。吴灏茶路人中甲科，陶演、黄欢、武渭父等中乙科"⑤。到了后黎朝，这种带有统考三教性质的考试仍在举办。如1429年，黎太祖曾下旨："诸僧道有通经典，及精谨节行，期以今月二十日就省堂通身检阅考试，中者听为僧道，不中者仍勒还俗。"⑥ 这种考试也体现了国家通过科举考试加紧控制佛、道二教的一面。进入阮朝后，这类考试便未再出现。这正是阮朝更为依赖儒学与儒生阶层在科举考试上的表现。第二，加强了对士人的思想控制，在殿试中引入了八股制义。史载："其八股制义，正格有破题、承题、起讲、题比、中题、中比、后比、束比、小结。句法：八股之外有两扇、三股、两截。"⑦

越南的科举考试在阮朝达到了盛况空前的程度。据统计，从1802 年至1919 年，阮朝共开进士科 39 科，取进士 558 名；从 1807 年到 1918年，阮朝共开乡试 47 科，其中正科 34 科，恩科 11 科，2 科为增开，共取乡贡和举人 5232 名。⑧

---

① 参见陈文：《越南科举考试制度研究》，商务印书馆，2015，第 338—339 页。

② 何长山：《越南科举三教考试初探》，《东南亚纵横》1993 年第 2 期。

③ 后黎朝国史馆：《大越史记全书·本纪全书》卷四《李纪·高宗皇帝》。

④ 同上书，卷五《陈纪·太宗皇帝》。

⑤ 同上。

⑥ 同上书，卷一〇《黎纪·太祖高皇帝》。

⑦ 阮朝国史馆：《钦定大南会典事例》卷一〇六《礼部·科举》，越南国家图书馆藏本。

⑧ 陈文：《越南科举考试制度研究》，第 314 页。

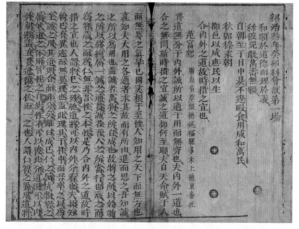

绍治三年癸卯科庭试会试录

　　伴随着科举取士的繁盛，与考试内容密切相关的朱子学典籍也引得越南各地的官民子弟争相诵读、研习。为了持续推动朱子学教育与科举考试的发展，满足皇子以及官民子弟应试的需求，阮朝统治者专门命人组织人力大量地印刷朱子学作品向各地发放。清朝商人将南宋理学家真德秀的《大学衍义》传入越南。1809 年，北城总镇阮文诚认为该书推衍《大学》之义，于治国大有裨益，可惜卷帙繁多，清朝商人只带入部分，因而敬献给嘉隆帝，恭请嘉隆帝颁许印行。嘉隆帝读后，深感该书所述正心诚意、修身齐家之道，有助于化民成俗，导化民俗，于是便诏谕重印，颁发全国各地，供国人学习。明命帝时，规定皇子与学子们均需学习四书、五经、《孝经》和《忠经》等书。于是，1835 年，明命帝命人将四书、五经、《小学集注》各颁五十部给国子监，供初学士人学习。次年，又命人将四书、五经、《四书人物备要》等书大量刊行，分发给国子监和全国各省学校，供学子们学习。后又颁《通鉴辑览》给各省学堂。1846 年，绍治帝命平定、嘉定、河内、南定等地各镌刻《四书大全》《五经大全》印版，大量印行，并且允许官吏和民间印刷销售，使这些书籍得以流布全国各地。

与此同时，阮朝对朱子学的阐释与研究也取得了可观的成果，出现了诸多鸿儒硕学，并涌现出一批用汉字书写的文学、史学名著。阮朝初年，郑怀德、关仁静、黎光定等都撰写了不少经论方面的作品，三人的唱和诗被汇编成《嘉定三家诗集》。中叶以后，又涌现出潘清简、范富庶、高伯适、阮文迢、高春育、黄叔杭、邓文瑞等大儒，撰写了许多儒学与史学作品。终阮朝一代，有诸多史学作品的著史原则、观点等均深深浸润着孔孟之道与朱子学思想。其中最为著名的有郑怀德编的《嘉定通志》，黎光定编纂的《皇越一统舆地志》，潘清简等人编纂的《钦定越史通鉴纲目》，张登桂等人编纂的《大南实录》，潘辉注编纂的《历朝宪章类志》，高春育编纂的《大南一统志》，阮通编纂的《越史纲鉴考略》，阮文超编纂的《大越舆地全编》，邓春榜编纂的《史学备考》，潘文逢编纂的《越史地舆》，裴阳历编纂的《义安志》等，皆"本儒家精神为主论之旨"①。

其中《钦定越史通鉴纲目》为越南时间跨度最长、篇幅最大的一部编年体通史。嗣德帝亲自规定撰修《越史通鉴纲目》须"一准紫阳书法"，更强调"修史之事，莫大于明正统"，"取前代诸编年史乘以为参考，旁及各家零散著作与传奇野闻，凡诸史事，缺者补之，讹者正之，其取舍褒贬，率以紫阳《通鉴纲目》章法为准"。② 因而该书仿照朱熹的《资治通鉴纲目》而撰，从编写体例到思想准则均遵循朱子学思想与《春秋》笔法，暗含褒贬，惩恶劝善，彰显正统。如书中对李朝年号，

① 罗怀：《儒学在越南》，《中越文化论集》，中华文化事业委员会，1956，第 150 页。
② 潘清简：《钦定越史通鉴纲目》卷首。

凡认为属于正统者皆大书之，如认为是非正统者则分行注之。农民起义被视为大逆不道，直接以贼、盗相称。李朝末帝李昭皇为女子，胡季犛篡陈，莫登庸篡后黎，均被视为非正统。

民间俗文学中还有不少用喃字和汉字撰写的宣扬儒家忠孝节义的故事书。如在越南流传广泛的《二度梅》，是一部六八诗体传，其内容模仿的是中国小说《忠孝节义二度梅》以及广东木鱼书《二度梅》，倡导忠孝节义理念。

可以说，儒学从后黎朝起在越南日渐取得独尊的地位，到了阮朝前期，尤其是嘉隆到嗣德年间，更是达到了巅峰时期。所以，越南学者陈廷休指出："孔孟的思想，经过宋儒注解的经、传，受到崇拜，被视为一切思维、语言和学术与艺术活动的规范。"① 在历朝统治者的大力提倡下，儒学已经占据了越南思想文化的主导地位。

第四节　儒学在越南的衰弱与复兴

后黎朝至阮朝前期，儒学在越南的政治地位达到了巅峰，统领着越南的政治制度与精神文化生活。然而，伴随着越南封建制度的衰弱，儒学的统治地位也开始动摇。1884 年，法国对越南建立殖民统治，对儒学的意识形态地位造成了毁灭性的冲击。越南儒学失去了统治思想的地位后，但依然作为传统文化影响着士人们，在越南共和国建立后，又得以逐渐复兴，但已不可能再重回统治思想的政治高位。

---

① 陈廷休：《儒教及其在越南文化中的影响》，载《越南文化综汇》，越南中央文艺委员会，1989，第 214 页，转引自梁宗华《儒学在越南的传播及其民族化特征》，《齐鲁文化研究》总第 3 辑。

一、法国殖民统治的建立与儒学的衰弱

法国殖民者觊觎越南的狼子野心年深日久，到了 19 世纪下半叶侵略活动日趋频繁。1884 年 6 月，第二次《顺化条约》的签订标志着越南正式沦为法国的殖民地。次年，中法签订了《中法会订越南条约》，清政府承认了法国对越南的殖民统治，正式断绝了与越南的宗藩关系。此后，法国对越南实行了长达 70 余年的殖民统治。

为了培植亲法势力，并彻底断绝越南与中国之间的文化联系，法国殖民者极力宣扬西方资产阶级文明，在越南本土极力推行西方的各项制度，试图令越南人民相信西方物质文明与精神文明远比东方先进，本土固有的传统文化过于落后与保守，必须被抛弃；同时，选派越南青年到法国留学，学习西方的文化与技术。因此，为了生计和个人发展，许多越南人便改为向西方学习。

与此同时，法国殖民者还在意识形态方面竭力压制和消灭越南本土的思想文化。已在越南传播千余年，并成为越南传统文化的儒家思想，自然成为法国殖民者的矛头所向，遭到了多方压制，逐渐走向衰弱。法国殖民者首先废除汉字和喃字。汉字在越南已经通行千年，喃字更是以汉字为基础而创造的。这两种文字是儒学传播的重要载体。法国殖民者强制推行"安南国语"政策，用罗马字表越南音，即用拉丁化文字取代汉字和喃字。一方面，在南圻开办法国语学校，以奖学金和助学金等方式鼓倡学习法语和拼音文字。到了 1886 年，南圻已有 343 所法国学校，逾 18 万名学生。另一方面，将掌握拼音文字作为官员晋升的条件，规定越南公文必须使用拼音文字。1885 年，法国侵占越南中部和北部后，一开始考虑到中北部深受儒家文化影响，仍允许这些地区保留科举制和儒学教育，但也逐步扩大以法语为主、越南拼音文字为辅的语文教育。于是，越南失去了儒学传播与研究的文字载体，年轻一代若无另外学习汉语，已无法阅读儒家经典。随着汉字和喃字被拼音文字所取代，以儒家经典为考试内容的科举考试也难以为继。1919 年，越南正式废除了科举

考试制度。① 儒学不再是进身之阶，对学子们也就没有什么吸引力了。儒学教育的地位一落千丈，被新型的法文和拼音文字学校所取代。与儒学教育一体的文庙也不再发挥祭孔作用，甚至成为驻兵之所。总而言之，随着法国对越南殖民统治的确立，儒家思想在越南赖以延续的政治制度逐一被破坏，逐渐失去了昔日的国家意识形态地位。

儒学在越南失去了独尊地位，但它已经渗透至越南思想文化和社会生活的方方面面，已然成为越南民族文化的重要组成部分，形成了极为强大的社会惯性，不会就此在越南社会销声匿迹。即使是在殖民统治初期，也难以被消灭，仍然影响着越南社会。史载"大法开设学堂以教我国人……国人多不愿学……至于故家、巨族之弟子，竟学汉字死书，专事科举，是以法学虽设而教徒为具文"。②

首先，儒家文化倡导的忠孝节义思想，为越南社会所崇尚，成为越南士大夫激赏的气节，也激励着越南士大夫的民族意识与爱国情怀，鼓舞着越南爱国志士与法国殖民者展开英勇斗争。他们撰写诗文，表达深切的爱国之情与忧世之情。例如，潘廷逢于1888年所作的《元旦感咏》云："流莺庭外语花枝，花报春归人未归。屏岭百年思日绕，鸿山万里望云飞。吾家有教根忠孝，客地无心怨别离。佳节是人行乐处，我逢佳节不胜悲。"③ 朱子学者潘佩珠撰《绝命诗》云："痛哭江山与国民，愚忠无计拯沉沦。此心未了身先了，羞向泉台面故人。"④ 这些诗歌都渗透着儒家思想，表达了诗人忠君爱国的情怀。他们还深受儒家"杀身成仁，舍生取义"气节的熏陶，勇做忠臣义士，投身于抗法斗争。例如，越南民族运动领袖潘佩珠、潘周桢，均是朱子学学者。其中，潘佩珠还撰有《孔学灯》《易学注解》等朱子学作品。

其次，在顺化朝廷中，儒学仍有相当的地位。维新年间，学部尚书高春育南行视学，仍到永隆省文庙拜谒。潘清简为永隆省文庙庙碑所作

---

① 陈文：《越南科举考试制度研究》，第386页。
② 黄高启：《越史镜》，维新己酉刻本。
③ 转引自贺圣达《东南亚文化发展史》，第365页。
④ 转引自温祖荫《东方文学鉴赏》下，福建教育出版社，1988，第179页。

碑文云："天佑黎民，作之君，作之师。师所教导，昭垂万世，启发便利便施行也。是故教导，诚一日不可废。大矣哉，孔子也。为天地立心，为生民立命，为先圣继开来，为万世创立太平。"[1] 该碑文体现越南知识分子仍然倡导着尊孔崇儒思想。阮朝末年进士阮文瑞所作《论孟子有感》仍称孔子为"素王"。

再次，越南人对儒学的研究也未间断。潘佩珠所著《孔学灯》为阐述孔孟之道的作品，不仅对四书详加注释，而且翻译成越南语。此外，阮超所著之《诸经考约》《四书备讲》，杨琳所著《幼学教科书》及膺珵所著之《论语菁华》等书，均阐扬儒学，尤其是儒家修身治国之道，流传甚广，影响很大。[2] 至于以史学或文学作品阐释儒家思想的作品，更是数不胜数，如黄高启的《越史镜》、吴甲豆的《中学越史撮要》等。此外，有些爱国志士还将四书五经翻译成拉丁化的越南国语，便于其流传。

此外，儒学还成为越南爱国有识之士学习西方文明的动力。越南史学家陈文饶指出：有一个似乎不近情理的事实，即"西方的新学文明，它的资产阶级革命思想，在开始传入越南时，不是通过西学家而是通过儒学家传入的"[3]。在民族存亡的关头，一批熟谙汉字、深受儒学影响的爱国志士从我国维新思想家梁启超和康有为等人的作品中汲取西方启蒙思想和维新理念，从卢梭的《民约论》、孟德斯鸠的《法意》及达尔文《进化论》等著作的汉译本中进一步接受西方民主思想。他们还受我国维新派的影响，也主张变法图存，主张用西方文明来改良和发展儒家学说，并向顺化朝廷提出一系列救亡图存的方略。[4]

综上所述，越南沦为法国殖民地后，儒学的地位不可避免地江河日下，但在越南社会上仍有一定的影响力。这也为日后儒学的复兴提供了有利的文化基础。

---

[1] 转引自杨焕英《孔子思想在国外的传播与影响》，第78页。

[2] 同上书，第79页。

[3] 陈文饶：《从十九世纪至八月革命前越南思想的发展》第2集，越南社会科学出版社，1973，第39页。

[4] 参见何芳川：《中外文化交流史》，第274—275页。

二、越战时期及统一后儒学的影响

1954 年，日内瓦会议后，越南形成了南北对峙的局面。1955 年 10 月，在美帝国主义支持下，南越成立了以吴廷琰为首的"越南共和国"，与北方越南民主共和国（1945 年 9 月成立）相抗衡。1976 年 4 月，"越南共和国"被灭。在此期间，为抵制国际共产主义运动与马克思列宁主义思想的传播，儒学在南越逐渐复兴起来。南越极力倡导尊孔，企图借助于孔孟思想稳固自己的统治。于是，阅读儒家经典和沿袭儒家学说，在南越又活跃了起来。南越尊孔、扩大儒学社会影响的措施大致有：在学校内开设儒学课程、创办儒学研究机构、兴建和修葺孔庙并祭孔。

在教育方面，教育体系仿照西方，但仍然在不同阶段增设儒学课程。在中学阶段，南越规定各年级均设汉学课程，讲授古今书籍及圣贤格言，每周三个小时。大学阶段，西贡、顺化及大勒各地的大学设有汉学讲座。此外，顺化大学的汉学院专门培养研究汉学的专门人才，由汉学家主持，教学内容以经学为主，辞章为辅。

在儒学研究方面，南越积极成立各类研究协会以推动儒学研究的发展。例如，在西贡成立了孔学会、亚洲文化协会、中越文化协会，在顺化成立了古学会。孔学会和古学会的成员大多是通晓汉文和精通儒学的宿儒，其中不少还是阮朝时期的举人或进士。孔学会不仅创办了专门弘扬孔孟之道的《明新月刊》，而且还曾出版中越文对照的《明心宝鉴》一类的书籍。古学会的性质与孔学会一致，以提倡儒学和保持越南传统文化为宗旨，出版中越文对照、内容大多为阐发四书和五经的古学季刊一种。亚洲文化协会的宗旨是"进一步发扬越华的固有文化"，办有《亚洲文化》月刊。在这些协会的通力带动下，越南的儒学研究有了新的进展，出现了新的译注。在新出现的研究作品中，以陈仲金所撰《儒教》一书内容最为丰富，其次为宝琴所撰的《宗儒》及《易经索义》。在越南向来流行的儒学经典或通俗读物，如四书、《孝经》《三字经》和《明心宝鉴》等，有了新的越文译本。谢清白翻译的四书和《明心宝鉴》，注解和音释都十分详尽。另外，《易经》也有阮孟保所翻译的越文译本。

在"越南共和国"成立前的 1953 年，已有人在顺化的彝伦堂举行纪念孔子诞辰的仪式。"越南共和国"成立后，为了祭祀孔子，还对顺化彝伦堂和河内文庙等旧有文庙进行修缮。顺化古学会还把祭祀孔子作为本学会的主要任务，向政府请求拨顺化彝伦堂为其永久会址，由其迎回孔子、四配及七十二贤牌位奉祀。该请求获得了政府的批准。1955 年 10 月 13 日，古学会在彝伦堂举行孔子诞辰纪念仪式，祭祀仪式依照古代祭礼，音乐采用古乐，仪式隆重且肃穆。1965 年，孔学会庆和省分会在该省省会芽庄市福海区兴建新孔庙一所。

为了提高儒家思想的社会地位，扩大儒学的社会影响力，南越还从社会教化着手，维持越南固有的风俗。1953 年，南越"教育部"确定孔子诞辰日 9 月 28 日为教师节，并规定在每年的这一天全国学校和机关放假一天，在各地举行孔子诞辰纪念大会，宣扬孔孟之道和朱子学。"越南共和国"还举行传统的乡饮酒仪式，显示了南越积极推广儒学教化的努力。另外，吴廷琰还将南越西贡的堤岸古都街改名孔子大道，将文武大臣街改名孟子大道。

相较于南越不遗余力、不加分辨地恢复儒学，北越对儒学的态度则更为慎重客观。虽然在北越曾经出现激烈的批判儒学现象，但是仍能理性地对待儒学这份文化遗产。尤其是越南现代革命运动领袖、马列主义者胡志明，其思想汲取了儒家学说的有益成

胡志明像

分。例如，他提出要学习四项革命道德：勤、俭、严、正，[1] 并更新儒家的忠孝思想，提出"忠于国，孝于民"[2] 的口号。他还运用儒理学家

[1]《胡志明选集》第二卷，人民出版社，1964，第 87 页。

[2] 梁志明：《论越南儒教的源流、特征与影响》，载《东南亚历史文化与现代化》，香港社会科学出版社，2003，第 195 页。

的"民本"思想来提醒干部，要注意解决各种社会和经济问题，以保证国家的稳定和发展，充分发挥朱子学的作用。[①] 因而，越南的武元甲大将认为，儒学、朱子学是胡志明思想理论的来源之一，"渗透到他的思想、感情中的儒教道德不是那些旨在维护封建秩序的三纲、五常的教条，而是修身之道的仁义精神、好学求上进、谦让温和、处世有情有理"，尤其是"忠于国，孝于民"的口号，深蕴朱子学思想，在 20 世纪 60 至 70 年代的抗美救国战争中，激励了全国人民的爱国精神，动员人民同仇敌忾，踊跃投身到抗美救国的伟大的爱国战争中去。[②] 可以说，尽管北越并未明确地倡导尊孔和复兴儒学，但是儒家思想仍然一直激励和鼓舞着北越人民投身抗美救国战争。

1976 年，越南统一后，儒学的影响越来越大。一方面，研究儒学尤其是朱子学的学者越来越多，朱子学被看作是越南传统文化和传统思想的一个重要组成部分。另一方面，儒学的价值观再次受到重视。1986 年，越南共产党第六次代表大会之后，儒学、朱子学的一些思想理念被重新提出来讨论和评价。于是，儒学、朱子学中的孝、尊老爱幼等理念再次成为风尚，甚至有一些越南当代宗教为了宣传教义，也融合和吸收了朱子学的思想，如高台教。越南的这种民族文化特征，"除了社会、历史、种族等方面的因素之外，一个很重要的因素恐怕同越南民族在思想意识上长期接受儒家伦理思想的濡染和影响有很大关系，而这种濡染和影响的痕迹在现代的越南社会生活中之所以随处可见，正是因为它在越南得到了较好的承继，并逐渐变成具有越南本民族文化特质的成分"[③]。

儒家学说在越南传播时间之久，影响之深远，在亚洲各国中可谓首屈一指。虽然儒学未在越南发展出像朝鲜、日本一样的本土化的儒学流派，但是却长期作为越南官方正统思想，深刻影响着越南的政治经济制

① 杨保筠：《儒家学说在越南的传播和影响》，《国际汉学》第四辑，大象出版社，1999，第 149 页。

② 参见武元甲：《胡志明思想的根源》，载何成轩等主编《儒学与现代社会》，李修章译，沈阳出版社，2001，第 225—238 页。

③ 赵玉兰：《从家庭伦理的角度看儒家思想在越南的影响》，载何成轩等主编《儒学与现代社会》，第 210 页。

度、礼仪法度以及民俗习惯，成为越南传统文化的重要组成部分。即使是遭遇了法国殖民者的坚船利炮轰击，儒学在越南的影响力仍未彻底消失。这正反映了儒家学说在东方文明中的生命力与重要地位。越南学者阮才书在深入分析儒家的道、义、人格理想、礼等之后，强调道：儒学朱子学的价值观，对现代人来说不是过时的，而且仍然是有意义的，它可以为越南建设一个国强民富、社会公平、文明的社会主义国家提供有益借鉴，它对 21 世纪越南新人的形成也会起到重要作用。[①] 可见，儒学朱子学还将继续影响着越南的社会。

---

① 阮才书：《儒学的价值观与 21 世纪的越南新人》，载中国孔子基金会编《儒学与廿一世纪：纪念孔子诞辰 2545 周年暨国际儒学讨论会会议文集》，华夏出版社，1995，第 533—539 页。

第四章
宣尼浮海到南洲：
儒学在东南亚的播迁与孔教复兴运动

据相关学者考察，东南亚国家民族追根，很多都要追溯到中国。[①] 明末清初以来，尤其是鸦片战争之后，中国沿海地区出现向东南亚国家移民的浪潮。19 世纪期间，移居东南亚的华人将近 200 万人。早在 19 世纪中后期，华人已经占据新加坡人口的大多数。到了 20 世纪上半叶，华族人口迅速飙升，在东南亚多个国家和地区占据了人口数量优势。这些华人大都拥有一些共同特征：认同中华文化，并且以作为炎黄子孙为荣。[②] 他们认同的中华文化，自然是以儒家学说为核心。在中国历史上，儒家学说长期作为一种政治思想，主要依靠教育、教化和科举制度等发挥作用，鲜少具有宗教特征。但是在新加坡、马来西亚和印度尼西亚等国家，华人却把儒学当作一种宗教，提倡孔教，发起孔教复兴运动。

第一节　新加坡的儒学传播与
新加坡的现代化

新加坡，又称狮城，别称石叻、星洲，地处马来半岛南端，印度洋与太平洋之间的航运要道马六甲海峡的出入口，是一个四面环海的岛

---

① 李毅夫：《东方民族与文化》，载季羡林《东西文化论集》上册，第 342 页。
② 郑良树：《大马华社与中华文化》，载《文史续论》，南方学院出版社，2008，第 135 页。

国。早在我国宋元时期，华人的足迹已经出现在这里。自 19 世纪中叶以来，华人一直占据新加坡人口的大多数。华人不仅是新加坡的拓荒者和建设者，也带来了以儒学为核心的中华传统文化。新加坡前副总理吴庆瑞说："华人很早以前就开始向海外移居，他们把孔子学说和儒家思想所发展出来的精神带到所移民的社会。华人的勤奋、节俭，讲求信用，对法律的尊重，对社会的关怀，对家庭的爱护，以及对子女教育的重视，使他们不仅在海外打开新的世界，同时也保持了祖先所遗留下的美德和传统。总之，移居海外的华人能够有今天，能够为他们的后代创立下繁荣、文明的社会，同孔子及儒家的潜移默化的影响有密切的关系。"①

一、早期华文教育与儒学传播

1819 年，新加坡开埠，闽粤各地华人陆续迁移而来。除了俗称"卖猪仔"而来的华工外，他们或由亲戚、同乡招募而来，或投奔亲戚而来。他们或是同宗，或是同乡，因而陆续成立了各种地缘性、血缘性组织，互帮互助。早期来到新加坡的华人大多是文化程度不高的农民和小手工业者，并没有很深的儒学素养，但是他们生长的环境已经将儒家文化深深地根植于他们的血液之中。因此，他们身体力行着儒家所提倡的忠孝、礼义等伦常与美德，自觉地传承和渗透着儒家精神的民俗文化。与此同时，在各类组织的筹措下，他们兴办学校，发展华文教育，传播着庶民化的儒学、朱子学。

据德国传教士汤姆森的报告，1829 年新加坡已有三间华人私塾，两间为粤人所办，分别位于甘榜格南和北京街，共有学生 20 人，一间为闽人所办，位于北京街，有学生 22 人。② 这些私塾可能附设于富室商贾或塾师家中，完全仿照国内旧式私塾，教学内容以《千字文》《三字经》

---

① 《新加坡东亚哲学研究所董事局主席吴庆瑞博士的致辞》，《孔子研究》1990 年第 1 期。

② 宋旺相：《新加坡华人百年史》，叶书德译，新加坡中华总商会，1993，第 22 页。

《幼学琼林》、四书、珠算等为主，办学规模很小，教学效果不容乐观。①

1849 年，福建籍华侨领袖陈金声集资创建的崇文阁，可能是新加坡有史可查的最早华人学校。② 兴建之初，崇文阁建筑分为三个部分：上为祭祀梓潼帝君（即文昌帝君）之所，下为师生讲授之处，侧为敬字亭，分别承载着不同功能。③ 创办人期望能借此敦促子弟们研读孔孟之书，探究洛学、闽学之奥义，从而改俗迁风、裨益世道人心。④ 传播儒学、敦促子弟研习理学的目标，不可能单纯依靠讲授道教善书或纯粹的敬惜字纸活动来实现，因此早期的崇文阁应有常规的讲学活动。萃英书院创办后，其讲学功能可能逐渐萎缩，成为敬字活动场所。⑤

1854 年，陈金声带头捐献叻币 1710 元，又获得了陈振生、曾举荐等 12 名闽籍富商捐助，集资创建了萃英书院。书院成立后一直获得闽籍华侨的支持，经营了一个世纪。有足够的资金做后盾，书院不收学杂费，凡闽籍华人子弟不论贫富均可入学，为义学性质。19 世纪 90 年代，书院一度经费困难，陈金声后人发动募捐筹款，随即扩大书院规模，并在多处建设分塾。在此过程中，其师资队伍不断壮大，学生数量不断增

---

① 参见郑良树：《马来西亚华文教育发展史》，马来西亚华校教师会总会，1998，第13—16 页；梁元生：《新加坡儒家思想教育的三种模式》，《华侨华人历史研究》1990 年第 3 期，第 16—17 页。

② 陈荆和、陈育菘：《新加坡华文碑铭集录》，香港中文大学出版社，1970，第 4页；陈育菘：《新加坡第一间华文学校的发现：创办时期较萃英书院早五年》，载《南洋商报》1972 年 1 月 11 日；崔贵强：《新加坡华人：从开埠到建国》，教育出版私营有限公司，1994，第 151 页；郑良树：《马来西亚华文教育发展史》第一分册，马来西亚华校教师会总会，1998，第 20 页。

③ 陈荆和、陈育菘《兴建崇文阁碑记》，载《新加坡华文碑铭集录》，第 283 页。

④ 同上。

⑤ 2001 年，庄钦永首次质疑崇文阁的学校性质，认为崇文阁是敬惜字纸信仰的传播站与讲授道教善书的场所。（庄钦永：《新加坡崇文阁非学校考辨》，载李元瑾《南大学人》，南洋理工大学，2001，第 231—244 页。）李勇则彻底否定崇文阁的学校性质。（李勇：《敬惜字纸信仰习俗在海外的传承与变迁——以新加坡崇文阁为例》，《世界宗教研究》2013 年第 2 期，第 90—92 页。）李文的主要依据是1890 年《星报》所载崇文阁敬惜字纸活动。但该报道所描述的是 40 年后崇文阁运作情况，而非创办初期的情况。

加，办学水准也不断提高，为儒家文化在新加坡华人社会中的传播发挥了重要作用。

1877年，清廷在新加坡设置海峡殖民地总领事，对华侨转而采取怀柔、保护政策。[1] 1881年至1891年，左秉隆出任总领事。1882年，左氏创建会贤社，每月出题征文，以个人薪金为奖金，砥砺当地文人互相切磋。在其倡导之下，叻中华商又创建了多所义学私塾。1890年，《叻报》称："叻中书塾，自请儒师以及自设讲账者外，其余如萃英书院、培兰书室、毓兰书室、养正书屋、乐英书室等义塾，多至不可胜言。"[2]

萃英书院各项制度颇为完善，且多以传承儒学为中心。其一，教学制度上，从1854年创建到1911年辛亥革命爆发为止，讲授内容为"《孝经》、四书、五经、中国珠算、格致之学，及以洒扫进退应对为主的儒家礼仪等"[3]。其二，考试制度上，每年年底举行一次考试，以考察学童经书、写作的学问，并根据名次分别予以奖赏，在华文报纸上公布成绩。例如1889年，有王、刘、陈3位业师，学童约70人，"或试以诗联，或试以书札，或诘以章句"，并公布各位老师所教学徒在各名次中的数量。[4] 可知，其岁考不仅考核、督促学生向学，亦有激励塾师的目的。清政府驻海峡殖民地总领事亦参与学生成绩的鉴定，并予以奖励。例如黄遵宪一到任，便至书院课考学童，"遂次第考成，分作三等。其信札通顺，能自完其说者，计得八人，列为一等；其对问工整，兼能畅解书理者，计得十七人，列为二等；其略通书理，不至于不反三隅者，计得十五人，列为三等"[5]。从上述两则报道看，萃英书院的考试内容以信札、诗文、对联、章句等为主，其中尤以信札为重。可见，书院教育除了开蒙识字、读经书、识礼仪外，更重要的是培养学子们的作文能

---

① 参见颜清湟：《清朝鬻官制度与星马华族领导层（1877—1912）》，张清江译，载柯木林、吴振强主编《新加坡华族史论集》，南洋大学毕业生协会，1984，第49—87页。

②《叻报》，1890年3月13日。

③ 邓洪波：《中国书院史》，武汉大学出版社，2012，第592页。

④《叻报》，1889年1月17日。

⑤《星报》，1892年1月26日。

第四章 宣尼浮海到南洲：儒学在东南亚的播迁与孔教复兴运动

力，尤其是书写信札，以便与祖国的亲人们联系。在闽籍华侨、清政府官员的共同匡助下，萃英书院的教育水平日渐提高，"叻中文风渐臻美盛"。其三，书院还附设神位，崇祀文昌帝君与紫阳夫子。紫阳夫子即朱熹，可见萃英书院乃延续福建书院之传统，以朱子闽学为正宗。1899 年，萃英书院又废除崇祀文昌帝君之习，改为每年八月二十七日庆祝孔子圣诞。①

虽然萃英书院秉持"人人知周孔之道，使荒陬遐域化为礼仪之邦"的宗旨，但新加坡孤悬海外，师资远难与国内相比，只能灌输浸染儒家文化传统的一系列行为准则与思想观念。即便如此，书院的教学已令闽籍子弟较叻中其他华族子弟更为知书达礼。当时，叻中亦有不少粤籍、琼籍华人，但唯有闽籍华人设有义学教育子弟中华文化，"粤人不知出此，故恶粤童之梗教可恶，视他属为尤甚，竟有集党结会，号为山顶公司者，是由于父兄失教所致，亦缘无义学以拘束之也"②。因而，萃英书院又随处设立义学私塾，供闽籍子弟就近入学。

有几点必须指出：其一，上述学塾创办人均是生长在新加坡的海峡华人，俗称峇峇。显见海峡华人根基已稳，社会经济实力较其他移民雄厚。其二，学塾承载着华人族群认同与文化认同的重要功能，一向受到清廷官员与海峡殖民地总领事的重视。例如黄遵宪捐献养廉银作为奖赏，鼓励学子积极向学；又如张弼士亦捐资 4000 叻币助英华书塾聘操潮音、客音、泉音、广音和漳音教员各一员。③ 其三，养正书屋与华英义学均兼授中英文。时人称赞道："颜君所创之中西义学，竟能兼教中英文字，善乎！颜君此举，可谓独知其大，其识见能勿加人一等也哉。"④新加坡经商以英文为重，以致华人子弟多修习英文，不熟谙华文。兼授中英文，固然有顺应大流、因应时势的缘故，然而华人试图保存本族文化于此亦可见一斑。

①《日新报》，1899 年 10 月 13 日。

②《星报》，1891 年 2 月 25 日。

③《叻报》，1985 年 11 月 19 日。

④《叻报》，1893 年 4 月 15 日。

早期义学的创建为华人子弟奠定了一定的中华传统文化基础。义学的广泛设立提高了闽籍子弟的识字率，还有部分子弟可以熟练地书写中文和作文，并对儒家文化有一定的认同感。在此前提下，19世纪80年代起，新加坡涌现出一批华文报刊，如《叻报》《天南新报》《日新报》《海峡华人杂志》等。这些报刊成为传播儒学的重要载体。其中《叻报》创刊于1881年12月10日，是新加坡华人创办的第一份华文日报，也是东南亚最早的华文日报。[①]《叻报》主笔安徽籍大儒叶季允，以儒家思想为武器，在《叻报》上发表许多论说，针对叻中华人恶习，有的放矢，向华人传播、灌输儒家思想和儒家伦理道德观念。到了19世纪80年代末，新加坡"已大有中国衣冠文物之气，非复当年狂獠初起简朴之风"[②]。李光耀先生曾高度评价道："教导华文的最大价值是在于传播社会行为与道德行为的准则。这主要是指儒家学说对做人、对社会以及对国家的思想与信念。"[③] 中文（华文）是儒家文化的基本载体，是华人文化认同最为基本的符号与文化表征；礼仪风俗、修身待人之道亦是儒家思想的基本体现，承载着儒家的行为准则与价值判断。总而言之，早期华文教育对儒家传统在新加坡的传播与扎根，有着不可估量的贡献。

二、第一次孔教复兴运动

甲午战争后，康有为、梁启超等人在国内发起维新运动，尊孔崇儒、保种保教的主张风靡海内外华人社会。光绪二十四年（1898），维新变法失败后，康有为来到新加坡，劝说叻中华侨兴办新式学堂，以开民智。不久，著名维新人士丘逢甲、王晓沧也来到新加坡，分别在《天南新报》上发表文章，全力鼓吹建孔庙、立学堂、兴儒学、开民智。在此

①《叻报》创刊日期的考订，见王慷鼎《〈叻报〉创刊日期正式确定》，《星洲日报》1982年5月24日，载收入氏著《新加坡华文报刊史论集》，新社出版社，1987，第43—49页。

②《叻报》，1888年2月4日。

③ 李光耀：《加强双语维护传统》，载新加坡联合早报《李光耀40年政论选》，现代出版社，1994，第395页。

背景下，新加坡掀起了一场以闽籍华商林文庆、邱菽园为首的、轰轰烈烈的复兴孔教运动。

19 世纪 80 年代，林文庆、邱菽园二人即在左秉隆、黄遵宪的影响下分别创办了丽泽社、会吟社和中华孔教会。他们通过这些文化社团向叻中华人宣传儒家思想，吸引华人前来学习和研讨儒家经典，并组织讲演、征文和征联等活动，广泛地介绍和宣传儒家的仁义、孝悌、忠恕、诚信等理念。之后，二人又创办华文报纸，将报纸作为宣传儒学及孔教复兴运动的舆论阵地。《天南新报》于 1898 年 5 月 26 日正式出版，邱菽园亲自兼任华文总主笔，同时聘请徐季

林文庆像

钧、林箸筹、容濂丞为主笔，林文庆为英文总主笔，陈德逊任副主笔。林文庆则接办了《星报》，并改组为《日新报》，于 1899 年继续出版。与《星报》不同，《日新报》锐意求新，聘请友人充当记者，及时录报北京及中国国内要事。《日新报》尤为关注宣传儒家思想及孔教复兴运动的进展与反响。新闻方面，刊登过众多关于儒家思想的谈话、新加坡及吉隆坡商人对孔教复兴运动的热烈反应等。社论类，如《论儒教》，是林氏阐扬儒家学说的重要作品，《劝星洲闽粤乡人建孔子庙及大学堂启》是其推展孔教复兴运动的启事。①《天南新报》《日新报》均是维新保皇、复兴儒学的重要舆论阵地，但各有侧重。《天南新报》充满了爱国激情，更热心关注中国国内政治发展，积极地宣传维新变法、保种保国的思想。戊戌政变后，旗帜鲜明地谴责慈禧捕杀维新党，主张还政于光绪，

---

① 林文庆：《论儒教》，《日新报》，1899 年 12 月 13、14、15 日。林文庆：《劝星洲闽粤乡人建孔子庙及大学堂启》，《日新报》，1900 年 3 月 27 日。

继续变法图强，并呼吁海外华商共同请求慈禧还政。①

19 世纪后期，新加坡华人社会已出现空前的儒家文化认同危机。邱菽园与林文庆的办学活动即在此历史背景下展开。1898 年 8 月，邱菽园倡议华侨捐款兴办华人大学堂，并亲自为募捐册作序。他指出兴办学堂乃是"上为宗邦大其政教，下为子弟谋其身家"之盛举。他还道明了兴办学堂的本意，与维新派人士兴办时务学堂一样，但目的却大不相同。其言道："吾湖南为中国名邦，独拒绝外人之见为最悍。星坡去中国万里，亦沾染外洋之习则尤深。湖南人士空言守旧，而不知以旧而通其新，将必有不能终守其旧之虑。星坡人士，似近维新，而患在以新而薄其旧，将必有不能自善其新之讥。"② 在其看来，儒家文化虽为旧学，但与西学并不冲突，二者可以相通。湖南的维新派以儒学排斥西学，新加坡华人以西学否定旧学，此二者做法均不妥。他希望兴办新式学堂，同时教授中西文化。

二人一起草拟了学堂章程，并登报征求各界人士意见。章程共十一条，内容十分丰富。③ 其一，学堂中供奉至圣先师孔子，不供奉文昌帝君等，以突显宗圣明道、重伦爱物之义。其二，教学内容以中学为主，学子们懂得重伦纪、知孝悌、识种族、念本源，再接受西学，方不至废弃中学。为了实现该目标，章程规定：1. 不必读艰深古奥之书，四书、五经之类皆可缓读；2. 学习顺序上，务必以识字识解为第一要义，三年达到执笔能书、捧盘知算的水平，再讲求各体文法的学习；3. 在此基础上，若学生愿还乡应试或愿兼修西文或愿改学西文，均可听之；4. 若有学生未通中文，不能明礼义、识人伦、懂书写、晓珠算，便想修习西

① 古梅钝根生：《太后垂帘不足为喜电辨》，《天南新报》，1898 年 9 月 27 日。佗城热血人：《论严治新党非中国之福》，《天南新报》，1898 年 11 月 15 日。哀时客：《论保中国非赖皇上不可》，《天南新报》，1899 年 4 月 12 日。热血人：《海外华商宜再举行电请圣安并请皇太后归政说》，《天南新报》，1899 年 12 月 28 日。

② 邱菽园：《创设星架坡华人大学堂募捐册序》，《知新报》第 72 册，1898 年 11 月 24 日。

③ 邱菽园、林文庆：《星架坡华人大学堂大概章程》，《知新报》第 72 册，1898 年 11 月 24 日。

文，一律劝退；5. 设图书室，藏有西方格致（科技）之书、图画、仪器等，供学生参阅。二人办学乃为传播儒家文化，务求使华人子弟明晓人伦纲常，遵行孝悌之道，意识到自己的种族与文化本源。虽然学堂亦教授西方文化和地理知识等，但必须在不影响保持中华传统文化的前提下进行。因而，学习以儒学为核心的中华传统文化是学习西学的前提和基础，禁止学生越过中学基础而修习西学，更禁止教习诱导学生崇信西学。章程还规定凡年龄在 12～50 岁之间者即可入学，学堂将量其才学而分开教授；学徒须持有推荐书方可入学。为了避免鱼龙混杂，学生须区分"庶良贱"。既打破了方言族群的藩篱，亦限制了部分华人子弟入学。

1899 年，二人又创办了新加坡女子学堂。他们四处奔走募捐。邱菽园详细论证了创办女子学堂的必要性。他指出，华人在新加坡立足已达二百余年，最为失策者，"又在妇女之妆饰俗尚，语言仪节，尽从巫夷"[1]。务必扭转此局面之理由有二：其一，从男女平等角度看，漳泉之人多拘于乡俗，重男轻女，女子不得读书上学，但新加坡为西人统治，注重男女平权利益。其二，从本族文化传承考虑，女子受儒家文化教育方能保障中华文化得以传承。闽人初至新加坡，多娶当地女子为妻。妻子不懂中华文化，却负责子女幼年时期的教育，令子女不识中华文化。长此以往，代代相传，则"女与父殊，子与母习，移华而巫，尽变种质，理有固然，势成难挽"。因此。他主张效仿西方国家设女子学堂，教授女子中国文字和三从四德之大义。他们的主张遭到了华人的种种质疑。林文庆发表演说，称赞邱菽园之论乃深谋远虑，并针对叻中各种不同声音发表自己的看法。[2] 其一，教育男子的各类学校已初具规模，创办女子学堂更为紧迫。其二，在传统儒家文化中亦有重视女性、强调女性影响后代教育的思想。其详述道："孔子我众人之宗也，其筮易至离。于卦为中女，乃系之以文明，他日至兑，于卦为少女，复系之以讲习。《诗经》独详师氏，三百多女子之章。《礼记》明列妇言，四德为闺门之范。三迁有孟母，斯教子以成名。三家有敬姜，则世禄能由礼。"他希

---

① 星架坡来稿：《募创星架坡女学堂缘起》，《知新报》第 87 册，1899 年 5 月 20 日。
② 同上。

望华侨们莫拘泥于俗夫陋见，反对女子读书。他强调，"人种强弱之原，童孩智愚之故，家门戾顺之道，风俗贞淫之端"，全因女子一身而判然不同。因而，创设女子学堂，是为世世代代的华人谋划。林文庆草拟了女子学堂章程，规定女孩7～13岁在学堂学习，学堂课程"书艺兼课。既授以中国文字，及圣贤义埋，治家格言。其一切针绣缝剪为女工所必需；诗歌琴乐，为性情所有事，亦并授之"。邱菽园为此捐献3000叻币，加上林文庆的不懈努力，新加坡女子学堂终于成功建立。

从创办缘起到教学内容，二人都希望用儒家文化教育女性，从而改变华人社会的民风民俗，恢复华人语言、礼俗等。传播儒家文化是他们创建女子学堂的首要出发点，男女平权则是其次。与国内第一所国人自办女学堂"中西并重"的办学方针，显然截然不同。① 《女学堂缘起》刊登后，获得了维新人士的赞许。两个多月后，《知新报》刊登论说文，从男女平权与女子受教育之重要性的角度高度评价了邱、林二人之举。② 当代学者则认为"林、邱二人是反对中国社会中儒家价值观对妇女的压制的，特别是妇女在有关教育方面所受的歧视"③。显然，他们更注重从男女平权角度与时代潮流理解，却误解了邱、林二人创设女子学堂的初衷。

在丘逢甲和王晓沧建议以及福建商帮领袖吴寿珍的支持下，邱菽园与林文庆又于1902年开始筹办孔庙、学堂。他们成立了董事会，并发表了劝捐缘起和孔庙、学堂的章程。④ 《中西学堂》章程规定：1. 附设若干所开蒙学堂于大小坡，同时教授中西文化，三年后考试合格者方进入学堂学习；2. 不再以中学为主，而是兼顾中西文化，中文部专学官音，不再以闽南语为教学语言，以便新加坡华人沟通，连成一气；3. 将禀请朝廷将该学堂作为中等学堂，学生毕业后考试入选者可作为秀才，送回

① 1898年，在康有为、梁启超等人支持下，经元善在上海创办了中国女学堂——经正女学，此即中国第一所为国人创办的女学。参见夏晓虹：《晚清女性与近代中国》，北京大学出版社，2004，第3—37页。

②《记星架坡女学堂》，《知新报》第95册，1899年8月6日。

③ 颜清湟：《1899—1911年新加坡和马来亚的孔教复兴活动》，粟明鲜译，载颜清湟《海外华人史研究》，新加坡亚洲研究学会，1992，第265页。

④《天南新报》，1902年3月10日。

国参加科举考试。孔庙下将专设一所师范学堂以宣传儒家思想。可知孔庙与学堂实为一体，目的是用宗教化的孔庙，将儒家转变为儒教、孔教，以此作为华人的宗教，洗刷华人无教之耻，并与西方的基督教和天主教相抗衡。[1] 但除孔庙外，其余计划均迟迟未能实行。

重构儒家文化认同，是邱、林二人必须面对的时代课题。他们不仅仅需要保住文化本根，甚至已经有寻找文化本根的必要。他们突破方言族群的藩篱，放眼华人族群，积极投身儒家复兴运动，成为新加坡近代孔教（儒教）复兴的领袖人物。兴办学校仅是他们振兴和传播儒学的手段，他们都很清晰地认识到，传播儒学仅仅是振兴儒学、振兴中华文化的途径，而他们追求的也不仅仅是传承和弘扬儒家文化，更重要的是通过振兴文化以保种、保国、保教。在孔庙学堂募捐的启事中，董事会明确地指出："保种类在昌国运，欲昌国运在兴孔教，欲兴孔教则在植人才，欲植人才，其学堂可缺乎？"[2] 对他们而言，兴办学校、发展儒学教育并不仅仅是文化行为，更是挽救种族于即亡、保国运之兴隆的政治盛举。

邱菽园和林文庆对学校有着崇高的期许，他们不可能也不会满足于义学、私塾的教育方式和成果。邱菽园亲自改编教材，用更为通俗的语言和事例教学，以适应新加坡华人的华语水平。在创办女子学堂时，他编订《浅字文》两册，以笔画多寡判定文字的深浅。书成后，刊登广告曰："传统邱菽园先生著幼学入门书一种。此书上中下，编订两册，最便南洋华人子弟幼学之用，家塾课诵，得此善本，不患不认字识解矣！"[3] 邱氏编订此书，不仅仅为女学服务，更有启蒙儿童的目的；且其面向所有南洋华人子弟，并未仅限于闽籍族群内。后来，经人提醒，他意识到文字的深浅不在于笔画数，而在于是否常用。1902年，他依照《千字文》的体例，编订了《新出千字文》。他认为周兴嗣的《千字文》内容精辟，但字句艰深，不能有效地传达儒家思想，有可能贻误学童，因而《新出千字文》采用较为浅显的文字，又用新加坡社会常见的事例为题材。[1] 他曾言道："为欲便于童蒙，再三降格，冀其肤浅。世有方家定以肤浅之病来相诟余，是又余所不得辞也。"[2] 即使为人所诟病，他亦坚持降低文字的深度，以便能让更多人了解和接受儒家文化。在其努力下，新加坡华人更为普遍地接受了儒家文化教育。

林文庆曾指出，华人迫切需要一种宗教或道德文化，犹如回教徒需要《可兰经》，基督徒需要《圣经》；儒教最为优秀也最适合华人，是汉族子孙极其光荣的财产。[3] 在强烈的保种、保国、保教的政治目的影响下，邱菽园、林文庆等人通过办报刊、办学堂、编写教材与通俗读物等方式，极力在叻中传播儒学。这场孔教复兴运动与种族认同、文化认同的强烈愿望密切相关，是一种带有强烈文化自觉意识的文化传播行为，极大地扩大了儒学在叻中的影响，从而为新加坡独立后儒学的复兴奠定了坚实基础。

三、新加坡独立后的华语运动与儒学教育

1965 年 8 月 9 日，新加坡正式独立，成为一个民主、独立的主权国家。经过十余年的发展，新加坡到 20 世纪 70 年代后期便已步入富足的小康社会，但同时也出现了严重的道德危机。新加坡当局清醒地认识到，"当前的道德危机，反映了两大根本问题：一是东方优良传统和价值（如四维八德）的势弱，使得现代新加坡人成为没有根，也就是没有文化根源的人。这一道德危机，是认同危机所造成的。换言之，如果我们可以保留东方价值观，便可以建立文化信心，足以抗拒西方（败坏）文明的侵蚀。另外一个根本问题，也是造成东方传统价值没落的一个因素，是大家庭的解组（为核心家庭所取代），削弱了东方传统中最根本

---

① 梁元生：《新加坡华人社会史论》，第 67 页。

② 邱菽园：《新出千字文·后记》，载梁元生《宣尼浮海到南洲——儒家思想与早期新加坡华人社会史料汇编》，香港中文大学出版社，1995，第 167 页。

③ 姜林祥：《儒学在国外的传播与影响》，齐鲁书社，2004，第 167 页。

的孝道精神。家庭即社会的基本单位，三代同堂大家庭的消失，动摇了社会稳定的基础。"① 于是，新加坡采取了弘扬中华文化的建国方略，大力开展"华语运动"，由学校到社会全面推行东方传统道德观念教育，尤其是儒家道德观念的教育。

1978 年 4 月，新加坡总理李光耀就两种语文教育及华语与方言问题两次发表谈话，鼓励华人用华语代替方言，以加强各方言群之间的联系。1979 年 9 月，在李光耀总理主持及华人社团的全面支持下，"华语运动"全面揭开。所谓"华语运动"，指的是"多用华语，少用方言"的语言推广运动，其目的是用"普通华语"取代方言，并使之成为新加坡华人的共同语言。为此，新加坡专门成立了推广华语运动委员会，由新加坡文化部政务部长主持，专门负责华语运动的策划和协调。各政府部门和华人社团也成立了华语推行小组，以切实地执行和落实华语运动的相关措施。新加坡政府决定将每年 10 月设为推广华语月，并且每年都各有主题。例如，1980 的主题是"华语家庭讲华语"，1982 年是"在工作场合讲华语"；1983 年"在巴刹（集市）和小贩中心讲华语"等。此外，新加坡政府还增加了广播、电视的华语时间，举办华语电视讲座，制作华语会话录音带等，以配合华语运动。

根据李光耀的设想，10 年之内，华语要成为新加坡的公众语言。据新加坡教育部 1988 年的调查，已有 87% 的华人能讲流利的华语。② 可以说，在新加坡政府与社团组织的齐心协力下，华语运动取得了明显的成效，已基本达到预期目标。

我们知道，语言不仅是沟通的工具，更是文化的重要载体。而华语正是以儒家文化为核心的中华文化的基本载体。李光耀曾经指出："（华语）使我们想起我们是五千多年古老文明的一部分。这是一股至深且巨的精神力量，能使一个民族产生信心，去面对和克服重大的改变和挑

---

① 郭振羽：《新加坡推广儒家伦理的社会背景和社会条件》，载中国孔子基金会、新加坡东亚哲学研究所编《儒学国际学术讨论会论文集》，齐鲁书社，1989，第 1344—1345 页。

② 顾明远：《教育大辞典》（4），上海教育出版社，1992，第 411 页。

战。"又说："家长都希望孩子出人头地。他们也要孩子保存忠、孝、仁、爱的华族传统美德。通过华语，他们的孩子可以在感情上把自己看成是一个古老文明的一部分。这种文明源远流长，因为它主要是建立在一种久经磨炼和考验的价值观念制度的基础上。"① 新加坡推广华语运动，其目的不仅在于推广华语，更是为了加强华语与文化之间的联系，并通过华语寻求华族的根源，强化华族之间的文化认同与民族认同。因而，这次华语运动还有一个更大的作用：提高华语在新加坡社会中的地位，令新加坡民众在思想和感情上都接受华语以及华语所承载的中华文化，从而为新加坡政府进一步推广儒家伦理奠定良好的语言基础。

　　1982年春节，李光耀在新年致辞中强调了儒家伦理的重要性，赞扬早期华校的学生"有献身精神，且关怀同胞，负有社会责任感，具有信心以拒斥西方歪风"②。他提倡在新加坡施行儒家伦理教育。2月，在李光耀的提议下，新加坡第一副总理兼教育部部长吴庆瑞宣布，在新加坡中学三、四年级"宗教知识"课程中增设"儒家伦理"科目，并提出开这门课的六个准备步骤。6月，吴庆瑞亲自率团前往美国，与华裔学者商讨推行儒家伦理教育的方法。7至9月，又先后邀请余英时、杜维明、唐德刚、许倬云等八位著名儒学专家到新加坡发表专题演讲，参加座谈会和讨论会。电视台、报纸和电台等大众媒体也围绕开设"儒家伦理"课程等展开公开的讨论与宣传。经过一系列的宣传与对话，新加坡社会对开展儒家伦理教育有了一致的看法，肯定其在个人、经济、政治及文化等方面的发展均有正面的促进作用。③

　　新加坡政府组织了儒家伦理课程编写组，聘用杜维明和余英时为顾问，还成立了以吴德耀教授为首的"儒家伦理教育委员会"协助教育部拟订课程纲要。经过两年的努力，编写组编成了一套儒家伦理教材，包括教师手册、学生作业簿及录影带、幻灯片、挂图等视听教具及浅显易

懂的补充读物等。教材从 1984 年 1 月开始在 15 所中学试行，同年 11 月正式出版，供全国各中学使用。

新加坡政府确定推行儒家伦理教育的目标是：培养学生的儒家伦理价值观念，成为有理想有道德的人；使学生认识华族固有的道德与文化，认识自己的根源；培养学生积极正确的人生观，使学生将来能过有意义的生活，帮助学生维系良好的人际关系。① 根据教育目标，《儒家伦理》课程，三、四年级的课文均分为 20 章。三年级的课程内容主要包括：孔子的时代；万世师表——孔子；孔子以后的儒学大师——孟子和荀子；孔子以后的儒学大师——朱熹和王阳明；人生的意义；修身的必要；为学的目的；求知的精神——格物、致知；道德的基础——诚意、正心；培养自省的能力；知和行的关系；君子的含义；生活的乐趣；父母与子女；手足情深；婚姻的价值；友谊的可贵；人民与国家；个人、家庭与社会。四年级的课程内容主要包括：内圣外王；仁；智；勇；义；礼；信；中庸的道理；人性的修养；己所不欲勿施于人；己欲立而立人；彼此信赖的社会；权利和义务；理想的人格；理想的世界；儒家思想的主要演变（1）——先秦到隋唐；儒家思想的主要演变（2）——宋明到当代；儒家思想对东南亚的影响；儒家思想与我国社会的关系。② 两个年级的课程内容有着明显的递进关系，除了儒家重要代表人物外，儒家重要的伦理思想以及儒家学说与新加坡社会之关系等，均是教材重点介绍的对象。

在编写过程中，编写组还结合现代社会的发展与需求，对儒家伦理思想采取"取其精华去其糟粕"的原则，对一些表述作了适当的调整：

> 凡是过时的观念，我们都不选用，如"唯女子与小人难养也"和"劳心者治人，劳力者治于人"，这种观念必须加以遗弃。又如"五伦"虽然被我们选用，但我们却从现代的观点去解释每一种人际关系。首先，我们把"父子"改称为"父母与子女"；"君臣"改称为"国家与

① 王文钦：《新加坡与儒家文化》，苏州大学出版社，1995，第 135 页。
② 参见李书有：《儒学与社会文明》，江苏教育出版社，1995，第 443—444 页。

人民";"兄弟"改称为"兄弟姐妹"。其次，五伦的内容也做了适当的调整：（1）强调男女平等，表示男性为中心的社会一去不返。如在夫妇一伦里，我们着重双方互相敬爱、互相容忍的观念。双方处在平等的地位，摒弃丈夫绝对是权威，妻子绝对服从的封建观念。（2）着重相互的正确关系和应尽的职责，而不是单方面履行义务。如"人民"和"国家"，我们说明人民与国家领袖双方应尽的责任。只有这样，我们的教材才能在民主的现代社会里站得住，才会被学生接受。①

为了保证"儒家伦理"课程的教学质量，新加坡政府从 1983 年开始开展专门的师资培训。一种是由儒家伦理编写组主办师资训练班，由学校选派合格的教师接受培训，分为华文、英文两组，共 50 个小时。课程分为五个单元：1. 中国历史与儒家伦理；2. 儒家思想；3. 新加坡社会史与儒家文化；4. 日本史与儒家思想；5. 儒家伦理课程纲要与教学法。② 另一种是由教育学院亚洲语文系主办的儒家伦理教学课程培训班，面向没有教学经验的大学毕业生。课程共 90 小时，内容侧重介绍孔子、孟子、荀子、朱熹和王阳明等儒家大师的生平与思想特色，分析讨论儒家强调的五伦关系及主要德目，如仁义礼智信勇等，即与"儒家伦理"课程内容密切相关。③ 除了使学员熟悉儒家伦理教材外，该课程还传授教学方法、评鉴方法等，旨在培育"儒家伦理"课程新兴师资力量。

经过多方努力，新加坡开创性地把儒家伦理编写成现代教材并用于中学教学之中。这一项工作具有以下重大意义：一是提升儒家思想在新加坡社会中的地位与影响力；二是通过现代诠释和改造，使得传统儒家伦理转化为更适应现代社会需求的现代伦理，从而为儒家文化的现代转型提供了成功的范式。

---

① 刘蕙霞：《怎样编写与教导"儒家伦理"——新加坡的经验》，载中国孔子基金会、新加坡东亚哲学研究所编《儒学国际学术讨论会论文集》，第 1370 页。
② 王永炳：《新加坡儒家伦理教育》，《孔子研究》1990 年第 1 期。
③ 同上。

李光耀曾指出，新加坡是否能维持稳定和保持优势，关键不在经济发展方面，而是在于社会的道德结构。因而，新加坡政府还向全社会推广儒家伦理教育，开展各种提倡儒家伦理道德的社会性教化活动。1979年6月，在李光耀主持下，第一次全国文明礼貌运动正式开幕，之后每年举办一次，为期一至两个月。同年11月举办敬老周活动，也是每年举办一次。进入20世纪80年代后，新加坡政府一直致力于弘扬以儒家思想为核心的东方传统文化，以期培养国人的国家意识。1988年10月，当时的副总理吴作栋正式提出把儒家的基本价值观"升华成一套国家意识，在学校、工作场所和家庭落实，成为我们的生活方式"①。1989年1月，时任总统的黄金辉在国会的演讲中对吴作栋的建议作了解释，并进一步提出共同价值观的主要内容：国家至上，社会为先；家庭为根，社会为本；求同存异，协商共识；种族和谐，宗教宽容。这四点构成了新加坡共同价值观的基本框架。

经过政府内外各界人士的广泛讨论，新加坡政府于1991年1月公布了《共同价值观白皮书》，在黄金辉提出的四点内容基础上提出了新加坡的五大共同价值观，即：国家至上，社会为先；家庭为根，社会为本；关怀扶持，同舟共济；求同存异，协商共识；种族和谐，宗教宽容。后来，又将"关怀扶持，同舟共济"，修改为"社会关怀，尊重个人"；"求同存异，协商共识"改为"求同存异，避免冲突"。不难看出，这五点核心精神即儒家的忠孝、仁爱、礼义与和谐。《共同价值观白皮书》也强调"共同价值观不等于儒家价值或任何一种宗教价值，但又吸收了各族文化特别是儒家文化的合理价值"②。

此外，李光耀还将儒家道德归结为忠、孝、仁、爱、礼、义、廉、耻八种，并大力在新加坡社会中提倡。1993年，新加坡还拟定了爱、敬、孝、忠、和，简称"五德"的家庭价值观。1994年6月，吴作栋总理宣布设立一个百万元的基金会，专门资助民间团体推广家庭价值观。同年7月，新加坡国会表决通过了赡养父母法案。总而言之，新加坡倡

---

① 何成轩等：《儒学与现代化》，沈阳出版社，2001，第385页。

② 刘志山：《移民文化与市场伦理》，中国妇女出版社，2003，第166页。

导的五大共同价值观，并非各自孤立，而是紧密联系、缺一不可。[1]

概而言之，新加坡通过推行"文化再生运动"，在新加坡社会推广华语，推行儒家伦理道德教育，极大地促进了儒学的复兴。儒学在新加坡复兴，不仅提高了新加坡社会的儒家道德水平，稳固了社会秩序，而且在新加坡社会现代化中也扮演了重要的角色。

四、儒学与新加坡现代化

1988 年，李光耀说："华人失去儒家性格的那一天，也就是我们沦为又一个第三世界社会的那一天。"[2] 1994 年，他又指出："四十年的治国经验使我相信，道德价值和伦理规范，对建设一个健全、稳定的社会来说，是非常重要的。"[3] 1994 年，吴作栋也指出："选贤与能，圣哲治国，推行社会和谐、和平与统一，共同铸就了新加坡的繁荣，因而新加坡的立国成就归功于中国儒家思想。"[4] 可以说，儒家化的社会使新加坡这一多元民族国家的统一得以维持，而且发展得更为强盛而稳固。

在政治上，推行儒家的贤人政治，创造贤人政府，也是"文化再生运动"的重要内容。为了获得民众的支持，新加坡一直实行精英治国理念，推崇儒家的举贤任能和民本思想，要求各级官员正心、修身、廉洁、勤政，共同打造一个廉洁、务实、团结、高效的贤人政府，为国家机构的高效运转提供政治保障。担任新加坡总理长达 31 年的李光耀，本身即是一个符合贤人政治要求的政治家。他威严、清廉、勤政，对国家和民众有高度的历史使命感和责任感。他非常相信精英治国、贤人政治

① 参见王永炳：《儒学与 21 世纪的新加坡家庭价值观》，载中国孔子基金会编《儒学与廿一世纪：纪念孔子诞辰 2545 周年暨国际儒学讨论会会议文集》，第 732—734 页。

② 庄礼伟：《亚洲的高度》，广东旅游出版社，1999，第 424 页。

③《国际儒联名誉理事长、新加坡内阁资政李光耀先生致词（1994 年 10 月 5 日）》，载中国孔子基金会编《儒学与廿一世纪：纪念孔子诞辰 2545 周年暨国际儒学讨论会会议文集》，第 10 页。

④ 刘宗贤、蔡德贵：《当代东方儒学》，第 286 页，

的高明之处，坚信这种贤人政治必然带领新加坡走向繁荣。他说：

> 公共服务，不论是政治领袖还是公务员，都必须由最好的人选来担任。他们必须具有最好的素质，也就是廉洁的作风、献身的精神、领导国家的能力、良好的人际关系和办事的能力，并顺利地实现政治领导层的自我更新。①

又说：

> 这种任人唯贤的精英制度，使我们成功地建立起一个不分种族、文化和宗教的文官制度。这个制度，也同样获得少数民族的支持，因为马来族和印度族人的想法，多多少少受到过去英国文官制度传统的影响。英国的文官制度，是通过考试来征聘和录用公务员。这种考试制度源自中国的科举制度。幸好，马来、印度和中华文化的价值观，有一些共同的地方，这些共同的价值观，为新加坡的繁荣进步作出了贡献。②

他也躬行了这种任人唯贤的精英政治，集合了一群重视修身、为政清廉、宽厚谦和、诚以待人的精英分子，共同治理国家，共同组成"君子政府""贤人政府"。1990年11月，接任新加坡总理的吴作栋说："我们感到特别幸运，因为31年来，新加坡一直由英明又正直的人统治。我们的国会制度能运用得这么好，应归功于当政者的素质及良好的品格。"③ 充分肯定了儒家文化指导下的贤人政治在保持新加坡的稳定和发展上的重大意义。

推广儒家价值观也促进了新加坡的经济腾飞与发展。李光耀说：

---

① 新加坡联合早报：《李光耀40年政论选》，第137—138页。
②《国际儒联名誉理事长、新加坡内阁资政李光耀先生致词（1994年10月5日）》，载中国孔子基金会编《儒学与廿一世纪：纪念孔子诞辰2545周年暨国际儒学讨论会会议文集》，第7—8页。
③《联合早报》，1990年10月5日。

"从治理新加坡的经验，特别是 1959 年到 1969 年那段艰辛的日子，使我深深地相信，要不是新加坡大部分的人民都受过儒家价值观的熏陶，我们是无法克服那些困难和挫折的，新加坡的人民有群体凝聚力，能够以务实的态度来看待治理国家和解决社会的问题。"[①] 又说："新加坡成功的一个最强有力的因素，就是（20 世纪）50 到 70 年代那一代人的文化价值观。由于他们的成长背景，他们肯为家庭和社会牺牲，他们也有勤劳俭朴和履行义务的美德。这些文化价值观帮助我们成功。我本身有了这种体验，所以很重视维护华族新加坡人的文化价值观。"[②] 新加坡中学《儒家伦理》课本也说明：

> 搞好经济，最重要的是提高生产力，而提高生产力，主要有两个因素：得法的人事管理，良好的工作态度。在管理方面，如果能采取儒家"以礼待人"和尊重别人的原则，对于人际关系的协调，一定会有帮助。儒家主张上级对下属应该宽厚、谦和，而下属则应该尽责、忠心。这种强调上下合作的精神，也是符合现代的企业管理原则的。另一方面儒家思想注重学习、敬业乐群、遵守纪律、服从领导和刻苦耐劳精神，这些都是培养良好工作态度的重要条件。[③]

因此，为了适应经济高速发展，新加坡坚持以儒学尤其是朱子学为指导，注重发挥儒家伦理道德理念以及义利观对新加坡经济秩序的规范作用，为经济高速发展创造良好的社会环境。

新加坡的官员与企业家们也纷纷肯定了儒家学说对企业发展的重要作用。例如新加坡前驻日本大使、企业家黄望青认为，新加坡现代企业精神是"西方电脑式的计划＋东方勤俭式的美德"，新加坡已故总统薛尔思也将新加坡现代化成功的经验概括成"新加坡工业化、现代化＝西

①《国际儒联名誉理事长、新加坡内阁资政李光耀先生致词（1994 年 10 月 5 日）》，载中国孔子基金会编《儒学与廿一世纪：纪念孔子诞辰 2545 周年暨国际儒学讨论会会议文集》，第 7 页。

② 新加坡联合早报：《李光耀 40 年政论选》，第 422 页。

③ 转引自王永炳《新加坡的家伦理教育》，《孔子研究》1990 年第 1 期。

方先进技术和工艺＋日本的效率和高度组织纪律性＋东方价值观念和人生哲学"。① 新加坡政府推行的儒学教育，倡导自制、勤俭、忠诚、礼义等道德情操，造就了一批成功的新儒商。据统计与观察，新加坡成功的华人企业家大多具有自制、节俭、勤劳和忠实等美德。比如，新加坡老企业家方燕山便将自己的成功归功于吃苦耐劳、不怕失败。②

新加坡政府在政治和经济建设上都充分发挥儒家伦理道德思想的作用，迅速在 20 世纪 70 年代末成功跻身"新兴工业国"，实现了现代化，成为举世瞩目的亚洲"四小龙"之一。新加坡成功的经验表明，儒学中的优良道德规范与人生哲学不仅可以适应现代社会发展需要，而且经过成功的改造与现代的管理科学相结合，可以成为推动现代化进程的利器。所以，李光耀说："我相信，一个社会如果能够保留它的核心价值观，特别是具体概括在五伦内的价值观，将能促进家人与家人之间、家庭与家庭之间，以及家庭与政府之间良好有序的关系。这些关系的基本含义和重要性，并没有随着时代而改变。工业化和科技发展，并没有使它们与时代脱节。"③

大体而言，儒学在新加坡的传播与发展可以分为三个时期。第一个时期，从 1819 年开埠到 19 世纪末，除了民间信俗外，主要倚靠传统华文教育传播。第二个时期，从 19 世纪 80 年代末开始，进入了教育、报刊、文社、讲演等多个渠道传播的时代。这两个时期，儒学的传播都是华人移民为了传承中华文化、保持文化根本，而自发自觉的文化传承活动。第三个时期，新加坡独立后，由政府主导，全面地复兴儒学，并开创性地运用儒学实现现代化，为东方各国振兴儒学提供了成功的典范。

---

① 王文钦：《新加坡儒家文化三特征》，《社会学研究》1996 年第 4 期。

② 陈国贲、张齐娥：《儒学的价值观与新加坡华侨企业家精神》，《中华文化论坛》1994 年第 3 期。

③《国际儒联名誉理事长、新加坡内阁资政李光耀先生致词（1994 年 10 月 5 日）》，载中国孔子基金会编《儒学与廿一世纪：纪念孔子诞辰 2545 周年暨国际儒学讨论会会议文集》，第 10 页。

第二节 马来西亚儒学传播与孔教复兴运动

马来西亚的国土被南海分隔成东、西两部分，即马来半岛（西马）和加里曼丹岛北部（东马）。相传大约在汉唐时期，已有华人在马来半岛生活。宋元之际，移居马来西亚的华人逐渐增加。19 世纪 40 年代后，迁移到马来西亚的华人与日俱增，逐渐成为马来西亚人口的重要组成部分。随着大批华人移民的到来，儒家学说也逐渐在马来西亚传播开来。时至今日，马来西亚的华人依然保留渗透儒家思想的中国传统价值观、风俗习惯以及宗教信仰。马来西亚的"糖业大王"郭鹤年就说："从小我们就被灌输儒家的道德价值观。老人经常教导我们要讲商业道德、重视荣誉、言而有信，这一切都深深印在我们心里。"①

一、祠庙与儒家文化传承

郑良树先生将儒家文化在新马的传播方式称作"不立文字，教外别传"。他说：

> 所谓"不立文字"，是说她们的流传是通过口耳相传，由母亲传给子女，由第二代传给第三代。国家兴盛时，有国家的提倡和发扬，她固然可以传得更快更远；国家灭亡了，她依然可以代代递传下去，维持着儒家文化最粗糙、最根本的一个模式。什么叫"教外别传"？那就是说她可以离开儒家，甚至于离开中华文化，独特地在其他文化或其他国度里生存及传播下去。古代的朝鲜、日本及越南等国家都曾经有过儒家文化的历史，就说明儒家文化具有"教外别传"的特殊效能。儒家文化的这种特质是无所不在的，也是无时不在的。在文学作品里，

---

① 约翰·奈斯比特：《亚洲大趋势》，蔚文译，外文出版社，1996，第 19 页。

在哲学经典里，在民间戏棚里，在成语童话故事里，在山歌民谣里，只要有中国人的地方，都散发出这种价值观⋯⋯

正因为她依循的是"不立文字，教外别传"的传播方式，也正因为她无所不在以及无时不在，所以，当华人向海外移殖的时候，尽管早期移民大部分都是目不识丁的劳工，或者文化水准不高的商人，尽管他们绝大部分赤手空拳连一本书也没有带过来，但是，儒家文化不但开辟了这个地区，而且还建立起文化的传播站。新马两个地区，就是儒家文化"教外别传"的典范了。①

移居马来西亚的华人群体的构成与新加坡大致相同，绝大多数来自福建、广东及海南沿海的农村，基本都是文化素养较低的农民与手工业者。虽然他们很可能没有读过儒家的经典，但是儒家的核心价值，诸如孝亲敬老、长幼有序、礼尚往来与友爱互助等，早已成为他们日常生活的基本信念。当他们来到异国他乡，为了生存与发展，自然而然地便团结在一起，组成具有地缘性、血缘性的组织。通过组织的各类活动与仪式，他们重复操演着原乡社会中的各类礼俗，顽强地保留着固有的儒家文化，并且自觉地将之传递给下一代。通过这种"不立文字"的传播方式，他们将儒家小传统——即渗透着儒家义理、价值观的各种习俗与仪式在马来西亚传播开来。

在早期马来西亚华人社会中，最值得注意的"不立文字"的传播方式，可谓祭孔仪式。根据《天南新报》的报道，1899 年 9 月，吉隆坡的闽商自发地联合在一起，发起祭祀孔子的活动。当时，马来人信奉伊斯兰教，印度人信奉印度教，而华人则信佛信道，并没有统一且明确的宗教信仰，因而被马来人和印度人鄙视为无教。在传统中国社会中，只有官方才能崇祀孔子，民间百姓则不能，即使是儒生也只能祭祀文昌帝君、魁星和仓颉等。有感于此，吉隆坡的闽商们奔走倡导祭祀孔子。在他们的感召下，吉隆坡各界华人便在报纸上刊登了提倡崇祀孔子的启事，主张"孔子造人伦之极至，为万代之儒宗"，从而开启了马来西亚甚至是南洋祭

---

① 郑良树：《论儒家文化在新马的开发和利用》，载《文史续论》，第 226—227 页。

孔的风气之先。^① 不久之后，马六甲华人也在报纸上刊登提倡崇祀孔子的启事："从来世道之昌明，端资圣教；圣教之关键，首重人伦……我辈出身礼仪之邦，子臣弟友、规矩准绳，无一不赖孔子以维持。"^② 因此，他们也发起募款建设孔庙，宣扬儒教，塑造至圣先师孔子圣像，令绅商士庶皆知敬礼，并且依次扩建学堂善社等，以挽回马六甲华人风俗，并作为新马华人的表率。马来西亚华人倡导祭孔，与林文庆等人的孔教复兴运动相呼应，共同在南洋地区宣传了儒家思想，提高了孔子的影响力。^③ 当时曾有人撰写了一首纪念吉隆坡华人孔诞日纪念活动的诗："邹鲁风吹海外来，人心草昧渐催开。二千四百斯文起，妄诞妖邪异教灰。无类尽归仁里万，合群同上吉坛台。圣门道义包天地，四亿苍生一贯该。"^④

当然，马来西亚华人组织宣传儒家文化并非完全"不立文字"。实际上，这些组织的规约、碑刻等文字，往往渗透着儒家思想。

首先，来自同一个家乡、操着同一方言的华人群体，以共同的原乡地域文化为联结基础组建会馆，以"联乡邑之盛情，谋桑梓之幸福，推而进于社会之提携，国民之结合"。^⑤ 这些会馆的规约或者原则，大都渗透着儒家思想的精髓。例如永春馆主张："凡我诸人，各宜自省制行，惟其无忘立心，切贵中孚；毋见利而忘义，启衅端于俄顷之间；毋厚己而薄人，生嫌隙于隐微之内。倘或私怀各执，不能降心相从，即投馆主直陈，在此秉公以制。将见委曲虽多，得准绳而自解；方圆互异，中规矩以式差。"^⑥ 该段文字融汇了儒家倡导自省、仁爱、见利思义、和谐等思想理念。又如琼州会馆的《众造琼州流芳碑》，更是铸熔传统儒家的

---

① 《天南新报》，1899 年 9 月 26 日。

② 《天南新报》，1899 年 12 月 4 日。

③ 颜清湟：《1899—1911 年新加坡和马来西亚的孔教复兴运动》，粟明鲜译，见氏著《海外华人史研究》，新加坡亚洲研究学会，1992，第 245—282 页。

④ 《天南新报》，1899 年 12 月 2 日。

⑤ 《创建会馆碑》，载傅吾康、陈铁凡《马来西亚华文铭刻萃编》第一卷，马来西亚大学出版社，1982，第 409 页。

⑥ 同上。

仁义道德观与近代的财富名利观于一体。其文曰：

> 自古来天地之间，人为百物之首。木有根，即叶茂；人有心，即事成。要以身心为本，忠正为先也，亦有功有德，有仁有义，作善者天降。观宇宙之内，人人皆由名利两途，虽观乎运气，而实赖乎人为。而今……卒众人同心协力，……建设琼州公司会馆，一连安其神位，保护平安，神欣人乐，各位兄弟亦得安身住迹，出入亨通。且望异日财利蕃昌，回其本乡贵园，即此芳名流传万世，岂不昌前裕后也。①

虽然强调儒家之忠正、仁义，但并不讳言经商谋利，甚至以衣锦还乡激励乡人们。

琼州会馆

其次，宗亲会等血缘性组织与儒家精神有着更为直接且紧密的联系。马来西亚华人社会中一直存在大量各姓氏的宗亲会。在这些宗亲会

---

① 《众造琼州流芳碑》，载傅吾康、陈铁凡《马来西亚华文铭刻萃编》第一卷，第420页。

中，族规发挥着重要作用。为了敦睦亲族、加强宗亲内部的团结，族规大多倡导儒家的孝道、仁义、正直、忠恕等理念。

大部分宗亲会建有宗祠，作为宗族的活动空间。宗祠普遍称作宗祠、馆、堂等。较早的宗祠，有福建人于1828年在马六甲建立的黄氏宗祠、1854年在槟榔屿建立的江夏堂黄氏宗祠，后来还有广东人建的伍氏馆、福建人邱华东等建的龙山堂邱公司、福建海澄人林清甲建的林氏勉述堂、福建人陈金钟等人建的陈颍川堂等。马来西亚的华人宗祠自然源

龙山堂邱公司

自中国传统社会发达的宗法文化："宗祠之设，渊源于中国传统的宗法社会，一方面是慎终追远，使后嗣毋忘其之所出；一方面也有互惠互助，敦睦亲族的作用。"[1] 其主要功能是赓续华人的宗法、保存家族文化，并传承儒家倡导的宗法伦理。1851年的槟榔屿《龙山堂碑》记："凡族的赛福神会，以及新婚诸事，概于是堂，以序长幼，敦敬让、修和睦，盖是堂之关乎风化匪少也。"[2] 它明确点出了宗祠在宗族内部倡导

伦理道德、改善风尚的重要作用。1872 年的《新建九龙堂碑记》说："今在槟榔屿林姓相聚，宛然中华气象。因以谓数典不可忘祖宗功德，宜有以表之也；九龙堂之建，以展孝思，以扬先烈，俾我林姓在屿者，有以识水木本源之由来，则重溟之中，何异邹鲁之国。"[1] 宗祠的建立，不仅是华人在异国他乡弘扬孝道的场所，也是他们对祖先、故国以及故国文化之情感寄托。

二、早期华文教育与儒学传播

和新加坡华人一样，早期移民大马的华人自发组成的各种社团也创办私塾和学校，教授子弟以儒家思想为核心的中华传统文化。据伦敦布道会传教士米怜（William Milne）所言，1815 年，马六甲华人中已有三所华文学校，其中有一所是传教士所办。[2] 另外，据其他材料显示，1815 年马六甲已经有九间华人私塾，其中八间专供福建学童升学，约有学生 150 人；另一间专供广东学童就读，约有学生十余名。[3] 另外，据说在 19 世纪 20 年代，槟榔屿已有三间华文学堂和一间女校。[4] 还有一种说法，1819 年五福书院在槟城建立。[5] 又据统计，1884 年，海峡殖民地私塾发展到 115 间，其中槟城 52 间、马六甲 12 间。[6] 不过，学界对

---

① 《新建九龙堂碑记》，载傅吾康、陈铁凡《马来西亚华文铭刻萃编》第二卷，第870 页。

② 颜清湟：《战前新马闽人教育》，见氏著《海外华人史研究》，新加坡亚洲学会，1992，第 283 页。

③ 郑良树：《马来西亚华文教育发展简史》，外语教学与研究出版社，2007，第 8页。

④ 同上。

⑤ 《马来西亚华文教育 185 年简史（1819—2004）》，《董总 50 年特刊》，马来西亚华校董事联合会总会，2004。

⑥ 程利田：《朱子学在海外的传播》，海峡文艺出版社，2016，第 152 页。

此也有质疑。^① 如果从五福书院开始算起，马来西亚的华文教育已有 200余年的历史。但由于史料的缺乏，难以了解这一时期华文教育的详情。从新加坡早期私塾教育的情况推测，此时的马来西亚华文教育，很可能也大多是在会馆、宗祠或庙宇等地，因陋就简，延聘老师，以方言教授子弟；教学内容大多是《三字经》《百家姓》《千字文》之类的普及性古籍，还有四书之类的儒家经典以及书法、珠算等，大多为儒家小传统，谈不上蕴含高深。

马来西亚最早按照一定的规章制度创办的华文学校，很可能是创办于 1888 年的南华义学。南华义学开办不久便宣告停办，不过从流传下来的相关文献可以了解到其大致的教学内容。《南华义学条议十五条》第十一条要求："义学之师，非只教书，并教礼仪揖让拜跪动静应付，要循规矩，倘不遵教训，即为警责，使小子知所畏惧，异日方能成材。"第十二条规定，学生"日中或有余闲，即宣讲阴骘文及果报诸书，使小子知善所从"。第十三条规定："来义学读书者，大半非为科名起见，如资质平常者，先读《孝经》，次读四书，如已读完，无大出色者，则教以信札，俾其谋生有路。"第十五条规定："每逢朔望日，业师需将圣谕十六条款，并忠君孝亲敬长诸事明白宣讲，令其身体力行"。^② 不难看出，南华义学的教学内容与新加坡的萃英书院大致相同，主要包括《孝经》和四书之类的儒家经典，以及撰写信札等。尤为需要注意的是，其对传统儒家强调的忠君、孝亲以及敬长等理念极为认同，不仅定时宣讲，而且要求学子们必须身体力行。

19 世纪末，林文庆和邱菽园等在新马社会发起孔教复兴运动。这股复兴儒学的热潮也在马来西亚华人中引起很大的共鸣。张克诚在吉隆坡的《天南新报》上撰文宣传孔子学说，而他的著作《孔教撮要》和《白话孔教撮要》成为新马的童蒙读物，并作为儿童教育教材。与此同时，

清末新政推行教育改革，在国内废科举，建新式学堂，同时还派遣大臣劝谕各地华侨兴办新式学堂。在此背景下，1903 年，东马的沙巴华社在古达及吧巴分别兴办了乐育及中西两所新式小学；1904 年，西马的槟榔屿华社在槟城创立了槟城中华义学，即孔教会中华中学校；沙捞越华社在第一省伦乐开办了新式小学。之后，以孙中山为首的革命党南下东南亚，宣传革命思想，倡导创办新式教育，在华社中引起很大反响。尤其是 1911 年辛亥革命以后，革命党在东南亚的活动更为频繁，影响更大。于是，马来西亚的华文学校如雨后春笋般涌现出来。据统计，到 1918 年，新、马的华校已增至 300 多间。①

这些新式学堂虽然模仿西式教育，开设了英语、地理、物理等西方文化课程，但仍不忘传承中华传统文化，开设修身、读经、国文（即华文）等课程，弘扬儒家文化，"以吾人之母语教授吾人之儿童，发扬本族文化，使吾人子孙可以适应本族社会环境而生存"②，"学校秉承旧传统，不但注重授予知识，还注重陶冶品性，在华校毕业的学生知道孝父母、友兄弟，敬老尊贤，完全是华人的气质"③。这从槟城孔教会中学的活动表现得淋漓尽致。孔教会中学将修身、读经、国文、历史、地理、外语、算学和物理等都列为必修课。其中，读经要求以《左传》为课本，程度稍低者则授以四书。更为重要的是，学校还规定：开学第一天、放假前一天以及每逢初一、十五，必须由监督、教员及办事人员率领全校学生到孔子像前行三跪九叩大礼。之后，学生必须向监督及教员行三拜之礼，再向办事人员行一拜之礼。④ 可见，虽然孔教会中学是新式学堂，采用西方的教育制度，设置西方的课程，但仍然保持了传统华文教育的特征，重视阅读儒家经典，注重保持儒家的礼节。

---

① 陈国华：《先驱者的脚印——海外华人教育三百年》，1992，第 152 页，转引自周聿峨《东南亚华文教育》，第 124 页。

② 郑良树：《林连玉先生言论集》，林连玉基金，2003，第 234 页，转引自吴长庚《马来西亚的儒学研究》，载《常耕集》，解放军文艺出版社，2008，第 147 页。

③ 林连玉：《答香港大学讲师问》，转引自吴长庚《马来西亚的儒学研究》，载《常耕集》，第 147 页。

④ 郑良树：《马来西亚华文教育发展简史》，第 14 页。

虽然在资料不足的情况下，我们难以了解马来西亚早期华文教育的全貌，但仅从吉光片羽中亦可窥得其与儒学传播的密切关系。

三、战后的华文教育与华文独立中学复兴运动

1941 年至 1945 年，日军占领了马来西亚。在此期间，由于抗日战争以及大马华族坚定的抗日反侵略立场，日军残酷屠杀大马华人。许多华文学校的教师与学生，或惨遭杀害，或被迫逃亡。绝大多数华文学校被迫停课，校舍被日军破坏或占用。华文学校进入前所未有的黑暗时期。[①]

1945 年日军投降后，大马华人再度奋力复办与发展各地的华文学校，重新传播儒家文化。然而，1948 年，马来西亚在英国殖民当局的高压政策下再度进入紧急状态，许多华文学校的教师和学生被拘禁或遣送出境，学校也遭受到了不同程度的破坏。之后，大马华文教育走上了漫长的抗争道路。其结果是，马来西亚成为除中国外全球唯一拥有最完整华文教育体系的国家，并且华人在抗争过程中日渐凝聚在一起，更加锲而不舍地传承着儒家文化。

1951 年 6 月，英殖民政府公布了《巴恩教育报告书》，首次提出国民学校的概念，建议以单一的国民学校取代现行的民族语文学校系统，强制所有学生都只能学习英文和巫文。报告书的内容在大马华人社会引起了巨大的震动与愤懑。各地华人纷纷联合起来向当局提交意见书，表达忧虑与诉求。[②] 作为回应，联合邦镇政府设立的"方吴委员会"于 7 月出台了一部基于事实的《方吴华文教育报告书》。该报告书提醒政府：在多元民族的马来亚，强迫国民只能学习英文和巫文，是一件十分危险

① 郑良树：《从华教史——论大马中华文化的起承转合》，载《文史续论》，第 158 页。

② 参见周聿峨：《马来西亚华文教育的保留与发展》，《东南亚》2000 年第 2 期；胡春艳：《抗争与妥协：马来西亚华社对华族母语教育政策制定的影响》，暨南大学出版社，2012，第 80—83 页。

的事，强调了马来亚的教育不可废除华文等语文教育。但是《1952 年教育法令》却以《巴恩报告书》为蓝本，妄图逐步消灭华文教育。

面对当局对华人合理诉求的忽视以及华文教育将遭遇的灭顶之灾，大马华人进一步联合。1951 年 12 月，沈慕羽与林连玉组织成立了马来亚联合邦华校教师联合会总会，简称"教总"。教总的成立，标志着大马华文教育运动进入有组织的新时代。《1952 年教育法令》发布后，教总积极为华文教育发声，在 11 月 3 日发布《为反对遴选委员会报告书告各界人士书》，抨击当局采用不正当的手法，把华教排斥在教育体系之外。① 11 月 8 日，教总派林连玉等四人与副钦差大臣麦基里莱进行会谈，力争华文教育的地位。此次会谈，让教总清晰地认识到华族政治上的弱势以及争取华文成为官方语言的重要性。11 月 9 日至 10 日，槟城、马六甲、柔佛等十州华校的董事及教师代表以及马华公会和教总代表在吉隆坡大会堂集会商讨，并发表了联席会议宣言。宣言从教育原理、民族的权利、马来亚的环境及华人的愿望四个层面详细论证了华文教育的合理性，并提出建议："马来亚联合邦的教育，中、英、印、巫四种学校，各以母语教授，一律享受平等待遇，各族的学校，均列英文为必修课，可以英文为马来亚的共通语言。"② 这次会议，昭示着大马华族的大团结。1953 年 4 月，教总、马华公会和各州董联会联合组成"马华华文教育中央委员会"，共同向政府争取华文教育的权益与地位。1954 年 8 月，林连玉等人又推动成立了马来亚华校董事联合会总会。马来亚华校董事联合会总会，简称董总，是大马华人维护与发展华文教育的全国领导机构。从此以后，董总与教总相配合，共同争取华文的语文教育和文化地位，为华文教育保驾护航。

为了安抚华族，1954 年 10 月，联邦行政议会委任的一个特别委员会提交了一份《教育白皮书》。白皮书建议，政府从 1955 年开始在各民族的语文学校中附设以英文为媒介语的班级。对于该建议，教总切中要害地点明，这是一种渐进式的方法，试图逐步蚕食方言学校。林连玉更

---

① 《教总 33 年》，马来西亚华校教师会总会，1987，第 315—317 页。
② 同上书，第 319 页。

形象地比喻说:"《巴恩氏报告书》宣布将消灭华文教育,《1952年教育法令》宣判华文教育死刑,1954年《教育白皮书》计划则是挖掘其墓穴。"①

教总严正地表示:在捍卫母语教育与华人文化上,绝不会向政府妥协。1954年10月18日,教总公开发布了《教总反对改方言学校为国民学校宣言》。宣言强调:"我们华人进入马来亚,成为马来亚的国民,是以尽义务、效忠诚为条件,不是以弃母语、毁文化为条件……我们对于改方言学校为国民学校的企图,无论如何,坚决反对到底。"② 该宣言充分显示了大马华人誓与华族母语教育共存亡的决心。马华公会和其他华人社团一致支持教总的宣言,各地华文学校也纷纷响应教总的号召。在华人社团与华文学校勠力同心地坚持下,殖民政府只好作出让步,宣称设立英文媒介班级并非强制性。

1954年底,马来亚联合邦正酝酿独立。林连玉一反华人社团不问政治的传统,在《告各地教师公会、全马华校教师暨学生家长书》中,表态支持马来亚自治,并"将加强工作,训导学童效忠于马来亚,与各民族平等,共建和平乐土",表示将支持华巫联盟竞选。在这份告书中,教总也首次揭橥三大基本斗争目标:第一,争取母语母文的教育;第二,各民族语文教育一律平等;第三,争取华文成为本邦官方语文之一。在1955年1月的马六甲密谈中,教总将支持东姑阿都拉曼领导的联盟作为策略。7月,联盟在大选中取得压倒性胜利。9月,新政府成立了教育委员会,检讨了《1952年教育法令》及1954年《教育白皮书》,并于1956年发布了《1956年教育委员会报告书》(即《拉萨报告书》),对教育政策作出了一些调整:一是承认三种语文学校并存,各语文学校以其母语为主要教育媒介;二是制定能为本邦全体人民接受的教育政策;三是确定马来文为本邦国家语文,同时维护并扶助本邦内非马来语语文及文化的发展。不过,它同时也提出了"一种语文,一个源流"的"最终目标"。在教总的交涉下,教育部部长许诺不将该最终目标列入

---

① 柯嘉逊:《马来西亚华教奋斗史》,雪兰莪中华大会堂,第69页。
②《教总33年》,第348页。

法令。

　　1957 年马来亚独立后，政府更为明确地提出"一个国家、一个民族、一种文化、一种语文"的一元化文化教育政策，将华文教育排除在国家教育体制之外。1961 年起，政府开始推行一元化文教政策，导致华文教育面临着空前的严峻考验。《1961 年教育法令》在国会通过，确定了实现"最终目标"的具体措施。在小学阶段，华文小学可获得政府津贴，被纳入国家教育体系，但是法令也赋予了教育部部长在适当的时候把国民型小学改为国民小学的权力。至于中学阶段，华文中学等民族语言中学不仅取消了津贴，而且成为教育政策消灭的目标，以确保各民族学生在国民中学和国民型中学中就读。这些条款，都令华文小学和华文中学面临"灭顶之灾"，尤其是华文中学的生死存亡问题更为紧迫。时任教总主席的林连玉发出疾呼："华文中学是华人文化的堡垒"，并且强调"要维护民族文化吗，就得面临经济的压迫；要获得经济援助吗，就得放弃本族的文化。然而传统相承数千年的文化，不但要加以保存，还要发扬光大，因此我们必须不惜任何代价维护下来。这就是说，津贴金可以被剥夺，独立中学不能不办"。然而，政府仍然一意

林连玉像

孤行，利用华人政客出面鼓吹华文中学改制的好处，并承诺改制中学将有三分之一课程继续采用华语为教学媒介。在政府的威逼利诱之下，有55 所华文中学接受了改制，仅有 16 所放弃津贴，拒绝改制，成为"华文独立中学"，简称"独中"。1965 年，政府宣布，实施小学直升政府中学的政策，并在各乡镇兴建多所中学。之后，政府继续实行中学生免交学费的措施。这些举措，令本已生存艰难的独立中学更加雪上加霜。①

――――――――――

① 参见郑良树：《马来西亚华文教育发展史》第四分册，马来西亚华校教师会总会，2003，第 93—114 页。

1969 年 5 月 13 日，马来西亚爆发了著名的"五一三"种族暴乱事件，华人惨遭屠杀。随后，联盟政府宣布国家进入紧急状态，并推出以马来化为目标的教育政策，将华文、印度文及英文都排除在外，仅将马来文作为小学到大学的教学媒介。董教人士沈亭表示："唯一能够把华文教育、华文独中发展起来的正确路线，是恢复完全中学。"[1] 这一场起源于霹雳州的华文独中复兴运动，为华文独立中学的发展提供了新的希望。

1972 年 7 月 2 日，董教总联合马华公会召开"全国华文独立中学董教代表座谈会"，联合成立了"独立中学小组"作为华文独中复兴运动的总指挥，共同商讨保卫独中的办法。情况最为困窘的霹雳州最先响应独立中学小组号召，率先点燃了华文独中复兴运动的火把。1973 年 4 月 1 日，霹雳州九所独立中学校长联络会议通过了沈亭的一项议案："由九间独中联函霹雳州董事会联合会为全州九间独中筹募一百万元发展基金。"[2] 霹雳州的独中复兴运动，不仅成功拯救了州内的九所独立中学，而且引起了马来西亚全国华校的共鸣，迅速地取得董教总、校友会以及热心华教的华人的广泛支持。所谓"星星之火，可以燎原"，独中复兴运动很快从霹雳州扩大到马来西亚全国各地，促使董教总成立了全国性的组织——董教总全国华文独中工委会。1973 年 12 月 16 日，董教总召开全马来西亚发展华文独立中学大会，厘定《华文独立中学建议书》。该建议书明确提出华文独立中学的四大使命与办学六大方针，对统一课程、统一考试、经济问题、师资问题、学生的来源和出路及升学与就业辅导等都作了具体的建议。其中有两条尤为值得注意。其一，华文独立中学使命之三："华文小学六年不足以维护及发扬博大精深的中华文化，必须以华文独中为堡垒，方能达致目标。"其二，华文独立中学总的办学方针之一："坚持以华文为主要教学媒介，传授与发扬优秀的中华文化，为创造我国多元种族社会新文化而作出贡献。"尤其可见，马来西亚的华教运动始终与传承、发扬中华文化紧密相连，这自然也包括儒家

① 沈亭：《霹雳州华文独中复兴史》，霹雳华校董事会联合会，1976，第 8 页。
② 同上书，第 11 页。

文化。

　　经过多年的奋力抗争与复兴，华文独立中学终于再度蓬勃发展起来，华文教育也随之进入了春天。此后，华文教育的生存环境大为改善，虽然仍偶有波折，但大多在华人的抗争下得以解决。例如1980年，教育部宣布小学将实施注重读、写、算的"3M新课程"。在所谓的"3M新课程"中，华文小学除了华文课和数学课用华文外，其他科目均采用马来语。1982年，教育部试图进一步利用"3M制"来改变华文小学的性质。在董教总、各华人社团与朝野政党合力争取下，问题才得到解决。又如，1984年的华文小学集会必须使用马来语事件，1985年的中学"综合学校计划"，1987年的派任不懂华文华语者为华文小学任校长、副校长等职，等等，都在董教总领导的抗争下得到了不同程度的解决。此后，马哈蒂尔政府十分注重缔造一个以多种族、多语言、多宗教、多文化为基础的马来西亚国家，重视倡导马来族与华族之间的亲善和睦。1995年初，当时的副总理安华·易卜拉欣着手策划了"伊斯兰文明与儒家思想对话"国际学术研讨会，吸引了来自中国、新加坡等国家和地区的学者，共同探讨伊斯兰教与儒家思想两种文化的价值及两者的共性，表示了政府宣扬伊斯兰教与儒家思想共同价值观的决心。在会议之前，安华曾说："孔子主张当权者实施仁政，爱民如子，并维护道德。这正是马来西亚国家政府的治国原则和思想。"① 该举措无疑提高了华族、华文教育及儒家思想在马来西亚甚至是东南亚的地位。

　　二战结束之后，马来西亚华社团结一致，华文教育筚路蓝缕、栉风沐雨，终于走上了光明的康庄大道。马来西亚华人之所以如此坚定不移、不屈不挠地为华文教育的生存与发展进行长期且艰难的抗争，是为了传承中华文化。华人教育领袖林连玉曾说过："我们文化的传递与发扬，必然寄托在华文教育的继续存在及发展的上面。"又强调："华人要读华文书，认识华文字。"另一位华人教育领袖沈慕羽也说："每个人都爱护自己的文化，是良知良能……那么对于文化的摇篮——各民族学

----

① 转引自王永炳《儒家伦理在公民道德教育中的价值》，载北京东方道德研究所编《儒家伦理与公民道德》，中华工商联出版社，1996，第190页。

校，不但要继续保存，而且要积极扶助其发展。"① 诚如有学者所指出的："在马来西亚成为一个主权国家过程中，华人不得不转型，放弃效忠中国，转而效忠马来西亚，成为这个国家的一分子。然而，他们不愿意放弃第二特征——认同中华文化。一方面基于教育原理的需要，一方面基于民族的尊严，华人将政治效忠和文化认同分开，坚持华文教育，并且要以自己的文化教育后代。"② 总而言之，华人为华教所作出的持之以恒的艰苦抗争，是出自保存中华文化的良知良能。

沈慕羽还曾经指出："维护华语自然非常重要，但推动与维护儒家思想也同样重要，在这方面是相辅相成的，谁也不能忽略。"③ 当然马来西亚华人维护的中华文化及儒家思想，已经不是原本的中华文化，也不是高深的儒家学说，而是所谓的小传统。诚如郑良树所言："在马来西亚独立之前半个多世纪，华人已经拥有完整自足、网络周密的文化系统了。这个文化系统是中华文化大传统的小翻版，基本上是中华文化的'具体而微'，是'礼失而求诸野'的中华文化。"④

随着华文教育的复兴，20世纪80年代以来马来西亚的儒学复兴热潮也此起彼伏。这一时期马来西亚华人文化协会创办了《文道》月刊，刊登了许多讨论儒学朱子学与现代化、儒学朱子学与马来西亚华人社会关系的论文。1996年，马来西亚孔学研究会成立，其主要任务是开展"精英儒学"活动，联系国内外学者、儒学及朱子学会和高等院校等，建立儒学、朱子学论坛，开展儒学、朱子学研究，举办或参加国际儒学、朱子学学术会议，进行学术交流等。2002年，孔学研究会筹建夫子书院，开启"普及化儒学"活动，全面开展弘扬儒学朱子学的活动。其活动主要有：开办儿童读经班；组织成人经典导读；编印各类儒学朱子学教育手

---

① 沈慕羽：《教总第20届会员大会》，《沈慕羽言论集》（上），马来西亚华校教师总会，1998，第31页。

② 郑良树：《大马华社与中华文化》，载《文史续论》，第137页。

③ 沈慕羽：《推行儒家思想，孔教会任重道远》，载林源瑞主编《马六甲孔教会庆祝孔圣诞二五五六年诞辰暨孔子大厦落成特刊》，马六甲孔教会2005年5月25日，第128页。

④ 郑良树：《大马华社与中华文化》，载《文史续论》，第135—136页。

303

册，免费向社会赠阅；举办孔诞祭祀和庆典活动等等。"普及化儒学"活动的开展使儒学朱子学在马来西亚得到推广和普及，在民间掀起了"儒学热"。故林金华总会长在总结"普及化儒学"活动时说："从开始专注于精英儒学，到进入兼顾普及化儒学；从积极推动国际论坛，扩展到国内儒学座谈交流；从儿童读经教育，延伸到大马儒学研究上，短短几年能有这样的成绩，是全体同仁抱着成功不在我的精神来努力的。"①

第三节　印度尼西亚的儒学传播与孔教复兴运动

大约在唐代末期，我国已有人移居印尼群岛。在宋末元初时期，大批中国商人来到印尼群岛，他们与当地妇女生儿育女，印度尼西亚华侨社会初步形成。② 后来，移居印尼群岛的华人数量越来越多，儒家文化也随之传播到了这里。印度尼西亚前总理阿里·沙斯特罗阿米佐约曾经指出："自我们两国有海上贸易以来，印度尼西亚便和中国一直是友好的邻邦。中国的航船不仅带来了货物，随之而来的还有许多中国商人、工人、手工业者，他们在我国定居下来，带来了中国的技术和古老的文化，直到现在，我国许多岛屿上还保留着这些文化的精华。"③

在印度尼西亚华人中，儒学被当成一种严格意义上的宗教。早在唐末，华人便将儒教、道教、佛教带入印度尼西亚，合称作"三教"，并修建"三教"庙宇奉祀。21 世纪初，据学者初步统计，华人创建的"三教"寺庙和中国民间宗教寺庙、宫观至少有 217 座。④ 新加坡学者李炯才说："三宝（保）庙具有三种宗教合一的特质。佛教的外观表现在寺

---

① 吴长庚：《马来西亚的儒学研究》，载《朱子学刊》，黄山书社，2005，第 431 页。
② 李学民、黄昆章：《印尼华侨史》，广东高等教育出版社，1987，第 48 页。
③《人民日报》，1955 年 6 月 3 日。
④ 何芳川：《中外文化交流史》，第 433 页。

庙的形式，道教表现在古代遗迹的神秘气氛，孔教的景观呈现在孔子的
肖像以及纪念百名水手的遗迹，代表着孔教提倡祖先崇拜的教旨。"①

一、祠庙与儒家文化传承

敬天法祖、慎终追远，可谓儒学的核心信仰与高度概括。这些在印
度尼西亚儒教（即孔教）信仰中表现为敬天祭天、祭祖敬宗以及祭拜关
公和妈祖等圣贤。所以，在印度尼西亚历史上，宗祠和一部分庙堂
（Keleteng）也是传承孔教的机构。

宗祠，又称祖庙、祖堂、祖祠等。和国内一样，其作用也是祭祀故
去的先人，令后代报本追远。在爪哇及外岛各地，凡是华人聚集的地方
都建有宗祠。在爪哇，现存最古老的宗祠建于 18 世纪，其中巴达维亚的
陈氏祖庙建于 1754 年，是目前所知创建时间最早的宗祠。② 19 世纪中
叶，在爪哇和苏拉威西岛的望加锡等地出现了多处公共宗祠。公共宗祠
一般称作义祠、公祠或功德祠，如 1845 年三宝垄的功德祠、1864 年建
于泗水的福建功德祠、1878 年建于雅加达的巴城义祠等。这些公共宗祠
不以某个家族或某个姓氏为限，往往为来自同一原乡的人联合修建，其中
福建人所建数量远多于广东人。这种现象，在新加坡和马来西亚都未出现。

近代印度尼西亚华人记者郭恒节曾写道："十九世纪中叶，爪哇的
华人发觉自己已经变成国外公众的一部分，这时他们就在泗水建立了福
建功德祠，它是延续时间最长的公祠之一，大家很熟悉的卡帕森地区的
孔子庙即源于此。"③ 又说："十年前一位经历了福建功德祠创始活动的
老华人（现已过世）曾告诉我，建立该祠的目的是要激励华人按中国人
的习惯生活，否则他们会丧失善良的本性。"④ 他将福建功德祠与 1906

① 李炯才：《印尼——神话与现实》，新加坡教育出版社，1979，第 80 页。

② 包乐史、吴凤斌：《吧城公馆档案研究：18 世纪末巴达维亚唐人社会》，厦门大
学出版社，2002，第 78 页。

③ 克罗蒂娜·苏尔梦：《十九世纪印尼泗水地区围绕福建公德祠的礼俗之争》，林
永传译，《海交史研究》1991 年第 2 期。

④ 同上。

年的孔庙联系在一起，肯定了二者在保持中华文化、振兴孔教方面的作用。正如东爪哇泗水著名的郑氏家族宗祠营建碑中所记：

> 家之有祠庙，所以为禴祀蒸尝之区，为子孙勿忘祖宗之念，爰是我兄弟四人，同心协力，捐赀营建我先考原任泗水大妈腰绍阳郑公之祠堂。庶孙支百世相承奉祀于勿替。爰勒贞珉，伸后人知此祠堂之所由建也。

> 大清光绪拾年岁次甲申伍月初壹日，
壹仟捌佰捌拾肆年伍月式拾伍日。①

> 盖闻自古三代圣王治天下者，皆以孝道为先，故人生于世，莫不以祀事为重，考自经传，乃有春禘秋尝之礼，此教民，则终身不可忘其先人之禋祀也。自西历壹仟捌佰捌拾肆年，我家先郑公阳泰、德泰、联泰、文忠舍兄弟四人共议营建先祖之祠堂，在八芝兰龟伦之所，及祠堂落成于后，诸兄弟三人奉郑公阳泰为祠堂大主事。此皆无他意，但欲尽人子报本追远之大端，留仟佰年之基础，而兼欲免后世子孙之忧，其思虑深远，非常人所能及也。

> 管理郑氏绍阳祠碑
至圣贰仟肆佰陆拾伍年甲寅孟春中浣日。②

修建宗祠以定期祭祀祖先，寄托着后人报本追远之思，乃是儒家文化报本反始、追养继孝的理念。祭祀，乃是儒家教化之本。华人修建宗祠，正是身体力行着儒家教化思想的核心理念。

法国女学者苏尔梦根据华文碑铭和马来文、华文报纸资料所做的研究，也为我们提供了当时的一些情况。据其研究，这一时期华人社会还成立了许多丧葬组织。公共宗祠为华人主持传统的婚礼、丧礼，提供传统婚礼、丧礼所需的用品设备；定期召开宗祠会议，有计划有系统地开

---

① 傅吾康：《印度尼西亚华文铭刻汇编》第二卷下册，新加坡南洋学会、巴黎法国远东学院、巴黎群岛学会，1997，第701页。

② 同上书，第703页。

展社会活动，以使华人及其后代学会有关的传统规则。① 泗水福建功德祠还决定华人妇女必须穿戴中国式服装，而不要再穿爪哇当地妇女的服装，以保持华人的民族特点。② 福建功德祠创始人之一的蔡进福曾明确地写道："学孔孟之书，而信佛老之教，口诵正义，而心溺左道。从番设醮，执以为是，拜祷番墓，不以为辱，言为无不周偏，实则外以伦理。谓无可为之世，无可教之民。掩袭高名，好弄虚文，浮沉颓俗，人己两无。以异学杂学为念，言行与教条相悖。"③ 可见，创建宗祠的目的是要恢复儒家的社会秩序，矫正华人表面学习儒家，背后却信奉佛老等异教的现象。因而，她认为："事实证明，在任何情况下，旨在复兴中国文化……的团体，都是通过类似的公共宗祠凝聚在一起的。"④

华人庙宇的修建，也是遍及印尼各地，而且早于宗祠。有意思的是，在印度尼西亚华人庙宇称作"Keleteng"，也就是闽南语中的"教人亭"，原指书院、义学等教人的学堂。从这个词语的来源就能看出华人庙宇与当地孔教之间有十分密切的联系。

华人庙宇大多祭祀中国传统神明，尤其是《礼记·祭法》所倡导的法施于民、以死勤事、以劳定国、能御大灾、能捍大患等有功于民的先民，如关公、妈祖、开漳圣王等。所祀神明也是海外华人的精神寄托。早期南来的华人们将家乡崇祭的神明塑像随身携带，以祈求平安。到了印尼群岛后，他们便在屋内或路边搭建简易的小庙加以供奉。等到华人们有了一定经济基础后，便集资修建庙宇。早在 17 世纪中期，华人们已经修建了多所庙宇。例如 1650 年开始在巴达维亚修建的观音亭，也就是后来的金德院，崇祀观世音菩萨；又如 1654 年修建的安卒大伯公庙，主要奉祀土地神大伯公（即福德正神）及其妻伯婆。到了 18 世纪末，天后宫、关帝庙及大伯公庙更是遍及印度尼西亚各地。

---

① 克罗蒂娜·苏尔梦：《十九世纪印尼泗水地区围绕福建公德祠的礼俗之争》，林永传译，《海交史研究》1991 年第 2 期。

② 同上。

③ 同上。

④ 同上。

为了坚持民族文化传统，反抗荷兰殖民者对华人的歧视，华人们于1884年东爪哇的泗水修建了文昌祠。19世纪末，印度尼西亚华人也积极参与了林文庆、邱菽园在新加坡发起的以复兴儒学为宗旨的"华人好学会支会"。① 印度尼西亚华人中也随之掀起了庆孔诞、建孔庙、建学堂的热潮。1899年，在纪念孔子诞辰2450年之际，印度尼西亚与新加坡、缅甸仰光等地一致，都举行了热烈的庆祝活动，并借此"议建孔庙，建学堂"。② 在南洋地区，印度尼西亚华人建孔庙的行动最为迅速，进展也最快，而且坚持复兴孔教的时间也最为持久。虽然新加坡和马来西亚的祭孔活动如火如荼，兴建孔庙的倡议此起彼伏，然而南洋各地最后仅有印度尼西亚的泗水真正建成了孔庙。19世纪末，泗水华人将原来的文昌祠改为文庙，专门祭拜孔子，弘扬孔教。1899年5月6日，《天南新报》报道说："前报泗水文昌祠各绅商会议改为文庙一事，经十五日再集众议，询谋佥同，已将文昌祠改为文庙，崇奉至圣先师孔子矣。其文昌原像，乃安置文庙内供奉。观此足见泗水绅商同心尊念我至圣先师，用能破除俗见，昌兴孔教，固不让横滨创建之专美，亦即南洋兴教之先声也。"③ 1906年，甲比丹郑泰兴拆除文庙前临街的六栋房屋，捐地新建文庙，修成了东南亚最大的文庙。

华人不远千里、漂洋过海来到印尼群岛，但从未放弃本民族的文化传统。他们将儒学视作宗教，踊跃地在印度尼西亚修建宗祠及各类庙宇，用祭祀祖先、关公、妈祖等形式传承儒家文化的思想理念。尤其是文庙的建立，成为日后孔教复兴的重要基地。

二、传统华文教育与儒学传播

华文教育，向来是海外华人传承儒学的重要渠道。在印度尼西亚，

---

① 参见叶钟铃：《林文庆、邱菽园与华人好学会（1896—1905）》，《亚洲文化》（总第27期）2003年6月。

②《南洋各埠建孔庙学堂》，《知新报》第103册，1899年9月21日。

③《天南新报》，1899年5月6日。

雅加达孔庙

孔教既是宗教也是教育体系，孔教与华人的家庭教育、华文教育是一体的。在尚没有能力创设学校的早期印度尼西亚华人社区中，家庭、家族和宗族承担着教育下一代的重任。此时的华人家庭教育，教授的自然是华人耳濡目染的儒家文化："稍能识字明理之店主或富户，于经营工商之余，召集三五子弟，在家、在店内，教以习字珠算，兼及增广幼学、千字文、百家姓。"① 当然，华人家庭内部进行的洒扫应对之类的礼仪教育，也承继着儒家文化的传统。② 孔教的教义、原则就是这样通过家庭、家族教育的方式，年复一年地代代相传。③

随着华人移民数量的增多，尤其是儿童人数的增加，设立学校教育华人子弟成为华人们亟待解决的问题。起初，一些富庶的华人聘请教书先生教育子弟，由此出现了私塾。在巴达维亚和西爪哇的万隆、西加里

---

① 华侨志编纂委员会：《印尼华侨志》，华侨志编纂委员会，1961，第 60 页。
② 印尼孔教最高理事会：《有教无类：印尼孔教最高理事会成立 50 周年纪念刊》，2005，第 11 页。
③ 同上。

曼丹的坤甸等地，都出现了一些颇具知名度设帐授徒的私塾先生。① 为了更好地教育子弟和传播孔教，印度尼西亚华人社团又有计划地组织设立学校，义学和书院便应运而生。

建于巴达维亚的明诚书院，不仅是印度尼西亚华文教育之始，也是海外华人华文教育的开端。关于这所书院建于何时，学界并未取得共识。② 1690 年，甲必丹郭郡观倡议创设义学，即为明诚书院。③ 1729 年，华人们又在华人医院兼养济院下，附设明诚书院。明诚书院专收孤儿和贫苦孩子，经费全由巴城华人公馆承担，学生有三四十名。④ 1753 年，荷兰殖民者曾经送多名荷兰儿童入书院学习华文。1775 年，华人又在巴达维亚设立了南江书院⑤；1787 年，华人雷珍兰又在金德院庙内开设了明德书院。⑥

印度尼西亚华文教育首开海外华人教育之先声，可惜由于历史材料有限，难以窥知其具体运营情况。在后来的印度尼西亚孔教会看来，明诚书院等是如同伊斯兰教经院的儒学院，专门教导"明明德"，让人们学习和研究孔教。⑦ 从东南亚各地早期华文教育的情况，可以推知印度尼西亚华人的义学、书院也是教授《三字经》《千字文》、四书、五经以及写字、珠算等内容。据说，1868 年，时为"吧国公堂"第二任玛腰的陈睿哲大力振兴明诚书院，制定了书院院规五条，明确规定了春秋祭拜朱熹。南江书院也崇祀紫阳（朱夫子）圣像，"延师入内，教授贫穷圣

① 华侨志编纂委员会：《印尼华侨志》，第 60 页。

② 参见别必亮：《承传与创新——近代华侨教育研究》，河北教育出版社，2001，第 9—11 页。

③ 许云樵：《开吧历代史记》，新加坡，《南洋学报》第九卷第 1 辑（1953 年 6 月），第 34、35 页。

④ 同上。

⑤ 同上书，第 55、56 页。

⑥ 温广益、蔡仁龙、刘爱华等：《印度尼西亚华侨史》，海洋出版社，1985，第 441 页。

⑦ 印尼孔教最高理事会：《有教无类：印尼孔教最高理事会成立 50 周年纪念刊》，2005，第 11 页。

明诚书院

徒，岁社（此处缺字）二丁祭祀，畅饮，以文会友"①。海外华人历史珍本文献《海岛逸志》的作者王大海，在巴达维亚、三宝垄等地任教长达十年，曾在南江书院任职五六年。② 由此可知，当时的教读先生不乏王大海这样的饱学之士。在教读先生的讲授与引领下，紫阳朱夫子祭祀仪式的耳濡目染下，华人子弟日益濡慕儒家学说，对儒家思想文化有了更深的认识。

据统计，1899 年，在爪哇与马都拉岛已经有 217 间学堂和 4452 名学生；外岛的学堂有 152 间，学生 2170 人。③ 几乎所有出生于 19 世纪八九十年代的土生华人领袖，都曾受过传统的华文教育。由于华人华文教育与儒学教育的一体性，借着华文教育的发展，儒家思想文化在印度尼西亚华人中进一步得到了传承。根据吧城唐人公馆档案《成婚注册存案》簿的记载，1775 年至 1791 年期间，唐人结婚的主婚人有文化者颇多。

① 包乐史、吴凤斌：《吧城公馆档案研究：18 世纪末吧达维亚唐人社会》，第 86 页。

② 同上书，第 87 页。

③ M. F. A. Somers, *Peranakan Chinese Politics In Indonesia*，Ph. D. Thesis, Cornell University, 1965, p. 48. 转引自廖建裕《现阶段的印尼华族研究》，新加坡教育出版社，1978，第 48 页。

能够签写姓名、字或别字，或签写祝福吉利之语的识字者有 812 人，占总数 1762 人的 46.08％，接近半数。①

华人义学与书院的发展，曾经受到荷印殖民政府的禁阻。19 世纪 40 年代，当局颁布限制新客入境的规定，禁止教读先生、账房先生和医生等"文人学士"进入巴达维亚，只允许匠人百工入境。巴达维亚华人公馆对此据理力争，于 1846 年 4 月 24 日写报告向荷印总督申诉：

> 然可来者匠人百工，所禁者文人学士，实有负于圣教所云，恐仁、义、礼、智之风，尽混于今矣！余诚私心痛之！夫童子自幼须教以礼仪，致其长大方能知诗识理，通权达变而利生焉。既无贤人教督，势必至于庸愚，商贾贸易，谁能掌数？又且愈久愈忘，其危害伊于胡底耶？②

这段材料透露出几个信息：其一，华人们一直坚持实行华文教育，积极从国内引进师资教授子弟；其二，华人崇奉孔教，希望借助华文教育传承传统儒家的仁义礼智之风；其三，华人社团领导以维护和传承儒家思想为己任，勇于与政府抗争，争取华人传承孔教的权利。

19 世纪，印度尼西亚华人传承孔教取得了十分良好的效果。其中一个有力的证据是，19 世纪 80 年末，印度尼西亚华人社会开始使用孔诞纪年。大约在 1880 年，为了纪念孔子，出生于泗水又回国考取秀才的南洋训蒙馆开办人周平维与泗水的一些华人共同创造了这一历法。③ 这比国内最早使用孔诞纪年的康有为还早了 18 年。孔诞纪年的建立与使用，是对荷兰殖民者所使用的以耶稣诞辰纪年的一种抵制，也是印度尼西亚

---

① 包乐史、吴凤斌：《吧城公馆档案研究：18 世纪末吧达维亚唐人社会》，第 88 页。

②《公案簿》（第四辑），侯真平等校注，第 279 页。

③ 参见苏尔梦、龙巴尔：《南洋群岛华人之儒家学说及改良主义思想（19 世纪末—20 世纪初）》，李平沤译，载《法国汉学》第四辑，中华书局，1999，第 1—41 页。

宣尼浮海：儒学在亚洲的播迁

华人民族意识增强的突出体现。①

印度尼西亚华人不仅在华人中间传播孔教，而且还把它传播到印度尼西亚本土社会，开启了孔教被印度尼西亚本土文化吸收、融合的先端。19世纪晚期，印度尼西亚华人掀起了将儒家典籍通俗化的风潮。"其目的，一方面是要把华文的经书翻译成马来文，另一方面是要把经书的文字改写成'口语'（白话文），以便使更多的人能够阅读。"② 通过用马来语、口语翻译或改写孔教的书籍，孔教在印度尼西亚得到初步传播。

1880年出现过《百孝图》的两个译本：一个在茂物，译者就是20年后成为中华会馆孔教专家的李金福；另一个的译者是巴达维亚的钟茂盛。1888年，在泗水曾经出现改编成诗歌的《朱子家训》。1897年，李金福撰写出版了《至圣孔夫子传》。这是首部用马来语撰写的介绍孔子的著作，曾经多次再版。同年，安汶的杨春渊出版了三本马来文的孔教作品：《大学》《中庸》和《论语》的第一部分《上论》。西爪哇的陈经忠和杨斋祥合作翻译孔子的经典，并于1900年在苏卡布米出版了二人合译的《大学》《中庸》。1901年，李金福与邱绍荣合作翻译了《孝经》，也在苏卡布米出版了。

不久之后，在爪哇岛也出现了一些弘扬孔子学说的周刊，如1903年东爪哇泗水的《论文》、中爪哇梭罗的《译报》，以及1904年西爪哇茂物的《和报》，都是宣扬孔子学说的报刊。这类翻译著作和报刊相当有利于不谙汉语的广大土生华人了解孔子的思想学说。③

诚如苏尔梦所言，1887年至1910年期间，"翻译汉文作品的运动继续进行，译者中有老翻译家，如文盛豪、李金福、钟福龙和叶源和等，还有大约18名后起之秀，其中9人在巴达维亚发表过作品。这些新秀中有几人出身于富有的华人家庭。他们更大的兴趣是翻译经典著作以传播

① 参见苏尔梦、龙巴尔：《南洋群岛华人之儒家学说及改良主义思想（19世纪末—20世纪初）》，李平沤译，载《法国汉学》第四辑，中华书局，1999，第1—41页。
② 参见上书，第4页。
③ 孔志远：《印度尼西亚华人孔教的兴衰》，载孔教学院、香港中文大学编《孔子思想与廿一世纪国际学术研讨会论文集》，第26页。

孔子思想，而不是翻译小说"①。杨春渊在《中庸》的序言中写道：

> 我希望，在上帝的庇佑下，我们的中国朋友能从我的第一本书或者从这本书中获得教益，有所收获。让他们最终都知道，我们中国人也有一种良好的宗教。②

陈经忠和杨斋祥也写道：

> 我们认为，孔子的著述是一份非常珍贵的遗产，只可惜这份遗产至今还锁藏在一个箱子里。大家都知道，箱子里有珍贵的东西，我们应当加以继承。但是，如果没有钥匙，我们就无法把箱子打开。箱子到现在还依然紧紧锁着，箱中的宝藏，谁都无法利用。这难道不是一件令人很遗憾的事情吗？因此，我们下定决心要努力把箱子打开，使箱子中的宝藏能为大家分享，将来谁想使用，谁就可以使用。我们用什么办法把箱子打开呢？我们的办法很简单：用在本群岛人人都懂的语言和人人都认识的文字翻译。为此，我们不敢稍有懈息，因为我们知道，我们即将获得一盏照亮黑暗的明灯，给所有一切寻求吉祥康泰的人带来很大的益处。③

他们都将翻译孔教作品视作传播孔教的重要渠道，强调翻译成马来文的目的是让群岛上的中国人和其他民族的人都能阅读孔教作品，了解儒家的精神。

三、华人民族意识觉醒与孔教复兴运动

尽管命运多舛，然而新加坡、马来西亚的华文教育在战前、战后的

---

① 苏尔梦：《中国传统小说在亚洲》，颜保等译，北京国际文化出版公司，1989，第307页。
② 苏尔梦、龙巴尔：《南洋群岛华人之儒家学说及改良主义思想（19世纪末—20世纪初）》，《法国汉学》第四辑，第7页。
③ 转引自上书，第8—9页。

儒家文化传播中都扮演了至关重要的角色。而在印度尼西亚群岛，华文教育的情况就没有那么乐观了。尤其是 20 世纪 70 年代后，印尼华文教育逐渐式微，再难承担传承孔教的重任。与此同时，印尼孔教会自 20 世纪初成立后，便以传承孔教为己任，执印度尼西亚孔教之牛耳。

19 世纪末 20 世纪初，荷印殖民政府实行反华政策，导致印度尼西亚华人的活动受到很多限制。面对这种情况，一些受过西式教育的印度尼西亚华人试图通过弘扬孔教改革华人社会的各种陈规陋习，全面改善华人的经济状况等，从而提高华人的社会地位。当时，林文庆等人正在新加坡、马来亚等南洋地区进行如火如荼的孔教复兴运动。在这一背景下，1900 年，荷属印度尼西亚华侨上层在巴达维亚组建了一个新的社团——中华会馆，由潘景赫担任主席。此事被视为荷属印度尼西亚地区土生华人（Peranakan Chinese）文化史的里程碑。中华会馆是印度尼西亚历史上首个冠以"中华"之名的华人社团，也是印度尼西亚华人社区首个正式的孔教组织，其目的是宣传孔教，依靠孔教思想革除华人的陈规陋习。其明确强调孔子思想是华人文化中的主体，要"以圣人孔子的学说为指导原则，改进华人生活上的风俗习惯，要尽最大的努力宣扬孔夫子的学说，同时推广增进有关中国语言文化的知识"[①]。"中华会馆利用孔子的学说，成功地改革当时具有浓重的本土及伊斯兰教色彩的华人婚丧礼俗，也为华人创立了以孔子学说为中心的华人宗教（Agama Tjin-na），此教的教主就是孔子本人。"[②] 之后，类似的社团或巴城中华会馆的分支机构在印度尼西亚各地纷纷建立。会馆大力宣传孔教，除了创办中华学堂等 200 多所新式学堂外，还组织人员推动孔教典籍的通俗化，又创办了《孔教月报》和《华侨》。

1903 年 9 月，中华会馆邀请康有为到印度尼西亚宣传孔教，进一步推动了孔教在印度尼西亚的兴起。1918 年，在梭罗通神学分会 5 名成员

---

① 梁友兰：《巴达维亚中华会馆四十周年》，转引自王爱平《印度尼西亚孔教研究》，中国文史出版社，2010，第 61 页。

② 廖建裕：《印尼孔教现状》，载林纬毅主编《别起为宗：东南亚的儒学与孔教》，新加坡亚洲研究学会，2010，第 47 页。

的倡导下，印度尼西亚第一个孔教会创立于中爪哇梭罗。1923年，分布在印度尼西亚各地的孔教会在梭罗举行了第一次代表大会，决议成立孔教总会，总部设在万隆，并决定创办《孔教月报》。1924年，举行了第二次孔教总会大会，制定了全印度尼西亚孔教会的统一仪式与教规。1926年，印度尼西亚发生了持续半年之久的孔教大辩论。许多不懂中文在印度尼西亚土生土长的华人，通过西方教育取得关于儒家学说的知识，对儒学有一定的误解，持批判态度；而华人中有人认为中国的进步受阻于儒家思想，因而强调儒家学说落后的一面，也持否定态度，这些都成为阻挠印度尼西亚孔教发展的因素。① 此外，孔教会的成员大多并不熟悉儒家经典，仅是简单地把孔子当成圣人，把儒学当作宗教，把四书、五经当作孔教的圣经，不能够正确地宣传孔子学说。除此之外，中国"五四"新文化运动以来反孔思想也传到了印度尼西亚，对华人产生了一定的冲击。因而，孔教会步入了举步维艰的局面。

为了更好地发展孔教，1938年12月5日，梭罗孔教会邀请爪哇各地的孔教会举行全爪哇孔教会联合会议，选举出孔教总会的领导机构，由张震益任总会主席，胡英恭任秘书。这次大会决定出版《木铎月报》作为总会联系各地分会的刊物，并规定总会的任务是协调各地讲经者的工作，以便更好地传播儒家经典以及孔子、朱子学说。1940年，孔教大会决议要求所有孔教会的学校应该根据四书编写孔教教科书，或者直接以四书为孔教教科书。

1942年至1945年，印度尼西亚被日本占据，印度尼西亚孔教传播工作基本停止，各地组织机构基本瘫痪，无法进行正常活动。1948年以后，孔教会开始恢复活动，但是会员数量非常少。为了团结各地孔教会，促进全印度尼西亚孔教的发展，1955年2月16日以郭谢卓为首的印度尼西亚孔教联合会在雅加达成立。1961年，孔教联合会举行第四次代表大会，决定统一孔教教义、教规和仪式制度，将孔教联合会更名为孔子学说学会。学会领导人还向印度尼西亚国家宗教部请求重新确认孔

---

① 廖建裕：《孔教在印尼》，载《印尼华人文化与社会》，新加坡亚洲研究学会，1993，第95—102页。

教在印度尼西亚宗教中的地位。1965 年，苏加诺政府承认孔教与伊斯兰教、基督教、天主教、印度教、佛教同为印度尼西亚的官方宗教，无形中为孔教在印度尼西亚的传播提供了政策性的保障。可惜好景不长，同年爆发了"九·三〇事件"，苏加诺政府被推翻。苏哈托政府掌权后，将全面同化华人作为一项基本国策，孔教被当作是阻碍同化华人的重要因素，因而不断遭到打压。

为了促使孔教演化成制度化的宗教，印度尼西亚孔教徒们于 1967 年 8 月举行了孔教联合大会第六次全国代表大会，将会名改为"印度尼西亚孔教最高理事会"（简称 MATAKIN）。从此以后，闽南语的"孔教会"（Khong Kauw Hwee）变成了印尼文的"印尼孔教"（Agama Khonghucu Indonesia）。会议还确定了孔教的性质，详细地规定了教规、庙宇祈祷的仪式和教士体制。从此，印度尼西亚孔教成为一种名副其实的制度化"宗教"。[①] 根据教规，孔教的圣经是四书，举行礼拜和各种典礼的场所称作礼拜堂，教士们要负责孔教的礼拜、礼仪、典礼等活动。孔教从教规上确认了儒学的地位，从而有利于儒学的传播。之后，孔教会还积极探寻扩大孔教的影响力的方式。1971 年，全印度尼西亚孔教徒工作协商会议召开，决定向爪哇以外的地方弘扬孔教，扩大孔教的影响。同年 12 月，孔教第八次全国代表大会决定受邀参加拟于 1974 年召开的世界宗教与和平会议，以提高印度尼西亚孔教在全世界范围的影响力。

1979 年，总统苏哈托宣布了关于孔教非法的决定书，勒令取消孔教。面对如此重创，印尼孔教会仍然积极传播孔教，强调孔教的宗教性。1980 年，孔教大会主席徐再英强调孔教具有宗教的八大信条。但是，当局坚持认为，孔子是哲学家而不是先知，孔教是一种伦理学而非宗教。于是，孔教会的活动受到限制，其所办的华语学校也被当局取缔。而其他宗教教团为拉拢以华裔占多数的原孔教徒加入他们的宗教团体，就不遗余力地宣传儒家学说不是宗教。这样，在内外夹攻的情况

————————
① 廖建裕：《印尼孔教现状》，载林纬毅主编《别起为宗：东南亚的儒学与孔教》，第 50—51 页。

下，印度尼西亚孔教就日渐失势了。① 不过，孔教会并未停止活动，儒家文化在宗教信仰和大众文化层面上，如礼仪习俗、道德规范、饮食习惯、文化生活等方面，得以继续保持和弘扬。②

1999 年 10 月，主张奉行民族和解政策的瓦希德当选为印度尼西亚共和国第四任总统，结束了长达 32 年的苏哈托军事专制统治。瓦希德推行民主化，于 2000 年 2 月 18 日在印度尼西亚孔教总会主办的庆祝春节晚会上正式宣布，承认孔教为合法宗教，并与其他六大宗教享有平等地位。他说："我今晚来参加由印度尼西亚孔教总会主办的庆祝春节晚会，主要是向孔教信徒表示，他们享有与其他宗教信徒一样的权利。"③ 国内舆论认为，印度尼西亚重新承认孔教的地位后，将有利于消除孔教信徒的困扰，同时也将有利于促进印度尼西亚各种宗教、各种族之间的和谐。④ 2000 年 4 月，印度尼西亚内政部长正式撤销了苏哈托政府颁布的关于孔教非法的决定书，真正意义上确认了孔教的合法性。2003 年，印度尼西亚人民协商会议议长莱士发表讲话，说："孔教已成为数以百万计印度尼西亚人民信仰的宗教，我同意把它定为正式宗教之一。因此，政府必须向广大民众阐释孔教是正式宗教，并且在其信众身份证上注明是孔教徒，以显示孔教是国家承认的合法宗教。"⑤ 印度尼西亚孔教日渐取得了政府认可，其传播儒教的空间也得到了前所未有的拓展。

2006 年 2 月，苏西洛总统承诺要根据宪法精神，让孔教同其他宗教享有同等的地位。同年，责令国家宗教部、内政部及教育部宣布撤销以前一系列对孔教不利的规定。至此，孔教的合法性问题终得彻底解决。⑥

---

① 陈克兴：《简论儒学的宗教性》，载中国孔子基金会编《儒学与廿一世纪：纪念孔子诞辰 2545 周年暨国际儒学讨论会会议文集》下，第 1012—1013 页。

② 黄心川：《现代东方哲学》，浙江人民出版社，1998，第 545—549 页。

③《联合早报》，2000 年 2 月 19 日。

④《人民日报》海外版，2000 年 2 月 23 日。

⑤《联合早报》，2003 年 2 月 8 日。

⑥ 高伟浓、陈华：《近现代孔教会在东南亚华人社会中的改造与变异——新加坡、马来西亚和印尼孔教会的个案分析》，《东南亚纵横》2012 年第 8 期。

2007 年 11 月 20 日至 23 日，印度尼西亚孔教总会承办了第四届国际儒学学术研讨会暨第一届国际孔教研讨会。印度尼西亚前总统阿都拉曼、现任宪法院院长阿舒迪兹、印度尼西亚宗教部部长巴舒尼等政要出席大会或作书面讲话；宗教部部长马夫特主持了开幕式并发表讲话。著名的儒学学者林纬毅评价说：

> 会议不涉及中国历史上对孔教是否为宗教的争论，而认为孔教是宗教，是有价值而且适合于当今世界与社会的宗教。会议更认为推广儒学的普及是当今急不容缓的任务，而最重要的途径是使孔教成为一种文化信仰，以宗教的形式加以实践、体验，从而使儒家思想融入日常生活中。①

此次会议表明，印度尼西亚孔教作为一种宗教具有正面价值，其现实意义不仅在学者间达成共识，而且也取得了印尼官方的普遍认可。这是印度尼西亚孔教会几十年坚持不懈抗争的结果。

大体而言，印尼孔教的教义可以归纳为以下几点：

1. "天"是万物的主宰，是印尼孔教的上帝。

2. 孔子是孔教的"圣人"和"先知"，圣人孔子负有天所赋予的使命来到人间宣扬"天道"。

3. 孔教的目标就是遵照孔圣的指引在人间实现天道。因为每个人都有天赋的善良禀性，遵从"天命"正是人的本性，按照本性去做事就是履行"天道"，人的德行的完善也就是对"天道"的依从，履行并倡导天道就是施行教化。

4. 父母、祖先就是天的代表，信奉孔教就是要发扬孝道，祭祀祖先。

5. 孔教是华人的宗教，是华人文化中最主要的成分，印尼华人有

---

① 林纬毅：《重新推广儒学的契机与思辨》，《联合早报》2007 年 11 月 28 日。

义务遵循孔子的教义。①

根据学者的总结，印尼孔教具有以下几个特征：

1. 一个典型的制度化宗教；
2. 民间化；
3. 儒学的宗教化；
4. 印尼化；
5. 以孔教为主，兼容多元宗教；
6. 以孔教来强化华人的文化认同；
7. 孔教以人道为主，上达天道，天人合一。②

前任孔教总会主席陈清明先生曾总结说："首先是印度尼西亚的建国五原则'班查西拉'给予宗教最高的地位，为孔教成为宗教创造了政治条件；其次是印度尼西亚孔教出了一位极富个人魅力的精神领袖，那就是居住在中爪哇梭罗的徐再英学师，有现代颜回之称；再者，在印度尼西亚孔教发展最困难的年代，得到了伊斯兰教学者和领袖的真诚帮助；最后，印尼孔教实际上是印度尼西亚华人在反抗荷兰殖民主义统治的民族主义觉醒中成长壮大起来的，它也最能表达印度尼西亚华人的文化身份认同，所以今天的印度尼西亚华人在政治上认同印度尼西亚这个国家，但同时也坚持华人的民族身份。"

概而言之，印度尼西亚孔教是华人民族意识觉醒的结果，既凝结着华人对中华民族文化身份认同，同时也是儒家学说本地化的一种表现。

---

① 王爱平：《印度尼西亚孔教研究》，中国文史出版社，2010年，第149—150页。
② 王爱平：《宗教化、制度化与本土化：印度尼西亚孔教的百年发展》，载《儒教研究》2019年总第1辑。王爱平：《印度尼西亚孔教：中国儒教的宗教化、印尼化》，载《世界宗教文化》2015年第5期；韩星：《儒教的现代传承与复兴》，福建教育出版社，2015年，第312—322页。

结 语

　　儒家学说源远流长，博大精深，在漫长的历史长河中，不仅深刻地塑造了中华文化的基本特征，而且以其辉煌灿烂辐射四邻，源源不断向海外传播。尤其是包括现在的日本、朝鲜、越南、新加坡等东亚和东南亚国家，更是深深浸润于儒家文化。

　　首先，儒家学说大抵有两种不同传播方式。在日本、朝鲜和越南三国，儒家学说主要通过自上而下的方式传播。这三个国家的政治文化制度曾经深受儒家思想的影响，表现出浓郁的儒家文化特质。这三个国家都诞生了诸多著名的儒学家，其中朝鲜和日本的儒学家们更是完成了儒家的本土化，形成了自己的学术流派，甚至反过来影响中国的儒家思想。

　　在新加坡、马来西亚和印度尼西亚等东南亚国家中，儒家学说的传播方式则别具一格。一方面，儒家学说是通过广大的、长期受儒家传统浸润的华人移民自发地传播至这些国家，并且形成思想文化运动，影响了政府的决定，呈现了自下而上到自上而下的传播走向。另一方面，移居到这些国家的华人们大多将儒家视作宗教来崇拜和传承，发起了一次又一次的孔教复兴运动。

　　其次，传播对象亦有不同。在日本、朝鲜两国，都是精英阶层先主动研习儒学，甚而创设学派，之后才逐渐向庶民阶层传播。越南的儒学

传播自始便同时在精英阶层与庶民社会同时进行，历朝统治者都曾采取多种举措助推儒家礼俗深入民间社会。朝鲜李朝时期也曾经致力于构建以朱子学为国教的儒教社会，日本德川幕府时代也曾实施和推广礼教文化政治。

在新加坡、马来西亚和印度尼西亚等东南亚国家中，儒家文化的传播对象长期为普通民众。当移民社会形成了文化精英阶层后，又由精英们创设和发展华文教育，创设华文报刊，发起孔教复兴运动，向普通民众传播儒家文化，以儒家文化统一华人的文化特性。

再次，由于传播对象的差异，各国传播的儒家文化也并不相同。日本、朝鲜两国长期传播与传承的都是儒家大传统，然后由精英阶层将其本土化，参照朱子学者制定的乡约、家训等制定本土的礼俗，再向民间社会渗透。儒家大传统和小传统一直在越南传播和传承着，儒家学说与礼俗长期在越南的精英与庶民社会流传着。

新加坡、马来西亚和印度尼西亚等东南亚国家中，长期传承的是儒家小传统，即日常洒扫、进退应对之类的礼俗，一直被华人们所奉行。20世纪初，以邱菽园、林文庆为首的学者在东南亚掀起了孔教复兴运动。

总而言之，无论是官方路线，抑或是民间道路，源自中国的儒学漂洋过海，在这些国家逐渐落地生根。直至近现代，儒家学说仍然持续地影响着这些国家及其百姓。尤其是儒学小传统在各国民间社会的传承，使得儒学扎根民间，生命力更为旺盛持久。20世纪中后期，儒学在东南亚各国复兴与运用，便昭示着儒家学说在当代仍有着旺盛的生命力。

主要参考文献

一、史料类

[1] 班固. 汉书 ［M］. 北京：中华书局，1962.

[2] 范晔. 后汉书 ［M］. 李贤，注，北京：中华书局，1965.

[3] 陈寿. 三国志 ［M］. 裴松之，注，北京：中华书局，1971.

[4] 沈约. 宋书 ［M］. 北京：中华书局，1974.

[5] 萧子显. 南齐书 ［M］. 北京：中华书局，1972.

[6] 姚思廉. 梁书 ［M］. 北京：中华书局，1974.

[7] 姚思廉. 陈书 ［M］. 北京：中华书局，1972.

[8] 李延寿. 南史 ［M］. 北京：中华书局，1975.

[9] 魏收. 魏书 ［M］. 北京：中华书局，1974.

[10] 令狐德棻，等. 周书 ［M］. 北京：中华书局，1971.

[11] 魏徵，等. 隋书 ［M］. 北京：中华书局，1973.

[12] 刘昫，等. 旧唐书 ［M］. 北京：中华书局，1975.

[13] 欧阳修，宋祁等. 新唐书 ［M］. 北京：中华书局，1975.

[14] 脱脱. 宋史 ［M］. 北京：中华书局，1977.

[15] 张廷玉. 明史 ［M］. 北京：中华书局，1972.

[16] 释慧皎. 高僧传 [M]. 汤用彤, 校注. 汤一玄, 整理. 北京：中华书局，1992.

[17] 郦道元. 水经注校释 [M]. 陈桥驿, 校释. 杭州：杭州大学出版社，1999.

[18] 长孙无忌, 等. 唐律疏议 [M]. 刘文俊, 点校. 北京：中华书局，1983.

[19] 李林甫, 等. 大唐六典 [M]. 陈仲夫, 点校. 北京：中华书局，1992.

[20] 释道宣. 续高僧传 [M]. 郭绍林, 点校. 北京：中华书局，2014.

[21] 张楚金. 翰苑 [M] // 金毓黻. 辽海丛书：第八辑. 沈阳：辽沈书社. 1985.

[22] 王定保. 唐摭言 [M]. 上海：上海古籍出版社，1957.

[23] 义楚. 释氏六帖 [M]. 杭州：浙江古籍出版社，1990.

[24] 王溥. 唐会要 [M]. 北京：中华书局，1955.

[25] 欧阳修. 欧阳修全集 [M]. 北京：中华书局，2001.

[26] 徐兢. 宣和奉使高丽图经 [M]. 北京：商务印书馆，1937.

[27] 黎靖德. 朱子语类 [M]. 北京：中华书局，1986.

[28] 朱熹. 四书章句集注 [M]. 北京：中华书局，1983.

[29] 汪大渊. 岛夷志略校释 [M]. 苏继庼, 校释. 北京：中华书局，1981.

[30] 明宣宗实录 [M]. 台北："中央研究院"历史语言研究所校印本，1962.

[31] 朱舜水. 朱舜水集 [M]. 北京：中华书局，1981.

[32] 王圻. 续文献通考 [M]. 明万历三十年松江府刻本.

[33] 严从简. 殊域周咨录 [M]. 北京：中华书局，1993.

[34] 张燮. 东西洋考 [M]. 北京：中华书局，1981.

[35] 黄遵宪. 日本国志 [M]. 天津：天津人民出版社，2005.

[36] 董诰. 全唐文 [M]. 北京：中华书局，1983.

[37] 纪昀, 等. 清文献通考 [M]. 影印文渊阁四库全书本.

[38] 金富轼. 三国史记 [M]. 孙文范, 等, 校勘, 长春：吉林文史出版社，2003.

[39] 安鼎福. 东史纲目 [M] // [日本] 释尾春芿. 朝鲜群书大系. 朝

宣尼浮海：儒学在亚洲的播迁

鲜古书刊行会，大正四年.

[40] 郑麟趾，等. 高丽史（标点校勘本）［M］. 北京：人民出版社，重庆：西南师范大学出版社，2014.

[41] 李朝实录［M］. 日本：日本学习院东洋文化研究所.

[42] 徐居正. 东文选［M］. 朝鲜刊本.

[43] 崔致远. 桂苑笔耕集［M］. 党银平，校注. 北京：中华书局，2007.

[44] 郑道传. 三峰集［M］//［日本］释尾春芿. 朝鲜群书大系（别集）. 朝鲜古书刊行会，大正五年.

[45] 郑梦周. 圃隐先生集续录［M］//［日本］释尾春芿. 朝鲜群书大系. 朝鲜古书刊行会，大正四年.

[46] 权近. 入学图说［M］. 嘉靖二十四年朝鲜刊本.

[47] 赵光祖. 静庵先生文集［M］. 日本内阁文库藏本.

[48] 李彦迪. 晦斋集［M］. 日本内阁文库藏万历刻本.

[49] 李滉. 退溪集［M］//［日本］释尾春芿. 朝鲜群书大系（别集）. 朝鲜古书刊行会，大正五年.

[50] 李珥. 栗谷全书［M］. 日本内阁文库藏本.

[51] 经国大典［M］. 首尔大学奎章阁藏万历四十一年钞本.

[52] 偰循. 三纲行实图［M］. 日本内阁文库藏朝鲜刊本.

[53] 柳馨远. 磻溪随录［M］. 日藏汉文古籍珍本.

[54] 李瀷. 星湖僿说类选［M］//［日本］释尾春芿. 朝鲜群书大系. 朝鲜古书刊行会，大正四年.

[55] 朴趾源. 热河日记［M］. 朱瑞平，点校. 上海：上海书店出版社，1997.

[56] 丁若镛. 与犹堂集［M］. 首尔大学奎章阁藏钞本.

[57] 安万侣. 古事记［M］. 周作人，译. 北京：中国对外翻译出版公司，2001.

[58] 舍人亲王，等. 日本书纪［M］//国史大系：第一卷. 东京：经济杂志社，明治三十二年.

[59] 藤原继绳，菅野真道，等. 续日本纪［M］//国史大系：第二卷. 东京：经济杂志社，明治三十年.

[60] 藤原绪嗣. 日本后纪 [M] //国史大卷：第三卷. 东京：经济杂志社，明治三十年.

[61] 佚名. 日本纪略 [M] //国史大系：第五卷. 东京：经济杂志社，明治三十年.

[62] 清原夏野，小野篁，等. 令义解 [M] //国史大系：第十二卷. 东京：经济杂志社，明治三十三年.

[63] 佚名. 类聚三代格 [M] //国史大系：第十二卷. 东京：经济杂志社，明治三十三年.

[64] 藤原时平，藤原忠平，等. 延喜式 [M] //国史大系：第十三卷. 东京：经济杂志社，明治三十三年.

[65] 光国源. 大日本史 [M]. 东京吉川弘文馆明治四十四年排印本.

[66] 德川光国. 日本史记 [M]. 合肥：安徽人民出版社，2013.

[67] 万元师蛮. 本朝高僧传 [M]. 东京帝国大学图书馆藏本.

[68] 圆显，等. 大觉禅师语录 [M] //大日本佛教全书：第九十五册. 东京帝国大学图书馆藏本.

[69] 福泽谕吉. 劝学篇 [M]. 群力，译. 东尔，校. 北京：商务印书馆，1958.

[70] 福泽谕吉. 文明论概论 [M]. 北京编译社，译. 北京：商务印书馆，1959.

[71] 福泽谕吉. 福翁百话——福泽谕吉随笔集 [M]. 唐湲，等，译. 上海：三联书店，1993.

[72] 涩泽荣一. 论语与算盘：人生·道德·财富 [M]. 王中江，译. 北京：中国青年出版社，1996.

[73] 涩泽荣一. 涩泽荣一. 日本人读《论语》：《论语》言习录 [M]. 李均洋，佐藤利行，译审. 北京：中国工人出版社，2010.

[74] 日本古代诗学汇译 [M]. 王向远，译. 北京：昆仑出版社，2014.

[75] 陈重金. 越南通史 [M]. 北京：商务印书馆，1992.

[76] 马伯乐. 占婆史 [M]. 冯承钧，译. 上海：上海古籍出版社，2014.

[77] 陶维英. 越南古代史 [M]. 刘统文，子铖，译. 北京：商务印书馆，1976.

［78］后黎朝国史馆. 大越史记全书［M］. 越南内阁本.

［79］武琼. 越鉴通考［M］. 越南国家图书馆藏.

［80］岭南摭怪［M］. 武琼，校正. 乔富，修定. 越南国家图书馆藏.

［81］潘清简. 钦定越史通鉴纲目［M］. 越南国家图书馆藏.

［82］潘辉注. 历朝宪章类志［M］. 越南国家图书馆藏.

［83］阮朝国史馆. 大南实录正编［M］. 日本庆应义塾大学刊本.

［84］佚名. 新订伦理教科书［M］. 1908.

［85］试发新砚［M］. 明命十四年柳斋堂印版，越南汉喃研究院藏本.

［86］黄高启. 越史镜［M］. 维新己酉刻本.

［87］中国社会科学院历史研究所《古代中越关系史资料选编》编辑组. 古代中越关系史资料选编［M］. 北京：中国社会科学出版社，1982.

［88］陈荆和，陈育崧. 新加坡华文碑铭集录［M］. 香港：香港中文大学出版社，1970.

［89］新加坡联合早报. 李光耀 40 年政论选［M］. 北京：现代出版社，1994.

［90］梁元生. 宣尼浮海到南洲——儒家思想与早期新加坡华人社会史料汇编［M］. 香港：香港中文大学出版社，1995.

［91］傅吾康，陈铁凡. 马来西亚华文铭刻萃编［M］. 吉隆坡：马来西亚大学出版社，1982.

［92］董总 50 年特刊［M］. 吉隆坡：马来西亚华校董事联合会总会，2004.

［93］教总 33 年［M］. 吉隆坡：马来西亚华校教师会总会，1987.

［94］傅吾康. 印度尼西亚华文铭刻汇编［M］. 苏尔梦，萧国健，合编. 新加坡南洋学会，巴黎法国远东学院，巴黎群岛学会，1997.

［95］华侨志编纂委员会. 印尼华侨志［M］. 台北：华侨志编纂委员会，1961.

［96］公案簿：第四辑［M］. 侯真平，等，校注. 厦门：厦门大学出版社，2005.

［97］丁荷生，许源泰. 新加坡华文铭刻汇编 1819—1911. 桂林：广西师范大学出版社，2017.

二、专著类

［1］别必亮. 承传与创新——近代华侨教育研究［M］. 石家庄：河北教育出版社，2001.

［2］陈来. 朱熹哲学研究［M］. 北京：中国社会科学出版社，1988.

［3］陈水逢. 中国文化之东渐与唐代政教对日本王朝时代的影响［M］. 北京：中国国家图书馆蓝印本，1966.

［4］陈文. 越南科举考试制度研究［M］. 北京：商务印书馆，2015.

［5］程利田. 朱子学在海外的传播［M］. 福州：海峡文艺出版社，2016.

［6］邓洪波. 中国书院史［M］. 武汉大学出版社，2012.

［7］冯玮. 日本通史［M］. 上海：上海社会科学院出版社，2008.

［8］高明士. 日本古代学制与唐制的比较研究［M］. 台北：学海出版社，1986.

［9］高明士. 东亚教育圈形成史论［M］. 上海：上海古籍出版社，2003.

［10］葛荣晋. 韩国实学思想史［M］. 北京：首都师范大学出版社，2002.

［11］耿铁华. 集安高句丽碑研究［M］. 长春：吉林大学出版社，2017.

［12］韩星. 儒教的现代传承与复兴［M］. 福州：福建教育出版社，2015.

［13］何成轩，等. 儒学与现代化［M］. 沈阳：沈阳出版社，2001.

［14］何芳川. 中外文化交流史［M］. 北京：国际文化出版公司，2008.

［15］贺圣达. 东南亚文化发展史［M］. 昆明：云南人民出版社，2010.

［16］胡春艳. 抗争与妥协：马来西亚华社对华族母语教育政策制定的影响［M］. 广州：暨南大学出版社，2012.

［17］胡勇. 朱子学新生面的开显：林罗山理学思想研究［M］. 济南：山东大学出版社，2016.

［18］黄建国，金初升. 中国所藏高丽古籍综录［M］. 上海：汉语大词典出版社，1998.

［19］黄心川. 东方著名哲学家评传·韩国卷［M］. 济南：山东人民出版社，2000.

［20］黄心川. 现代东方哲学［M］. 杭州：浙江人民出版社，1998.

［21］姜林祥. 儒学在国外的传播与影响［M］. 济南：齐鲁书社，2004.

［22］李梅花. 10—13 世纪宋丽日文化交流研究［M］. 北京：华龄出版社，2005.

［23］李甦平，韩国儒学史［M］. 北京：人民出版社，2009.

［24］李书有，儒学与社会文明［M］. 南京：江苏教育出版社，1995.

［25］李学民，黄昆章. 印尼华侨史［M］. 广州：广东高等教育出版社，1987.

［26］李寅生. 日本天皇年号与中国古典文献关系之研究［M］. 南京：凤凰出版社，2018.

［27］李玉，汤重南，等. 中国的日本史研究［M］. 北京：世界知识出版社，2000.

［28］梁忠义. 日本教育［M］. 长春：吉林教育出版社，2000.

［29］梁宗华. 儒学在越南的传播及其民族化特征［M］//齐鲁文化研究：总第 3 辑. 山东：山东文艺出版社，2004.

［30］梁容若. 中日文化交流史论［M］. 北京：商务印书馆，1985.

［31］刘海峰. 科举考试的教育视角［M］. 武汉：湖北教育出版社，1996.

［32］刘宗贤，蔡德贵. 当代东方儒学［M］. 北京：人民出版社，2003.

［33］朴真奭. 中朝经济文化交流史研究［M］. 沈阳：辽宁人民出版社，1984.

［34］汪向荣. 古代中日关系史话［M］. 北京：时事出版社，1986.

［35］王爱平. 印度尼西亚孔教研究［M］. 北京：中国文史出版社，2010.

［36］王家骅. 儒家思想与日本文化［M］. 杭州：浙江人民出版社，1990.

［37］王家骅. 日本儒学史论［M］. 王起，秦莲星，万丽莉，费清波，译. 南京：江苏人民出版社，2019.

［38］王桂，等. 中日教育关系史［M］. 济南：山东教育出版社，1993.

［39］王金林. 简明日本古代史［M］. 天津：天津人民出版社，1984.

［40］王守华，卞崇道. 日本哲学史教程［M］. 济南：山东大学出版社，1989.

［41］王文钦. 新加坡与儒家文化［M］. 苏州：苏州大学出版社，1995.

［42］王逸舟. 当代国际政治析论［M］. 上海：上海人民出版社，1995.

［43］王玉强. 近世日本朱子学的确立［M］. 北京：社会科学文献出版社，2017.

［44］魏常海. 中国文化在朝鲜半岛［M］. 北京：新华出版社，1993.

［45］乌古. 民族古籍学［M］. 昆明：云南民族出版社，1994.

［46］吴光辉. 文化与形象：日本学研究前沿［M］. 厦门：厦门大学出版社，2019.

［47］温广益，蔡仁龙，刘爱华，等. 印度尼西亚华侨史［M］. 北京：海洋出版社，1985.

［48］吴廷璆. 日本近代化研究［M］. 北京：商务印书馆，1997.

［49］武斌. 中华文化海外传播史［M］. 西安：陕西人民出版社，1998.

［50］徐水生. 中国哲学与日本文化［M］. 北京：中华书局，2012.

［51］严绍璗. 汉籍在日本的流布研究［M］. 南京：江苏古籍出版社，1992.

［52］严绍璗，源了园. 中日文化交流史大系：思想卷［M］. 杭州：浙江人民出版社，1996.

［53］杨焕英. 孔子思想在国外的传播与影响［M］. 北京：教育科学出版社，1987.

［54］杨昭全. 中朝关系史论文集［M］. 北京：世界知识出版社，1988.

［55］杨昭全. 中国—朝鲜·韩国文化交流史［M］. 北京：昆仑出版社，2004.

［56］姚嶂剑. 遣唐使——唐代中日文化交流史略［M］. 西安：陕西人民出版社，1984.

［57］叶渭渠. 日本文明［M］. 北京：中国社会科学出版社，1999.

［58］伊文成，马家骏. 明治维新史［M］. 沈阳：辽宁教育出版社，1987.

［59］张立文，李甦平. 中外儒学比较研究［M］. 北京：东方出版社，1998.

［60］张声振. 中日关系史［M］. 长春：吉林文史出版社，1986.

［61］周聿峨. 东南亚华文教育［M］. 广州：暨南大学出版社，1995.

［62］周一良. 中外文化交流史［M］. 郑州：河南人民出版社，1987.

［63］朱七星. 中国、朝鲜、日本传统哲学比较研究［M］. 延吉：延边人民出版社，1995.

［64］朱谦之. 日本哲学史［M］. 北京：三联书店，1964.

［65］柳承国. 韩国儒学史［M］. 傅济功，译. 台北：台湾商务印书

馆，1989.

[66] 柳银珠. 国尚师位——历史中的儒家释奠礼［M］. 北京：宗教文化出版社，2013.

[67] 韩国哲学会. 韩国哲学史［M］. 白锐，译. 北京：社会科学文献出版社，1996.

[68] 郑炳模. 韩国风俗画［M］. 金青龙、赵亮，译. 北京：商务印书馆，2015.

[69] 藤家礼之助. 中日交流两千年［M］. 章林，译. 北京联合出版公司，2019.

[70] 久米邦武. 早稻田大学日本史［M］. 米彦军，译. 北京：华文出版社，2020.

[71] 木宫泰彦. 日中文化交流史［M］. 胡锡年，译. 北京：商务印书馆，1980.

[72] 尾藤正英，等. 日中文化比较论［M］. 王家骅，译. 杭州：浙江人民出版社，1992.

[73] 石田一良. 日本文化——历史的展开与特征［M］. 许极燉，译. 孙宗明，校注. 上海：上海外语教育出版社，1989.

[74] 坂本太郎. 日本史概说［M］. 汪向荣，武寅，韩铁英，译. 北京：商务印书馆，1992.

[75] 家永三郎. 日本文化史［M］. 刘绩生，译. 北京：商务印书馆，1992.

[76] 西村真次. 早稻田日本史［M］. 米彦军，译. 北京：华文出版社，2020.

[77] 田口卯吉. 日本开化小史［M］. 余又荪，译. 北京：商务印书馆，1942.

[78] 宫崎市定. 宫崎市定亚洲史论考［M］. 张学锋，等，译. 上海：上海古籍出版社，2017.

[79] 山本七平. 何为日本人［M］. 崔世广，等，译. 北京：国际文化出版公司，2010.

[80] 永田广志. 日本哲学思想史［M］. 版本图书馆编译室，译. 北京：商务印书馆，1978.

[81] 三浦周行. 早稻田大学日本史：第五卷：镰仓时代［M］. 栾佳，

主要参考文献

译. 北京：中国出版集团公司，华文出版社，2020.

[82] 井上哲次郎. 日本朱子学派之哲学［M］. 万丽莉，译. 北京：中国
社会科学出版社，2021.

[83] 井上哲次郎. 日本阳明学派之哲学［M］. 付慧琴，贾思京，译. 北
京：中国社会科学出版社，2021.

[84] 井上哲次郎. 日本古学派之哲学［M］. 王起，译. 北京：中国社会
科学出版社，2021.

[85] 宋旺相. 新加坡华人百年史［M］. 叶书德，译. 新加坡：新加坡中
华总商会，1993.

[86] 郑良树. 马来西亚华文教育发展史［M］. 吉隆坡：马来西亚华校教
师会总会，1998.

[87] 崔贵强. 新加坡华人：从开埠到建国［M］. 新加坡：教育出版私营
有限公司，1994.

[88] 郑良树. 马来西亚华文教育发展简史［M］. 北京：外语教学与研究
出版社，2007.

[89] 颜清湟. 海外华人史研究［M］. 新加坡亚洲研究学会，1992.

[90] 梁元生. 新加坡华人社会史论［M］. 新加坡：新加坡国立大学中文
系，2005.

[91] 费正清，赖肖尔，克雷格. 东亚文明：传统与变革［M］. 天津：天津
人民出版社，1992.

[92] 埃德温·赖肖尔. 日本人［M］. 孟胜德，刘文涛，译. 上海：上海
译文出版社，1980.

[93] 约翰·奈斯比特. 亚洲大趋势［M］. 蔚文，译. 北京：外文出版
社，1996.

[94] 包乐史，吴凤斌. 吧城公馆档案研究：18世纪末吧达维亚唐人社会
［M］. 厦门：厦门大学出版社，2002.

[95] 克劳婷·苏尔梦. 中国传统小说在亚洲［M］. 颜保，等，译，北京
国际文化出版公司，1989.

三、论文类

［1］陈国贲，张齐娥. 儒学的价值观与新加坡华侨企业家精神［J］. 中华文化论坛，1994（3）.

［2］高明士. 隋唐贡举制对日本、新罗的影响［G］//林天蔚，黄约瑟. 古代中韩日关系研究. 香港：香港大学亚洲研究中心，1987.

［3］高明士. 宾贡科的起源与发展——兼述科举的起源与东亚士人共同出身之道［G］//史念海. 唐史论丛：第6辑. 西安：陕西人民出版社，1995.

［4］何长山. 越南科举三教考试初探［J］. 东南亚纵横，1993（2）.

［5］洪军. 论韩国的早期朱子学思想［G］//于建福，于述胜. 国际儒学研究：第24辑. 北京：华文出版社，2017.

［6］李岩. 朝鲜朝中期四色党争的文化性格［G］//韩国学论文集：第二十二辑. 广州：中山大学出版社，2014.

［7］李勇. 敬惜字纸信仰习俗在海外的传承与变迁——以新加坡崇文阁为例［J］. 世界宗教研究，2013（2）.

［8］李卓. 日本古代贡举的贵族化［J］. 史学集刊，2019（5）.

［9］梁思成. 唐招提寺金堂和中国唐代的建筑［J］. 现代佛学，1963（2）.

［10］梁林军. 论涩泽荣一——儒商思想的逻辑构建［J］. 人文论丛，2018（1）

［11］. 梁元生. 新加坡儒家思想教育的三种模式［J］. 华侨华人历史研究，1990（3）.

［12］楼宇烈. 东方理学宗祖 淑世儒林楷模——郑梦周与韩国性理学［G］//徐远和，卞崇道. 风流与和魂. 沈阳：沈阳出版社，1997.

［13］罗安宪. 李栗谷与罗整庵理气论比较研究［J］. 人文杂志，2009（2）.

［14］汤勤福. 日本朱子学的起源问题［J］. 南开学报，1994（4）.

［15］王爱平. 印度尼西亚孔教：中国儒教的宗教化、印尼化［J］. 世界宗教文化，2015（5）.

［16］王文钦. 新加坡儒家文化三特征［J］. 社会学研究，1996（4）.

[17] 吴光辉. 日本科举制的兴亡 ［J］. 厦门大学学报（哲学社会科学版），2003（5）.

[18] 严耕望. 新罗留唐学生与僧徒 ［G］//张曼涛. 日韩佛教研究. 台北：台湾大乘文化出版社，1978.

[19] 杨保筠. 儒家学说在越南的传播和影响 ［G］//国际汉学：第四辑. 郑州：大象出版社，1999.

[20] 杨晓维，秦蓁. 了庵桂悟使明与阳明学之初传日本——基于《送日东正使了庵和尚归国序》真迹实物与文本的研究 ［J］. 史林，2019（5）.

[21] 杨谓生. 宋丽科举教育之比较 ［G］//沈善洪. 第二届韩国传统文化学术研讨会论文集：文化卷. 北京：学苑出版社，2001.

[22] 杨通方. 汉唐时期中国与百济的关系 ［G］//北京大学韩国研究所. 韩国学论文集：第 1 辑. 北京：社会科学文献出版社，1992.

[23] 赵玉兰. 从家庭伦理的角度看儒家思想在越南的影响 ［G］//何成轩. 儒学与现代社会. 沈阳：沈阳出版社，2001.

[24] 周聿峨. 马来西亚华文教育的保留与发展 ［J］. 东南亚，2000（2）.

[25] 崔根德. 儒教与未来社会 ［J］. 孔子研究，1995（3）.

[26] 李贞馥. 高丽末期儒学考辨——牧隐诗中表现出的性理学之受容 ［G］//阎纯德. 汉学研究：第 1 集. 北京：中国和平出版社，1996.

[27] 柳承国. 韩国对儒教思想的吸收和发展 ［J］. 李东哲，贺剑城，译. 孔子研究，1995（4）.

[28] 大庭脩. 关于东传汉籍的研究方法与资料 ［G］. 羌国华，译//王勇，陆坚. 中国典籍在日本的流传与影响. 杭州：杭州大学出版社，1990.

[29] 阮维馨. 李朝的思想体系 ［J］. 林明华，译. 东南亚研究，1987（1）（2）.

[30] 武元甲. 胡志明思想的根源 ［G］. 李修章，译//何成轩，等. 儒学与现代社会. 沈阳：沈阳出版社，2001.

[31] 阮才书. 儒学价值观与 21 世纪的越南新人 ［G］//中国孔子基金会. 儒学与廿一世纪. 华夏出版社，1995.

[32] 郑良树. 大马华社与中华文化 ［G］//文史续论. 马来西亚：南方学

院出版社，2008.

[33] 新加坡东亚哲学研究所董事局主席吴庆瑞博士的致辞 [J]. 孔子研究. 1990（1）.

[34] 庄钦永. 新加坡崇文阁非学校考辨 [G] //李元瑾. 南大学人. 南洋理工大学，2001.

[35] 颜清湟. 清朝鬻官制度与星马华族领导层（1877—1912）[G]. 张清江，译//柯木林，吴振强. 新加坡华族史论集. 南洋大学毕业生协会，1984.

[36] 郭振羽. 新加坡推广儒家伦理的社会背景和社会条件 [G] //中国孔子基金会，新加坡东亚哲学研究所. 儒学国际学术讨论会论文集. 济南：齐鲁书社，1989.

[37] 刘蕙霞. 怎样编写与教导"儒家伦理"——新加坡的经验 [G] //中国孔子基金会，新加坡东亚哲学研究所. 儒学国际学术讨论会论文集. 济南：齐鲁书社，1989.

[38] 王永炳. 新加坡的儒家伦理教育 [J] //孔子研究，1990（1）.

[39] 王永炳. 儒家伦理在公民道德教育中的价值 [G] //北京东方道德研究所. 儒家伦理与公民道德. 北京：中华工商联出版社，1996.

[40] 王永炳. 儒学与 21 世纪的新加坡家庭价值观 [G] //中国孔子基金会. 儒学与廿一世纪：纪念孔子诞辰 2545 周年暨国际儒学讨论会会议文集. 北京：华夏出版社，1995.

[41] 国际儒联名誉理事长、新加坡内阁资政李光耀先生致词（1994 年 10 月 5 日）[G] //中国孔子基金会. 儒学与廿一世纪：纪念孔子诞辰 2545 周年暨国际儒学讨论会会议文集. 北京：华夏出版社，1995.

[42] 克罗蒂娜·苏尔梦. 十九世纪印尼泗水地区围绕福建公德祠的礼俗之争 [J]. 林永传，译.《海交史研究》，1991（2）.

[43] 苏尔梦，龙巴尔. 南洋群岛华人之儒家学说及改良主义思想（19 世纪末—20 世纪初）[G]. 李平沤，译//法国汉学：第四辑. 北京：中华书局，1999.

[44] 孔志远. 印度尼西亚华人孔教的兴衰 [J] //华侨华人历史研究，1989（4）.

主要参考文献

335

[45] 陈克兴. 简论儒学的宗教性 [G] //中国孔子基金会. 儒学与廿一世纪：纪念孔子诞辰 2545 周年暨国际儒学讨论会会议文集：下. 北京：华夏出版社，1995.